인문고전 깊이읽기

Veda : The Oldest Holy Teaching of Human Being

by Lee Myung-kwon

Published by Hangilsa Publishing. Co., Ltd., Korea, 2013

인문고전 깊이읽기 13

베다
인류 최초의 거룩한 가르침

이명권 지음

한길사

인문고전 깊이읽기 13

베다
인류 최초의 거룩한 가르침

지은이 이명권
펴낸이 김언호

펴낸곳 (주)도서출판 한길사
등록 1976년 12월 24일 제74호
주소 10881 경기도 파주시 광인사길 37
전자우편 www.hangilsa.co.kr
홈페이지 E-mail: hangilsa@hangilsa.co.kr
전화 031-955-2000~3 **팩스** 031-955-2005

CTP 출력 및 인쇄 예림 **제책** 예림바인딩

제1판 제1쇄 2013년 2월 10일
제1판 제5쇄 2023년 8월 17일

값 22,000원

ISBN 978-89-356-6835-9 04100
ISBN 978-89-356-6163-3 (세트)

• 잘못 만들어진 책은 구입하신 서점에서 바꿔드립니다.

이 도서의 국립중앙도서관 출판시도서목록(CIP)은
e-CIP홈페이지(http://www.nl.go.kr/ecip)에서 이용하실 수 있습니다.
(CIP제어번호 : CIP2013000473)

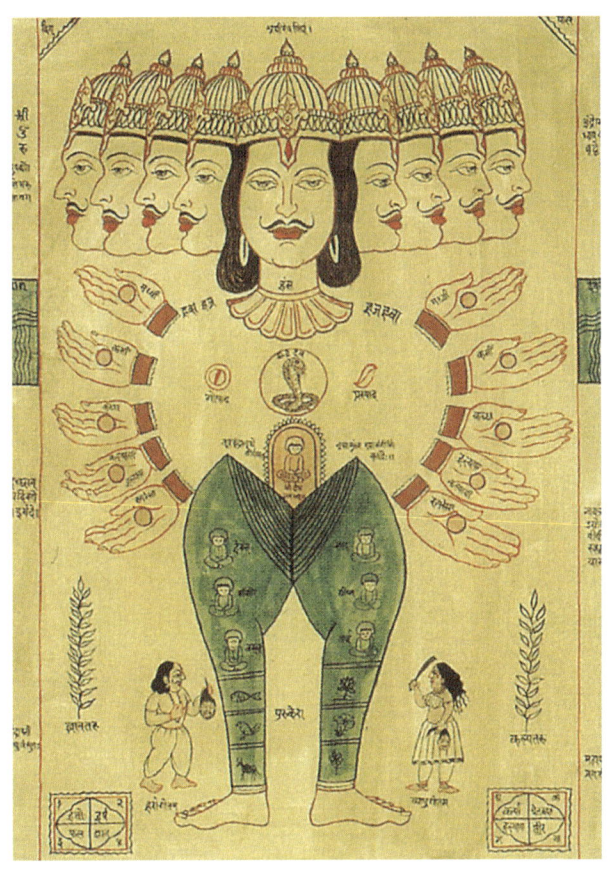

카스트 제도의 기원, 푸루샤

우리는 베다를 통해 인도 문화를 이해할 수 있다. 자신의 몸을 희생해
우주를 만든 거인 푸루샤의 머리는 하늘로, 눈은 태양으로,
다리는 땅으로 변하고, 숨결은 바람이 되었다. 푸루샤의 입은 브라만,
팔은 크샤트리아, 다리는 바이샤, 발은 수드라가 되어 네 종류의 사람이 만들어졌다.
이 신화가 인도의 카스트 제도의 기원이다.

제의의 시작, 아그니

아그니는 산스크리트어로 '불'을 뜻한다. 『리그베다』에서 가장 많은 찬미를 받고 있는 불의 신 아그니는 염소의 등에 올라탄 모습으로 표현된다.
아그니는 천둥 번개의 신 인드라와 함께 강력한 힘을 지닌 대표적인 두 신으로 추앙받기도 하지만 무엇보다도 제의의 신으로서 가장 큰 존경을 받는다.

세 보폭으로 걷는 태양의 신, 비슈누

『리그베다』에서 비슈누는 태양신의 하나로서 '일하는 자'라는 뜻을 지니며,
큰 보폭으로 '세 걸음'을 걷는 자로 잘 알려져 있다.
땅과 공중과 지극히 높은 하늘이라는 우주를 건너는 세 걸음은
태양의 떠오름과 정오의 정점과 일몰을 뜻하기도 한다.

힌두교의 세 신, 브라흐마, 비슈누, 루드라(시바)
힌두교의 주요 세 신인 브라흐마, 비슈누, 시바를 한곳에 조각한 신상이다.
일명 트리무르티(Trimūrti)라고 부른다. 각각 창조, 유지, 파괴의 원리를 상징하는
삼위일체 신을 한 몸에 세 개의 머리를 가진 신으로 표현한 것이다.
브라흐마가 중앙을 차지하고 비슈누는 왼쪽, 시바는 오른쪽에 있다.
베다에서 이 삼위일체 신은 아그니(불), 바유(바람), 수리아(태양)의 삼위일체 신에
앞선다. 뭄바이 인근의 엘레판타 섬의 내부 동굴에 있는 유명한 석상이다.

"아그니여, 우리의 행복을 위해
우리와 함께하소서"

■『리그베다』

베다
인류 최초의 거룩한 가르침

차례

	베다: 인도 정신문명의 뿌리 | 들어가는 말	13
	고대 인도인의 삶과 정신세계 | 베다시대	19
1	신을 부르는 노래, 베다 네 개의 베다	42
2	우주와 인간은 어떻게 형성되었는가 베다의 창조와 진화	72
3	모든 것은 제의의 불을 통해 베다의 제사	110
4	죽은 자가 가는 운명의 길 죽음과 환생의 노래	144
5	최상의 권위를 자랑하는 위대한 권력자 천상(天上)의 신들	178
6	공중의 세력을 관장하는 대기의 힘 대기(大氣)의 신들	212
7	생명을 살리는 제의의 불과 음료 지상의 가장 위대한 신	250
8	천지자연의 신성을 노래하라 천지와 자연의 신	284
9	남성 우월 신화에서도 두각을 나타낸 여신 베다의 여신들	312
10	민중을 위한 주술에서 베단타 철학으로 『아타르바베다』와 『브라흐마나』	344
	영원히 열린 계시의 책, 베다 | 맺음말	373
	주註	383
	베다를 이해하기 위해 더 읽어야 할 책	415
	베다를 이해하기 위한 용어 해설	421
	베다를 이해하기 위해 알아야 할 힌두교 주요 인물	431
	베다에 대해 묻고 답하기	443
	베다에 대한 증언록	457

■ 일러두기

* 이 책에서 베다의 원문 인용은 다음 저작과 판본을 기본으로 했다.

Ralph. T. H. Griffith, *The Rig Veda: Complete* (Forgotten Books, 2008)
Ralph. T. H. Griffith, *Hymns of the Samaveda* (Forgotten Books, 2008)
Arthur Berriedale Keith, *The Yajur Veda: Taittiriya Sanhita* (Forgotten Books, 2008)
Maurice Bloomfield, *The Atharvaveda* (Forgotten Books, 2008)

베다: 인도 정신문명의 뿌리

✤ 들어가는 말

인류 최초의 경전, 베다

오늘날 우리에게 베다는 무엇인가? 베다는 인도의 가장 오래된 고전일 뿐만 아니라, 지구상에서 문헌으로 기록된 경전 가운데 인류 최초의 경전이다. 베다는 산스크리트어로 기록된 아름다운 시편으로서, 우주는 어떻게 발생했는가 하는 문제의식으로부터 출발해, 신들의 모습을 통해 고대인들의 세계관을 잘 보여주고 있다. 그리스-로마 신화에 고대 서양인의 우주관이 반영되어 있듯이, 베다의 신화에는 고대 인도인의 우주관이 잘 드러나 있다. 더 나아가 베다는 인간 영혼의 본성이 무엇인지, 또 그 인간의 마음을 어떻게 다스려야 할 것인지를 보여주고 있다.

베다가 중요한 까닭을 정리해보면 다음과 같은 몇 가지 이유를 들 수 있을 것이다.

첫째, 베다는 인도 인구의 약 80퍼센트를 차지하는 힌두교의 기본적인 경전이다. 고대의 힌두교에서부터 현대의 힌두교에 이르기까지 다양하게 나뉜 힌두교의 계파들은 모두 베다를 기본 경전으로 채택하고 있을 뿐만 아니라, 힌두교의 정체성을 결정하는 최종적인 근거로서 베다의 권위에 의존한다.

둘째, 그리스도교에 비유하면 베다는 『구약성서』에 해당하고, 베다의 최종적인 철학적 사색의 결과물인 우파니샤드는 『신약성서』에 비유할 수 있다. 따라서 인도사상과 정신문명의 뿌리가 된다는 점에서 베다의 가치는 매우 높다.

셋째, 베다에 나타나는 여러 가지 용어와 사상은 시크교는 물론, 불교와 탄트라 그리고 요가 사상에까지 깊은 영향을 미치고 있다. 시크교의 최대 문헌집인 『아디 그랜트』(*Ādi Granth*)가 『리그베다』를 모델로 삼았다는 것은 잘 알려져 있다.

특히 불교에서는 인드라(Indra)를 제석천(帝釋天), 죽음의 신 야마(Yama)는 염라대왕, 간다르바(Gandharva)는 건달바(乾闥婆)로 각각 번역되어 토착화되었다. 이밖에도 수많은 용어와 제의의 형식 등이 불교에 영향을 미쳤다. 그러므로 불교를 제대로 이해하기 위해서는 베다를 공부하지 않을 수 없다.

넷째, 베다는 세계에서 가장 오래된, 인도-유럽어로 된 산스크리트어 문헌 양식의 종교·철학 경전이다. 문헌학적이고 문학적이면서도 특히 시적인 표현 양식이 뛰어나다는 평가를 받는다. 인도-유럽어의 어원이 비슷한 데서도 알 수 있듯이, 베다를 통해 인도-유럽인이 공유하는 정신사적 배경도 이해할 수 있게 된다.

다섯째, 무엇보다도 베다를 읽음으로써, 자연에 대한 신성함을 더욱 느끼게 된다. 오늘날 환경파괴로 인해 생태계가 심각한 위협을 받으면서 동물에 대한 사랑과 보호를 요구하는 목소리가 높다. 베다는 떠오르는 태양에 대한 감사로부터 시작해 공기와 물, 초목, 돌멩이 하나에 이르기까지, 신성으로 가득한 이 지구를 우리가 경건한 마음으로 대해야 함을 일깨워준다. 생존 경쟁으로 황폐한 우리의 마음을 다시 경건하게 해준다는 점에서 베다는 지구상의 모든 인류에게 전하는 소중한 영혼의 양식서가 아닐 수 없다.

여섯째, 고대 인도인의 영적 지혜가 여전히 물질문명시대의 현대인에게도 깊은 감화를 준다는 점에서 특히 가치가 높다. 정신적 가치가 다시 화두가 되기 시작한 이 시대에, 1천여 년 동안 전수되어오면서 베다의 시인이자 현인이 제공했던 정신적 가치는 두고두고 새겨들을 만한 것이다.

『리그베다』하나만 해도 수록된 시편이 1,000개가 넘는다. 이 방대한 시편들 하나하나가 소중하지 않은 것이 없다. 이 노래들은 신에게 바쳐진 것이기도 하지만, 영감과 역설로 가득 차 있다. 그러므로 단순히 신에 대한 노래라기보다는 명상을 더욱 깊게 하기 위한 좋은 지침이 된다.

끝으로, 베다는 고대의 문학과 철학, 그리고 경전으로서의 종교를 더욱 깊고 넓게 연구해보고자 하는 사람들에게 많은 영감을 줄 수 있을 것이다. 한 가지 예로,『리그베다』를 통해 불교를 비롯한 다른 종교는 물론, 조로아스터교와의 연관성과 영향력을 더욱 구체적으로 연구할 수 있다. 베다의 수많은 어휘가 조로아스터교의 성전인 『아베스타』의 용어와 동일하거나 유사하기 때문이다.

인류의 정신을 비추는 거울

베다는 여전히 인류에게 '열린 계시'의 책이다. 약 3,500년 전부터 지금까지 전수되어오는 몇 안 되는 고전이자 인류의 소중한 유산이며, 앞으로도 인류가 생존하는 한 궁극적 진리를 찾아가려는 자들에게 영원히 읽힐 고전 중의 고전이라는 점은 두말할 필요가 없다. 서양의 많은 사상가들도 베다를 통해 깊이 영향을 받았다. 그중 대표적인 사상가를 몇 사람만 들어보면, 에머슨(Ralph Waldo Emerson), 소로(Henry David Thoreau), 휘트먼(Walt Whitman), 쇼펜하우어(Arthur Schopenhaer)가 그들이다. 물론 인도의 간디나 타고르도 들 수 있다.

한국에서는 아직 그 흐름이 분명하게 정착된 것은 아니지만, 요가 수행자나 명상가들 사이에서 점차 인기가 높아지고 있다. 이미 독일과 영국 등 서양에서는 100여 년 전에 『리그베다』의 완역본이 나왔지만, 한국은 번역이나 해설작업이 이제야 시작 단계에 들어서, 앞으로 많은 가능성이 있는 연구분야이기도 하다.

특히 이 책은 **한국 최초의 본격적인 베다 해설서**임을 강조하고 싶다. 『리그베다』와 『사마베다』, 『야주르베다』와 『아타르바베다』라는 4개 베다의 본문 가운데, 중요하다고 생각되는 본문들을 상당

수 발췌하여 원문을 번역하고 해석했다. 우주창조의 신화로부터 이어지는 복잡한 신들의 계보나, 갖가지 종교적 제사양식과 인간의 죽음과 그 이후의 삶의 문제 등을 체계적으로 설명했다는 점도 큰 특징 가운데 하나다.

베다는 한국에서 아직 미개척분야라고 볼 수 있다. 베다를 모르는 입문자들에게는 깊이 있고 폭넓은 대중교양을 넓힐 수 있는 지침서가 되기를 희망한다. 또한 전문 연구가들도 충분히 베다 연구의 기초 자료로서 활용할 수 있을 것이다.

베다는 특별히 누구에게 무엇을 반드시 믿어야 한다는 식의 '교리'를 전수하는 책은 아니다. 다만 열린 마음으로 경건하게 우리가 살고 있는 우주의 신비 속으로 들어가보기를 권한다. 신비한 우주 속에서, "우리는 누구인가?" "우리는 왜, 어떻게 태어났는가?"라는 등의 질문을 받게 될 것이며, 그에 대한 일말의 대답과 힌트를 얻게 될 것이다. 독자들이 스스로 이러한 의문을 발견하고 대답할 수 있도록 베다는 충분히 안내해줄 것이다. 이 초대에 독자 여러분들도 편안하고 열린 마음으로 기꺼이 응답해주길 바랄 뿐이다.

2013년 1월
중국 길림사범대학교 교수연구실에서
이명권

고대 인도인의 삶과 정신세계
❀ 베다시대

생각보다 훨씬 거대한 세계종교, 힌두

세계 4대 문명의 발상지 가운데 하나인 인더스 문명을 탄생시킨 인도에는 중국에 버금가는 12억 명의 인구가 살고 있다. 인도는 아대륙(亞大陸)이라 불릴 만큼 매우 거대한 국가다. 북쪽으로 우뚝 솟은 에베레스트는 세계의 지붕이라고 불릴 만큼 거대한 히말라야 산맥의 최고봉으로서, 지상 최대의 높이와 규모를 자랑한다. 에베레스트 산에서 흘러나와 동서로 길게 흐르는 갠지스 강과 인더스 강은 인도의 독특한 문화를 형성하는 데 중요한 지리적 요인이 되고 있다.

현대의 정치적인 구분이 아니라 고대 인도의 영향력을 역사적인 측면에서 바라본다면, 인도 아대륙은 오늘날의 파키스탄, 방글라데시, 네팔, 부탄, 그리고 스리랑카와 심지어 티베트의 일부도 포함하고 있다.[1] 이 가운데 불교가 압도적인 영향을 행사하고 있는 북쪽의 티베트와 남쪽의 스리랑카를 제외하고, 그밖의 인도 아대륙은 여전히 다른 종교보다 힌두교가 우세를 보인다.

12억이 넘는 인도의 인구를 생각해보면 지구촌에서 평균 6,7명 가운데 하나가 힌두인(Hindu)이라는 수치가 나온다. 힌두인이라는 것은 힌두의 언어와 문화를 향유하는 사람으로서, 인도의 토착 종교인 힌두교인을 포함하는 말이기도 하다.[2] 이러한 힌두의 영향력은 1400년경 인근 국가인 말레이시아와 인도네시아까지 미쳐서, 그들의 언어와 종교 등 다양한 풍속의 일부가 힌두 문화의 영향 아래 있기도 하다.

오늘날 인도에서 힌두교인은 전체 인구의 약 80퍼센트를 넘는 8~9억 명이며,[3] 이슬람교인은 약 8,000만 명, 시크교인과 그리스도교인은 약 1,400만 명이라는 비슷한 수치로 집계되고 있다. 인도 이외의 다른 나라에서도 힌두교가 번성하고 있다. 네팔은 힌두교가 국가종교이며, 방글라데시에는 1,100만여 명의 힌두교인이 있고, 말레이시아에도 100만 명이 넘는 힌두교인이 있는 것으로 알려져 있다.

지난 수십 년간 인도의 폭발적인 인구 증가로 인해 많은 인도인이 영국과 미국·캐나다·남아프리카 등지로 이주하여 살게 되었다. 그 가운데 마하트마 간디가 사회정의를 위해 진리파지(眞理把持)운동을 실천했던 남아프리카에는 100만 명이 넘는 힌두교인이 살고 있다. 그밖에 북미에도 100만여 명이 살고 있는 것으로 알려져, 600만 명이 넘는 힌두교인이 전 세계에 흩어져 살고 있다.[4]

이 같은 추세에 힘입어 힌두교는 이제 인도의 독특한 종교 가운데 하나로만 국한되지 않고, 영향력 있는 세계 종교의 하나로 자리매김해가고 있는 실정이다.

힌두교를 중심으로 하는 이 같은 힌두 문화는 놀랄 만한 다양성과 수용성을 보여준다. 이런 다양성으로 인해 과연 인도에는 "인도식 사유방식이 있는 것인가?" 하는 독특한 질문을 논리적으로 던지는 이들도 있다.[5] 물론 답은 다양하다. 인도를 방문해본 사람이라면 누구나 경험하는 일이지만, 매혹적이면서도 당혹스러운 일이 일상화되어 있음을 보게 된다.

그 다양성의 이유는 넓은 대륙에 분포한 수많은 종족과 언어의 차이에서 비롯되는 것이기도 하겠지만, 서로 다른 종족들의 다양한 풍속과 기질이 오늘날의 인도를 화려하게 채색하고 있기 때문이라고 할 수 있을 것이다.

언어 분포를 크게 나누어보면, 북인도에서 인도-유럽어의 어근을 지니고 있는 언어로 구자라티, 힌디, 벵갈어가 있는가 하면, 남인도의 드라비다 족 언어인 타밀, 텔루구, 칸나다, 말레이야람 등이 있다. 이러한 언어의 차이는 다양한 풍속의 차이로 이어져 발전해왔다. 인도의 다양성은 언어의 차이뿐만 아니라, 기후와 지리적 조건이 한몫을 하고 있기도 하다. 끝없이 펼쳐진 광활한 초원과 동서를 가르는 데칸 산맥 등은 분명 종족마다 인종과 기질을 다르게 하는 중요한 요인이 되었다. 특히 스리랑카나 케랄라의 울창한 숲, 라자스탄의 건조한 사막지대, 그리고 히말라야의 설산(雪山)

등은 각각 독특한 종교와 문화 환경을 만들어냈다.

 이러한 다양성 속에서 힌두 문화를 전체적으로 수용하며 하나의 문화적 풍속도를 만들어내고 있는 힌두이즘(Hinduism)은 힌두교라는 종교의 품속에서 다시 한 번 집약적인 빛을 발하게 된다. 힌두이즘이 힌두 문화 전체를 나타낸다면, 힌두교는 그 문화적 총체를 종교적으로 압축하여 설명해주고 있다는 점에서 힌두이즘과 동의어로서 사용되기도 한다. 힌두교에서 표방하는 예배와 의례, 신들과 신화 그리고 힌두 철학과 예술은 모두 힌두이즘의 결정체나 다름없기 때문이다.

 분명 힌두이즘은 다양한 토양의 뿌리에서 자라난 하나의 거대한 나무임이 틀림없지만, 그 나무의 줄기와 가지에서 꽃피고 열매 맺는 과실은 힌두교라는 이름으로 부를 수 있다. 물론 힌두교가 하나의 체계적인 종교로 형성되기까지는 많은 세월이 필요했다.

힌두이즘의 뿌리, 『리그베다』

 그렇다면 힌두이즘은 어떻게 탄생했는가? 선뜻 해답을 낼 수는 없겠지만, 단연 인도 정신문명의 뿌리가 되고 있는 『리그베다』를 생각해보면 우리는 오늘날의 인도 문명을 탄생시킨 모태를 이해하기 어렵지 않을 것이다.

 『리그베다』는 오늘날의 인도 서북부인 펀자브(Punjab) 지방을 둘러싼 삽타 신두(Sapta Sindhu: 일곱 개의 강줄기가 흐르는 땅)를

인도에서 거룩한 강으로 여겨지는 갠지스 강에는 연중 끊임없이
힌두인이 찾아와서 몸을 씻는 등, 정화의 예를 올린다.
마치 그리스도인이 요르단 강물을 신성시하는 경우와 흡사하다.
특히 이 강물은 장례식을 포함한 모든 예배에서 거룩하게 사용된다.

중심으로 기원전 1500년경에서 기원전 1000년경(초기 베다시대) 사이에 형성된 인도 최초의 고전이자 바이블이다.[6] 인도뿐만 아니라 세계에서 인도-유럽어로 기록된 최초의 경전으로, 인류의 문화유산으로서 높은 가치가 있다. 『리그베다』 속의 역설과 우화 그리고 신들의 이야기는 고대 인도인의 정신세계를 잘 보여준다.

1,028개의 찬가로 수록된 『리그베다』는 창조·죽음·제사, 그리고 불의 신 아그니(Agni), 술의 신 소마(Soma), 막강한 하늘의 권력을 가지고 있는 폭풍의 신 인드라(indra) 등에 관한 내용이 흥미진진하게 펼쳐진다. 특히 인드라 신은 그리스 신화에 나오는 하늘의 신 제우스의 역할보다 더 비중이 크다.

이밖에도 하늘과 땅을 남성과 여성의 상징으로 해석하고 있는 것이라든지, 하늘과 땅의 아들로 탄생한 태양이 어둠을 물리치고 세상을 정화시킨다는 이야기는 고대인의 정신세계와 태양 숭배에 대한 보편적 신앙을 잘 엿보게 해준다.

더 나아가 그리스 신화에서 중요한 역할을 맡고 있는 하늘의 신 우라노스(Ouranos)와 같이, 하늘의 신 바루나(Varuna)는 인간들의 행위를 관장하면서 거룩한 법인 리타(r̥ta)를 어기는 자에게는 형벌을 내리는 일을 한다. 동시에 하늘과 땅을 지탱하는 자이기도 하다. 막강한 힘을 자랑하는 신 바루나는 점차 후대로 갈수록 힌두교의 대표적인 신들인 비슈누(Vishnu)와 시바(Shiva)에게 그러한 권력을 이양하게 된다.

이 같은 신들의 이야기가 오늘날 우리에게 주는 의의는 무엇일까? 우리는 『리그베다』가 던져주는 희생제사의 의미와 신들에게 바치는 순수한 시적 찬가에서 상징적인 의미를 찾아볼 수 있다. 찬가 가운데 대부분이 초기 인도인의 인생과 우주에 대한 깊은 통찰을 보여준다. 그들의 신화적인 찬가 속에서 우리는 다시 한 번 인생과 우주에 대한 철학적·종교적 의미를 읽어내게 된다.

인더스 문명의 재발견

인도와 힌두교를 구체적으로 이해하기 위해서는 힌두 문명의 발생과 아리안 민족의 이동을 좀더 상세히 살펴볼 필요가 있다. 힌두를 이해하는 데에 인더스 문명과 아리안의 종교라는 두 가지 축을 빼고는 논의가 진행될 수 없기 때문이다.

인더스 강변으로 이주해 왔던 초기 아리아인의 찬가(讚歌)에 따르면, 아리아인이 인도의 원주민인 비(非)-아리아인에 대해 취했던 경멸조의 이야기들이 등장한다. 예컨대 아리아인은 비-아리아인을 자신들에 비해 까무잡잡한 피부에 들창코를 한 도덕적 수준이 낮은 자들로 평가하고 있다.[7] 그런가 하면 초기 아리아인의 찬가에 따르면 강력한 요새를 구축하고 있는 적들에 대한 영웅적인 투쟁의 이야기도 언급되고 있다.

아리아인이 가장 좋아하는 신 가운데 하나가 '인드라'(Indra) 신이다. 인드라는 '요새(要塞)를 깨뜨리는 자'로 불리며, 다른 성벽을 공격하여 승리할 때마다 아리아인이 즐겨 칭송하는 신이다. 나중에 자세히 언급하겠지만, 인드라는 아리아인이 전승한 베다 종교의 신으로서 원래는 비와 천둥의 신이자 여러 신의 왕이었다. 인드라는 초기 베다시대에 여러 신 가운데 가장 많은 칭송을 받았다.

초기 베다시대의 아리아인은 인드라를 하늘의 통치자이자 전쟁터에서 승리를 가져다 주는 신으로 여겼다. 마치 고대 이스라엘에서 부족 신이었던 여호와를 '여호와 닛시'(여호와는 '승리자')라 부른 것처럼, 정복 전쟁이 불가피했던 시대의 사람들이 각자 자신들의 종족을 승리로 이끌어줄 신을 찬양하고 있었던 것이다. 따라서 고대 동방에서 부족은 달라도 신을 대하는 관점, 즉 신관(神觀)이 서로 유사하다는 흥미로운 점을 발견하게 된다.

물론 이와 같은 신들에 관한 비교 고찰은 근세기에 와서야 종교사학(宗敎史學)적 관점이나 종교인류학적 관점에서 가능한 것이긴 하다. 하지만 종족마다 민족마다 자신들의 고유한 신들을 추앙하며 전쟁과 정복을 통해 문화 또는 종교적 영토를 확장해갔음을 알 수 있다.

아리아인의 인도 유입과 정복 과정에 대한 그들의 고대 기록인 찬가를 분석해보면, 역사적인 사실이라기보다는 대부분 과장된 영웅의 서사시이자 신화적인 이야기로 가득하다는 것을 알 수 있다. 그 찬가들의 내용은 거의 아리아인의 용기를 찬양하고 자연과 악마적인 세력을 통제하는 신들의 위용을 높이 기리는 것들이 대부분이다.

그럼에도 이들 찬가의 내용 중 일부는 역사가들이 생각했던 것보다는 훨씬 사실에 가깝다는 것이 고고학적 발굴로 증명되었다. 아리아인이 인도로 유입해 오기 전에 이미 인더스 강을 중심으로 상부에 자리한 하라파(Harappā)와 그보다 남쪽으로 약 644킬로미터 정도 떨어진 곳에 위치한 모헨조다로(Mohenjo-daro: 죽음의 언덕)라는 도시의 유적은, 인도 서부에 이미 거대한 국가 형태의 도시가 존재했음을 보여주었다.

하라파는 1856년 영국인 브룬튼 형제가 물탄(Multan)과 라호르(Lahore) 사이에 철도 부설 공사를 하던 중에 우연히 발견했다. 1921년이 되어서야 인도 고고학 탐사단의 영국인 총감독 존 마셜 경이 하라파를 본격적으로 발굴하기 시작했고, 그 후 2년 뒤에 다시 모헨조다로를 발굴하기에 이르렀다. 두 도시의 고고학적 발굴 성과는 인도의 고대 문명을 이해하는 아주 중요한 열쇠가 되었지만, 아직도 그 당시의 문자를 해독하지 못하는 관계로 인더스 문명은 여전히 미궁에 빠져 있는 것이 사실이다.

이 두 도시의 유적은 아직도 여전히 발굴 과정에 있지만, 현재 드러낸 위용만 보아도 기원전 2500년 전에 시작된 본격적인 하라파 문명이 얼마나 훌륭한 것이었는지를 웅변해주고 있다. 나 역시 2000년 1월에 인도 종교문화 유적을 답사하기 위해 이곳의 두 유적지를 방문하여 직접 둘러보았다. 정교하게 설계된 도시 규모와 벽돌 속에 새겨진 고대 문자를 바라보며 약 5,000여 년 전 과거의 역사 속으로 되돌아가 깊은 감회에 젖은 기억이 있다.

기원전 3000년경 인더스 강 서안에 위치한 메흐르가르흐에서
출토된 원시 농경문화 시대의 지모신이다.
흙을 구워 만드는 테라코타로 되어 있으며,
풍요와 다산을 기원하는 의미로 풍만한 젖가슴이 강조되어 있다.

인더스 문명의 몰락과 유적

하라파 이전의 초기 도시의 발전 단계는 기원전 3000년경 이전까지 거슬러 올라가지만, 본격적인 도시의 발전은 기원전 2500년에서 도시가 멸망하던 기원전 1500년경까지로 추측되고 있다. 1,000여 년의 긴 세월 동안 강대한 도시국가를 형성해왔던 것을 알 수 있다.

두 유적지가 지하에 깊이 묻히게 된 이유에 대해서는 두 가지 설이 있다. 하나는 대홍수로 인한 인더스 강물의 범람과 같은 재난으로 땅속에 묻힌 경우다. 다른 하나는 이민족의 침입이나 다른 전쟁으로 인해 멸망되었던 것이 오랜 세월 속에 폐허로 묻혀 있었을 것이라는 두 가지 추측이다.

만일 후자의 경우라면 아리안 족의 침입으로 인한 파괴의 가능성도 있을 것이다. 더욱이 아리안 족의 유입 시기도 기원전 1500년이고 보면, 고대 도시가 멸망하던 시기에 아리안 족이 침입하여 완전히 폐허로 만들고, 새로운 아리안 문명을 건설하지 않았을까 하고 추측해볼 수 있다. 하지만 그 후 오랜 세월을 거치는 과정에서 사막화가 진행되어 도시 문명 전체가 지하 속으로 묻혔을 가능성도 배제할 수 없다.

모헨조다로 유적지는 인도의 고대 도시의 전형적인 양식을 보여줄 만큼 잘 보존되어 있다. 전체 도시 윤곽은 중앙 통로를 중심으로 양쪽에 각각 직사각형의 격자 모양으로 구역이 분리되어 있는데, 구역 한 칸의 길이는 가로 1,200피트(약 366미터)에 세로 800피트(약 244미터) 정도 된다. 중앙 통로 양쪽으로는 벽돌로 길게 세워진 벽들의 허물어진 폐허만이 나지막하게 남아 있다. 모든 것이 허물어지고 없지만 바닥의 경계나 높이와 위치 등을 보아서 그 장소의 용도를 짐작할 수 있다. 곡물 저장 창고와 왕궁, 숙소의 유적지까지 설계도를 내려다보듯 고스란히 남아 있다.

특히 물도 구하기 힘든 지대에서 우물과 목욕탕 및 화장실, 그리고 낙하를 이용한 배수시설마저 갖춘 것은 감탄을 자아내기에 충분하다. 이러한 위생적 구조 설계는 당시의 발달한 문화뿐만 아니라 종교적 제의를 위한 정화(淨化) 시설의 일면을 잘 보여주는 것이다. 이러한 이유로 인해 모헨조다로의 요새는 '거대한 목욕탕'이라 불리기도 한다.

요새의 중앙부에는 탁 트인 정원에 연못같이 낮게 파인 공동 목욕탕이 있는데 사방에서 그곳으로 내려갈 수 있는 계단이 만들어져 있다. 공동 목욕탕 외에 작은 특실 목욕탕도 연결되어 있다. 거대한 이슬람 사원 내부에 들어가면 의례를 위한 정화의 목욕탕이 있듯이, 이곳에도 정화를 위한 욕실이 중앙에 마련되어 있다. 이밖에 사원(寺院)도 중요한 유적지로 남아 있지만 모헨조다로에서 그것이 어떤 역할을 했는지에 대해서는 아직 미궁 속에 남아 있다.

하지만 당시에 종교 지도자가 세속적 통치권을 행사하던 고대의 관행과 풍속에 따르면 건물의 넓고 큰 공공장소 한두 곳은 사원으로 사용되었을 것이다. 이는 언젠가 어느 유적지에서 발견된 것

모헨조다로의 대목욕장으로서, 구운 벽돌로 건축된 정교한 축조물이다.
목욕시설이기는 하지만 특별히 종교적인 세정(洗淨)의식에 주로 사용되었을 것으로 추정된다.
이 공동의 목욕장을 둘러싸고 사방으로 거대한 유적지가 분포되어 있는데,
커다란 성채와 주거지가 1920년대에 와서야 발굴되었다.

처럼, "거룩한 나무"가 자리했던 것을 둘러싼 표지라든가 석상(石像) 등의 종교적 요소를 많은 공공건물에서 간직하고 있었을 것으로 추측해볼 수 있다.[8]

인더스의 예술, 조각과 인장

하라파와 모헨조다로 유적지 외에도 인더스 문명에서 빼놓을 수 없는 것은 인더스의 예술이다. 지하 유적지에서 발굴된 수많은 적갈색 점토 소조상(terra-cotta)들은 대부분이 기원전 2000~3000년 전의 것으로 당시의 종교적 풍토를 잘 보여준다. 나도 현지에서 여러 가지 모조품(replica)을 실물 교육도구로 활용하기 위해 구입해왔다. 도시의 웅장한 규모와는 대조적으로, 발굴된 소조상들은 손바닥보다 작은 크기로 무수한 가축과 인물 또는 농부들의 삶의 모습 등을 보여준다. 대부분 점토로 만든 것으로, 돌이나 청동 재질은 거의 찾아볼 수 없다.

특히 가축들은 대부분이 수컷이고 등에 혹이 달린 황소가 눈에 많이 띈다. 이는 일하는 황소의 모습을 통해서 농경사회의 번영을 기원하는 염원이 담겨 있었던 것으로 볼 수 있을 것이다. 반면에 사람 모양은 대부분 여성이다. 평퍼짐하게 앉아 있는 모습을 하고 있는 점토 여성상은 가슴의 넓은 목걸이와 정교한 머리 장식으로 여성의 아름다움을 강조하고 있다. 또한 흔히 볼 수 있는 여성상 가운데는 풍만한 젖가슴을 한 여인과 임산부를 뜻하는 배부른 여

인상이 있는데, 이는 메소포타미아 문명과 고대 이스라엘에서도 볼 수 있는 다산(多産)을 염원한 상징이다.9

점토상 이외의 예술품으로 특징적인 것은 돌에 새겨진 인장(印章)이다. 이 인장의 대부분은 평평하고 부드러운 동석(凍石, soap stone)에 4분의 3 또는 4분의 1인치 크기의 사각형으로 되어 있는데, 인더스 문자로 여러 가지 모양을 그룹지어 새겨두었다. 대부분의 인더스 문자는 바로 이 도장 속에 새겨진 문자와 상징으로 남아 있는데, 아직도 이 문자를 완전히 해독하지 못하고 있는 상태다. 해독이 어려운 까닭은 문자의 어지러운 조합과 독특한 상징적 수법 때문이다. 새겨진 문양들은 주로 동물을 포함한 자연물인데, 짧은 뿔의 황소로부터 머리 뒤로 커다란 목정이 달린 황소, 외뿔의 무소, 코끼리, 악어 등이 그려져 있다.

이러한 동물들의 모습은 거의 인장에서만 발견되고 있는데, 지금까지 이해된 바로는 동물에 대한 보호와 존경심이 깃든 종교적 성상(聖像)으로 추앙되었던 것으로 본다. 특히 물소 앞에서 줄지어 엎드려 있는 사람들의 모습은 동물숭배와 종교적 제의를 보여주는 특징적인 단면이기도 하다. 이 인장은 인더스 강변을 따라 활발하게 움직였던 무역 상인들이 주로 사용했거나 재산권을 표시하기 위해 사용되었을 것으로 추측하기도 한다.10

반면 인장에 새겨진 인간의 모습을 살펴보면, 대부분 제의적 의식과 신성(神性)을 지닌 인물로 부각되고 있다. 양쪽으로 무릎을 벌리고 두 발을 모은 채, 팔찌를 찬 손을 무릎 위에 올려놓고 나지

기원전 2000년경 모헨조다로에서 출토된 황소 인장.
진흙판 위에 글자와 그림을 새겨서 도드라지게 찍어낸 작품으로서
고대 인도인들의 생활 풍습을 엿보게 한다.
이는 메소포타미아 문명의 유적지에서 발굴되는 원통형 인장의
영향과도 관련이 있다고 볼 수 있는데, 상거래에서 사용되는
봉인(封印)의 역할도 한 것으로 추정된다.

막한 걸상에 앉아 있는 남자가 머리에는 뿔처럼 생긴 장식을 하고 있다.

또 다른 형태의 인장을 살펴보면, 앉아 있는 남자의 의자 아래로 왼쪽에 코끼리와 호랑이가 있고 오른쪽에는 무소와 물소 외에 작은 뿔을 가진 소와 염소가 있다. 많은 동물들을 좌우에 거느린 위풍당당한 이러한 모습은, 사제 혹은 조물주와 같은 신으로서의 권위를 가진 것으로 보인다. 그리고 어떤 경우에는 남자의 성기(性器)가 우뚝 발기된 모습을 보여주는 것도 있는데 이는 남성의 강력한 힘을 보여주는 것으로 남근(男根) 숭배사상을 상징적으로 보여주는 것이기도 하다.

특히 인장 속에 등장하는 동물들의 모습 중에 황소와 무소, 코끼리, 호랑이는 물론 뱀이나 악어는 물리적·성적(性的) 능력과 다산(多産), 그리고 장수(長壽)를 상징하는 동물이다. 특히 뿔을 가진 동물은 인장 가운데 가장 중요한 그림으로 돋보이게 조각되어 있는데, 하나로 우뚝 솟은 뿔은 남자의 성적 능력을 과시하는 것과 연관이 있다고 생각되고 있다.[11]

이같이 생산력을 중시하고 과시하는 남성 성기 숭배는 인더스 유적지의 여러 곳에서 발굴되는 '링가'(lingas: 생식력의 상징으로서의 남근상男根像. 후대 힌두교에서 시바 신의 상징으로 등장한다)를 보아도 잘 알 수 있다. 이는 당시 농업 중심 사회가 다산과 풍요를 빌던 민간 풍속을 잘 반영해주고 있다.

초기 베다시대의 신들과 아리아인의 세계관

아리아인의 종교와 신들의 세계에 대한 이해는 오로지 그들의 경전인 베다를 통해서 알 수 있다. '베다'의 의미는 '지식의 책'인 동시에 계시(śruti)되었다는 점에서 '거룩한 가르침'이라는 뜻을 지니고 있다. 신들에 대한 찬가를 모은 문헌집 역시 베다라고 부른다. '지식'을 뜻하는 '베다'(veda)는 원래 고대의 현자(賢者, Ṛṣi)들에게 '계시'된 것을 뜻했기 때문이다.12

초기 아리아인의 신은 '데바'(devas)라는 명칭 하나로 통칭되었으나, 그 신들의 수는 대략 33개 정도로 추산되고 있다.13 신들의 이름은 후기로 갈수록 분화되어 일일이 열거하기 어려울 정도로 다양해졌다. 신들의 숫자보다 더욱 중요한 것은 신들의 힘과 기능으로서, 어떻게 자연현상과 조우하고 있는가 하는 점이다. 신들의 역할과 기능에 따라 신의 정체성도 각각 다르다.

신들의 역할과 기능은 대개 세 그룹으로 구분된다. 천상(天上)의 신, 대기(大氣)의 신, 지상(地上)의 신으로, 이 세 영역이 신들의 거주지와 활동 무대가 되며 이런 구분은 자연의 힘과도 결부된다. 아리아인에게 자연 세계는 삶을 규정하고 통제하는 힘이었기 때문에 자연의 힘에 대해 인격성을 부여했던 것이다.

아리아인의 도래 이전에 인더스 문명의 원주민도 자연의 힘을 숭배한 흔적이 있는데, 아리아인에 비교하면 주로 동물에 대한 숭배가 컸다. 이는 인더스인이 강줄기를 따라 살면서 자주 볼 수 있었던 물소와 같이 힘 있는 동물을 숭상했던 것이다. 그에 비해 아리아인은 천둥과 번개를 동반한 비와 불을 더욱 상대적으로 숭배했던 것으로 볼 수 있다. 이는 농경을 위주로 정착 생활을 했던 인더스인과 유목 생활을 해야 했던 아리아인의 전투적 삶을 보여주는 단면이기도 하다. 광활한 벌판과 초목을 달리며 새로운 정복지를 찾아 나섰던 아리아 유목민들은 야생동물이나 가축보다는 하늘과 태양 그리고 자연 질서의 배후에 있는 힘을 더욱 숭상하면서 우주적인 신들에 대한 관념을 키워갔다.

자연의 우주적 통치에 대한 관심은 인도 - 유럽 계열의 유산이기도 하지만, 특히 아리아인의 천상의 신들에게서 그 특징이 두드러지게 나타난다. 가장 오래된 신명(神名) 가운데 하나는 '디야우스 피트리'(Dyaus Pitri), 곧 '하늘의 아버지'다. 이 '디야우스' 신은 그리스의 제우스(Zeus) 신과 로마의 주피터(Jupiter) 신에 비교되는 존재다. 아리아인이 중시한 바루나(Varuna)는 고대 그리스의 신화에 등장하는 '하늘'의 신 '우라노스'(Ouranos, Οὐρνος)와 후대에 알려진 이란인의 신 '아후라 마즈다'(Ahura Mazda)에 비교될 수 있는 신이다.[14]

희생제의와 『리그베다』의 탄생

아리아인의 희생제의는 동물이나 가축을 불태워 신에게 바치는 번제(燔祭), 곧 불의 제사였다. 불은 인간 생활에 가장 소중한 요소 가운데 하나다. 불이 신성시되는 것은 고대인의 세계에서 보편적으로 보이는 현상이다. 또한 불은 식생활에 필요할 뿐만 아니라, 소멸의 힘과 정화(淨化)의 힘을 지닌다. 그런 점에서 불은 가정의 한가운데 자리하고 신성시되어 숭배를 받았으며, 사람들은 불을 향해 음식을 바쳤다.

인도 아리아인의 초기 제사 형태는 바로 이러한 불의 제사였으며, 점차 불을 둘러싼 '거룩한 공간' 속에서 여러 중요한 신들이 초대되었다.15 신들이 초대된 까닭은 자연을 지배하는 힘들에 대한 두려움과 경외심 때문이었다. 베다시대의 아리아인은 인간의 통제를 넘어선 자연의 힘을 지배하는 영들의 세계를 숭상했고, 인간에게 재난과 복을 동시에 가져다 주는 이러한 신령한 세계의 신들에게 보호와 은총을 빌기 위해 제사를 지냈다.16

예배하는 사람들의 필요에 의해서 초대된 신들은 불속에서 가장 중요한 제물을 공급받았다. 특히 불의 신 아그니는 불속에서 제공된 희생물들을 다른 신에게도 전달해주는 역할을 했다. 이것이 아리아인이 창출해낸 베다 종교의식의 출발점이라고도 볼 수 있다. 의례가 처음부터 분명한 형식으로 드러난 것은 아니었지만, 불의 신 아그니를 숭배하면서 제의가 점차 형식화되고 발전한 것은 사실이다.

초대된 신들은 음식만 제공받는 것이 아니고 여러 가지 형태의 선물을 받기도 했다. 일반적으로는 시인(詩人)으로서의 사제(司祭)가 신들에 대한 찬가를 부르면서 신에게 음식과 선물을 제공했다. 찬가의 내용은 아리아인의 신화가 섞여 구성되었고, 희생제의의 목적에 따라 서정(抒情)적 형태로 불렸다. 전형적인 형태의 서정적 찬가는 다정하고 공경과 경외심 가득한 분위기에서 낭송되었다. 이러한 기본적 틀 안에서 시인-사제들은 각자의 형편에 걸맞은 시적 찬가의 형식을 점차 다양하게 발전시켜갔다.[17]

이처럼 베다시대에 고도의 예술적 감수성을 지닌 시인-사제들이 영감을 받은 대로 찬가를 지어 부른 내용들이 하나둘씩 편집되어 나타나기 시작한 것이 베다의 초기 형태인 『리그베다』[18]다. 『리그베다』 본집은 오랜 세월이 흐르면서 사제들의 해석과 의례적 전승 속에 변화와 확충을 겪게 되었다. 사제가 전담하던 의례는 점차 아리아인의 가정에서 개인이 직접 희생제의를 수행하게 되었다. 그러자 사제들은 차별화를 위해 의례의 형식과 절차를 좀더 전문화하고, 새로운 찬가들을 더욱 보충하게 됐다.

『리그베다』의 본집이 완성될 무렵에는 사제 집단에서 희생제의의 일반적인 형태가 일치되면서, 좀더 세련미를 갖추어 체계화된 것으로 보인다.[19] 제의가 대체로 가정에서 개인적으로 이루어진 반면에, 전문 사제들은 부유한 계층의 후원자들에게서 선물과 일정한 대가를 제공받고 제의를 수행해주었다. 물론 물질적 봉헌을 바치는 제의의 목적은 지상과 천상에서의 복락이다. 희생제의를 받을 수 있는 신들만이 인간에게 무병장수와 같은 축복을 준다고 믿었기 때문이다.

희생제의가 세분되고 전문화될수록 사제의 권위와 가치는 높아졌고, 유능한 사제 밑에서 수학하는 제자집단이 형성되기도 했다. 이들은 희생제의의 기술을 익힐 뿐만 아니라, 새로운 제의를 개발하거나 혁신해갔다. 그 가운데서도 특히 새로운 찬가의 보급과 교육은 제의의 중요한 요소를 차지했다.

이렇게 전문화된 제의는 점차 세련된 형태로 절차와 과정이 구체화되면서 규범적인 형태의 제의로 발전되어갔다. 가정에서 개인적으로 행하는 제의도 사제들이 전문화시킨 모범적 절차를 따라 행하게 되었고, 사제들은 아리아인의 풍부한 민간전승의 풍속과 신화들을 흡수해가면서 제의 전통을 확대 발전시켜나갔던 것이다.

사제들이 행하는 전문적인 스라우타(Śrauta: 베다의 찬가를 이용) 제의와 가정에서 개인적으로 행해지는 그리하(Griha: 가정) 제의는 물론 구분되어 있었지만 모두가 사제들의 영향권 아래서 보급되는 것이었다.[20] 그럼에도 불구하고, 사제들이 집행하는 스라우타 제의는 일반 가정에서 행해지는 가정 제의보다는 훨씬 정교하게 발전된 것이었다. 특히 사제들이 제의에 사용하는 불은 가정에서 사용하는 것과는 달랐다.

아리아인의 가정에서 매일 직접 개인들이 봉헌했던 단순한 제의(*homa*)는 아침에 불의 신 아그니와 창조주 프라자파티(Prajāpati)에게, 그리고 저녁에는 태양신 수리아(Sūrya)와 프라자파티에게 요리한 음식을 바치는 것이었다. 매일 드리는 제사 외에도 신년과 만월(滿月), 첫 수확기, 자녀의 탄생 혹은 건물을 신축했을 경우 등 수많은 절기와 시기마다 베다의 찬가와 함께 제의가 행해졌다.

  이러한 제의 형식은 큰 변화를 겪지 않은 채 세대에서 세대로 전승되어 현재에까지 이르고 있다. 제사의 의미는 점차 신화적인 내용에서 우주 철학적 성격으로 변해갔다. 그것이 후대에 베다의 사상으로 발전한 것이다. 이제 이러한 베다의 발전 과정을 자세히 살펴보자.

신을 부르는 노래, 베다

네 개의 베다

"영원히 활력이 넘치신 인드라시여! 부디 저들을 돌보아주소서. 우리의 모든 원수를 물리치소서. 우리의 모든 방해물을 제거하여 주시옵소서. 그리고 우리를 부요하게 하여주소서."
『사마베다』

시대를 따라 변화하는 베다

'지식(veda)의 책', 베다는 아리아인이 인도에 유입해 들어오면서 남겨놓은 가장 큰 유산이다. 베다는 앞에서 언급한 바와 같이 아리아인이 신들에게 바치는 제의를 위해 불렀던 찬가의 모음집이다. 시 형태로 된 이 찬가는 대부분 3행 또는 4행시로 구성되어 있는데, 그 운율이 참으로 아름다워서 소리를 내어 암송할 때 그 가치가 더욱 높이 드러난다.

각 노래마다 '하나의 신'을 부르는 형식으로 되어 있는데, 그 신들 가운데는 태양신을 포함하여 바람의 신, 비의 신, 불의 신, 술의 신 등이 역할과 이름을 달리하며 다양하게 등장한다. 이러한 베다는 지금도 힌두인에게 중요한 고전적 경전으로서의 가치를 지니고 있는 가장 오래된 문헌이다.

정통 힌두인은 초인적이고 신적인 권위에 베다의 기원을 두고 있다.[1] 베다는 시대가 경과하면서 네 종류로 형성되었다. 가장 초기의 베다가 기원전 1500년경에 이루어진 『리그베다』(*Rigveda*: 시 모음집)이고, 그 후에 『사마베다』(*Samaveda*: 노래집)와 『야주르베다』(*Yajurveda*: 제의문서), 그리고 훨씬 후기에 『아타르바베다』(*Atharvaveda*: 불의 사제 아타르반의 베다)가 형성되었다.

이 네 권의 베다 가운데 『사마베다』와 『야주르베다』는 대부분의 내용이 『리그베다』의 내용을 용도에 맞게 재구성한 것이다. 이들 베다는 너무나 거룩한 내용을 담고 있다고 믿어졌기 때문에 기원전 600년경까지는 브라만 계층의 사제들의 입을 통해 구전되어 왔다. 그리하여 베다가 완전한 책의 형태로 편집이 된 것은 기원전 300년경으로 추산되고 있다.[2]

이들 각각의 베다는 제의의 내용과 형식, 그리고 기원에 따라 다시 세 가지 형태로 구분된다. 찬가의 모음집인 「상히타」(Saṃhitā: 본집)[3]와 그 해석서인 「브라흐마나」(Brahmanas: 범서梵書), 그리고 제의의 지침서로서 「수트라」(Sūtra: 안내서)가 있다.

이들 가운데 본집의 해석서인 「브라흐마나」에는 「아라냐카」(Āranyaka: 숲의 책)와 「우파니샤드」(Upanishad: 철학서)[4]가 포함된다. 우파니샤드는 베다 사상을 철학적으로 심화시킨 최종적인 문헌이다. 각각의 베다는 지식을 다루는 부분(Jnāna kānda)과 실천 내용을 기술한 부분(Karma Kānda)으로 구분된다.

신에게 바치는 희생제사에서 사용되었던 찬가와 시집으로서의 베다는 원래 제사장의 제사를 위한 지침서 역할을 했다. 예컨대 어느 제사 때에 어떤 노래를 불러야 하고 또 어떻게 불러야 할 것인가부터 시작하여, 구체적인 제의의 절차와 형식을 위해 기술된 것들이었다. 따라서 완전한 제사를 위해서 각각의 베다에 따른 제사장의 역할과 호칭이 달랐다.

『리그베다』를 사용하여 제의에 신을 초대하기 위해 시를 낭송하는 사람인 호트리(hotri: 신을 부르는 사람), 『사마베다』의 노래를 부르면서 제사의 술인 소마[5]를 바치는 우드가트리(udgatri: 노래를 부르는 사람), 제의문서인 『야주르베다』의 시와 찬미의 공식문 산스크리트어로 기록된 리그베다의 본문이다.
우주와 인간의 지복(至福)을 노래한 고전적인 시다.
문자기록으로 보존된 인류 문화유산 가운데 최고(最古)의 경전일 뿐만 아니라,
최대의 분량과 아름다움을 자랑한다.

구(yajus)를 사용하여 거룩한 제의를 수행하는 일반 사제들인 아드바르유(adhvaryu), 그리고 『아타르바베다』를 노래하는 대사제인 브라흐민(brahmin: 바라문)이 각각 그에 해당하는 제의를 주관했다. 특히 대사제로서의 브라흐민은 『아타르바베다』에 국한된 것이 아니라, 일반적인 제의 전체를 주관하는 제사장의 역할을 담당했다.[6]

기원전 약 1500년경(혹은 그 이전인 1700년경으로 보는 학자도 있음)에 형성되기 시작한 초기 형태의 베다는 처음부터 구전전승(口傳傳承)으로 세대에서 세대로 이어졌기 때문에, 시간이 경과하면서 다양한 형태로 변형되어 전승되었고 베다를 연구하는 학파도 다양해질 수밖에 없었다. 이른바 베다의 다양한 학파(學派, Shākhās)가 생겨난 것이다.

그럼에도 불구하고 베다가 품고 있는 기본적인 깊은 뜻은 현자들을 통해 끊임없이 계시되거나 밝혀졌다. 이때 들리거나 계시된 내용을 '스루티'(Shruti: 들려진 것)라고 부름으로써 베다는 '계시된 책'으로 일컫는다.

이러한 이유로 힌두인은 오늘날도 베다를 내용뿐만 아니라, 소리의 가치 측면에서도 신성하고 거룩한 경전으로 숭배한다. 이 네 가지 베다의 신성한 문자로부터 수많은 신들과 인간을 포함한 뭇 생명이 탄생했기 때문에, 베다는 신화적 전설 속에서 우주보다 그 기원이 앞선 것으로 여겨지고 있다. 이른바 거룩한 문자, '옴'(Om)을 통해 온 우주가 전개되었다고 보기 때문이다.[7]

이제 이러한 네 가지 베다가 가진 각각의 특성과 내용을 좀더 자세히 살펴보기로 하겠다.

신을 노래하는 인류 최초의 찬양시, 『리그베다』

'리그-베다'라는 말은 '찬양의 베다'라는 뜻이다. '리그'(Rig)라는 말은 원래 산스크리트어로 '축제'를 의미하는 뜻에서 비롯되었는데, 일반적으로는 '노래 형태의 시'를 뜻한다. 축제에서 부르는 찬양의 노래(mantra)가 베다의 본문을 구성하는 것이다.[8] 그러므로 직역을 하자면 '찬양의 지식'이 된다. 이른바 깨달음의 내용을 노래로 부른 거룩한 문집인 셈이다.

원래 산스크리트어로 기록된 『리그베다』의 전체 내용이 최근에 영어로 완역되어 나와서 일반 독자들도 비교적 쉽게 접근할 수 있게 되었다. 하지만 워낙 방대한 내용이 모두 고대의 시어(詩語)로 표현된 것이어서 어느 정도 전문가가 아니면 이해하기 어려운 난점이 많다.[9]

전 10권으로 된 『리그베다』는 제1권부터 제7권까지는 매번 첫 장마다 아그니에 대한 찬가로 시작된다. 그만큼 제사와 그들의 신앙생활에서 아그니의 위상이 높다는 뜻이다. 제8권은 인드라에 대한 찬가로 시작되고, 방대한 분량의 제9권 전체는 소마에 대한 찬가다. 제10권에서는 아그니에 대한 찬가로 다시 시작되지만 우주의 창조주에 대한 기사(奇事)와 원형적 인간의 창조 등에 대한 이야기가 나온다.

짧게는 1절로 된 시가 있는가 하면, 길게는 58절로 된 긴 시도 있다. 이렇게 시적인 문구와 지혜로 가득한 『리그베다』에는 수많은 신들이 등장한다는 점이 그 특징이다. 이른바 다신론(多神論)적 우주관이다.

33신들에 대한 찬미의 노래(sūkta)[10]가 1,028개나 되지만 대부분이 인드라, 아그니, 소마 신에 대한 노래다. 베다는 천둥과 번개 그리고 불과 음료(술)를 관장하는 신들에게 바치는 노래로 가득하다. 인드라는 아리아인의 적인 다스유스를 진멸한 권능의 신이며, 아그니는 불의 신이고, 소마는 식물과 음료의 신이다.

모두가 인간의 생명을 유지하는 데 가장 필요한 요소들로서 아리아인이 이를 신격화하여 숭배한 것이다. 『리그베다』에 나타난 주요 신들의 전반적인 내용은 뒤에서 본격적으로 다루기로 하고, 우선 『리그베다』에서 가장 돋보이는 신 인드라와 불의 신 아그니에 대한 찬가의 일부를 먼저 감상해보자.

[인드라에 대한 찬가]
"내가 이제 인드라의 고결한 업적을 말하노라.

우선 번개를 이용하여 용을 죽이고, 땅을 갈라 수로를 만들어 산의 급류를 흐르게 하고, 강이 드러나…… 조용히 바다로 흐르게 하였다.

그는 황소처럼 맹렬히 소마를 취하니, 세 가지 신성한 컵에 담

비와 천둥의 신 인드라는 동방을 지키는 수호신이자 신들의 왕이다.
초기 베다시대에 인드라는 소와 사제, 신까지 보호하는 강력한 신으로,
『리그베다』에서는 불의 신 아그니와 더불어 가장 많이 언급된다.
후대에 가서는 권위가 점차 하위로 강등되지만,
여전히 크고 작은 신들의 왕으로서 군림하면서
많은 비슈누 사원의 벽에서 코끼리를 타고 있는 모습으로 나타난다.

긴 정수를 마신다…….

뱀 족의 장자를 죽여서 이들의 환력(幻力)을 무너뜨리고 태양과 새벽하늘에 생명을 불어넣으니 이를 방해하는 자 아무도 없도다.

광폭한 브리트라가 용을 죽인 인드라에게 도전하니 치명적인 우레 앞에 박살나는구나……. 용을 무찌른 인드라여, 그대는 무엇을 보았는가? ……

인드라는 움직이는 것과 움직이지 않는 것, 길들여진 가축과 발이 있는 짐승, 번개와 천둥, 모든 것의 왕이니, 그의 법은 모든 사람 위에 있도다. 수레바퀴가 수레 살을 감싸듯이."(『리그베다』, I.32.1~15)

[불의 신 아그니에 대한 찬가]
"높은 곳에 강한 자가 새벽이 오기 전에 떠올라, 우리에게 어둠으로부터 빛을 가져오도다. 밝게 빛나는 눈부신 아그니가 탄생과 더불어 모든 인간들의 거주지에 함께하였도다.

천지의 아들로 태어난 그대, 아름다운 식물들에게서 나온 아그니여! 어두운 밤을 정복한 그대, 빛나는 아들이여, 그대의 어머니들로부터 포효하듯 큰 소리로 나왔도다.

여기, 지고한 비슈누(Viṣṇu)가 현신하여 그 자신의 최상의 거처를 지키도다. 숭배하는 자들은 한 마음으로 노래하면서 그의 입에 달콤한 우유를 바치도다…….

거룩한 제의의 사제(아그니)여, 번쩍번쩍 빛나는 수레를 타고 모든 제의 속에서 빛나는 깃발을 휘날리며 영광과 권능으로 모든 신들과 어깨를 겨누는 인간들이 즐겨 찾는 아그니를 여기에 초대하나이다.

그리하여 아그니는 훌륭한 장식으로 차려입고 지상의 가장 중심부에 자리를 잡고 섰도다. 붉은빛으로 태어난 그곳에 사람들은 공물을 바치나니 오, 왕이시여! 위대한 대제사장으로서 신들을 이곳으로 불러오소서.

오, 아그니, 하늘과 땅을 넘어서 온 천지의 아들이여! 그대의 양친인 온 천지에 편만하였도다. 젊은 그대여, 그대를 열망하는 모든 이에게 오소서. 그리하여 이곳으로 신들을 초대하소서. 오, 위대한 승리자이시여!"(『리그베다』, X.1.1~7)

달콤한 제의의 멜로디, 『사마베다』

『사마베다』는 사제들이 제의를 올릴 때 부르던 찬가집이다. 따라서 본문은 노래를 위해 복잡한 운율을 강조하고 있다. 제의가 점점 더 복잡해지면서 바라문 사제들의 기능도 제한적인 한계를 지니게 되었다.

『사마베다』의 사마(Sama)는 샤만(Sāman: 멜로디)을 나타내는 말로, '달콤한 노래' 또는 '거룩한 노래'라는 뜻을 지닌다. 『사마베다』는 이 '노래'(chants)의 모음집으로서, 『리그베다』의 제8권과 제9권에서 주로 뽑아낸 작품들이다. 특히 『리그베다』의 제9권은 온통 소마에 대한 찬가로 수록되어 있다.[11] 이처럼 『사마베다』라는 이름은 노래의 성격이 강하기 때문에 지어진 것으로, 노래를 어떻게 불러야 할 것인가 하는 문제를 정교하게 설명하고 있다.

원래는 일정한 순서가 없는 찬가의 모음집이었으나, 일정한 시기가 지나면서 종교적 제의에 맞게 재구성되었다. 『사마베다』에는 순수 주문(呪文) 형식의 만트라만 있는 것이 아니라, 일반적인 형식의 노래도 곁들여져 있다. '우드가트리'라는 사제들이 『사마베다』의 노래를 부르며 소마 식물의 즙으로 다양한 신들에게 헌주(獻酒)를 바치는 제의를 행한다. 가장 후기에 편집된 『아타르바베다』의 사제들이 주로 '불의 사제'로서 불의 제사를 드렸던 것과는 대조적이다.

사제들의 편집을 거친 『사마베다』의 본집은 『리그베다』 본문과는 달리 다소 중요한 변형의 과정을 거친다. 그리하여 분량 면에서는 『리그베다』보다 더 많다. 어떤 구절은 『리그베다』를 설명하는 것이 명백한 부분이 첨가되어 있기도 하지만, 어떤 구절은 오히려 『리그베다』 본문보다 더 오래되거나 원형에 가까운 것들이 있다는 주장도 있다. 특히 멜로디(sāman)는 『리그베다』보다 더 오래된 것이다.[12] 노래의 형식이나 음절은 제의를 수행하는 사제들을 위해 반복 또는 삽입되거나 연장되는 변형을 겪게 되었다.[13]

『사마베다』는 기본적으로 두 가지 형태를 띠게 되는데, 하나는 대중적인 양식의 노래이고, 다른 하나는 숲 속 은자들의 노래형식

이다. 『사마베다』의 산스크리트어 전문도 최근에 영역본으로 잘 번역·편집되어 나왔다.[14]

『사마베다』 역시 『리그베다』와 마찬가지로 편집자가 누구인지 모른다. 아리아인이 처음 인도에 왔을 때는 제의를 위한 안내책이 필요 없었을지라도, 정복과 정착 이후에는 점차 종교적 의례를 위해 정교하게 편집된 지침서가 필요했기에 사제들에 의해 만들어졌을 것이다.

『사마베다』는 원래 수많은 학파(shakha)로 형성되어나갔으나 오늘날 학자들은 전래되는 기록에 근거하여 대개 13개 학파만을 인정하고 있다.[15] 그 가운데서 현존하는 학파는 마라타(Mahratta) 지방의 라나야나(Ranayana) 학파와 구자라트(Guzerat) 지방의 쿠투마(Kuthuma) 학파, 그리고 카르나티크(Carnatic) 지방의 자이미니(Jaimini) 학파다. 지금도 『사마베다』의 이름으로 회자되고 있는 학파들은 이 세 학파를 중심으로 하고 있다.

이들은 각기 자신들의 『사마베다』 본집(Samhitā)의 교정본을 가지고 있다. 『사마베다』의 본문은 1,875개의 만트라로 구성되어 있는데, 전반부 650개의 만트라 구절과 후반부 1,225개의 만트라로 구분된다.[16] 『사마베다』에 속하는 해설서인 「브라흐마나」도 『밤샤 브라흐마나』를 포함하여 크게 일곱 가지로 거론된다.[17]

『사마베다』는 『리그베다』의 찬가를 수집한 것이 대부분인 만큼, 신들에 대한 찬가가 주류를 이루고 있다. 그러므로 베다에 언급되고 있는 신들에 대한 기본적인 이해 없이는 『사마베다』를 온전히 이해할 수 없다. 베다의 신들은 베다 후기에 나타나는 각종 경전(聖典, puranas)이나 서사시들에서 볼 수 있는 신들과는 그 성격이 각기 다르다.

많은 신 가운데 특히 앞서 언급한 바 있는 불의 신 아그니(Agni), 폭풍의 신 인드라(Indra) 또는 바람의 신 바유(Vayu), 그리고 태양신 수리아 등이 주요 신으로 등장한다. 이들 중 아그니는 지상(prithivi)을 통치하고, 인드라나 바유는 공중의 대기(antariksha)를 통치하며, 수리아는 하늘(dyuloka)을 통치한다. 기원전 800년경에 살았던 베다의 주석가 야스카(Yaska)는 베다의 다른 수많은 신들도 결국 이 세 신의 현현(顯現)에 불과하다고까지 말했다.

이를테면 지상의 모든 신들은 아그니에 속한 혹은 아그니와 동일시되는 신들이며, 대기의 모든 신들은 인드라 또는 바유에 속하거나 동일시된다. 그밖에 하늘에 속한 모든 신도 수리아에 속하거나 동일시되는 신이다.

이같이 베다에 나타나는 신들은 주로 지상, 대기, 하늘의 세 영역으로 구분하여 활동하는데, 규정된 신의 수는 베다마다 차이가 있다. 베다의 어떤 본문에서는, 11개의 신들이 각각의 영역(loka)에서 활동한다고 보고 33개의 신들로 규정하기도 하고, 어떤 본문에는 3,339개의 신들로 말하는가 하면, 후대의 푸라나(聖典)에는 신들의 수가 3억 3,000으로 늘어나기도 한다.[18]

반면 모든 다양한 신들이 결국은 동일한 하나의 지고한 신성(至

高神性, supreme godhead)의 현현에 지나지 않는다는 주장도 있다. 이러한 단일신론(單一神論)적 주장은 특히 후대의 우파니샤드 사상에서 발견된다. 이같이 다신론적 경향을 가진 주장과 단일신론적 주장이 서로 다르게 나타나지만, 베다가 보여주는 다양성에서 기인한 자연스런 결과일 뿐이다. 분명한 것은 점차 후대로 갈수록 단일신적 경향이 두드러지게 나타나고 있다는 것이다.

베다에서 신들은 다양하게 등장한다. 하지만 일단 하나의 신을 선택적으로 초대해 제사를 드리거나 찬가를 부를 때에는 선택된 신이 지고의 드높은 신으로 초대되고 나머지 신들은 보조적인 역할을 할 뿐이다. 예컨대 제사나 예배의 필요에 따라 아그니 신이 지상 최대의 신으로 숭배되면, 인드라는 대기의 최고신, 수리아는 하늘의 최고신이면서도 보조적으로만 추앙되는 것이다.

오, 아그니여!

그러면 이제 『사마베다』에서 노래하고 있는 내용의 일부를 맛보기로 하자. 『사마베다』의 앞부분에 해당하는 「아그네야 칸다」(Agneya kanda: 「아그니 편編」)에서는 주로 아그니에 대한 노래(만트라)가 대부분이다. 물론 인드라, 브라흐마나스파티(Brahmanaspati)[19], 소마 등에 대한 찬가도 있지만 아그니에 대한 것이 가장 많다. 114개의 만트라가 수록되어 있는 「아그네야 칸다」에서 아그니에 대한 찬가의 일부를 살펴보자.

"오, 아그니여! 우리가 바치는 희생의 제물을 와서 받으소서. 제의에서 신들에게 희생제물을 바치기 전에 우리는 먼저 당신께 기도를 올려야 하나이다. 오셔서 제의(yajna)의 사제가 되옵소서. 오셔서 제단에 앉으소서.

오, 아그니여! 당신은 모든 제물에 대하여 신들을 초대하시는 분이시옵니다. 신들 자신이 인간들 사이에서 당신을 높이 추대하나이다. 우리는 불의 신이야말로 모든 신에게 메시지를 전달하는 자임을 아나이다. 불의 신은 전지자(全知者)요, 신들을 불러들이는 자며, 제식의 절차에 따라 제의를 성사시키는 자입니다."(『사마베다』, Purvarchika, 「아그네야 칸다」)

위의 본문을 보면 아그니가 사제들에게 어떠한 가치와 지위를 지니며 존경을 받고 있는가를 알게 된다.

우선 아그니는 제의에 올려진 제물을 받는 자인 동시에 제물을 바칠 신들에게 제사를 바치는 자를 중개하는 역할도 한다. 그러기에 중재자로서 권위를 지니고 사제들의 찬양을 받고 있다. 또한 불의 신 아그니는 모든 것을 이해하는 전지자로서도 높이 추앙을 받는다.

이같이 위대한 신 아그니는 『사마베다』에서 인드라와 소마와 함께 가장 중요한 신으로서 찬양을 받고 있다. 『사마베다』의 다른 판본에서는 아그니를 어떻게 찬양하고 있는지 한 군데 더 살펴보자.

불의 신 아그니는 숫양을 타고 세 개의 다리와 일곱 개의 팔,
검붉은 눈과 짙은 눈썹의 붉은 남자로 묘사된다. 손에 창과 컵, 숟가락,
부채 등 불의 제사와 관련된 다양한 이미지의 도구를 지니고 있다.
입에서 불길을 내어 사제들이 제의에 바친 버터를 핥아 먹는다.
아그니는 베다시대부터 현대까지 힌두의 여러 신 가운데
가장 인기 있는 신으로 숭상받고 있다.

"오소서, 아그니여! 찬양을 받으시고, 축제와 제물에 다가오소서. 거룩한 목초 위에 호타르(Hotar)로 좌정하소서.

오, 아그니여! 당신은 신들에 의하여 인간들 가운데서 모든 제물의 호타르로 제정되었나이다. 우리가 선택한 전권대사이시여!

이 거룩한 제의를 완벽하게 수행하시는 자, 모든 부(富)의 소유자, 호타르이시여!"(『사마베다』, I.1.1~3)

『사마베다』는 이처럼 제사의 출발점에서부터 다른 신이 아니라 불의 신 아그니를 부르고 찬양한다. 마치 무당이 제물을 차려놓고 필요한 신을 요청하는 것과 같다.

사제의 부름을 받는 아그니는 제사에서 인간과 신들을 연결하는 메신저로서 전권대사 같은 자격을 얻는다. 아그니야말로 제물을 태움으로써 모든 제의를 완벽하게 수행할 수 있는 특권을 지닌 자이면서 동시에 모든 부요를 관장하는 신이기 때문이다. 이제 『사마베다』에서 가장 많이 언급되는 신 가운데 하나인 인드라 신에 대한 찬가의 내용을 살펴보자.

"오, 인드라여! 우리는 당신이 우리 가운데 오시기를 염원하나이다. 우리는 당신 앞에 절하며 복종하나이다. 우리가 부르는 찬양을 통하여 우리가 간구하는 것을 들어주소서. 사제들은 당신 앞에 경의를 표하며 불을 밝히고, 당신을 위하여 자리를 마련하였나이다.

영원히 활력이 넘치신 인드라시여! 부디 저들을 돌보아주소서. 우리의 모든 원수를 물리치소서. 우리의 모든 방해물을 제거하여 주시옵소서. 그리고 우리를 부요하게 하여주소서."(『사마베다』,「인드라 편」)[20]

위의 찬가에서 우리는 인드라의 위치를 살펴볼 수 있다. 우선 사제들이 제의를 드리는 가운데에 인드라가 초대되었고, 사제들의 기원에 응답해주는 신이라는 것을 알 수 있다. 인드라는 활력이 넘쳐서 사제들이 원수로 여기는 적들을 물리치는 힘도 있다. 이는 인드라가 악마로 여겨지는 브리트라를 물리친 용감한 전투의 신으로 숭배를 받고 있다는 것과 상통한다.

원수와 방해 요소를 제거한 다음에는 부요의 축복을 달라고 인드라에게 빌고 있다. 이러한 기원의 내용과 형식은 그리스도교인들이 하느님에게 원수를 물리치고 축복을 달라는 기원의 내용과도 구조적으로 상응한다. 다만 사제들이 비는 기도의 대상이 여러 신들에게 향한다는 차이가 있다.

『사마베다』에서 다루어지는 내용은 이 책의 뒤에서 자세히 살펴보기로 하고 이제는 『야주르베다』에 대해 고찰해보자.

신앙의 고백, 『야주르베다』

『야주르베다』는 앞서 언급한 것처럼 '아드바르유'(adhvaryu: 일반적인 사제) 사제들이 제의 때에 사용하던 문서로서 '제의의 지혜서'라고도 불린다. 『야주르베다』는 신앙적 고백의 글이라는 뜻의 '야주스'(yajus)라는 말과 '베다'의 합성어다. 따라서 사제들이 제의를 드릴 때 불렀던 고백문으로서의 찬가집을 뜻한다. 그러므로 당연히 『야주르베다』의 편집자들은 사제들이다.

『야주르베다』는 다른 베다와 달리 인드라와 아그니, 소마 외에 다른 신들에 대한 찬가는 상대적으로 적게 언급되기는 하지만, 역시 수많은 신들이 등장한다. 무엇보다 제사의 방법을 구체적으로 상술하고 있다는 것이 『야주르베다』의 특징이다.

『야주르베다』의 편집은 크게 두 가지로 구분된다. 기원전 1000년경에 편집된 『흑(黑) 야주르베다』(Black Yajurveda)와 그 후에 야즈나발키아(Yājnavalkya)[21]와 같은 현자에 의해서 통일적으로 편집된 『백(白) 야주르베다』(White Yajurveda)가 그것이다.

『흑 야주르베다』는 '무질서한' 혹은 '뒤섞인' 본문이라고도 부른다. 이유는 찬가인 만트라 외에도 제의를 위한 신학적 해설서인 산문체의 「브라흐마나」를 포함하고 있기 때문이다. 반면 『백 야주르베다』는 찬가인 만트라만을 수록하고 있다.[22] 이러한 이유로 다양한 학파를 지니게 된 『야주르베다』는 『리그베다』보다 그 분량이 훨씬 방대하다.

『야주르베다』의 산스크리트어 영역본은 서양의 유명한 베다 연구자 키스(A.B. Keith)에 의해 1914년에 번역·초판되었다.[23] 이 책은 전체 7권(Kanda)으로 구성되어 있다.

제1권에서는 제의에서 부르는 노래 형식으로 각 신들에 대한 찬가와 제의의 방식이 수록되어 있다. 아그니와 소마의 제의, 신월(新月)과 만월(滿月)에 드리는 제사 등이 주종을 이룬다. 제2권에는 특별한 동물제사에 관한 기술이 나온다. 예컨대 번영을 원하는 자는 하얀 짐승을 바람의 신 바유(Vayu)에게 바쳐야 한다는 내용이다. 바람은 가장 날쌘 신이기 때문이다.[24] 제2권에서도 신월과 만월의 제사 양식은 계속 설명된다.

제3권에는 소마 제사에 대한 보충편이 실려 있다. 그러면서 태양신 수리아나 아그니, 그리고 인드라의 역할이 계속된다. 제4권에서는 제의에서 불을 어디에 두어야 하는가 하는 점을 소개한다. 이러한 내용이 길고도 장엄한 서사시와 같이 노래의 형식으로 서술되고 있다.

여기서도 바람의 신·빛의 신 들이 초대되어 원수를 이기는 일과 부와 번영을 기원하고 있다. 그중에서도 여전히 아그니는 하늘의 머리요, 땅에서는 주(主)의 역할을 맡고 있다. 그중 아그니에 대한 노래의 일부를 감상해보자.

"아그니는 높은 하늘의 수장(首長)이요, 이곳 땅에서는 주님이시다. 그는 물에서 나는 씨앗을 소생시킨다. 오, 아그니 그대여! ……

 아그니는 천 배 백 배로 강한 주님이로다. 슬기로운 풍요의 수장(首長)이시여, 제사를 이끄시며 행운의 군마와 함께 지역을 다스리시는 분. 그대는 하늘에 머물며 그대의 머리는 승리의 빛이시나이다. 오, 아그니여!

 그대는 그대의 혀로 제물을 나르게 하나이다. 아그니는 인간이 불 밝힌 제단의 촛대로 깨어나 한 마리 암소처럼 슬며시 다가온 새벽의 여명을 만나는도다. ……"(『야주르베다』, IV.4.4)

이같이 아그니 신에 대한 찬가 외에도 무시무시한 폭풍의 신 루드라(Rudra)[25]에게 바치는 제사에 부르는 찬가도 있다. 루드라 신에게 바치는 찬가의 일부를 감상해보자.

 "오, 루드라여! 그대의 진노에 고개를 숙이나이다. 그대의 활과 화살에 또한 고개를 숙이나이다.

 그대의 팔에도 경의를 표하나이다. 그대의 지극히 친절한 화살과 활 그 날아가는 무기들, 오, 루드라여!

 우리를 너그럽게 보아주소서. 오, 루드라여!

 그대의 몸은 친절한 분, 두려운 분이 아니십니다. 상서로운 얼굴빛과 용모를 지니시고 가장 효력 있는 치유를 하시는 분, 산을 자주 찾아오시는 분이시여, 우리를 굽어 살피시옵소서.……"
(『야주르베다』, IV.5.1)

『야주르베다』가 말하는 제의 방법

제5권 첫 부분에서는 불을 담는 그릇을 어디에 놓을 것인가 하는 문제에 대하여 산문 형식으로 길게 설명하고 있다. 공물을 바칠 때는 네발 가진 짐승을 바쳐야 한다거나, 국자로 네 번 퍼서 신들에게 공물을 바친다는 등의 수많은 제의 절차와 구체적인 방법이 서술되어 있다.

제5권의 제1장 제1절~10절까지는 제사를 지내는 사제의 모든 자세와 일거수일투족, 그리고 어느 시점에 노래를 부르는가 하는 등의 구체적인 진술이 담겨 있다. 제2장에서는 불을 땅에서 어떻게 준비할 것인가 하는 문제를 다루고, 제7장에 이르기까지 수많은 신들이 등장하면서 제의에 초청되고, 간간이 제의에 대한 장문의 설명이 이어진다.

그리스도교의 『성서』에서 「레위기」가 사제들의 제의를 위한 제사문서에 해당한다면 바로 이 『야주르베다』가 그러한 역할을 하고 있는 것이다.

제6권에서도 제의를 위한 긴 산문체 형식의 설명이 계속되고 있는데, 특별히 소마제의에 대한 설명이 먼저 나온다. 여기서는 제의를 위한 공간을 설정하는 데 동서남북 사방을 누가 차지할 것인가에 대한 설명이 시작된다.

신과 인간이 각각 그 방위를 차지하는데, 신들이 동쪽을 차지하고, 피트리(Pitṛs: 조상들)는 남쪽, 사람들은 서쪽, 루드라는 북쪽을 차지한다. 동쪽에서 햇살이 들어오게 하고 제사를 행하는 이는 서쪽에서 나아가 신들의 세계인 동쪽을 향해 걸어간다. 그리고 제의를 행하는 자는 머리와 수염, 손톱을 깎아서 정결하게 해야 한다는 등의 다양한 설명이 있다.[26]

마지막 제7권에서는 하루의 제사 방식과 해마다 드리는 제사에 대한 설명이 계속된다. 하루의 제사에 관한 본문은 빛에 대한 설명부터 시작된다.

> "자손을 낳게 하는 것은 빛이다. 아그니는 모든 신들의 빛이다. 비라즈(Viraj : 광휘, 통치)[27]는 운율의 빛이다. 언어의 비라즈는 아그니에서 그친다."(『야주르베다』, VII.1.1)

빛과 광휘의 비라즈가 언어의 율동에서 만나고 아그니에서 그친다. 이 빛으로서의 언어와 율동과 아그니는 자손을 번성시키는 축복의 근원이다. 이러한 빛에 대한 찬가는 하루에 이루어지는 제사의 출발이 된다.

『야주르베다』가 찬양하는 것

이어지는 장에서 날마다 계속 진행되는 제의의 다양한 측면을 설명하고 있다. 자연과 방위(方位), 계절 등을 노래하는가 하면, 다양한 신들을 불러 찬양하기도 한다. 대체로 아그니와 소마와 바유[28] 등의 신으로 이어지기도 하는데, 찬가에서 열거하는 주된 신들은 다음과 같다.

> "아그니를 찬양하세, 소마를 찬양하세, 바유를 찬양하세, 물의 기쁨을 찬양하세, 사비트리(Savitṛ: 만물을 낳는 자의 뜻)[29]를 찬양하세, 사라스바티(Sarasvati: 전설적인 강, 브라흐마의 아내)[30]를 찬양하세, 인드라를 찬양하세, 브리하스파티(Brhaspati: 기도의 주)[31]를 찬양하세, 미트라(Mitra: 태양신)[32]를 찬양하세, 바루나(Varuna: 천지를 감싸고 있는 자)[33]를 찬양하세, 모든 것들을 찬양하세!"(『야주르베다』, VII.1.14)

이밖에도 수많은 신들이 등장하지만, 푸산(Pūṣan: 영양분을 주는 자)[34]과 같은 신이나, 땅과 대기, 하늘과 태양, 달과 낮 밤을 직접 찬양하기도 하며, 선함과 안녕, 배고픔과 만족, 질병이나 흰 눈, 얼음, 열기, 야생(野生) 그리고 그밖의 모든 세계를 찬양한다.

또한 하나에서 열아홉까지, 스물아홉에서 아흔아홉까지, 100과 200을 찬양하고, 2, 4, 6, 8 식의 짝수를 찬양하다가 3, 5, 7과 같은 홀수를 찬양하기도 하고, 50에서 1000을 헤아리거나, 100에서 1000, 만, 10만, 100만, 1000만, 억, 10억, 100억, 1000억, 조에 이르기까지의 숫자와 전 세계와 모든 것을 찬양한다. 숫자 속에 모든 세계의 비밀이 다 들어 있다고 보기 때문이다.

이밖에도 이빨이나 턱, 입, 코, 눈, 이마, 뼈, 피와 같이 인체에 관련된 많은 부위도 찬양한다. 다양한 색깔이나 식물을 찬양하기도 한다.

『야주르베다』는 일일이 다 헤아릴 수 없을 정도로 많은 부분을 찬양한다. 그리고 후반부에 가서는 질문과 대답 형식의 찬양을 부르며 신화 속에서 진실을 찾아간다.

"맨 처음의 발단은 무엇이었습니까? 위대한 수명(壽命)은 무엇이었습니까? 사자의 빛깔(황갈색)은 무엇이었습니까? 무엇이 부드러운 것이었습니까?

하늘이 처음 발단이었지요. 말이 위대한 수명이었지요. 사자의 빛깔은 밤이었지요. 양이 부드러운 것이었지요.

누가 홀로 움직였던가요? 누가 또한 다시 태어났던가요? 추위에 대한 해결책은 무엇이었던가요? 커다랗게 뒤덮고 있는 것은 무엇이었던가요?

태양만이 홀로 움직이고 있지요. 달이 다시 태어나지요. 불이 추위의 해결책이지요. 커다랗게 뒤덮고 있는 것은 땅이지요.

나는 땅 끝이 어디인지 당신에게 묻나이다. 땅의 중심이 어디인지 당신에게 묻나이다. 강인한 말의 종자가 무엇인지 당신에게 묻나이다. 언어의 최고의 경지는 무엇인지 당신에게 묻나이다.

현자들은 땅의 가장 끝을 제단의 터라고 합니다. 현자들은 세계의 중심을 제사라고 합니다. 현자들은 강한 말의 종자를 소마라고 합니다. (현자들은) 언어의 최고의 경지를 브라만이라고

합니다."(『야주르베다』, VII.4.18)

  우주의 시작과 연령, 강함과 부드러움 따위는 말이나 사자, 양과 같은 동물에 비유하고, 움직임과 다시 태어남, 추위, 뒤덮음을 태양과 달, 불, 땅에 비유하고 있으며, 땅의 끝과 중심을 제단의 터와 희생제의에 비유하고, 강한 말의 종자와 언어의 위력은 소마와 브라만에 비유하고 있다.

  세계의 주요한 요소들을 제사와 관련지어 설명하고 있는 것이다. 그 마지막 단계에서 인간 인식의 가장 중요한 영역인 언어의 주인을 브라만이라고 함으로써 후대 우파니샤드 철학의 심오한 결론을 유도하는 단초를 제공하고 있다. 이제 다음에서 『아타르바베다』에 대해 살펴보자.

주술과 기도, 『아타르바베다』

『아타르바베다』는 바라문 가문의 이름인 '아타르바'(Atharva)에서 취한 이름이다. 네 개의 베다 중에 가장 나중에 편집된 것이기 때문에 '제4의 베다'라고도 한다. 전승에 따르면, 『아타르바베다』는 주로 브리구(Bhrigus)와 앙기라스(Angirasas)라는 두 현자의 집단에 의해 구성되었다고 전한다.[35]

  『아타르바베다』는 전체 베다에 속하는 것이기는 하지만, 『리그베다』나 『야주르베다』의 본문과는 상당히 다른 독립적인 배경을 지니고 있다. 물론 『리그베다』와 같이 전체가 찬가로 구성되어 있지만, 베다시대의 제의 전통과는 상당히 거리가 먼 내용들로 가득 차 있다. 그것은 『아타르바베다』가 초기 베다와 구분되는 훨씬 후대에 편집된 것이기 때문이다.

『아타르바베다』는 대부분이 시의 형식으로 운율을 갖춘 노래이지만, 6분의 1가량이 산문으로 되어 있다. 그리고 전체 찬가의 약 6~7분의 1 정도만이 『리그베다』에서 발견되는 내용인데, 이는 편집과정의 사회적 배경이 서로 다르기 때문이다. 이 베다의 내용은 사랑의 성공에서부터 지상에서의 열망을 어떻게 실현할 것인가 하는 문제 등을 광범위하게 다루고 있다.

현존하는 『아타르바베다』의 교정본(sakhas) 가운데는 사우나키야(Saunakiya)와 파이팔라다(Paippalada)가 있다. 사우나카 학파가 전하는 『아타르바베다』의 본문 가운데 약 3분의 1에 해당하는 문집이 블룸필드(M. Bloomfield)에 의해서 최근에 영역되어 나오기도 했다.

『아타르바베다』가 질병의 퇴치 등에 관한 주술과 같은 독립적인 내용을 다루고 있기는 하지만, 일부 찬가인 쿤타파수크티니(Kuntāpasūktini, 찬가 127~136)를 제외하고는 본집의 제20권 대부분이 『리그베다』의 문구를 그대로 인용할 정도로 똑같은 내용도 있다. 이는 『아타르바베다』가 『리그베다』의 전통을 따르고 있다는 것을 보여주는 것이다.

제17권은 사소한 관심사들에 대한 일상을 독립적으로 노래한 것이다. 제15~16권은 대부분이 사제들인 바라문의 산문이고, 제14권과 제18권은 각각 아타르반 사제가 주도하는 결혼과 장례에 대한 시로 되어 있다. 이 시는 대부분 『리그베다』 제10권의 만트라와 일치한다.[36]

그런가 하면 제19권은 후대에 삽입된 것으로, 원문을 개악(改惡)하여 심하게 훼손된 것도 있다. 『아타르바베다』의 제12권에는 우주 진화론적이며 신지학적인 노래가 실려 있는데, 땅의 여신에 대한 노래 가운데 "진리와 위대함, 우주적 질서, 힘, 정화, 창조적 열정, 영적 승화, 제의가 지구를 떠받치고 있다"는 것이다.[37]

나머지 제1장부터 제13장까지의 내용에서는 약물을 사용하는 치유가나 주술사가 등장하여 대부분 주문 형식의 기도를 올린다. 이는 다른 베다가 시인이나 사제들이 노래하는 찬가의 형식인 것과 대조적이다.

특히 질병의 치유를 비는 기도 주문에서는 열병, 두통, 감기, 수종(水腫), 심장병, 만성병, 중풍, 유전병, 문둥병, 정신병 등에 대한 수많은 종류의 질병이 열거되고, 거기에 대한 처방으로서 갖가지 신들이 초대되기도 한다. 『아타르바베다』의 주술적 특징에 대해서는 뒤에서 자세히 다룰 것이기 때문에 여기서는 질병 퇴치에 관한 주문 기도의 일부만 감상해보도록 하자.

"아그니여, 타크만(takman: 열병)을 여기서 몰아내소서. 소마여, 그리고 능란한 솜씨를 지닌 바루나여 열병을 거두어주소서.

제단과 제단 위의 밀짚과 밝게 타오르는 장작더미가 열병을 거두어가게 하소서. 지겨운 질병을 아주 몰아내주소서.
　이글거리는 불꽃처럼 모든 인간을 창백하게 만드는 오, 타크만, 너는 이제 아주 무기력하게 되리라. 이제 썩 물러가거라. 아, 저 깊은 심연으로!"(『아타르바베다』, V. 22.1~2)

이밖에도 가축에 달라붙어 있는 진드기를 퇴치하기 위한 저주의 주문이라든가, 어린아이들에게 달라붙어 있는 벌레들에 대해서도 천지와 사라스바티(브라흐마의 아내) 여신, 그리고 인드라와 아그니 신에게 부탁하여 벌레들을 무찔러주기를 주문한다.

"떠오르는 태양이 벌레들을 죽이리라. 태양의 광선이 가축 속에 있는 벌레들을 죽이리라. 네 눈을 가지고 작은 반점을 가진 얼룩덜룩한 벌레, 그리고 하얀…… 벌레, 머리를 뽑아버리고 몸통을 으깨버리리라. ……벌레의 왕과 부왕(副王)도 살육당할 것이며, 그의 어미도 형도 자매도 살육당하리라."(『아타르바베다』, II. 32.1~4)

어린아이를 공격하는 벌레들에 대해서도 다음과 같은 주문으로 퇴치한다.

"내가 천지에 호소하노라. 내가 사라스바티 여신에게 호소하노라. 내가 인드라와 아그니에게 호소하노라. (내가 말하노니) '그들이 벌레를 죽이리라.' 오, 훌륭한 주님이신 인드라여! 이 몸 속의 벌레를 죽이소서. 나의 혹독한 저주가 모든 악독한 세력을 물리쳤도다."(『아타르바베다』, V.23.1~2)

이제까지 『리그베다』 『사마베다』 『야주르베다』 『아타르바베다』의 특징과 차이점을 간략하게 살펴보았다. 네 가지 베다의 총 분량은 그리스도교 『성서』의 여섯 배나 된다. 이 방대한 베다의 주된 구성은 이와 같이 신들에 대한 찬가와 제의의 방법을 다루는 내용이었다. 그러나 점차 베다 후기로 이어지면서 신화적인 내용이 우주적인 차원에서 철학적으로 변해간다. 이제, 베다가 말하고자 하는 바와 그 변화과정을 각 주제별로 자세하게 살펴보자.

2

우주와 인간은 어떻게 형성되었는가

베다의 창조와 진화

"그의 입은 브라만이 되고, 그의 팔은 전사, 넓적다리는 평민, 발은 종이 되었다. 달은 그의 마음에서 생겨났고, 태양은 그의 눈에서 생겨났다. 인드라와 아그니는 그의 입에서 나왔으며, 바람은 그의 생명의 숨에서 비롯되었다."
『릭베다』

우주의 창조

『리그베다』에서는 우주와 인간의 창조, 그리고 발전과정에 대해 크게 두 가지 각도의 관점으로 설명한다. 하나는 어떤 거대한 원리가 만들어낸다는 관점이고, 또 하나는 진화적 관점에서 발생해간다는 관점이다. 그러나 이러한 견해들이 상호 배타적인 것만은 아니며, 오히려 두 가지 견해가 서로 결합되는 느낌도 있다.

하나는 어떤 원리가 우주와 인간을 만들어낸다는 견해로, 훌륭한 솜씨를 가진 장인(匠人)인 신이 목수처럼 신과 세계를 만들어내는 것이다. 다른 하나는 '타파스'와 같은 열기가 발생하여 스스로 진화해가는 과정으로 우주의 창조를 설명한다.

시대와 계층을 달리하던 『리그베다』의 여러 시인들은 이러한 두 가지 관점을 기초로 다양한 상상력을 동원하여, 여러 신들이 제각각의 기능을 하며 수많은 세계의 요소들을 하나둘씩 만들어가는 것으로 설명한다.

예컨대 인드라는 6개 영역을 측량하고, 지구를 확장하며, 하늘의 높은 천장을 만든다.[1] 그런가 하면 비슈누는 천상의 공간을 측량하고 높은 곳에 튼튼한 주거지를 만든다.[2] 그밖에도 바루나가 태양으로 공간을 측량하고, 조상신들은 장대로 두 세계를 측량하며 영토를 확장한다. 사비트리는 지구를 단단히 결속시키는 일을 하며, 비슈누도 지구를 고정시키고, 브리하스파티는 그것들을 지탱하는 역할을 한다.

이같이 우주를 건축하는 일에서 신들이 각기 부분적인 역할을 담당하는데, 특별히 전문적인 기술을 가진 신들이 있다. 예컨대 신의 목수 트바스트리는 신들과 모든 세계의 부분들을 장식하며, 그의 아들 리부스도 솜씨 좋은 기술로 많은 창작품을 내놓는다. 이들의 소소한 창작품에 비해 비슈누는 우주의 큰 그림을 그려서 인간이 살 수 있는 거주지를 측량하여 만들기도 한다.3

우주의 다양한 요소들을 창조하면서, 부모가 자식을 낳듯 신들이 다른 요소들을 탄생시키기도 한다. 예컨대 새벽의 여신이 태양을 탄생(jan)시키는 경우와 같다. 반면에 새벽은 밤의 여신에게서 탄생한다. 이것은 하나의 현상이 시간적으로 다른 현상에 앞서 발생하는 경우를 탄생에 비유한 것이다. 한편 공간적으로 앞선 경우에도 마찬가지다. 예를 들면, 화살통이 화살의 아버지로 표현되는 경우와 같다.4

이러한 시공간적 선후의 개념이 천지(天地)의 신에게 적용되어 천지가 만물을 낳는 것으로 표현된다. 하늘의 천신(天神) 디야우스(Dyaus)가 신들의 아버지가 되는 것과 같다. 그리하여 새벽의 여신은 계속해서 이 천신 디야우스의 딸이라고 불려진다. 마찬가지로 땅은 그 넓은 가슴으로 온갖 식물을 생산하는 어머니(地母神)가 된다.5 하늘은 아버지가 되고 땅은 어머니가 되어 '천지의 신'이 부모로 짝을 이루어서 만물을 낳고 또 낳는 것이다.

이외에도 탄생의 기원을 말해주는 '아들'이라는 개념이 많이 등장하는데, 아주 추상적인 개념을 설명하는 것이 대부분이다. 예를 들면 아그니는 '힘의 아들'이며, 푸산은 '해방자의 아들', 인드라는 '진리의 아들', 미트라-바루나는 '위대한 힘의 아들'이라는 표현 등이다.[6]

그러나 이러한 탄생의 족보와 같은 차원을 넘어서 우주를 창조하는 조물주로서의 독보적인 존재를 상정하는 경우가 있는데, 그것은 잠시 후 고찰해보게 될 비슈바카르만이라는 신이다.

또 한편으로는 만들어진 것도 아니고 탄생된 것도 아닌 스스로 우주의 제물이 되어서 우주를 발생시키는 제물로서의 창조자 푸루샤도 있다. 이 푸루샤의 몸에서 천지 사방과 인간이 탄생되었다는 신화다.

그런가 하면 신화 창조 개념보다는 다소 철학 개념으로 우주창조를 설명하는 경우도 있다. 움직이고 정지하는 모든 것의 정신, 곧 아트마(ātmā)를 창조의 원리로 보는 것이다. 이는 태양을 찬미하는 표현 중의 하나로서, 우주의 정신이자 영혼을 아트마라고 말하고 있는 것이다.[7]

태양을 우주의 근본정신으로 보는 이러한 태도는 후기의 우파니샤드에 가서 우주의 근본 원리로서의 아트만과 브라만의 합일 사상을 낳게 한다. 그런 점에서 태양은 우주를 잉태하는 황금계란과 같은 '황금의 모태'가 된다. 바로 이 태양의 우주정신인 아트마가 모든 것을 탄생시킨 창조주로서의 프라자파티라고 칭송을 받는다.[8] 나중에 이 프라자파티는 후기 문서인 「브라흐마나」의 주된 창조주가 된다.

그러나 무엇보다도 『리그베다』에서 창조에 관한 가장 유명한 기사는 우주 찬가 속에 나타난다. 일종의 진화적 측면에서 우주의 탄생을 말하는 것으로, 이른바 비존재(āsat)에서 존재(sat)가 드러나는 창조적 진화의 과정을 서술하고 있다. 이것이 바로 창조의 노래라고 불리는 유명한 나사디아(Nāsadīya) 찬가다.

또 다른 각도에서 창조적 진화의 과정을 서술하고 있는 찬가도 있다. 앞서 언급한 것처럼 '타파스'라는 열기에 의해서 모든 것이 발생한다는 것이다.[9] 이제 타파스에 의한 창조의 내용을 좀더 자세히 살펴보자.

태초에 비존재도 존재도 없었다

『리그베다』는 우주가 전개되는 어느 한 시점에 존재도 없었고 비존재도 없었다는 알쏭달쏭한 이야기를 하고 있다. 불교에서 말하는 비유비무(非有非無)의 논리 같기도 하지만, 실상 그러한 무(無)의 개념도 아니다.

없어서 없는 것이 아니고, 그렇다고 있었다고도 할 수 없는, 어느 한쪽의 개념에 집착하지 말라는 불교 논리와는 다른 독특한 그 무엇이 있다. 노자가 『도덕경』에서 '도를 도라고 하면 도가 아니라' 하면서도, 억지로 이름 붙이자면 도(道)라고 했던 바와 같은 존재의 차원에 더 가깝다.

언어가 존재의 대상을 가리킨다고는 하지만 직접적인 설명을 해줄 수 없는 한계를 지니고 있듯이, 그저 고대 시인들의 직관 속에서 우주창조의 한 '일자'를 가리키고 있는 것이다. 그리스도교의 『성서』 첫머리에는 하느님의 창조 기사가 언급된다.[10] 『리그베다』 역시 처음부터 인간과 우주의 본성에 대해 설명하면서 시작한 것이 아니고, 우주와 신들에 대한 제사와 찬미의 입장에서 출발했다. 점차 후대에 가서 창조의 근원자에 대한 개념과 조물주에 대한 시인-사제들의 인식과 논의가 활발해져갔을 뿐이다.

수많은 신들로 인격화된 물리적 자연현상의 배후를 설명해주는, 좀더 근원적이고 유일한 실재, 곧 일자(一者, the Oneness, Tad Ekam)에 대한 갈망이 생기면서 베다의 우주창조론은 전개되었다. 그것이 『리그베다』에서 창조의 노래라고 불리는 나사디아 찬가다.

초기 베다의 제사 분위기에서 우주 기원에 대한 고도의 추상적이고 철학적 개념으로 발전하면서, 그 근원자에 대한 추구를 노래한 그 유명한 한 편의 시를 감상해보자.

"태초에 비존재(非存在, asat)도 존재(存在, sat)도 없었다. 땅도 그 위의 하늘도 없었다. 무엇을 덮으려는 움직임[11]이 있었던가? 어디서? 누구의 보호 아래? 끝없는 심연의 깊음 속에 물이 있었던가?

그때에는 죽음도 불멸도 없었다. 낮과 밤을 구별하는 표징[12]도 없었다. 일자만이 그 자신의 힘으로 바람도 없이 호흡하고 있었다. 그외에는 아무것도 없었다.

태초에 어둠이 어둠에 덮여 있었다. 어떤 것을 구별할 수 있는 표징도 없고, 오직 공허하고 형태도 없는 물의 혼돈뿐이었다. 그때 대단한 '열기'(tapas)에 의해서 '일자'가 탄생했다.

태초에 그 일자에게서 '욕망'(kāma)이 일어났다. 그것이 처음 '마음'(manas)의 씨앗이었다. 마음속에서 지혜를 추구하던 현자(kavi)들은 비존재 속에서 존재와의 결속을 깨달았다.

이들의 결속이 어긋나며 크게 분리되었다. 그때 아래로 무엇이 있었으며, 위로는 무엇이 있었던가? 씨앗을 뿌리는 자들이 있었고, 강력한 힘을 지닌 자들이 있었다. 아래로 충동이 일어났고, 위로는 에너지가 솟아났다."(『리그베다』, X.129.1~5)

이 한 편의 찬가에는 창조와 관련된 수수께끼와 같은 역설이 숨어 있다. 태초라고 말하지만 그 순간이 어떤 상황인지는 알 수 없다. 그런 한순간에 "비존재도 존재도 없었다"고 선언한다.

『성서』의 「창세기」에는 "태초에 하나님이 천지를 창조하시니라"(「창세기」, 1:1)고 하면서, "땅이 혼돈하고 공허하며 흑암이 깊음 위에 있"(1:2)는 상황에서 하나님이 빛을 창조하신다(1:3)고 말한다. 말씀으로 무(無)에서 유(有)를 말씀으로 창조하는 모습으로 형상된다.

하지만 베다에서는 태초에 유도 무도 없는 상태라고 말한다. 이것은 분명 논리적으로 모순된 진술이다. 이 문장을 두고 학자들은 저마다 다양하게 해석하지만, 한 가지 분명한 사실은 '타드 에캄',

즉 '일자'의 출발을 말하고 있다는 사실이다.

"땅도 하늘도 없었다"고 하는 상태에서, 어떤 움직임이 일어났다고 보는 것이다. 그 움직임이 어디서 누구에 의해 발생했는지 궁금할 뿐이다. 그러나 끝없는 심연 속에 '물'이 있었으리라는 추측이 엿보인다. 물론 그때에는 죽음도 불멸이라는 개념도 없었다. 밤낮을 구분해주는 해와 달도 없었다. 오직 '일자'만이 스스로의 힘으로 조용히 호흡하고 있었다.

여기서 우리는 '일자'와 '호흡'이라는 표현에 유의할 필요가 있다. 일자는 유일한 창조자를 말하는 것이고, 호흡은 생명을 뜻한다. 그러므로 그 일자는 호흡하는 생명의 존재다. 마치 하느님이 무에서 유를 창조할 당시 스스로 존재하는 '여호와'가 생명의 숨을 쉬고 있었다는 것과도 비슷하다. 물론 '하나님'을 다른 이름으로 불러도 좋을 것이다. '오직 유일한 그분'이 어디 하나의 이름으로만 형용될 수 있겠는가?

"태초에 어둠이 어둠에 덮여 있었다"고 했는데, 이 또한 『성서』에서 말하는 「창세기」의 창조 기사 가운데, "혼돈하고 공허하며 흑암이 깊음 위에 있고"(「창세기」, 1: 2)라는 표현과 유사하다. 빛이 비쳐오는 천지창조 이전에 어둠과 깊은 흑암을 상정하는 것은 자연스러운 이치다. 물론 창조 이전에는 태양이 없었으니 낮과 밤의 구별도 없었으리라. 오직 존재하는 것은 공허한 혼돈뿐이었다.

더 나아가서 베다의 창조 기사에는 물의 혼돈을 상정하고 있다. 『성서』에서도 공허하고 혼돈한 상황에서 "하나님의 영(靈)은 수면(水面) 위에 운행하시니라"(「창세기」, 1: 2)라고 했다. 창조 때에 유일하게 상정되는 것이 물이라는 점에서 베다와 『성서』 창세기사는 놀랍도록 유사하다. 서양 최초의 그리스 철학자 탈레스 역시 최초의 근원적 존재를 물이라고 했던 것을 생각해보면, 고대인들의 우주관이 어느 정도 일치함을 보게 된다. 이는 빛보다도 물이 앞선다는 생각을 반영해주는 것이다.

위의 시에서, 창조의 "그때 대단한 '열기'에 의해서 '일자'가 탄생하였다"고 말한다. 시작을 알 수 없는 한 그때, 발생한 것이 '열기'라는 타파스(tapas)에 의해서 '일자'가 탄생했다는 것이다. 이것은 창조라기보다는 진화의 입장이다. 공허한 혼돈의 **흑암**에서, **물**로 추정되는 그 무엇에 **열기**가 발생하고 그 열기에 의해서 다시 **일자**가 탄생했다는 진화의 과정을 보게 된다. 그런데 다시 또 놀라운 것은 그 일자에서 '**욕망**'(kāma)[13]이 발생했는데, 이것이 처음 '**마음**'(manas)의 씨앗이라는 것이다.

이러한 일련의 진화적-창조 과정에서 시인들은 '비존재 속에서 존재로 이어지는 연속적인 결속'의 과정을 통찰하게 된 것이다. 이는 이미 비존재 속에 존재의 씨앗이 내포되고 있었다는 것이며, '드러나지 않은 존재'(비존재)가 '드러난 존재'가 된 셈이다.

이들이 결속이 아래위로 분리되면서 크게 벌어졌을 때, 위의 하늘에는 씨앗을 뿌리는 생산자가 거처하게 되었고, 아래에서는 떠받치는 거대한 에너지가 솟아나고 있었던 것이다. 하늘에서 씨앗을 뿌리는 생산자는 『리그베다』 곳곳에서 비유로 나타나는데, 하

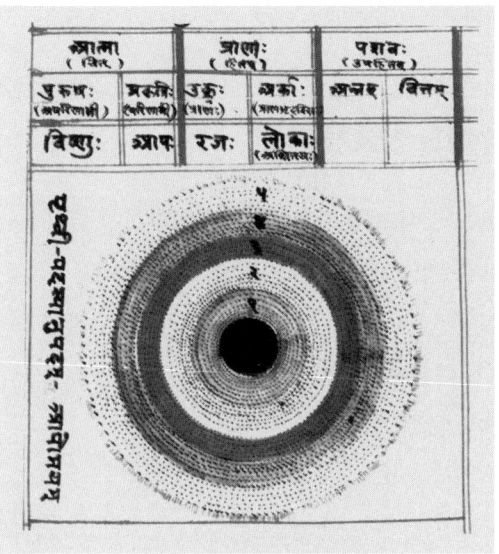

베다시대의 전통에 따른 우주 진화를 도형화한 것이다.
창조의 주재자인 프라자파티가 스스로의 열기에 의해
세상(loka)을 창조하는 과정을 보여준다.

늘에서 내리는 비나 황소의 정액 등으로 표현되기도 한다. 물론 태양으로 상정할 수도 있다. 아래로 충동이 생기고 위로는 에너지가 솟아오르면서 천지가 혼융하여 만물을 생산해가는 과정을 상정할 수 있게 된다.

누가 우리를 창조했는가

『리그베다』의 여러 본문에 따르면, 여러 신이 다양한 창조력을 동시에 지니고 있는 모습을 보게 된다. 그러면서도 누가 진정한 이 우주의 창조주인가 하는 문제는 서로 다른 각도에서 논의되거나 노래되었다. 다음에 계속되는 베다의 구절은 창조주와 관련하여 다음과 같이 말하고 있다.

"누가 진정 알 수 있단 말인가? 어디서 그것들이 산출되고, 어디서 이 세계가 창조되었는지, 누가 감히 그것을 여기서 입으로 단언할 수 있단 말인가? 신들이 창조력으로 이 경험 세계 속에 나타났다고 하지만, 그것이 어떻게 존재하게 되었는지 누가 알 수 있단 말인가?

이 창조의 세계가 어떻게 존재하게 되었는지, 그것이 만들어진 것이든지 아니든지, 가장 높은 하늘에서 감찰하고 있는 자, 그분만이 실로 알 수 있거나, 혹은 모를 것이다."(『리그베다』, X. 129.6~7)

참으로 알쏭달쏭한 이야기다. 창조에 관한 한 그 누구도 알 수 없다는 솔직한 이야기다. 그것도 지고(至高)한 하늘에 계신 존재인 그분만이 알 수 있거나 혹은 그분마저 알 수 없을지 모른다는 이야기다. 베다의 찬가 중에서도 '하늘'은 여전히 인간이 도달할 수 없는 신비한 영역이다.

본문에서 강조되고 있는 부분은 '무엇'(what)이 창조되었는가가 아니라, '누가'(who) 창조했는가 하는 문제로 집중된다. 초기 베다에서는 자연현상과 그 세계를 다스리는 자연적 요소, 즉 태양, 불, 천둥, 물 등이 신격의 지위로 격상되어 숭배를 받았다면, 이제는 관심의 초점이 이동되어 그 모든 현상의 배후에서 '누가' 이 현상을 만들어내거나 조종하고 있는지에 대한 관심이 두드러졌다.

이 '배후의 존재'에 대한 의문은 계속되면서, 『리그베다』의 다른 본문에서 점차 창조주의 이름을 언급하기 시작한다. 초기 베다의 신들은 물질세계의 기원에 대해 언급해주지 못하지만, 이러한 세계창조의 기원에 대한 물음이 지속되면서, 후기의 베다가 나름대로 답하고 있는 것이다.

창조의 힘, 타파스

앞의 『리그베다』의 본문에서 "태초에 비존재도 존재도 없었고, 오직 일자만이 있었다"고 했는데, 그 일자가 열기(熱氣), 곧 타파스에 의해 탄생하고 있었음을 본 바 있다. 생명력의 기원을 새로운 각도에서 서술하고 있는 것이다. 이 또한 창조에 관한 시인들의 관점의 차이에서 비롯된 것으로 볼 수 있다.

앞에서 본 바와 같이 우리는 태초, 어둠, 물, 일자, 열기, 욕망, 마음의 씨앗, 현인, 지혜, 비존재와 존재의 결속, 그리고 에너지의 저장과 생명의 확산이 진화적 관점에서 열거되고 있음을 보게 된다. 그 가운데서도 특히 일자 속에서 생명의 힘이 꿈틀거리는데, 그것은 열기의 발생과 관련이 있고 열기의 발생은 또한 욕망 때문이었다는 것이다.

이 가운데 주목해야 할 단어는 '타파스'다. 타파스는 인체 속의 열기뿐만 아니라, 우주 공간의 모든 물리 화학적 영역에서 언급될 수 있는 용어다. 특히 위의 본문과 관련하여 볼 때, 타파스는 창조의 힘 그 자체를 넘어서는 온 우주적 추동력으로 파악해도 좋을 것이다. 베다의 신화적 권위와 힘은 바로 이러한 원초적 힘에 대한 우주적 신화적 묘사에 있다고 보아도 좋을 것 같다.

베다의 또 다른 본문에 따르면 이 타파스의 창조력을 잘 말해주는 구절이 있다. 이른바 '우주적 열기'(cosmic heat)라고 하는 구절이다. 그러면 이 우주적 열기인 타파스를 베다 본문은 어떻게 진술하고 있는지를 살펴보자.

> "우주적 질서인 리타(rita)와 진리(satya)는 바로 이 타오르는 열기에 의해 탄생되었다. 이 타파스에 의해 밤이 탄생되었고, 이 타파스에 의해 출렁이는 바다가 탄생되었다.

출렁이는 바다에서 연수(年數)가 나왔고, 낮과 밤이 정해졌으며, 깜빡거리며 명멸(明滅)하는 모든 것이 정돈되었다.

정돈하는 자(혹은 창조자) 그는 태양과 달, 하늘과 땅 그리고 중간 지대의 공간을 설정하고 마침내 태양빛을 발하게 하였다."
(『리그베다』, X.190.1~3)

여기서 말하는 우주적 질서인 리타는 진리인 사티야와 궁극적 실재(reality)라는 측면에서 동일시될 수 있다. 그리스 철학이나 『성서』의 로고스(logos) 개념이나, 중국의 철학적 개념인 도(道) 또는 이(理)와도 상통하는 개념으로 보아도 좋을 것이다. 이 모든 개념이 우주의 근원적 원리를 추념(推念)하고 있기 때문이다. 그런데 흥미로운 사실은 이 진리와 우주적 실재로서의 리타가 열기에서 발생했다는 점이다. 이 열기를 무엇으로 생각하느냐에 따라서 베다의 창조 신화는 다르게 해석될 수 있다.

이 우주적 열기인 타파스를 베다의 학자들 가운데는 사제들의 제의적 활동과 관련하여 해석하면서, 고행과 금욕이라는 측면에서 이해하기도 한다. 예컨대, 타파스는 창조자의 원초적 욕망(erotic)과 금욕적(ascetic) 열기라고 보는 것이다.[14]

한편 이 타파스를 열역학 반응의 원리나 빅뱅이론과 같이 현대적 시각에서 달리 생각해보면, 베다의 저자들이 우주 발생론을 희미하지만 원시 과학 측면에서 이해하고 예측했다고 볼 수도 있을 것이다.

그러나 베다의 진술을 현대의 과학적 입장에 바로 대입하는 것은 무리가 있을 것이다. 다만 그 우주 발생론과 창조의 입장을 신화적 제의의 양식을 통해, 금욕적 고행과 관련하여 무언가 일자 속에서 꿈틀거리는 '욕망'이 내재하고 있었음을 말하고자 하는 것은 틀림없다.

마치 『성서』에서 하나님이 "자기의 형상대로 인간을 창조하자"고 '욕망'을 일으켰던 것과 비교해보아도 좋을 것이다. 그 욕망에 관해서는 자세히 알 길이 없지만 비유하자면 하나님의 '의도'로 보아도 무방할 것이다.

타파스에 관한 한 우리는 적어도 두 가지 사실을 연역해낼 수 있다. 하나는 자연과 우주 차원의 열기이며, 또 하나는 인간에 관한, 특히 제사와 관련된 고행이나 금욕으로서의 열기라는 측면이다. 이 모두가 창조와 관련이 있다. 우주적 열기로서의 창조와 제사행위를 통한 창조가 그것이다. 자연과 관련해서는 낮의 태양과 밤의 달, 그리고 낮밤의 다른 열기, 그리고 바닷물의 출렁임과 계절의 변화 등으로 열기의 창조력은 진행된다.

이는 마치 고대 그리스의 철학자 헤라클레이토스가 우주의 근원은 열기, 곧 불(火)이라 했던 것과도 상통한다. 그는 열기가 강해지면 태양처럼 뜨거워지고 식으면 물이 되거나 얼음처럼 변화되는 것이 우주 변화의 원리로 보았던 것이다.

자연의 관점에서 볼 때, 태양의 열기는 땅에서 물을 끌어올리고 비를 생산한다. 반면에 제사에 사용되는 불은 바쳐진 음식물을 끓

여서 증기를 유발한다. 사제들이 열정적으로 제사를 드리면 그들의 몸에서 땀이 솟는다. 태양의 열기든지 사제의 땀이든지 모두 타파스와 관련된다. 자연적 열기로서의 타파스는 태양이 과일을 익히듯이 불이 되어 제사의 음식을 익힌다. 과일이 태양의 열기에 먹기 좋게 익듯이, 제사음식도 먹기 좋게 익는다(pakva).

여기서 다시 '먹힘'의 미학을 보게 된다. 제사는 먹음과 먹힘의 사슬관계다. 먹힘이 없는 먹음은 없다. 먹고 먹힘의 구조를 가능하게 하는 것이 타파스다. 다시 말해서 일체의 희생제의는 타파스의 열기로 가능하다. 우주적 희생제의는 바로 타파스로부터 출발한다고 해도 과언이 아니다.

이 같은 타파스의 창조적 힘은 점차 더 다양한 의미로 확대 해석되었다. 베다의 다른 본문에 따르면 원래 타파스는 하늘을 관장하는 신 인드라의 활동력, 곧 인드라의 힘과 관련되었으나, 인간도 불의 제사를 통하거나 그들 자신이 헌신적인 열정을 지님으로써 타파스를 만들어낼 수도 있다.[15] 그리고 이 타파스는 사제의 헌신적인 열정과 관련되는 만큼, '고행'(苦行)이라는 의미도 동시에 지니게 된다.

결국 타파스는 우주적 열기의 현현과 함께 인간 속에서의 헌신적 열의라는 의미를 동시에 지니는 것으로 이해될 수 있다. 그리고 동시에 타파스는 의례적 제사의 차원에서 함께 이해될 수 있다는 점을 간과하지 말아야 한다. 다시 말해서 타파스, 곧 열기는 우주 차원의 열기에 지나지 않을 수 있으나, 그 개념이 인간에게 적용될 때는 고행을 통한 땀과 희생이라는 제의적 측면을 동시에 지니고 있음을 기억해야 할 것이다.

베다의 본문에 따르면, 신들은 타파스를 창조하지 않았다. 오히려 일자도 타파스에 의해 생겨났다.[16] 신들도 다만 타파스를 어떻게 이용할지를 알고 있을 뿐이었다.

이것은 초기 베다의 찬가를 지어 불렀던 현인 르시들도 마찬가지였다. 현인들은 진리를 만트라의 노래 속에 담아 불렀고 제의를 통해 진리를 드러내고자 했다. 그리고 희생제의와 타파스를 통해 진리를 얻고 신들과 같이 불멸을 얻고자 했으며, 후대의 사람들에게도 제의의 구조와 진리를 깨닫게 함으로써 불멸을 얻을 수 있는 방법을 알려주었다.

타파스의 창조력은 단순히 열기라는 기능에만 국한되지 않고, 제사의 물리적·정신적 측면에 모두 적용됨으로써, 만트라와 같이 소리가 지니는 신성한 힘과도 관련을 갖게 되었던 것이다.

'황금의 모태' 히란야가르바

베다의 창조와 관련된 일자나 타파스에 이어, 좀더 구체적으로 우주창조의 신화를 보여주는 또 다른 본문이 있다. 그것이 이른바 '황금의 모태'(the Golden Embryo) 신화다.

『리그베다』 제10권 제121장에 따르면 태초에 '황금의 모태'로 표현되는 히란야가르바(hiraṇyagarbha)[17]가 있었다고 한다. 히란야가르바는 익명의 신으로서,[18] 황금계란의 모양을 하고 그 속에 이미 천지를 내포하고 있다. 그는 만물의 근원자로서 유일한 신이며, 모든 피조물에게 생명과 호흡을 불어넣어준다. 황금계란이란 황금처럼 빛나는 태양을 형상화한 것으로 생각되는데, 마치 만물을 움직이게 하고 정지시키기도 하는 태양의 정신(ātmā)에 비유했던 바와 같다.[19]

히란야가르바는 '히란야'(hiraṇya)와 '가르바'(garbha)의 합성어로서, 황금과 태(胎)의 복합어다. 황금빛 나는 모태는 후기에 가서 '황금계란'이라는 명칭으로도 불리는데, 이는 우주의 난생신화(卵生神話)를 뒷받침하는 근거가 된다.

이제 우주 진화의 신비를 보여주는 이 황금계란 형태의 익명의 신 히란야가르바에 대한 본문을 감상해보자.

"태초에 히란야가르바가 떠올랐다. 그가 태어나자 모든 피조물의 유일한 주가 된 것이다. 그는 땅과 이 하늘을 정돈시켰다. 우리가 공물로 예배해야 할 신이 누구인가?

그는 생명의 호흡을 주는 자요, 힘과 활기를 주는 자며, 그의 명령에 모든 신들이 복종하도다. 죽음을 지배하는 주(主), 그의 그림자는 불멸의 생명이로다. 우리가 공물로 예배해야 할 신이 누구인가?

그는 그의 위대함으로 숨 쉬고 깜빡이는 세계의 유일한 통치자가 되었고, 사람과 짐승들의 주가 되었도다. 우리가 공물로 예

배해야 할 신이 누구인가?(『리그베다』, X.121.1~10)

베다의 창조설에서 아주 독특한 '황금의 모태' 이야기에서 히란야가르바는 이처럼 익명의 인격적 신이지만, 스스로가 무한한 공간에 태양처럼 솟아올라 모든 피조물의 유일한 주가 되어 천지를 정돈하고 생명을 주며 죽음도 지배하는 통치자가 된다. 계속하여 본문은 다음과 같이 이어진다.

그는 그의 위대한 힘으로 이 눈 덮인 산들과 라사(Rasā) 강을 포함하여 바다를 가진 자라고 사람들은 노래하도다. 그는 그의 두 팔로 하늘을 소유하고 있는 자로다. 우리가 공물로 예배해야 할 신이 누구인가?

그가 놀랍게도 하늘과 땅을 튼튼히 만들었고, 하늘 천장과 태양을 떠받쳤으며, 하늘 공간도 측량하였도다. 우리가 공물로 예배해야 할 신이 누구인가?

떠오르는 태양이 빛날 때, 그에 의해 도움을 받고 있는 두 진영(陣營)[20]이 떨면서 그의 도움을 요청하고 있도다. 우리가 공물로 예배해야 할 신이 누구인가?

만물을 잉태하고 있는 임신한 강력한 물이 불을 뿜으면서 나타났을 때, 그는 거기에서 신들의 생명의 호흡으로서 탄생하였도다. 우리가 공물로 예배해야 할 신이 누구인가?

그는 위대한 힘으로 제물을 쏟아놓으면서 다크샤(Dakṣa)[21]

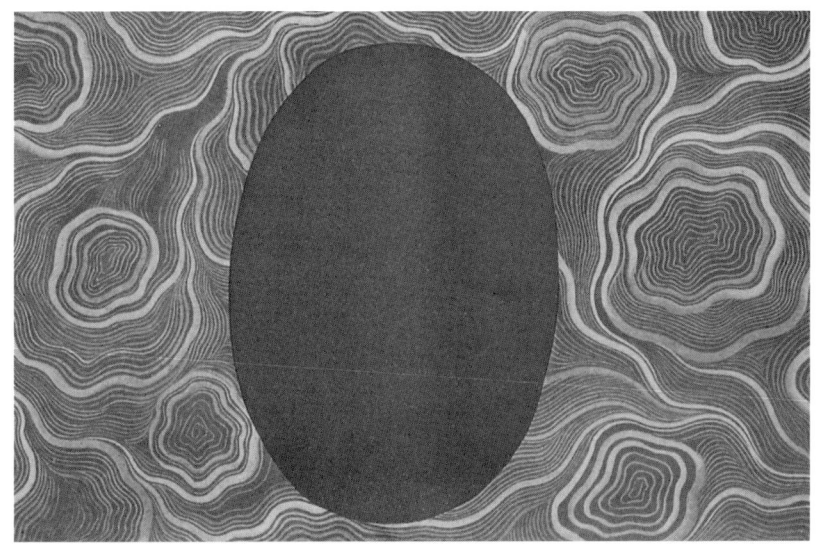

'황금 계란'으로 설명되기도 하는 '황금의 모태'가 혼돈과 흑암의
무질서에서 우주를 창조하는 과정을 상징적으로 형상화한 것이다.
이는 단순성에서 복잡성으로, 동질성에서 이질성으로,
불완전성에서 완전성으로, 통일성에서 다양성으로 나아가는
베다의 우주적 진화 과정을 잘 보여주는 것이기도 하다.

를 품은 물을 내려다보았도다. 그는 모든 신들 가운데 유일한 신이로다. 우리가 공물로 예배해야 할 신이 누구인가?

땅을 탄생시킨 아버지이자 하늘을 창조한 그가 우리를 해하지 않도록 하자. 그의 법은 진실하도다. 그는 높이 빛나는 물들을 창조하였도다. 우리가 공물로 예배해야 할 신이 누구인가?

오, 프라자파티, 만물의 창조주여, 오직 그대만이 만물을 포용할 수 있나이다. 우리가 공물을 바치며 소원하는 바를 이루어 주소서. 우리가 부의 주인공이 되게 하소서."(『리그베다』, X. 121.1~10)

처음에 히란야가르바가 솟아났다. 어디로부터인지는 분명하지 않다. 태어나자마자 그는 우주의 주인이 된다. 그리고 천지를 정돈시키고, 생명의 호흡을 불어넣어주며, 죽음도 관장하고 불멸을 제공한다. 사람과 짐승을 포함하여 산과 강, 바다까지 모두가 그의 소유다. '두 진영'으로 표현되는 '하늘과 땅, 혹은 신들과 악마'의 세력까지도 모두 히란야가르바의 도움에 의존하고 있다.

'황금 태' 히란야가르바의 탄생이야기는 극적이다. 만물을 내포하고 있는 물이 불을 뿜으면서 황금 모태를 탄생시킨다. '물'이 히란야가르바보다 시간적으로 앞선다. 그런가 하면 뒤에 이어지는 본문에서는 히란야가르바가 '높이 빛나는 물'을 창조하는 것으로 나타난다. 여기서는 물이 나중이다.

이러한 시간적 모순과 역설은 베다 곳곳에서 볼 수 있는 탄생설

화의 한 현상으로서, 서로가 서로를 낳는 상호출생의 신비를 말해 주는 것으로 해석되기도 한다.[22]

앞서거니 뒤서거니 하는 탄생신화의 모순은 물이 불에서 나오고 불이 물에서 나온다는 표현에서도 볼 수 있다. 이는 나중에 보게 되겠지만 인드라의 탄생을 말할 때, 폭풍우 속에서 번개가 탄생하는 비유와 같다. 이 모든 창조의 모순을 극복하고, 등장하는 창조주의 이름이 바로 프라자파티다.

후렴구에서 '우리가 공물을 바치며 예배해야 하는 신은 누구인가' 하는 문제를 집요하게 자문하면서 진행되는 이 시편은 창조자가 프라자파티(Prajāpati)라고 답하면서 끝을 맺는다. 익명의 창조신 히란야가르바는 프라자파티라는 새로운 이름으로 마지막 구절에 등장한다.

기원을 알 수 없는 어느 때에, 우주만물을 품은 황금계란 모양의 태를 가진 히란야가르바는 프라자파티라는 이름이 되어 인간들의 제의와 공물을 받을 수 있는 자격을 가진 창조자로 등장하게 되는 것이다.

우주를 창조한 건축가, 비슈바카르만

일자, 타파스, 히란야가르바에 이어 또 다른 이름의 창조주 비슈바카르만을 살펴보자. 『리그베다』 제10권 제81~82장에 따르면 우주를 창조한 신(deva), 곧 전능자로서의 '조물주'(造物主)인 비슈바카르만(Viśvakarman)이 언급되고 있다. 그 조물주는 자신을 위한 우주적 제의 속에서 여러 신성한 제의와 창조력을 지니게 된다. 그는 '거룩한 언어의 주'였던 바짜스파티(Vācaspati)와 동일시되기도 하면서, 용광로 같은 불속에서 천지를 창조해낸다. 천지가 불의 제사를 통해 탄생했다는 이야기다.

이것은 마치 후기에 구체화되는 창조주 브라흐마나스파티[23]가 여러 신들을 창조해냈던 것과 같다. 비슈바카르만의 불의 제사를 통한 천지창조의 모습은 여전히 불의 신 아그니와의 연관성이 있음을 보여주고, 불의 힘은 천지창조의 기본적인 요소가 된다.

오늘날 현대 과학에서 우주형성의 기원을 말하는 빅뱅이론도 핵융합 반응의 결과라고 하니, 창조와 불의 신화적 상상력과 그 관련성이 허무한 이야기로만 들리지 않는다. 창조주 비슈바카르만을 노래하는 본문을 읽어보자.

"제사의 직무(Hotar)를 관장하면서 이 모든 세계를 제물로 바치는 현자, 우리의 아버지 그분께서는 풍요로움을 꿈꾸면서 지상에 사람들 가운데 오셨도다.

그가 거처로 삼은 것은 무엇이었던가? 무엇이 그를 지탱해주었던가? 도대체 어떻게 이루어졌다는 말인가? 비슈바카르만이 권능의 힘으로 만물을 바라보자 영광 속에 땅이 만들어지고 하늘이 드러났도다.

사방으로 눈, 입, 팔, 발을 가진 그가, 일자인 창조주 그가 그의

비슈바카르만은 우주의 창조자로서, 여러 기능을 지닌 것을
의미하는 네 개의 팔을 가지고 있는 것으로 묘사된다.
각각의 손에는 물항아리와 책, 올가미 그리고 장인들이
가지고 있을 법한 도구를 지닌다. 또한 비슈바카르만의
의자 주변에도 망치, 곱자 등을 준비해두고 있다.
이러한 모습은 그가 우주를 만들어내었음을 상징한다.

팔로 날갯짓을 하면서 천지를 만들었도다.

무슨 나무로, 무슨 목재로 그들[24]이 천지를 만들었겠는가? 그대 생각이 깊은 자들이여, 스스로의 마음속에 자문해보라. 그가 만물을 창조할 때 어디에 서 있었겠는가?

가장 높은 곳이든지, 가장 낮은 곳이든지, 또 그 가운데 어떤 곳일지라도, 오, 비슈바카르만이여, 제사 속에서 그대의 친구들을 깨닫게 해주소서. 그대 자신의 법에 따라 사는 자여, 그대 자신의 몸을 희생시켜 그대를 위대하게 만들었도다.

공물을 통하여 위대해진 오, 비슈바카르만이, 자신의 몸인 천지(天地)를 희생시켰도다. 우리를 둘러싼 다른 사람들이 어리석음에 빠져서 살지라도 우리는 너그럽고 풍요로운 후원자를 지니자.

사고(思考)만큼 빠른 거룩한 언어의 주(主), 비슈바카르만을 찬미하자. 오늘 우리에게 와서 우리를 돕도록. 의로운 일을 행하시고, 만인에게 자비를 베푸시는 그분께서 우리의 모든 청원을 기꺼이 도우시도록 하자."(『리그베다』, X.81.1~7)

창조주 비슈바카르만에 관한 이 찬가에서 우리는 창조의 소재가 바로 '제사' 그 자체라는 점을 주의 깊게 생각할 필요가 있다. 먼저 창조주는 제사를 관장하는 사제 호타르에 비유되고 있고, 스스로 호타르라는 별칭을 갖게 된다. 이 세계를 제물로 바치기 위한 사제가 된 것이다. 그리하여 비슈바카르만은 사제이자 현자이며 우주의 아버지가 된다.

그는 이렇게 제사를 통하여 지상의 인간에게 왔다. 하늘과 땅이 드러나게 된 것도 그의 권능의 힘에서 비롯된다. 『성서』에서 하나님이 말씀으로 천지를 창조했다면, 비슈바카르만은 자신의 권능으로 자기 몸을 제사 지낸 다음 팔로 날갯짓을 하여 천지를 창조해낸다. 그리고 눈을 들어 사방을 바라보자 하늘과 땅이 드러났다. 우주의 유일한 일자인 비슈바카르만은 눈, 입, 팔, 발을 가진 것으로 표현되는 신인동형(神人同形, anthropomorphic)의 모습을 하고 있다.

비슈바카르만의 다양한 역할

창조주 비슈바카르만은 자신을 희생제물로 삼아 우주를 탄생시킨 뒤 다른 신들과 더불어 구체적인 창조의 세부설계를 진행해간다. 이른바 때를 알 수 없는 어느 한 시점에서 다양한 신들이 출생하고 그 신들은 힘을 합하여 각기 나름대로의 창조작업을 진행한다.

베다의 시인은 창조에 동참하고 있는 신들을 일러 '그들'이라는 복수를 사용한다. 본문에서는 '그들'이 누구인지를 구체적으로 언급하지 않지만, 다음 장에서 이어지는 비슈바카르만의 찬가를 보면, 신격화된 7인의 현자를 가리키는 것 같다.

또 한 가지 주의해서 볼 것은 비슈바카르만이 '천지'(天地)와 동격이 되고 있고, '언어의 신'과도 동일한 신으로 불리고 있다는 점이다. 그리하여 비슈바카르만도 여러 명칭과 위격을 가진 유일자가 되는 셈이다.

제사를 집행하는 제사장이 되어 우주적 제의를 스스로 행함으로써, 말하자면 자신을 내어줌으로써 천지를 만들어내는 비슈바카르만. 그는 우주창조의 비밀을 이처럼 제사행위를 통해 보여주고 있다. "제사 속에서 그대의 친구들을 깨닫게 해줄 것이다"라는 말이 그러한 뜻이다.

'제사'야말로 우주의 시작이고 끝이다. 아니 그 끝없는 흐름의 연속이요, 우주생성과 생존의 비밀이다. 제사를 현대적 용어로 말하자면, 밥이 되어 '먹힘'이다. 먹힘으로써 다음 생이 이어진다. 먼저 창조된 제물의 존재는 후속으로 이어지는 다른 제물의 존재들에게 영광의 자리를 물려주고 어두운 그림자 속으로 들어간다. 이것이 우주생성의 비밀이다.

문제는 창조주 자신이 바로 이 세계를 위한 희생제물이 된다는 또 하나의 기막힌 역설이다. 본문에서 조물주 비슈바카르만은 언어의 신 바크(Vāc)와 동일시되면서, 유일하게 "신들에게 이름을 부여하는 자"이며 "하늘과 땅을 초월해 있는 자"다. 그리고 그는 '황금의 모태'로서 물속에서 우주를 잉태한 히란야가르바와 같은 창조주로서의 명성을 떨친다.

이처럼 비슈바카르만은 언어의 신 바크와 동일시되어, 모두가 물, 불, 사고 그리고 언어라는 각자의 요소가 지닌 창조력이 혼융된 형태로 드러난 '제일자'(第一者) 혹은 '제일원인'(第一原因)이

되고 있다. 결국 만물의 창조주인 비슈바카르만은 언어의 주(主)이자 동시에 제사를 집행하는 브라흐만(brahman)의 주이며, 불의 신 아그니와 제사를 만들어낸 물에서 진화한 최초의 모태가 된다.25 제사의 형식을 통해 우주를 창조해가는 베다의 창조 관념은 베다가 얼마나 제사를 중시하고 있는가를 잘 보여준다. 실제로 창조주 비슈바카르만은 제사의 주(主)이기도 하지만 제사행위 그 자체를 통해 우주를 창조한 것이기도 하다.

제사가 이처럼 창조행위와 관련되는 까닭은 자기희생과 구원이라는 두 가지를 동시에 충족하기 때문이라고도 볼 수 있지 않을까? 조물주가 자신을 위한 희생제의를 하면서 우주를 창조해내는 행위는 일자(一者)와 다자(多者)가 생성되는 최초의 우주-신화적 설명이다.

다자, 즉 우주의 생성이 이러한 변증법적 자기발전에서 비롯되었다는 설명은 그리스도교에서 하나님이 천지를 창조하는 과정의 이야기에서도 엿볼 수 있다. 예컨대 「창세기」에 따르면, 하나님은 '언어'(말씀)로 '빛'과 천지를 창조하면서 자기의 형상대로 인간을 창조한다. "하나님이 자기 형상 곧 하나님의 형상대로 사람을 창조하시되 남자와 여자를 창조하시니라"(「창세기」, 1: 27). 그리스도교에서도 베다의 바크처럼 언어로 창조할 뿐 아니라, 자기 형상을 따라 인간을 만드는 것도 일자에서 다자로의 우주적 전개라는 신적 의지가 '자기희생' 속에서 드러나고 있는 것이다.

자기 형상을 따라 인간을 창조하는 행위를 두고 우리는 신적인 생이라는 모든 우주적 생명체와 물질의 대순환 과정을 설명해주고 있다.26 이 '파괴와 재생'의 신화적인 순환 과정은 '희생과 구원'이라는 종교적 공식으로도 설명될 수 있다. 제사를 통한 우주와 인간의 창조 과정에 대한 베다의 진술은 여기서 끝나지 않는다. 이제 최초의 인간이 어떻게 우주 공간에 등장하는지에 대해 베다는 계속 설명한다.

최초의 인간, 우주적 거인 푸루샤

베다가 말하는 우주적 거인, 푸루샤(Puruṣa)에 대한 묘사는 '푸루샤 찬가'(the Puruṣa Sūkta)에서 잘 나타난다. 이 찬가에 따르면 우주가 제사와 관련하여 창조되듯이 우주적 인간도 제사와 관련하여 창조되고 있다.

이 찬가는 두 가지 기본적인 구조로 묘사되는데, 첫 번째 부분은 우주적 인간, 곧 원초적 인간 푸루샤의 기원과 그 위대성에 대한 것이다. 두 번째 부분은 푸루샤의 희생제사다. 『리그베다』의 제10권 제90장에 등장하는 이 유명한 찬가는, 신들이 우주적 거인인 푸루샤의 몸을 분할함으로써 세계의 일부가 탄생하는 것으로 설명한다.

특히 앞부분인 제1~5절에서는 푸루샤의 기본적인 모습을 잘 보여주고, 후반부에는 푸루샤와 희생제사의 구체적인 모습이 설명되고 있다. 베다의 본문을 중심으로 이를 좀더 자세히 살펴보자.

"푸루샤는 천 개의 머리, 천 개의 눈, 천 개의 발을 가졌다. 사방 온 세계에 편만해 있는 그는 열 개의 손가락을 그 너머로 뻗치고 있다.

푸루샤는 정녕 이 모든 세계 그 자체이며, 세계로서 존재해왔고 또 존재하게 될 것이다. 그는 (제사)음식[27]을 통하여 탄생시킨 불멸(신들)의 세계를 통치한다.

이것이 푸루샤의 위대성이며, 동시에 푸루샤의 능력은 이것도 넘어선다. 모든 피조물은 푸루샤의 4분의 1에 불과하며 나머지 4분의 3은 하늘에 있는 불멸의 것들이다.

푸루샤의 4분의 3은 위로 올라가고 4분의 1은 여전히 지상에 남는다. 이 지상에서 다시 온 사방으로 뻗쳐 생물(먹는 것)과 무생물(먹지 않는 것)[28]에게 침투한다.

푸루샤로부터 비라즈(Virāj)[29]가 탄생되었고, 비라즈로부터 다시 푸루샤가 나왔다. 푸루샤가 탄생될 때, 그는 지구 너머 그 이면까지 뻗쳤다."(『리그베다』, X.90.1~5)

분명한 것은 푸루샤가 세계, 곧 우주이며, 미래에도 불멸의 형태로 계속 존재하게 된다는 것이다. 푸루샤의 일부만이 생명체와 무생물의 형태로 피조물의 영역을 이루며, 나머지 4분의 3은 하늘 위의 불멸의 세계에서 존속하게 될 것이라는 점이다. 대승불교사상 가운데 천수천안(千手千眼)의 보살(菩薩)이 등장하는데, 이것도 푸루샤의 전지전능성과 상징적 측면에서 유사한 일면을 보여

푸루샤는 우주적 거인으로서, 자신의 몸을 희생시켜 우주를 만들어낸다.
예컨대 머리는 하늘, 눈은 태양, 다리는 땅, 숨결은 바람이 되고,
입은 브라만, 팔은 크샤트리아, 다리는 바이샤, 발은 수드라가 된다.
이 신화가 인도의 카스트 제도의 기원으로 설명되고 있다.

주고 있는 것으로, 이러한 불교의 상징적 수사(修辭) 또한 베다의 영향을 받은 것으로 볼 수 있다.

우주적 거인 푸루샤의 탄생으로 이제는 푸루샤가 신들을 지배하는 차원으로 격상된다. 불멸의 신들 또한 제사음식을 통해 탄생하는 것으로 묘사됨을 우리는 주목할 필요가 있다. 베다의 세계와 사상은 '음식'을 가장 중요시하고 있다. 음식은 생명을 낳기도 하고 살리기도 한다. 심지어 음식은 신들까지 탄생시킨다. 음식의 봉헌은 희생제사의 핵심이다.

하필이면 왜 음식일까? 자세히 생각해보면 우주는 온통 먹고 먹힘의 사슬구조다. 이 구조 속에서 희생제의도 탄생과 재생의 의미를 갖게 된다. 그런 점에서 앞서 언급한 불의 신 아그니(Agni)는 '먹는 자'요, 술의 신 소마(Soma)는 '먹히는 자'다. 태양은 삼키고 술은 마셔진다. 마셔지는 음식으로서 소마는 만물을 살리는 생식의 원동력이다.

마음에서는 달이, 눈에서는 태양이

푸루샤는 피조물의 일부를 구성하지만 나머지는 하늘에 속함으로써 불멸성을 획득한다. 그 불멸의 힘이 온갖 만물에 미치면서 만물은 탄생과 재생을 거듭하게 되고, 푸루샤의 영원한 단짝이자 여성적 창조 원리인 비라즈도 탄생한다.

놀라운 사실은 이 비라즈로부터 다시 푸루샤가 거듭 탄생한다는 순환논리다. 비라즈는 후기의 인도 6파(六派)[30] 철학 가운데 중요한 위치를 차지하는 샹키야 학파에서 우주창조의 원리를 말할 때, 순수 정신적 원리로서의 푸루샤에서 파생되는 물질적 제일 본성인 프라크리티(Prakrti)로 설명되고 있다.

이렇게 볼 때, 최초의 우주적 원인(原人)으로서의 푸루샤는 우주 속에 순수 영혼으로 존재하면서도 물질 속에 침투하고, 다시 그 물질(비라즈)로부터 푸루샤로 환생하는 순환적 우주체계를 지니고 있다. 여기서 우리는 우주적 거인 푸루샤의 면모를 다시 생각해보게 된다. 이제 푸루샤가 희생제사를 통해 어떻게 창조와 관련되고 있는지 베다의 본문을 통해 계속 살펴보자.

"신들이 희생제물로서의 푸루샤를 제사로 (온 땅에) 흩뿌릴 때, 봄에는 맑은 기름으로, 여름에는 나무로, 가을에는 거룩한 선물로 신에게 바치는 제물이 되었다.

신들은 태초에 태어난 희생제물인 푸루샤에게 거룩한 잔디 위에서 정화의 예식으로 기름을 부었다.

모든 것이 제공되는 제사를 통해 바쳐진 녹아 있는 버터를 그(창조주)[31]는 공중이나 숲 속 혹은 마을에 거주하는 짐승들에게 불어넣었다.

위대한 우주적 제사를 통해, 시와 노래가 탄생되었고, 운율과 일정한 형식이 만들어졌다.[32]

그 제사를 통하여 말(馬)이 탄생되었으며, 또 위아래로 두 줄

나란히 앞니를 가진 짐승들이 탄생되었다. 제사를 통하여 암소도 탄생되었고, 염소와 양도 탄생되었다.

신들이 푸루샤를 분할했을 때, 몇 부분으로 나누었던가? 그들은 그의 입을, 그의 두 팔을, 넓적다리와 발을 무엇이라고 불렀던가?

그의 입은 브라만(Brahman)이 되고, 그의 팔은 전사(戰士, Rājanya), 넓적다리는 평민(Vaiśya), 발은 종(Śūdra)이 되었다.[33]

달은 그의 마음에서 생겨났고, 태양은 그의 눈에서 생겨났다. 인드라와 아그니는 그의 입에서 나왔으며, 바람은 그의 생명의 숨에서 비롯되었다.

그의 배꼽에서는 중간 지대의 공간이 생겨났고, 그의 머리로부터는 하늘이 전개되었고, 그의 두 발로부터는 땅이, 그의 귀에서는 하늘의 사방이 펼쳐졌다. 이와 같이 신들은 세계를 질서 있게 창조했다.

푸루샤를 위해 일곱 개의 봉인된 막대기와 훌륭한 일곱 개의 땔나무[34]가 준비되어 있었다. 신들은 희생제사를 차리면서 푸루샤를 제사용 짐승으로 결박했다.

제사를 통하여 신들은 제물에게 제사를 바쳤다.[35] 이것이 첫 번째 제의의 법칙들[36]이다. 이러한 제의의 법칙으로서의 힘은 고대의 신들인 사드야(Sādhyas)[37]가 머무는 하늘의 둥근 꼭대기에 도달한다."(『리그베다』, X.90.6~16)

푸루샤는 스스로 제물이 되어 우주를 거듭 탄생시키고 있다. 계절도 제사의 재료가 된다. 푸루샤를 제물로 하여 봄, 여름, 가을 계절에 따라 버터와 연료, 제사음식이 각각 마련되어 우주와 신의 밥이 된다. 제사에 바쳐진 희생제물인 푸루샤는 모든 짐승을 살찌우는 젖과 같은 자양분이 되며, 말과 소, 양과 염소 같은 온갖 짐승들이 탄생된다. 특히 이들 짐승은 제사와 밀접한 관계를 지닌다. 제사를 통해 시와 노래도 운율을 타고 생겨난다. 갖가지 소리의 제사로서의 만트라가 이때 다양한 형식으로 탄생된다.

푸루샤가 크게 네 부분으로 갈라질 때, 입은 브라만이 되고 팔은 전사가 되며, 넓적다리는 평민, 그리고 발은 종과 같은 하인이 된다. 이것이 이른바 인도의 고대 전통사회를 형성하는 4성제도(四姓制度), 곧 카스트(caste)의 기초가 된다.[38]

푸루샤의 몸통 분할은 사회적 역할의 분할 또는 물리적 우주의 공간 배치라는 의의를 가진다. 예컨대 몸통의 최하위인 발에서 나온 섬기는 자 수드라는 사회의 기본을 이루는 층이 된다. 마치 땅이 우주의 기초가 되는 것과 같다.

넓적다리에서 나온 평민인 바이샤 계급은 왕성한 근육처럼 왕성한 사회 활동을 하는 부류다. 팔에서 생긴 크샤트리아는 무기를 다루고 사람을 지휘하는 전사와 지도자의 역할을 한다. 입에서 나온 브라만은 각종 시와 노래로 만트라를 암송하며 제사를 집행하는 사제의 역할을 담당한다.

푸루샤의 마음에서는 달이, 눈에서는 태양이 각각 생겨났다. 입에서 브라만이 나올 때 천둥의 신이자 하늘을 관장하는 인드라와 불의 신 아그니도 나왔다. 푸루샤의 생명의 숨길에서는 바람이 생겨났다. 배꼽에서는 대기가 생겨났다. 배꼽이 몸의 중간을 차지하듯, 공중의 대기는 우주의 중간이 된다. 배꼽이 생식기와 연결되는 기관으로서 생명을 지탱하고 머리와 발 사이를 연결하며 신체기관을 유지시키듯이, 허공의 대기는 하늘과 땅을 이어주는 바람과 비의 활동 무대가 된다.

푸루샤의 머리와 발로 인해 하늘과 땅의 공간이 생겨나고 우주적 활동이 유지된다. 특히 인체에서 가장 중요한 머리에는 음식을 먹는 기능뿐만 아니라, 언어의 기관이기도 한 입이 있다. 이 입을 통해 초기 베다시대의 가장 중요한 두 신 인드라와 아그니가 탄생된 것이다.

이 두 신은 언어와 불을 상징하기도 한다. 아그니는 신들에게 바쳐진 온갖 음식을 불사르는 신들의 입이기도 하다. 제사에서 아그니의 중심적 역할은 후에 자세히 언급하게 될 것이다. 무엇보다도 중요한 것은 온갖 만물이 푸루샤라는 최초의 우주적 인간의 희생적 제사행위를 통해 우주 만물이 하나로 연결되어 창조되었다는 사실이다.

이같이 베다의 창조 신화는 제사를 통한 창조임이 분명해졌다. 우주와 세계의 본성, 그리고 인간의 사회가 모두 제사의 관점에서 조명되고 있는 것을 보여준다. 이 태초의 제사는 모든 행위와 제사의 규범이 되었고, 후기에 이 제사의 철학을 최종적으로 우주적·

인간적 관점에서 종합한 내재적·관념적 사고가 베다의 끝, 곧 베단타(Vedanta) 철학으로 확립된다.

우주적 인간 푸루샤는 인체의 비유를 통해 드러나듯이 땅과 대기·하늘, 그리고 신들의 영역을 표방하며, 만물 속에 깃들어 있는 다양성과 통일성, 실제 변화와 움직임, 그리고 상호연관성을 밝혀 주는 상징이기도 하다.

3

모든 것은 제의의 불을 통해

베다의 제사

> "매끄러운 등을 가진 말이 신들의 영역으로 들어가게 되었을 때, 바로 나는 기도를 올렸나이다. 영감에 찬 현자들과 노래하는 자들이 그로 인해 크게 기뻐하나이다. 우리는 신들의 연회에서 말이 환영받는 파트너가 되게 하였나이다."
>
> 『리그베다』

신격화된 인간의 원형, 제사를 창조한 마누

『리그베다』에서 마누(Manu)라는 명칭은 인간을 뜻하기도 하고, 우주적 인간으로서, 혹은 인간의 조상으로서 일컬어지기도 한다. 마누는 일곱 명의 사제와 함께 처음으로 신에게 불을 밝히며 공물을 바치며 제사를 창시한 사람으로 묘사된다.[1]

마누의 첫 제사는 현재까지 제사의 원형으로 여겨지면서, 오늘날까지도 계속 이어지는 제사의 모범이 되고 있다.[2] 예컨대 불을 어떻게 켤 것이며, 소마를 어떻게 바칠 것인가[3] 하는 것 등은 모두 마누가 행했던 제사의 규정을 따른다. 특히 마누는 모든 백성을 위해 불을 켜서 아그니를 섬겼는데,[4] 신들이 마누에게 불을 주어 제사를 행하게 했던 것이다.[5] 제사를 행하는 마누는 오직 인간으로서의 사제 마누를 가리키고 있다.

반면 마누는 하늘의 신으로도 종종 언급된다. 예컨대 인드라가 '비바스바트의 아들 마누'(Manu Vivasvat)의 곁에서 소마를 들이킨다거나, 악마 브리트라를 살육하기 위해 세 개의 호수만큼이나 되는 '마누의 소마'(Soma of Manus)를 단숨에 들이켰다고 할 때에 언급되는 신으로서의 마누다.[6]

한편 이 소마는 독수리가 마누에게 가져다 주는 것이다.[7] 놀라운 사실은 마누가 죽음의 신이 된 야마와 천상의 마차꾼 아쉬빈과 마찬가지로, '빛의 신' 비바스바트의 아들이라는 사실이다.[8] 이렇게 본다면, 야마 또한 마누와 함께 인류의 계보의 시원을 이루는 신의 아들이 되는 셈이다. 이것은 앞에서 본 첫 우주적 거인인 푸루샤와 또 다른 계보의 탄생신화를 형성하게 된다.

마누가 지상에 살았던 첫 인간이었다면, 야마는 처음으로 죽음을 맛본 인간으로서 죽은 자들의 왕이 되었다는 차이가 있다.[9] 그리하여 비바스바트의 아들 마누는 산 자들의 통치자가 되고, 비바스바트의 또 다른 아들 야마는 죽은 자들의 통치자가 된다.

마누와 관련하여 또 염두에 둘 만한 것은 최초로 신의 법을 전수한 자라는 것과, 대홍수에서 비슈누의 화신으로 간주되는 물고기로부터 구제되었다는 이야기다. 후기 문서인 『사타파타 브라흐마나』에 나오는 이야기이지만,[10] 대홍수 사건은 『아타르바베다』에서도 이미 암시되고 있고,[11] 조로아스터교의 성전인 『아베스타』에서도 언급되는 것으로 보아, 역사적 사실로 볼 수도 있을 것이다.

심지어 『구약성서』의 노아시대 대홍수와 바벨론의 홍수, 그리고 모헨조다로와 하라파 유적지에서 발생했던 인더스 문명 몰락시기의 홍수 이야기까지 고려해본다면, 기원전 15세기를 전후한 고대 근동 아시아와 인도 유역에 일시적·간헐적인 대홍수가 있었던 것으로 볼 수도 있다.

어쨌든 마누는 최초의 인간 사제로서 신에게 제사를 올렸고, 또 신의 법을 전수받아 인간에게 전했으며, 다른 모든 피조물이 쓸려가버린 위험한 홍수 시기에도 구원을 받은, 축복받은 신의 자손으로 칭송을 받고 있다. 그리하여 마누는 인간으로서 신격화된 또 하나의 신화적 인물이 된다.

신들의 권력이동: 인드라에서 아그니로

기원전 10세기에서 7세기 사이에는 아리아인의 세계관에 변화가 시작되었는데, 그 주요한 특징 가운데 하나가 제사에서 숭배되는 신들의 권력이동이다. 예컨대 인드라 신이 초기 베다에는 중심적인 역할을 해왔지만, 점차 그 권위를 불의 신 아그니에게 물려주게 된다. 그리하여 불의 신 아그니는 인드라와 동일시되기도 하고, 모든 신들의 왕 자리를 차지하기도 한다. 이는 생활 속에서 차지하는 불의 역할이 그만큼 더 중시되었다는 것을 의미한다.

바루나는 '모든 것을 에워 감싸는 존재'로서 바다 또는 태양의 의미를 지니는 가장 오래된 베다의 신 가운데 하나다. 고대 그리스의 신화에 등장하는 '하늘'의 신 '우라노스'(Ouranos, Οὐρνος)와 후대에 알려진 이란인의 신 아후라 마즈다(Ahura Mazda)에 비교될 수 있다. 바루나는 하늘을 에워싸고 천지를 창조하고 보존하며 인간을 포함한 우주와 신들의 왕으로 군림해왔다.[12]

베다에서 바루나는 땅과 공중의 요소인 물과 관련된다. 예컨대 바루나는 강바닥을 만들어 강물이 넘치지 않고 바다로 흐르게 하며, 그의 숨길로 공중에는 바람이 불게 된다. 또한 바루나는 태양에게 명하여 빛나게 하고, 밤에는 달과 별이 빛나게 한다. 바루나의 명령과 지식이 없으면 그 어떤 피조물도 움직이지 못한다. 바루나는 현자를 창조하여 비밀스런 지식을 전수하기도 한다.[13]

이와 같이 베다의 다른 신들에 비해 월등한 권위를 지녔던 바루나는 후대에 단순한 태양신으로 그 기능이 제한되며 점차 인드라에게 그 권위를 넘겨주다가, 더 후대에 가서는 강과 바다의 신으로 권위가 완전히 위축된다.

천상(天上)의 신 바루나를 포함한 여러 신들에게서 다양한 권능을 넘겨받은 것은 인드라였다. 인드라는 바루나(Varuna) 신과 다른 열등한 신들(devas)의 권위를 모두 흡수하고 초기 베다시대 이후 오랫동안 신들 가운데서 최상의 권위를 차지해왔다.[14]

인드라는 신 중의 신으로서 유일신에 가까운 권위를 자랑하는 자리에까지 오르지만 결국 인드라의 권위도 시간이 지나면서 점차 무너진다. 대신 그 권력은 지상의 신들, 특히 희생제의를 주관하는 불의 신 아그니에게로 이양된다. 아그니가 제의의 중심이 되면서 최고 권위의 인드라와 대등한 위치 혹은 우위에 서게 된 것이다.

이는 점차 제사에 관한 관심과 중요성이 제사 그 자체의 행위로 이동하고 있음을 보여주는 사례다. 인드라와 같은 대기(大氣)의 신들에 대한 관심은 점차 이차적으로 밀려나고, 제사의 기능과 직접적으로 관련된 지상(地上)의 신이 더욱 중요하게 되었다. 불의 신 아그니는 제사를 수행하는 제의의 불 자체로서 환영과 숭배를 동시에 받게 된 것이다. 불의 제의적 기능을 통하여 인간은 그들이 요구하는 다양한 신들에게 접근할 수 있게 되었다.

아그니는 불의 신으로서 다양한 모습으로
형상화된다. 무엇보다 모든 제의에서
가장 기초가 되는 신으로서
신과 인간의 중재자 역할을 한다.

제사의 시작, 아그니의 중요성

불의 신이 중요해진 이유 가운데 하나는 제의를 수행하는 사제들이 불의 신을 제의에서 가장 중요한 것으로 판단하고 요청했기 때문이다.[15] 『리그베다』에서는 불의 신 아그니가 어떤 지위를 차지하고 있는지를 다음과 같이 묘사하고 있다.

"오, 아그니여! 그대는 존재하는 모든 자 가운데 가장 강한 자(황소), 인드라입니다. 그대는 가장 넓은 보폭으로 활보하는 존경받는 비슈누(Vishnu)[16]입니다. 오, '거룩한 말씀'의 주이신 브라흐마나스파티여! 그대는 제사를 위해 풍성한 제물을 바칠 부요한 자를 찾고 있는 브라만(Brahman)이십니다. 오, 그대의 지혜로 아낌없이 나누어 주는 보급자여!

오, 아그니여! 그대는 모든 법을 견고하게 붙들고 있는 왕 바루나(Varuna)이십니다. 훌륭한 일을 성취하시는 존경받는 미트라(Mitra)[17]이십니다. 모든 것을 풍요롭게 하는 영웅들의 주(主)이신 아리아만(Aryaman)[18]이며, 오, 그대는 회중 속에서 아낌없이 주는 암사(Aṃśa)[19]이십니다.

그대는 경배하는 자에게 힘을 주는 트바스트리(Tvaṣṭṛ)[20]이며, 미트라의 권력을 휘두르는 신입니다. 쾌속으로 달리는 고귀한 군마를 제공하며, 거대한 부를 지닌 영웅들의 집단입니다.

오, 아그니여! 그대는 루드라(Rudra)[21]요, 높은 하늘의 아수라(Asura)[22]입니다. 마루트(Maruts)[23]의 군대로서, 생명을 유지하는 모든 자양분의 주(主)이십니다. 그대는 붉은 바람으로 다가가서 예배하는 자들의 가정에 복을 주십니다. 그대는 푸샨(Pūṣan)[24]으로서, 그대 자신이 예배하는 자들을 보호하십니다.

그대는 그대를 경배하는 자들에게 부요함을 선사하시고, 귀중한 것을 하사하시는 사비트리(Savitṛ)[25]입니다. 사람들의 주(主)가 되는 브하가로서, 부요를 관장하시고, 그대를 섬기는 사람의 가정에서 그를 지켜줍니다."(『리그베다』, II.1.3~7)

불의 신 아그니는 이전까지 가장 강력한 신이었던 인드라의 지위를 획득하고, 일출과 정오, 그리고 석양의 거대한 '세 보폭'으로 활보하는 태양신 비슈누와 같아진다. 뿐만 아니라 '거룩한 말씀의 주' 브라흐마나스파티와도 동일시되면서 지식의 신으로서의 권능까지 부여받게 된다. 아그니 신의 중요성은 여기서 멈추지 않고, 모든 제사를 주관하는 브라만으로서, 대 사제의 역할을 스스로 떠맡는다. 제사를 받는 자인 동시에 제사를 주관하는 총책임자의 역할까지 대신하는 셈이다. 이밖에도 온갖 신의 이름을 부르며 『리그베다』에서 중시되는 소중한 신들을 대부분 초대하여 아그니에게 대등한 지위를 부여하고 있다.

대부분의 신이 아그니와 동격으로 초대되는 것은, 가정에서나 기타 제단에서 부요와 건강과 같은 소중한 축복을 빌기 위해서 가장 먼저 불의 신 아그니를 밝혀야 하기 때문이다. 그리하여 불의 신 아그니는 제사를 받고, 제사를 불러오며, 제사의 축복을 나누어 주는 세 가지 역할을 동시에 하면서 그 지위가 격상되는 것이다. 이처럼 온갖 찬탄의 노래가 아그니에게 덧붙여지면서 아그니는 일체의 생명을 주관하는 최고의 지위를 얻게 된다.

불의 신 아그니는 어떻게 이러한 큰 권능을 얻게 된 것일까? 그것은 앞에서 언급한 바와 같이, 제사를 위한 사제들의 역할이 강화됨에 따른 자연적 추세였다. 사제들은 태양과 같이 인간 생활에 필수적인 불의 신성을 깨달았고, 생활 속에서도 불의 의미를 더욱 강하게 인식하면서 불의 제사를 강화시켜나갔던 것이다. 그리하여 불의 신 아그니는 천상의 신들은 물론 지상의 신들을 제사에 초대하여 인간들에게 중재하는 역할을 한다.

불의 신 아그니는 하늘에서는 천둥 번개를 동반하여 물을 공급하기도 하고, 천상의 비가 되어 식물 속으로 들어가기까지는 개울이나 연못 속에 흐르다가, 식물 속에 들어가서는 다시 불에 타고 연기가 되어 구름이 되는 대순환 운동을 하게 된다.[26]

태양에서 번갯불로, 그리고 비와 식물로 이어지고 다시 불에 타서 연기와 구름이 되는 일련의 과정 속에서 아그니는 하늘과 땅, 그리고 천상의 물이라는 우주적 흐름 일체를 관장하는 존재로 여겨지고 있다. 이는 마치 그리스 철학자 헤라클레이토스(Herakleitos, 기원전 540~480)가 만물의 근원적 원리를 '불'로 파악했던 것과 유사한 상상력이다.

헤라클레이토스는 만물이 유전(流轉)하고 변화하는 근본적인 원인이 신적인 일자로서의 근본 실재인 '불'의 작용에서 기인한다고 보았다. 물론 그의 사상이 아그니의 역할과 완전히 일치하는 것은 아니지만, 만물 자체를 불로 파악한 범신론적인 사유 체계는 만물의 신을 하나로 포섭하는 불의 신 아그니와 흡사한 일면을 보여주고 있다. 헤라클레이토스에게서 불은 변형의 과정이기 때문에, 불이 섭취한 것은 그것이 어떤 것일지라도 다른 것으로 변형되게 마련이다.[27]

불의 신 아그니가 지니는 역할의 중요성은 제사 의례의 방식에서도 두드러지게 나타난다. 베다의 찬가를 사용하는 발달된 형태의 스라우타(Śrauta) 제사에서 불의 위치는 크게 세 곳으로 지정되며 불의 명칭도 각각 다르다.

'가정의 주(主)에 속하는 불'로서 제사음식을 준비하는 불인 가르하파티야(Gārhapatya)와 준비된 봉헌의 불을 올리는 '봉헌의 불' 아하바니야(Āhavanīya)가 있다. 그밖에 의례에서 자주 사용되지는 않지만 앞의 두 불이 태양이 떠오르는 동쪽을 향하는 것과는 달리 남쪽의 자리를 차지하는 '남쪽의 불', 닥시나(Daksina)가 있다. 닥시나는 악령들로부터의 보호를 빌거나 떠나간 조상들에 대한 특별한 제사에 사용된다. 음식을 만드는 가르하파티야와 봉헌의 불인 아하바니야 사이에는 제물(祭物)과 제의의 도구를 담는 구덩이인 베디(Vedi)가 있다.[28]

이 불들은 각각 제단에서 차지하는 위치와 형태에 따라 우주적 의미를 수반한다. 예컨대 둥근 형태의 제단에 놓인 가르하파티야는 땅을 상징하며, 네모난 형태의 제단에 올려진 봉헌의 불 아하바니야는 하늘의 네 방향을 상징한다. 그리고 반원 형태를 띠고 있는 남쪽방향의 닥시나 제단은 땅과 하늘 사이의 대기권을 상징한다. 그리하여 불의 신 아그니는 천상과 대기 그리고 땅을 관장하는 우주적인 신이 된다. 이 세 가지 차원의 우주적 요소가 거룩한 희생의 제사 속에서 상징적으로 잘 구현되고 있다.

이러한 아그니 제사는 기본적으로 지상의 불로 요리한 음식을 천상의 불인 태양 속으로 전달하는 것을 뜻한다. 이런 점에서 아그니는 닥시나 불이 멀어져간 조상들에게 인간을 연결해주듯이, 땅 위의 인간을 하늘에 연결해준다. 모든 신들과 동일시되면서 모든 것을 하나로 만들어버리는 불의 힘은 제의 속에서 지고의 존재가 된다.[29] 이제 다음에서 베다의 제사와 그 창조적 힘에 대하여 좀더 자세히 살펴보자.

제의의 창조력: 언어의 신, 바크

천상과 지상의 신들에 대한 제의를 사제들이 집행하는 가운데, 베다의 제의가 불의 제사 속에서 점차 세련된 형태로 발전해갔던 것을 볼 수 있었다. 제의의 상징적 형태는 제단의 형태와 불의 위치 등 여러 가지 규칙 속에서 더욱 정교하게 발전해갔다.

제사를 집행하면서 이제는 불의 요소뿐만 아니라 신을 부르는 소리인 언어, '바크'(vāc) 자체가 소중해지게 되었다. 더구나 『리그베다』에 실려 있는 신들에 대한 찬가는 단순한 언어가 아니라, '거룩한 말씀'(Holy utterance)이나 '신의 소리'(Divine voice)로 여겨지면서 언어 자체가 신성화되었다.

베다의 문구는 찬가 형식이지만 상당부분이 후렴구로 구성되어 있다. 반복적 효과를 내는 소리의 형태 속에서 진리가 드러날 뿐 아니라, 그 가운데서도 신을 부르는 시적인 언어는 더욱 신성한 소리로 여겨지고 있다. 의례에서 주로 사용되는 짧은 반복적 문구의 소리를 만트라(mantra, 呪文)[30]라고 하는데, 제사를 드리는 자들은 이 만트라가 신성한 힘을 가지고 진리의 실재를 드러내 보인다고 생각한다.

초기 베다 시절의 다양한 신들의 권력이 점차 한곳으로 집중되면서 하나의 신, 최고의 신 위주로 모든 신들을 흡수해갔다. 게다가 이제는 제사 속에서 신들의 통일성뿐만 아니라 점차 모든 사물 세계도 하나의 통일적 연합을 이루는 형태로 발전해가고 있다. 하나의 만트라 속에서 불의 제사와 희생제의, 그리고 일체의 의례 행위들이 신성한 우주적 조화와 연합을 이루고 있는 셈이다.[31]

이처럼 찬가와 만트라의 중요성은 더욱 높아졌고, 그 가운데서도 '기도의 주(主)'인 브리하스파티(Brihaspati) 혹은 또 다른 별칭인 브라흐마나스파티(Brahmanaspati)는 특히 중요한 신으로 여겨지게 되었다. 나아가서 '언어의 주'인 '바짜스파티'(Vācaspati)는 불의 신 아그니와 대등한 위치를 얻게 되었고, 심지어 '언어' 그 자체도 여신 '바크'(Vāc)와 동일시되어 베다의 체계 안에서 다른 신들과 대등한 관계가 되었다. 이처럼 만트라의 언어적 공명은 제의라는 특별한 공간 속에 길게 울려 퍼지면서 더욱 신성시되었다.

만트라에 사용되는 언어는 산스크리트(Sanskrit)다. '산스크리트'의 어원인 '삼스크리타'(saṃskṛta)는 '함께 잘 형성된 것'을 의미한다. 언어적 조합이 훌륭하게 구성된 글이라는 뜻이다. 이는 소리를 발성하고 반복하는 가운데, 소리가 지칭하는 '실재세계'의 의미가 잘 드러난다는 뜻이기도 하다.[32]

신성하게 울려퍼지는 만트라의 공명 속에서는 언어가 지칭하는 대상은 물론, 그 대상의 속성과 행위의 실재가 나타난다는 것이다. 이는 소리와 대상의 신비한 일치를 말하는 것이기도 하다. 물론 언어가 지칭하는 대상과 언어를 발성하는 소리가 실재와 일치한다는 과학적인 근거는 없다. 그러나 베다의 시대에는 언어와 그 소리 자체가 제의에서 신성시되었던 것이다.

이렇게 만트라의 공명 속에서 획득되는 소리를 통한 언어의 힘과 실재 세계와의 일치는 나중에 구체적으로 살펴볼 브라만(Brahman) 사상의 출발점이 된다. 브라만[33]은 영원불멸의 절대자라는 뜻과 사제로서의 브라만이라는 두 가지 뜻이 있다. 이는 우주 창조자인 브라마(Brahmā)와는 구별된다.

제의를 집행하는 사제들인 브라만은 그들의 제의 수행지침서인 「브라흐마나」[34]를 가지고 '소리'를 내며 기도와 만트라 등의 의례를 행한다. 이때 '소리'로서의 언어의 신 바크와 사제인 브라만이 아주 중요시된다.

언어의 여신 바크는 산스크리트어로 된 만트라의
음절 속에서 공명이 될 때, 더욱 신성한 소리로 전달된다.
산스크리트어를 성스러운 우산처럼 나열하여
소리(언어)의 여신이 거하는 곳으로 만들었다.

"거룩한 언어 바크는 네 가지 측면으로 구분된다. 현명하게도 브라만들은 이 사실을 알고 있다. 세 가지 측면에서는 은밀하게 숨겨져 활동하지 않지만, 인간들은 거룩한 언어의 네 번째 측면을 말하고 있다. 그것이 인드라, 미트라, 바루나, 아그니, 곧 하늘의 태양 - 새(Garutmān)[35]라고 부르는 것들이다. 그를 일러 현자들은 아그니, 야마(Yama: 死者의 신, 義의 왕)[36], 마타리쉬반(Mātariśvan)[37]이라고 다양하게 부른다."(『리그베다』, I.164.45~46)

제사 속 신들의 권력이동에는 언어의 신 바크(Vāc)의 등장도 또 하나의 사례가 된다. 앞서 보았듯이 인드라와 같은 초기 신이 아그니 속으로 그 역할이 흡수된 것처럼, 이제는 소리의 신 바크 속으로 인드라와 아그니마저 통합되어가고 있다.[38] 심지어 죽음을 관장하는 야마 신까지도 거룩한 언어인 '바크' 속에 편입된다. 마치 그리스도교에서 '하느님의 말씀'(로고스, λογοσ)이 천지를 창조한 하느님 자신인 것처럼 말이다.

영어에서 어휘를 뜻하는 'vocabulary'나 목소리를 뜻하는 'vocal'도 인도 유럽어에 어근(語根)을 같이하는 산스크리트어의 '바크'(vāc)에서 그 기원을 찾아볼 수 있다. 언어를 신성시하던 고대 인도의 전통이 여전히 살아남아 언어를 도구로 살아가는 인류에게 언어를 새롭게 이해하게 하는 신선한 메시지가 아닐 수 없다.

언어를 떠나 과연 인간이 살 수 있을지는 모르지만, 만약 그렇게 된다면 인류는 분명 저급한 사고 수준을 벗어나기 어려울 것이다. 인간은 언어로 수천 년의 문명사를 기록하고 발전시켜왔다. 오늘도 우리는 하루하루 언어로 집을 짓고 산다. 그러나 모호하고 불의(不義)한 소통은 무너질 수밖에 없는 '바벨탑'이 되어, 엄청난 역사의 퇴보를 가져온 일면도 있다.

소리의 신 바크가 죽음의 신 야마의 역할을 겸하는 이유도, 소리 속에 정의가 담겨 있어야 하기 때문이다. 그래서 바크는 '정의의 신'이기도 하다. 이제 그 정의의 신은 제단에서 거룩한 소리가 되어 만트라 속에서 울려 퍼진다. 그리하여 소리는 내면의 소리이자 '일자의 소리'가 된다. 일자의 소리는 다시 지식의 근원이 된다. 그리스도교에서 '여호와를 경외하는 것이 지식의 근본이다'라고 하는 말과도 통한다. 그런 점에서 진정한 의미의 신앙은 지식의 출발이며, 참 지식은 정의로운 삶 속으로 참 신앙을 불러일으킨다.

신앙인에게 소리와 일자의 체험은 숨겨진 계시, 곧 실재가 드러나는 사건이다. 이 실재가 드러나는 계시적 사건 앞에서 우리는 다시 한 번 '전율'을 느끼게 된다. 이와 같이 제사는 더 이상 신에게 바쳐지는 단순한 제사가 아니며, 상징적 재현도 아닌, 실재 그 자체의 경험이 된다. 그것은 '소리' 속에서 경험되는 거룩함의 체현이다.

우리도 우리가 쓰는 언어가 신성한 것임을 알고, 매일 생활 속에서 신성을 경험하는 것이 어떨까? 소리는 생명을 살리기도 하고 죽이기도 한다. 소리를 내며 살다가 소리를 내며 죽는 인생, 소리의 신 야마를 늘 생각해볼 일이다. 야마는 심판의 신이기 때문이다. 심판은 이미 매순간 생활 속에서 주어지고 있다. 나의 언어가 소리에 실릴 때마다.

제대로 알고 지내자, 제의 그리고 타파스

후기 베다시대에 이르러서는 사제들이 찬가의 내용을 제사와 관련하여 해석하는 가운데 제의는 점차 명상적이고 사색적으로 발전해갔다. 그것은 앞에서 본 바와 같이 베다 본집의 해석서인 「브라흐마나」의 일반적인 경향이었다. 이는 반복적 후렴구에 의해 명백해진다. 예컨대 "이와 같이 아는 자"라는 말을 거듭하는 것은, 제사의 효용과 방식을 제대로 '아는 자'만이 제사를 통해 원하는 목적을 이룰 수 있다는 것이다. 제사에 대한 적절한 '지식' 없이는 죽은 시체에 제물을 붓는 행위와 전혀 다를 것이 없다는 뜻이다. 제사에서 '지식'의 가치는 점점 더 높아져갔고, 올바른 지식이 없이 행하는 제사는 심지어 위험하기까지 하다고 주장되었다.[39]

베다에서 의례와 만트라는 고유의 힘을 지니고 있는 것으로 여겨진다. 적절히 사용되면 원하는 좋은 결과를 가져올 수 있는 반면에, 그것이 부적절하게 사용될 때는 커다란 재앙을 초래한다고 믿어진다. 그렇기 때문에 브라만 사제들이 제사의 행위를 적절히 감독하는 직분에 있는 것이기도 하다. 제사와 그것을 수행할 수 있는 올바른 '지식'의 논리적 상관관계가 점차 우주적 제사로 발전했던 것은 앞에서 본 바와 같다.

따라서 작은 제사 하나도 우주적 제사행위와 관련되는 것이므로 제사행위를 위한 전문화 교육은 필수였고, 오직 정화되어 순수한 영혼의 사제에게만 창조적 실재인 '브라만'의 힘이 부여된다고 믿었다. 그러기에 이들 사제는 늘 순수성을 지니고 있어야 했다. 물론 어떤 경우에는 일반인들도 전문적인 수업을 통해 특별한 제의를 수행하기도 한다.

제사를 수행하는 자는 영혼뿐만 아니라, 육체의 순수성도 지켜야 하기 때문에 늘 자신의 몸을 정화시킨다. 목욕을 하거나 머리를 깎고 신선한 버터를 바름으로서 신선한 '배아(胚芽)의 상태'를 유지한다. 이때 사제는 『아이트레야 브라흐마나』가 진술하고 있는 것처럼, '봉헌의 오두막(배아)집'을 마련하게 되는 셈이다.

'봉헌의 오두막집'이란 아이를 낳기 위한 모태(母胎)의 배아와도 같은 곳이다. "봉헌의 오두막집은 봉헌의 자궁(子宮, 요람)이다."[40] 정화된 몸과 마음을 지니고 상징적 의미의 '자궁 상태'를 유지하는 사제는 때때로 태반(胎盤)을 상징하는 검은 흑염소의 가죽을 둘러쓰기도 한다. 사제는 정화 상태를 유지하기 위해서 심지어 자신의 몸이 가려워도 맨손으로 자신의 몸을 긁어서는 안 되며, 준비된 흑염소의 뿔을 이용해야만 한다.

사제의 정화를 위한 다양한 진술들이 「브라흐마나」 곳곳에 언급되지만 후기의 문서들은 이러한 의례의 본질을 임신(姙娠), 곧 '잉태를 위한 기간'이라는 상징적 의미로 해석하고 있다.

사제가 오두막에 감금되고 불 가까이에서 염소 가죽 같은 거적을 둘러쓰고 있는 이러한 행위는 제사를 드리는 봉헌자의 '열'(熱)을 발산하기 위함이다. 의례를 진행하는 동안에는 땀이 흘러도 물을 마셔서는 안 되고 목욕을 할 수도 없다. 물은 오염의 원인이 되기 때문이다. 오직 열, 곧 타파스를 발산해야 한다. 타파스는 앞에서 언급한 바와 같이 열기이기도 하지만 '고행'을 뜻하기도 한다. 수고와 고통 없이는 해산(解産)도 없다는 것이다.

그러므로 베다의 제식에 대한 올바른 '지식'과 바른 수행을 통해 '브라만'의 힘을 얻는 것, 그리고 그것을 가능하게 하는 수행방법으로서 사제의 정화노력, 곧 타파스를 발산하는 일 등이 아주 중요한 제의의 요소가 된다.

이러한 고행의 단계를 거친 사제는 신들의 위치로 가는 힘 또는 신들을 통제할 수 있는 힘을 제공하는 자로 여겨지게 되었다. 결국 희생제의를 통해서 얻어진 이러한 '힘'으로, 인간이 마침내 우주 그 자체를 통제하게 되었다는 것을 의미한다.[41] 이러한 주장은 브라흐마나 가운데 가장 중요시되는 『사타파타 브라흐마나』[42]에서 더욱 두드러지게 나타나고 있다.

『사타파타 브라흐마나』의 프라자파티

『사타파타 브라흐마나』 문서는 소마(Soma, 酒) 제의, 이를테면 제단을 어떻게 세울 것인가 하는 등의 여러 가지 문제를 상세히 기술하고 있다. 날개를 펼친 매 형상의 제단 건축 양식은 후기 베다의 찬가와 「브라흐마나」의 주된 창조신인 프라자파티의 우주창조에 관한 복잡한 상징과 관련된다.[43] 이것은 초기의 힌두 신화가 후기에 브라만의 제의와 관련됨을 보게 되는 것이다.

『리그베다』가 우주의 기원을 언급할 때 "태초에 무(無, 비존재)도 없었고, 유(有, 존재)도 없었다"[44]고 한 것처럼, 『사타파타 브라흐마나』도 처음 서두에 우주의 기원과 관련하여 언급하고 있는데, 내용은 조금 다르게 나타난다. "태초에 무가 있었다." 무도 유도 없는 것이 아니라, "무가 있었다"고 밝힘으로써 무로부터 창조 관념으로 변화되고 있음을 보게 된다.

오직 무(無) 가운데서 생명의 힘인 호흡, 곧 '생기'(生氣)로서의 프라나(prānās)가 나타났다. 이 '생기'가 일곱 개의 사람, 곧, 푸루샤(purusas)를 만들었는데, 이들이 다시 하나의 우주적 인간(原人), 푸루샤(Purusa)가 되었다. 푸루샤의 탄생은 앞의 창조 기사에서 살펴본 바 있지만, 여기서 좀더 주목해볼 필요가 있다. 『사타파타 브라흐마나』는 다음과 같이 말한다.

"바로 그 우주적 인간(原人)이 프라자파티(만물 생성의 주)가 되었다. 프라자파티가 된 그 우주적 인간이 바로 아그니로서 이제 곧 건립되어야 할 불의 제단이다."[45](『사타파타 브라흐마나』, VI.1.1.5)

우주적 인간 푸루샤와 동일시된 프라자파티는 스스로 '열', 곧 타파스를 발하여 우주의 각 부분과 다양한 신들, 그리고 마침내 모든 유한한 생명체들을 창조했다. 만물을 창조한 프라자파티는 곧 휴식에 들어갔다. 그러자 생기가 그에게서 떠나 죽게 되었다. 프라자파티는 아그니에게 자신을 회복시켜달라고 요청했고, 대신 자신의 이름도 아그니의 이름을 따라 호칭하겠다고 약속했다. 아그니도 동의하여 그를 회복시켜주었다. 이렇게 하여 프라자파티는 또 다른 명칭인 아그니로 불리게 되었다. 창조주 프라자파티마저 아그니에게 종속되고 있는 것을 보게 된다. 『사타파타 브라흐마나』에서는 이를 두고 이렇게 말한다.

"그러므로 프라자파티이면서도 그는 아그니라 불리게 되었다."[46] (『사타파타 브라흐마나』, VI.1.2.13)

프라자파티의 회복은 불의 제단을 건설하는 것과 관련된다. 불의 제단은 프라자파티의 다섯 가지 신체 부분을 상징하는 5층으로 구성된다. 5신체 부분은 머리카락, 피부, 살, 뼈, 골수(정수)로 이어지는 5가지 층을 가리킨다.[47] 또한 프라자파티는 5개의 계절과 5개의 방위(方位)를 지닌 자로 이해된다. 아그니가 프라자파티를 회복시켜줌으로써 제단이 완성되고 그 위에 아그니(불) 곧 태양이 자리를 하게 된다.

이러한 이야기는 물론 과학적인 이야기가 아님은 두말할 필요가 없다. 단지 하나의 신화로서 의례적 요소가 우주와 어떠한 연관 관계를 맺는가를 상징적으로 보여주고 있을 뿐이다. 『사타파타 브라흐마나』에서 보여주는 것은 창조자 프라자파티와 불의 신 아그니, 그리고 열기로서의 타파스와 힘의 상호관계다.

프라자파티는 열기인 타파스를 이용하여 만물을 창조했다. 앞에서 보았듯이 타파스는 모든 창조의 원리다. 이 창조적 에너지로서의 타파스를 창조 활동에 다 써버린 프라자파티는 타파스의 원천이자 지상 만물의 시원(始源)인 아그니에게 회복을 요청했고, 아그니는 이에 호응했던 것이다. 이렇게 볼 때 프라자파티와 아그니는 동전의 양면과 같은 존재라고 볼 수 있다.

아그니의 위대성은 이제 불의 제단에서 계속 머물며 제물을 먹고 다시 정화와 재생의 힘을 부여해준다. 여기서 우리는 창조와 재생의 불이(不二) 일원적(一元的) 연관관계를 보게 된다. 오늘날 인도의 힌두 사원에서 불의 제사가 계속 행해지는 것이나 죽은 자를 화장(火葬)하는 제도 역시 이러한 관념에서 멀지 않다.

프라자파티가 우주를 창조했지만 창조의 보존과 유지에는 아그니의 도움이 절대적으로 필요하다. 그 유지와 보존, 그리고 새로운 생성을 위해 불의 제사는 오늘도 계속된다. 불의 제사를 통해 에너지의 원천인 타파스가 거듭 공급되기 때문이다. 열기로서의 타파스야말로 모든 피조물의 창조 과정을 존속시키는 마지막 보루요, 힘이다.

그러나 타파스가 이중적 의미, 곧 '열기'이자 '고행'이라는 의미를 동시에 지니고 있음을 다시 생각해본다면, 창조의 과정은 단순한 열기만이 아니라 고행이 기초가 되고 있음도 읽어내야 할 것이다. 고행은 현대 용어로 '수행'(修行) 또는 '수양'(修養)이라 번역해도 좋을 것이다.

용맹한 신들의 탈것, 말

말은 인도유럽계열에서 전쟁의 영웅으로 숭배되는 지고한 상징이다. 『리그베다』에서 말(馬)은 광범위하게 걸쳐 칭송을 받는다. 대표적인 신인 인드라나 태양신 수리아 또는 불의 신 아그니, 심지어 소마까지도 용맹하고 빠른 말에 비유된다. 말은 『리그베다』에서 신성시되어 종마(種馬)로서의 희생제물이 되면서 시인-사제들의 찬미를 받고 있다.

말은 『리그베다』에서 3중의 기능을 한다. 우선 실제로 길들여진 말(馬)로서 인도 아리아인이 인도 유럽 세계를 정복할 때 사용된 군마와, 성(聖)과 속(俗) 사이를 달리는 경주용 말, 그리고 제사에 희생되는 제의의 말이 있다. 이러한 세 가지 각도에서 말은 찬양을 받거나 죽임을 당하고 비탄의 애도를 받게 된다.[48] 말은 불이나 태양과 동일시되고 몇몇 다른 신들과도 동일시된다.

"그대가 처음 히힝 울면서 대양에서 혹은 천상에서 탄생할 때,
독수리의 날개와 재빨리 달리는 영양(羚羊)의 앞다리를 하고서

나왔도다. 이것이 그대의 위대한 탄생이로다.

야마가 준 이 군마는 트리타(Trita)⁴⁹가 길들였으며, 인드라가 가장 먼저 그 등에 올라탔고, 그의 고삐는 간다르바가 붙들고 있도다. 오, 바수 그대 신들이여, 태양으로부터 말을 장식하였도다.

말에 대한 이 유명한 찬가에서 말은 바다나 천상에서 탄생한 것으로 묘사된다. 바다라고 한다면 바다에서 떠오르는 태양과 같은 것이고, 하늘이라 본다면 하늘의 물, 즉 하늘의 바다에서 탄생한 것으로 설명될 수 있다. 본문의 앞뒤 문장 전체를 고려해볼 때, 말은 하늘의 바다 혹은 하늘에서의 탄생이라는 표현이 적절하다. 이러한 신비로운 탄생 배경을 가진 말은 독수리의 날개와 영양의 빠른 발을 가진 것으로 비유될 만큼, 빠르게 달리는 하늘의 군마로 칭송을 받는다.

이 군마는 죽음의 신 야마가 선사하여 트리타가 길들이고 인드라가 올라탄다. 신들의 세계에서 말은 위대한 군마로 길들여진다. 말의 고삐는 천상에서 춤추는 신으로 각광받는 간다르바가 잡고 있고, 태양을 돕는 신들인 바수가 태양으로 군마를 장식한다. 『리그베다』에서 바수는 인드라의 종으로서 물, 불, 바람 등 자연을 인격화한 여덟 신들의 집단으로 묘사된다.⁵⁰

재빠르게 달리는 말이여, 그대는 야마요, 그대는 아디티야(Āditya)이며, 그대는 은밀한 계획 속에서 움직이는 트리타로다.

그대는 소마 같기도 하고 같지 않기도 하도다.

  사람들은 그대가 하늘에서 그대를 붙드는 세 개의 신들과 결속되어 있다고 말하도다. 사람들은 그대가 하늘에서, 물에서, 바다에서 세 개의 신들과 결속되어 있다고 말하도다. 그리고 그대는 나에게 바루나처럼 나타났도다. 이것은 그대의 출생이 지극히 높은 곳에서임을 말해주는 것이로다.

  이곳은 그대가 승리했을 때, 사람들이 그대의 등을 쓰다듬어 주는 곳이며, 이곳은 그대 승리자의 말발굽이 찍힌 족적이 있는 곳이로다. 여기서 나는 그대를 이끌며 거룩한 법을 안전하게 지킨 행운의 고삐를 보았도다.

  내 마음 속에 아득히 먼 곳에서부터 하늘 아래로 날아가는 새, 그대의 영혼을 알아차렸도다. 콧김을 뿜으며 먼지 없는 깨끗한 길을 쉽게 달리며 여행하는 날개 달린 그대의 머리를 보았도다.

  암소가 머무는 곳에서 먹이를 구하고 있는 그대의 고귀한 모습을 나는 여기서 보았도다. 사람이 음식을 가져오면 언제든지 그대는 가장 왕성한 식욕으로 식물을 먹어 삼키도다.

태양으로 화려하게 장식된 군마는 그 빠르고 용맹하기로 인하여 죽음의 신 야마나 신들의 집단인 아디티야에 비유된다. 군마가 하늘을 나는 새에 비유될 때는 보다 직접적으로 태양과 동일시된다. 군마가 소마 같기도 하고 아니기도 하다는 뜻은 불의 신 아그니가 용암 같은 액체의 뜨거운 불덩어리이기도 한 것처럼, 군마로서의 말이 술의 신 소마 같기도 하고 아니기도 한 신비한 신이라는 것이다.

그러나 말이 소마에 비유되고 있는 더 큰 이유는 제사에서 소마가 차지하는 위치만큼 말의 제사도 그만큼 중요하다는 뜻이다.[51] 빠르게 달리는 군마는 죽음을 관장하는 야마이자 태양신 아디티야로서, 하늘과 물과 바다라는 세 영역에 결속된 승리자로서 숭배받는다.

재빠르게 달리는 그대여, 그대 뒤에는 수레가 따르고, 젊은 남자가 따르며, 암소가 따르고, 젊은 여인의 연인이 따르도다. 그대의 우정을 위하여 무리들이 뒤따르고, 신들이 그대에게 힘찬 기운을 불어넣도다.

황금 갈기를 하고 있으며, 그의 발은 철로 되어 있고, 생각만큼 빨라서 인드라보다 더욱 빠르도다. 말에 첫 번째 올라탄 자의 공물을 먹기 위해 신들이 오도다.

하늘의 군마들은 그들의 힘을 한껏 과시하며 백조처럼 길게 늘어서서 하늘 길을 달리도다.

날기에 적합한 몸을 가진 그대, 재빠르게 나는 자여, 그대의 영혼은 바람처럼 돌진하도다. 그대 갈기는 사방으로 흩어지며 거친 들판에서 끊임없이 흩날리도다.

경주마는 도살자 앞으로 나아와 그의 마음을 신들에게로 향했도다. 그의 친족인 염소가 그의 앞으로 끌려 나왔고, 시인과

군마(軍馬)는 인도-유럽에서 가장 중요한 전쟁 수단이었다.
신들의 탈것으로 묘사되면서, 군마는 악마를 무찌르는 용맹한 자를 상징하고,
급기야 신들도 날쌔고 용맹한 말에 비유되었다.

찬미를 부르는 자들이 그의 뒤를 쫓았도다.

　가장 높고 고상한 저택으로 나온 군마는 그의 아버지와 어머니에게로 나왔도다. 오늘 그는 신들에게로 나아갈 것이며, 지극한 환대를 받을 것이로다. 그리고 그는 예배하는 자들이 바라는 바를 요구할 것임이로다."(『리그베다』, I.163.1~13)

　군마의 활동무대는 하늘과 바다와 물이다. 인드라를 태우고 다니면서 승리의 일등 공신이 되기도 하는데, 그 빠르기는 오히려 인드라보다 빠르고 사람이 생각하는 속도만큼이나 빠르다. 때로 이 군마는 태양의 신으로 존경받는 바루나처럼 바다에서 출몰하는 태양과 같이 시인과 사제들에게 나타나고, 태양의 빛줄기처럼 말갈기를 휘날리며 끝없는 벌판을 달린다.

　이처럼 승리의 재빠른 화신인 군마는 인간들의 사랑을 동시에 받으면서 시인들의 상상력 속에서 온갖 다양한 찬미를 받고 있다. 염소가 먼저 희생제물이 되고, 이어서 말도 희생되어 하늘의 신들에게로 나아가 인간들의 염원을 대신 구하게 된다. 군마의 행렬에 젊은 남자와 여자, 암소, 그리고 우정의 무리가 따르며 신들이 축복하고 기운을 북돋워주는데, 이 또한 말의 제의의 행렬로 볼 수 있다.

말의 제사

이제 말의 제사를 직접 언급하고 있는 대표적인 시 한 편을 감상해보자.

"우리가 회중 앞에서 신들에게서 태어난 용맹한 군마의 영웅적인 행위를 선포할 때, 미트라, 바루나, 아리아만, 리부스(Rbhus: 신들을 장식하는 자)의 통치자 인드라, 그리고 마루트여, 우리를 멸시하지 마소서.

제의를 집행하는 자들이 옷과 가재(家財) 도구를 걸친 말 앞에서 제물(염소)을 제단으로 단단히 붙잡고 갈 때, 얼룩염소는 매매 울면서 인드라와 푸산이 머무는 고귀한 장소로 곧바로 나아가나이다.

모든 신들의 제물의 되는 이 염소는 먼저 푸산의 몫으로 제공되어 원기 왕성한 말과 함께 앞으로 끌려나오도다. 제의를 집행하는 자들이 말과 함께 제물(염소)을 내보낼 때, 트바스트리는 마음에 드는 제물을 영화롭게 했도다.

제의를 집행하는 자들이 제사법의 절차에 따라 신들에게 제물로 바쳐질 말을 이끌고 세 바퀴를 돌 때, 신들에게 제물을 바치는 노래를 부르며 먼저 푸산에게 바쳐질 염소를 앞장세웠나이다.

탄원하는 자(호트리), 제의를 집행하는 사제, 제의의 감독자,

불을 켜는 자, 맷돌을 붙들고 있는 자, 음창(吟唱)하는 자, 기도하는 사제, 이들이 이렇게 잘 준비된 훌륭한 제물로 그대들의 배를 채워줄 것이나이다.

  제의용 말뚝을 자르는 자, 그 말뚝을 나르는 자, 말 제사용 말뚝 위에 가로지르는 나무를 깎는 자, 말을 요리하기 위해 필요한 도구와 항아리 등을 준비하는 자, 이들의 협조가 우리를 복되게 하소서."(『리그베다』, I.162.1~6)

말을 제사 지내면서 초대되는 신들은 인드라를 중심으로 하는 대기와 천상의 신들이다. 말의 제사 때에 염소가 먼저 희생제물이 되고 그 뒤를 따라 말이 희생된다. 염소가 울면서 도살장에 끌려가 제물이 되는 순간 푸산 신에게로 나아가고, 말은 도살의 현장에서 여러 신들의 처소로 직행한다. 신들을 아름답게 장식하는 트바스트리가 능숙한 솜씨로 말을 아름다운 제물이 되게 하여, 신들이 공양을 받기에 좋도록 영화롭게 한다.

제의를 집행하는 자들이 말을 이끌고 세 바퀴를 돌며 노래하는 이들도 노래한다. 제의를 집행하는 자들은 탄원자인 호트리를 비롯하여, 제사를 직접 수행하는 사제와 제사를 바르게 하고 있는지 감독하는 사제, 그리고 불을 켜는 자, 맷돌을 돌리는 자, 노래하는 자, 기도하는 자 등이 각각 자기의 차례를 따라 역할을 담당한다.

또한 제의에 직접적으로 관련되지는 않지만 말을 붙들어 맬 말뚝을 자르는 자, 말뚝을 나르는 자, 말뚝을 고정시키는 자, 도살한 말을 요리하는 자 등이 일일이 거론된다. 제의를 돕는 자들의 협조로 성공적인 제의가 수행되어 신들이 기뻐하고 제사를 지내는 이들에게 복을 주기를 바라고 있다. 제의의 수행과 그 과정에 대한 구체적인 언급은 계속된다.

"매끄러운 등을 가진 말이 신들의 영역으로 들어가게 되었을 때, 바로 나는 기도를 올렸나이다. 영감에 찬 현자들과 노래하는 자들이 그로 인해 크게 기뻐하나이다. 우리는 신들의 연회에서 말이 환영받는 파트너가 되게 하였나이다.

신들과 함께 머물지라도, 말고삐와 밧줄, 머리의 굴레와 안장, 심지어 말의 먹이로 갖다 준 풀까지도, 그 모든 것이 그대와 늘 함께하게 하소서.

신들과 함께 머물지라도, 파리가 말의 시신(屍身)의 어디를 빨아먹든지, 말뚝이나 도끼에, 혹은 도살자의 손이나 손톱에 무엇이 달라붙든지, 그 모든 것이 그대와 늘 함께하게 하소서.

소화가 덜 되어 위 속에서 가스를 뿜어내는 음식이라든지, 시신에서 어떤 냄새가 날지라도, 도살자들이 잘 처리하게 하시고, 완전한 요리가 될 때까지 희생제의의 동물을 잘 요리하게 하소서.

그대의 시신이 쇠꼬챙이에 꽂아져서 어떻게 불에 구워지든지 간에 땅이나 잔디 위에 놓여 있지 않게 하시고 고기를 원하는 신들에게로 향하게 하소서.

말이 구워진 것을 보고 있는 사제들이 말하기를, '냄새가 좋다. 그것을 가져가시오'라고 하면, 말고기를 기다리던 자들이 고기를 조금씩 나누나이다. 그리하여 신들이 우리를 복되게 하소서."(『리그베다』, I.162.7~12)

말은 이제 도살되어 신들의 연회에 제물이 된다. 사제와 현자들 그리고 노래하는 자들이 함께 기뻐하면서, 생전에 말이 지니고 있던 고삐와 굴레, 안장 등도 고스란히 말과 함께하기를 기원한다. 뿐만 아니라 파리가 뜯어 먹던 시체나 도끼, 도살자의 연장에 달라붙은 그 무엇도 남김없이 말과 함께하기를 기원한다.

요리하는 자는 말이 먹다 미처 소화시키지 못했던 음식물을 잘 처리하고, 나머지 고기를 잘 구워 신들이 먹기 좋게 만든다. 맛있는 고기 냄새를 확인한 사제는 고기를 나누어 먹는다. 동서고금의 어떤 제사에서도 그러하듯이 제사에 바친 음식을 사제가 제의 끝에 나누는 것이다. 신들이 기뻐한 음식을 함께 나누면서 신들의 축복을 기대한다.

말의 제사에 대한 찬가는 여기서 끝나지 않고 계속 더 이어진다. 고기를 삶는 큰 솥에서 고기가 잘 익었는지를 확인하는 포크나 고깃국물을 담는 항아리, 그것을 따뜻하게 보존하는 사발의 뚜껑, 고기용 갈고리, 접시, 이 모든 것이 말과 동행하기를 기원한다.

뿐만 아니라 말이 걷고 쉬고 뛰놀던 장소, 말 발에 채운 족쇄, 마초(馬草) 등도 신들의 처소에서 함께하기를 기원한다. 말고기가 불에 태워질 때 연기에 검게 그을리지 말고, 너무 뜨겁게 타서 고기가 조각나지도 않아서 신들이 즐기기 좋도록 기원하기도 한다.

또한 도끼로 말의 늑골을 34부분으로 각을 뜨고, 사지가 손상되지 않게 하여 일정한 양식으로 제단에 올려놓은 다음, 사제가 그 고기를 한 조각씩 잘라내면서 각 고기의 해당 부분의 이름을 거명하고 각각의 해당 신들에게 봉헌한다. 말고기를 나눌 때는 각을 뜨는 도살자에게는 한 조각을, 말을 지킨 자에게는 두 조각을 주는 것이 규정이다. 그리고 마치 왕의 아내가 군마에게 밥을 주던 것처럼 고기 조각의 수만큼 불속에 밥이나 고기를 제물로 봉헌한다.

죽더라도 말의 영혼이 슬퍼하지 말 것을 당부하며, 도살하는 데 사용되었던 도끼가 더 이상 지속적으로 말에게 해를 끼치지 않기를 빈다. 또한 서투른 도살자가 칼질을 잘못하여 말의 몸을 난도질하지 않도록 기원하기도 한다.

이렇게 해서 말이 희생되었지만 이것은 진정으로 죽은 것도 아니며, 진정으로 해를 입은 것도 아니며, 신들에게 즐거이 나아간 것이라고 선언한다. 그리고 희생된 이 말로 인해 신이 좋은 가축과 좋은 말들, 남자 자손들과 부요함을 가져다 줄 것을 기원하면서, 동시에 말을 죽인 죄에 대하여 태양신 아디티에게 사죄를 빌고, 자손들과 더불어 신들의 세계에서 말이 주권적 통치의 힘을 얻도록 빌며 말 제사의 노래를 마감한다.[52]

"이것은 그대의 한 빛이요, 죽음 너머에 제3의 빛으로 변한 그대의 또 다른 한 모습이 있나이다. 가장 높은 곳에서 새로운 몸을 입고 사랑스럽게 성장하여 신들의 사랑을 받게 되나이다.

　승리를 거둔 경마여, 탈것을 태우고 달리는 그대의 몸이여(Vajin), 우리에게 축복을 가져다 주시고 평안을 누리소서. 무너지지 않는 군건한 힘으로 똑바로 서서 위대한 신들을 나르고, 하늘에서 신들과 같이 그대의 빛을 새롭게 하소서.

　강력한 힘으로 승리를 거둔 그대 경마여, 그대를 열망하며 기다리는 암말에게 행복하게 달려가소서. 가서 행복하게 하늘의 영광을 얻으소서. 먼저 달려가서 참된 행복을 누리소서. 신들에게 행복하게 달려가소서. 행복하게 날아가소서."(『리그베다』, X. 56.1~3)

말을 제물로 희생시킨 사제와 시인들은 한편으로 마음이 편치 않다. 그래서 그들은 희생된 말을 위해 애도의 진혼가를 부른다. 사람이 죽었을 때 부르는 장송곡과 같은 노래를 불러 희생된 말에 대한 예의를 갖춘다. 죽은 말이 하늘나라로 가서 신들을 만나게 되는 것은 물론이고 새로운 형태의 몸을 가지고 그곳에서 행복하게 거하게 된다는 확신에 찬 기원이다.

이렇게 제의의 불은 신과 인간, 죽음과 삶을 잇는 통로였다. 올바른 절차와 고행을 통해 얻은 힘으로 인간은 신에게 한층 더 가까워질 수 있었다.

죽은 자가 가는 운명의 길

죽음과 환생의 노래

"오, 피조물을 아시는 자, 자타베다여. 시신을 완전히 익힌 다음, 오직 그때에 조상들에게로 그를 보내소서. 그가 그를 기다리는 생명의 길에 당도하게 될 때, 그는 신들의 의지에 따라 인도함을 받을 것입니다."
『리그베다』

죽음의 신 야마와 조상신

『리그베다』에서 죽음은 주요한 주제다. 창조에 대한 이야기가 있는 만큼 인간의 죽음 또한 외면할 수 없는 주제이기 때문이다. 베다에는 제의에 대한 찬가가 주로 수록된 만큼 장례의 문제를 다루는 노래가 다양하게 나온다. 장례의 방식에 따라서 화장(火葬)식에서 부르는 노래, 매장(埋葬)식에서 부르는 노래 등이 서로 다르다.

베다에는 죽은 자가 가는 운명의 길이 몇 가지로 제시되고 있다. 하늘나라로 가는 자, 새로운 몸으로 태어나는 자, 혹은 부활하는 자, 화신(化身)이 되는 길 등이 표현되고 있다.

베다의 기록에 따르면 많은 사람들이 죽음 후에 각기 저마다 운명의 길을 가되, 하늘나라 혹은 조상들의 세계 등으로 편입되어 가기를 원한다. 죽음을 맞이하면서도 두려움 없이 평안한 상태로 조상신들이나 하늘나라 또는 다양한 신들의 세계로 들어가기를 열망하고 있는 것이다. 죽음 이후에 맞이하는 운명의 처소로는 하늘나라를 가장 이상적으로 생각하는데, 벗들이 많고 의례가 풍성하며, 빛의 세계라고 보기 때문이다.

베다에서 죽음을 관장하는 신은 야마(Yama)다. 야마는 사자(死者)의 왕으로서 죽음의 세계를 지배한다. 야마가 죽음의 신이 된 것은 그가 처음으로 죽음을 맛보고 저승으로 간 자이기 때문이다. 그리하여 그는 모든 사자들을 안내해주는 역할을 하게 되었다.[1]

야마와 죽은 자의 장례에 관련된 『리그베다』의 본문을 살펴보자.

"험준한 난관을 헤치고 많은 사람들을 위해 길을 찾아낸 비바스반(Vivasvan: 태양)의 아들, 사람들을 불러 모으는 자, 야마 왕에게 공물을 바치면서 그를 공경하라.
야마는 우리를 위해 처음으로 길을 발견한자니, 그곳은 영원히 없어지지 아니하리라. 그곳은 우리의 조상들이 건너간 곳이며, 앞으로 태어나는 모든 사람들도 각자의 길을 따라가게 되리라."(『리그베다』, X.14.1~2)

비바스반의 아들 야마는 스스로 길을 개척하여 가장 높은 천상에 거하게 되었다. 야마 신은 앙기라스라고 하는 조상으로부터 강하게 훈육되었다. 사제들은 야마를 제의에 초대해 노래부른다.

"오, 야마여! 조상 앙기라스와 함께 잘 깔린 이 잔디 위에 좌정하소서! 시인들이 부르는 노랫소리를 듣고 이곳에 오소서! 오, 왕이시여, 이 제물을 기쁘게 받으소서!
야마여, 제의를 받으시기에 합당한 앙기라스와 함께 오소서! 이 제단의 거룩한 잔디 위에 앉으셔서 바이루파(Vairūpa: 앙기라스와 관련된 다른 사제)와 함께 기뻐하소서! 나는 그대의 아버지인 비바스반에게도 간청하겠나이다."(『리그베다』, X.14.4~5)

야마는 처음으로 죽음을 맛보고 저승을 경험한 죽음의 신으로,
인간을 심판하고 죽은 자를 저승으로 안내한다.
검은 물소의 등에 타고 갈고리가 달린 철퇴와 올가미를 지니고 있는
모습으로 형상화된다.

사제가 죽음의 신 야마를 제단에 초대하는 데는 야마와 더불어 조상 앙기라스와 야마의 아버지인 태양신 비바스반(혹은 비바스바트)까지 함께 동원되고 있다. 그만큼 장례를 위한 제의는 장엄하고 엄숙하게 진행된다. 이 신들은 모두 제의의 찬가를 들음으로써 혹은 제의의 음료를 마심으로써 기쁨을 얻게 된다.

야마와 더불어 『리그베다』에서 언급되는 신 가운데 마탈리(Mātalī)라든가 브리하스파티는 반신반인(半神半人)의 형상을 하고 있다. 이들 모두가 다른 신들에 의해서 혹은 제의의 음료인 소마를 통해서 강하게 훈련되고 양육된 신들이다.[2]

마탈리는 카브야(Kavyas), 야마는 앙기라스, 브리하스파티는 리크반(Ṛkvan)에 의해서 각기 양육된다. 이 세 신들을 양육한 자들은 고대의 시인, 사제, 노래하는 자들의 조상계열로서 각기 신들을 강화시킨 역할을 하고 있다. 조상신들은 제물을 바쳐서 신들과 조상신들을 초대할 때 부르는 찬가, 즉 '스바하'(Svāhā: 그렇게 되기를 바라나이다)를 기뻐한다.[3]

장례의 제의에서 죽음의 신 야마와 그밖의 조상신들을 초대하는 장면 외에도, 죽은 자들을 위해 직접적으로 부르는 노래가 있다. 사자(死者)를 위해 부르는 노래의 일부를 감상해보자.

"가시오, 가시오, 우리의 조상들이 건너갔던 그 옛길을 따라 가시오. 그곳에서 그대는 제의의 음료를 즐기고 있는 야마와 바루나 두 왕을 만날 것이오.

그대의 희생제의와 선행의 보답으로 지극히 높은 천상에서 야마와 함께, 조상들과 연합하시오. 모든 불완전한 것들은 남겨두고 영광스러운 몸을 입고 고향(하늘이나 땅)으로 돌아가시오."(『리그베다』, X.14.7~8)

죽음 그 후의 세계로 가는 길은 앞서간 조상들의 뒤를 따라가는 것이다. 가장 먼저 죽음을 맛보고 천상의 세계를 개척한 야마는 세계의 또 다른 통치자인 바루나 신과 함께 장례의 제의에 초대되어 나온다. 신들은 제의의 음료를 즐기며 사자를 맞이한다. 죽은 자들은 살아생전에 그들이 행했던 제의와 선행의 보답으로 야마와 더불어 조상신들과 연합한다. 물론 이때 선행이라 함은 장례 때에 사자를 위해 행해지는 훌륭한 제의를 말하는 것이기도 하다.

죽음 이후에는 세상에서의 불완전하고 낡은 육체의 몸을 버리고, 장례의 불꽃 속에서 새롭고도 영광스러운 형태의 몸을 입게 된다. 그리고 그들이 원래 탄생하기 이전의 고향이라고 할 수 있는 하늘 혹은 땅의 세계를 유영하게 된다.

화장터에서 부르는 노래

반면에 장례식의 화장터에서 사자의 주변을 떠돌며 사자를 먹으려고 달려드는 귀신들을 향해 명령하듯 사자에게서 귀신을 쫓아버리는 형태의 노래도 있다.

"물러가거라. 썩 물러갈지어다. 여기서 꺼져버려라. 조상들이 사자를 위해 이곳을 마련한 것이다. 야마가 그에게 낮과 물과 밤으로 장식한 안식처를 주었다."(『리그베다』, X.14.9)

고대의 인도인은 귀신들이 화장터에 살면서 사자의 타는 육체를 먹는다는 생각을 했던 듯하다. 귀신들이 불에 타는 사자를 먹기 위해 달려드는 이유는 두 가지로 해석된다. 하나는 귀신이 불에 타면서 새로운 형태의 몸을 입고 하늘나라에 가게 되는데, 이때 귀신이 그 몸을 빌려 하늘나라에 들어가기 위해 경쟁적으로 달려든다는 생각이다. 또 하나는 후대의 힌두교에서 일반적으로 말하고 있듯이 귀신들이 단지 사자의 시체를 먹기 위해 달려든다는 생각이다.[4] 이러한 두 가지 생각은 점차 후대로 가면서 후자의 생각이 일반화되게 되었다.

화장터에서 사자의 시신을 태우면서 먼저 죽음의 신 야마를 초대하고 그밖에 중요한 몇몇 신들을 초대한다. 떠나가는 사자의 안녕과 내세에 새로운 형태의 몸을 입고 야마와 조상들이 있는 하늘나라에서 살 수 있기를 빈 후에, 귀신을 쫓아내어 귀신들이 사자에게 달려드는 것을 방지했다. 이제 사자는 야마의 도움으로 낮과 밤이 있고 물이 있는 곳에서 영원한 안식을 즐기게 될 것이다.

여기서 물은, 하늘에서 내리는 비를 뜻하기도 하고, 혹은 하늘의 시원한 생명수 같은 물을 뜻하기도 한다는 해설도 있다. 마치 땅에서 해와 달이 번갈아 돌아가며 낮과 밤이 교체되듯이 하늘의 세계도 시원한 물이 있는 생명의 장소로 묘사되고 있는 것이다. 이제 다시 사자에게 생명세계를 향하여 힘차게 달려가라는 축원의 노래를 부르고 있다.

> "사라마(Saramā)의 아들들로서 알록달록한 네 개의 눈을 가진 두 마리 개들을 지나, 곧바로 달려가시오. 그러면 야마처럼 똑같은 축제를 즐기고 있는 조상들을 쉽게 만나게 될 것이오."
> (『리그베다』, X.14.10)

사마라는 인드라 신의 특사(特使: 암캐)로서 다른 세계로 인도하는 문지기다.[5] 야마를 호위하고 있는 두 마리의 개는 바로 이 사라마의 후손이다. 마치 그리스 신화에서 나오는 지옥을 지키는 무시무시한 개로서 머리가 셋이요, 꼬리는 뱀의 모습을 하고 있다는 케르베루스(Cerberus)와 같은 무서운 문지기를 연상케 한다. 네 개의 눈을 가졌다는 것은 사방으로 날카로운 감시를 하고 있음을 뜻하는 것이다. 장례를 집행하는 사제는 이제 문지기인 개들을 지나가면 바로 조상들을 만나게 될 것이니, 염려 말고 곧장 달려가라고 축원한다. 사자에 대한 축원과 함께, 장례를 집행하는 자는 계속해서 야마를 불러 사자가 가는 길을 잘 돌보아달라고 요청한다.

> "야마여, 네 눈으로 사람들을 감시하며 길을 지키는 그대의 두 마리 호위 개들에게 사자를 넘겨주시오. 오, 왕이시여, 이 사자

에게 행복과 강건함을 주소서.

    잔뜩 넓어진 콧구멍을 벌렁거리며 사람들 사이를 어슬렁거리면서 먹을 것을 삼키려 하는 야마의 두 마리 검은 개들. 그들로 하여금 우리에게 오늘 여기에서 행복한 삶을 누리게 하소서. 그리하여 우리가 태양빛을 보게 하소서."(『리그베다』, X.14.1~12)

이 찬가에서 놀라운 사실 하나는, 야마의 특사로서 죽은 자들을 호위하고 감시하며 길을 안내하는 검은 문지기 개들에게도 사자의 안녕은 물론, 사자를 천상의 세계로 혹은 조상의 세계로 보내는 남은 가족들이 오늘, 그 자리에서 행복한 삶의 축복을 누리길 기원하고 있다는 점이다.

문지기 개들이 남은 생존자들에게 복을 줄 수 있는 힘을 갖고 있다고 보는 것이기도 하지만, 장례를 치르는 모든 과정과 제의에 등장하는 모든 요소들이 모두 인간을 축복할 수 있는 권한을 갖고 있다고 믿는 것이다. 그러므로 그 어느 것 하나 소홀히 다룰 수 없는 엄숙함이 있다. 개의 모습을 하고 있지만 사실은 야마의 특사로서 신적인 권한을 가지는 것이기 때문이다. 장례에서 야마에게 바치는 찬가는 계속된다.

    "야마에게 소마즙을 붓고, 야마에게 봉헌의 예물을 가져오라. 잘 준비된 예물을 야마에게 바쳐라. 아그니는 전령사로다.

    야마에게 풍부한 버터의 예물을 바쳐라. 그리고 생명의 세계로 나아가라. 그리하여 그가 우리로 하여금 신들 가운데서 오래 오래 살게 하도록 하라.

왕이신 야마에게 풍성한 꿀을 바쳐라. 오래전에 이 길을 만들었던 고대의 현인들(Ṛṣis)에게 경배하나이다."(『리그베다』, X. 14.13~15)

야마에게 봉헌되는 예물은 주로 소마즙과 버터와 꿀이다. 이를 통해 야마는 기쁨을 얻고 사자들을 천상으로 안내한다. 그 제례의 한가운데 사자를 천상으로 이끄는 중개자는 아그니다. 죽은 자의 시체를 불태우고 그 불꽃 속에서 사자는 새로운 몸을 입고 아그니를 통해 조상들에게로 인도된다. 그러면 이제 장례에서 아그니의 역할은 어떠한지 좀더 구체적으로 살펴보자.

장례의 불꽃, 아그니

불의 신 아그니는 베다 전체에서 인드라와 더불어 가장 많이 언급되는 신으로, 특히 제사에 관해서는 단연 압도적인 위치를 차지한다. 그만큼 제의와 관련하여 아그니가 하는 역할이 크기 때문이다. 죽음의 제의인 장례에서도 예외가 아니다. 아그니는 죽은 자를 조상에게 보내는 역할뿐만 아니라, 제사에 바쳐진 공물을 신에게 전달하는 역할도 한다.

『리그베다』 제10권 제16장에서 장례식 때 부르는 아그니에 대한 찬가가 나온다. 이 장은 세 부분으로 나뉘는데, 첫 부분은 아그니에 대한 요청이 있고(1~8절), 둘째 부분은 새롭게 불이 점화되면서 공물이 신들에게 전달되고 죽은 자는 야마에게로 인도된다는 내용이다(9~12절). 세 번째 부분은 장례의 불이 꺼져서 사라지는 단계다(13~14절).

 [아그니에 대하여]
 "오, 아그니여, 죽은 그를 완전히 태우지는 마소서. 그대의 화염 속에서 그의 몸과 피부를 완전히 다 태워버리지는 마소서. 오, 피조물을 아시는 자, 자타베다(Jātaveda)여. 시신을 완전히 익힌 다음, 오직 그때에 조상들에게로 그를 보내소서.
 오, 피조물을 아시는 자, 자타베다여. 시신을 완전히 익힌 다음, 오직 그때에 조상들에게로 그를 보내소서. 그가 그를 기다리는 생명의 길에 당도하게 될 때, 그는 신들의 의지에 따라 인도함을 받을 것입니다."(『리그베다』, X.16.1~2)

이 부분은 죽은 자를 화장하면서 아그니에 대해 청원하는 기원문이다. 흥미로운 사실은 화장을 하면서, 시체를 완전히 다 태우지 말아달라는 부탁이다.

사실 장작더미에 올려놓고 불을 지펴서 시체를 화장한다고 할 때, 시체가 완전히 다 타고 뼈만 남기려면 장작을 많이 준비해야 하는 등 많은 수고가 필요할 것이다. 현대식으로 뜨거운 불속에 뼈만

남게 되는 화장시설이 없었던 고대에는 시체를 뼈만 남기고 모두 태운다는 일 자체가 아주 번거로운 일이었을 수도 있다.

그러나 아그니에게 완전히 태우지 말라고 하는 부탁에서는 그보다 더 중요한 의미를 추측해볼 수 있다. 예컨대 시체가 완전히 타버리지 않고 잘 익혀져야 훌륭한 제물이 되어 조상에게 흠향된다는 것이다. 비유하자면 가축을 불에 태울 때 훈제되듯이 잘 익혀야 한다는 논리다.

이 부분은 아주 중요한 문제이기 때문인지, 본문에 두 번씩이나 반복되고 있다. 다 태워지지 않고 적절히 잘 익혀진 상태에서 시체는 조상에게 제물이 되고, 불속에서 죽은 자는 새로운 형태의 몸을 입고 다시 탄생하는 것이다. 그렇게 될 때, 죽은 자는 다시 신들과 만나 신들의 인도를 받게 된다. 아그니에 대한 청원의 기도에 이어서 다시 죽은 자에 대한 노래가 계속된다.

[죽은 자에 대하여]
"그대의 눈동자는 태양으로, 그대 영혼의 숨결은 바람으로 떠나시오. 그대의 업(業)[6]에 따라 하늘로 가거나 땅으로 가시오. 아니면 그대의 운명이라면 물로 가시오. 가서, 그대의 손발은 식물의 뿌리가 되어 터를 잡으시오."(『리그베다』, X.16.3)

한 인간의 죽음을 두고, 죽음 그 이후에 우주로 환원되는 모습을 비유적으로 노래하고 있다. 이 비유는 실제적인 환생의 모습을 기원하고 있는 것이리라. 불꽃 속에서 한 줌 재로 사라져갈 인간이지만, 그 인간이 생전에 지니고 있던 신체의 모든 부분이 다시 우주 속으로 귀환하는 것이다.

우주적 귀환 속에서 눈은 태양으로, 영혼의 숨결은 바람으로, 손과 발은 나무의 뿌리로, 그밖의 것들은 혹은 물이 되어 우주 속으로 귀환하고 있다. 죽은 자의 생전의 업에 따라 하늘로 가거나 땅으로 편입된다. 그 우주적 순환은 계속 반복될 수도 있다. 바람이나 물은 태양과 더불어 끊임없이 변형을 거치고 또 다른 생명의 순환운동을 거듭하기 때문이다.

위의 베다 본문에서 우리는 인도 사상의 '업'(業) 개념을 발견하게 되는데, 인간이 살아생전의 활동에 따른 결과를 후과(後果)로서 죽음 이후에도 받게 된다는 '인연업보' 개념이 형성되는 초기의 사상적 맹아(萌芽)를 볼 수 있다.

그대 영혼의 숨결은 바람으로

장례의 불꽃 아그니에 대한 노래는 죽은 자에 대한 노래에 이어 계속된다.

[아그니에 대하여]
"염소는 그대의 몫입니다. 그대의 열기로 염소제물을 태우소서. 그대의 눈부신 빛과 화염으로 제물을 태우소서. 오, 피조물

을 아시는 이 자타베다여! 그대의 상서로운 친절한 모습으로 선한 행위를 한 이들이 살고 있는 경건한 나라로 이 사자(死者)를 인도하여주소서.

아그니여, 우리가 바치는 제의의 소마즙과 함께 죽은 자가 그대에게 제물로 바쳐질 때 그를 다시 자유롭게 하여 조상들에게 보내소서. 그리하여 그가 새로운 생명의 몸을 입고 그의 자손이 번성케 하소서, 피조물을 아시는 이, 자타베다여!"(『리그베다』, X.16.4~5)

죽은 자를 위한 장례식에서 염소가 희생제물로 등장하고 있다. 죽은 자를 위해 소마즙과 함께 바쳐지는 희생물을 통하여, 죽은 자는 아그니의 도움으로 조상들에게 보내지고 새 생명의 몸으로 자손을 번성케 하는 역할을 하게 된다. 그리고 다시 죽은 자에 대한 기원의 노래가 이어진다.

[죽은 자에 대하여]
"까마귀가 와서 그대를 쪼아 먹든지, 개미나 뱀이 달려들든지, 아니면 그 어떤 짐승(자칼)의 먹이가 될지라도, 모든 것을 먹어치우는 아그니가 그리고 사제들과 함께하는 소마가 그 상처를 온전히 지켜줄 것이오.

암소의 네발로 그대 몸을 감싸고 아그니의 화염 속에서 그대를 보호하시오.[7] 두터운 지방질로 그대 몸을 덮으시오. 그리하여 그대를 완전히 불살라버리려고 하는 아그니의 맹렬한 열기로부터 그대를 지키도록 하시오."(『리그베다』, X.16.6~7)

인도에는 유달리 커다란 까마귀가 많은 편이다. 조로아스터교에서는 새가 와서 죽은 자의 시체를 뜯어 먹도록 하지만, 베다의 전통에서는 불로 화장을 함으로써 장례가 진행된다. 화장을 하되 시체가 가급적 온전히 유지된 상태에서 다음 생으로의 신생(新生)을 기약한다.

그렇기 때문에 개미나 뱀, 또는 자칼 같은 사나운 들짐승에게 시체가 먹히지 않고, 아그니의 화염 속에서도 완전히 소각되는 것을 바라지 않는다. 그리하여 장례를 집행하는 사제는 죽은 자에게 이르기를 암소의 네발 혹은 두터운 지방질로 몸을 감싸서, 맹렬히 타는 아그니의 불길 속에서도 시체가 보존되도록 하라고 한다.

이 본문에서 죽은 자에 대한 아그니의 역할뿐 아니라, 소마에 대한 언급도 나오는데, 여기서는 소마의 다양한 기능 가운데 신성(神性)의 차원을 언급하고 있다. 단순히 식물의 즙이기도 하지만 신성하게 여겨지는 소마가 사제와 함께하므로, 죽은 자의 내세 환생을 승리로 이끌어줄 것이라는 격려를 덧붙이고 있다.

아그니의 맹렬한 열기에서 그대를 지키시오

이제 다시 아그니에 대한 제의의 찬가가 계속 이어진다. 이 부분은 제사에 바쳐진 공물을 조상에게로 전달하는 아그니의 역할에 대한 기원과 찬가다.

[아그니에 대하여]
"오, 아그니여! 신들이 좋아하고 소마를 즐기는 자들이 아끼는 이 제사용 컵을 뒤엎지 마소서. 신들은 이 컵을 통하여 불멸의 신들이 술을 즐기나이다.

나는 육신을 먹어치우는 아그니의 불길을 멀리 보내나이다. 이 죽은 자가 그의 모든 부정(不淨)함을 떨쳐내고 그의 왕 야마에게 가게 하소서. 그러나 피조물을 아시는 이, 자타베다가 이곳에 오셔서 공물을 가지고 신들에게 가지고 가게 하소서. 그가 신들에게로 가는 길을 알고 있나이다."(『리그베다』, X.16.8~9)

여기서 장례 때 사용하는 제사용 컵에 대한 언급이 나온다. 컵은 죽은 자가 살아생전에 신들에게 혹은 소마를 즐기는 조상들에게 바치는 제사에서, 소마제의를 올릴 때 사용하던 나무 컵을 말한다. 녹은 버터가 담긴 이 컵은 죽은 자의 머리 위에 올려놓게 된다.[8] 이처럼 소중한 제사용 컵이 뒤집어엎어지지 않기를 아그니에게 기원하고 있는 것이다.

육신을 태우는 아그니의 불길은 죽은 자를 정화시킬 뿐만 아니라, 정화된 상태에서 죽음의 신 야마와 그의 조상들에게 가게 되는 것이다. 이때 다시 그 새로운 세계의 길을 안내하는 '피조물을 아시는 이'인 자타베다의 도움을 구하는 기도를 하게 된다.

이와 같이 죽은 자에 대한 장례의 노래는 아그니에 대한 요청과 기원으로부터 시작하여 죽은 자에 대한 노래와 청원이 반복적으로 이어지면서 계속되다가 '새로운 불'에 대한 노래로 장례의 불꽃 아그니에 대한 노래는 이 장에서 일단락된다.

[새로운 불에 대하여]
"우리는 기쁘게 그대 불을 새로이 켜놓고 즐거워하나이다. 기뻐하는 조상들을 초대하여 기쁘게 공물을 먹게 하소서.
아그니여, 이제 불을 끄시고, 그대가 그을려 불태운 바로 그 죽은 자를 재생시키소서. 바로 이곳에서 수련(水蓮, Kiyāmba)과 부드러운 풀(Pākadūrvā), 그리고 신선한 약초(Vyalkaśa) 들이 자라나게 하소서.[9]
오, 시원함으로 가득한 그대 시원한 자(식물)여. 오, 시원한 습기로 가득한 신선한 약초여. 이곳으로 와서 암캐구리와 함께하소서. 여기 아그니와 함께 기쁨으로 충만하소서."(『리그베다』, X.16.13~14)

장례의 불꽃 아그니에 대한 기원과 찬가는 죽은 자를 태우던 불을 꺼달라는 요청과, 새로운 불을 켬으로써 조상들이 초대되어 공물을 먹으며 마감된다. 죽은 자는 다시 재생되며, 죽은 자를 화장한 자리에서는 새로운 수생식물이 자라나기를 기원한다. 수련이나 부드러운 풀, 향기 나는 약초로 가득하기를 바라고 있다.

맹렬한 불길이 지나간 후에 시원한 청량제와 같은 식물이 초대 됨으로써, 불과 물의 우주적 순환을 보게 된다. 불이 지나간 자리에 물이 초대되고, 불타는 중에도 소마즙이 제공되며, 수련이 핀 자리에 암캐구리가 초대되는 것도 우주적 상생과 재생의 구조를 보여주는 것이다. 물이 많은 늪지에서 사는 암캐구리는 특히 비와 비옥함을 상징하는 동물이다. 개구리가 늪지에 살면서 많은 자손을 퍼뜨리듯이, 죽은 자도 장례의 끝자락에서 다시 환생하여 많은 자손을 누리도록 복을 비는 은유가 담겨 있다.

매장식: 죽음의 발자국은 지워버리시오

죽은 자를 장사지내는 매장식(埋葬式)에서, 사제는 죽음에 대하여, 또는 유족에 대하여 충고나 권면의 노래를 부른다. 『리그베다』 제10권 제18장 제1~14절 전체에 걸친 매장식의 노래에 담긴 이야기를 중심으로 본문을 분석해보자.

> [죽음에 대하여]
> "죽음이여 떠나가거라. 신들의 길과는 다른 너의 길로 떠나가라. 눈을 가지고 귀를 가진 너에게 말하노니, 우리의 자녀와 인간(용사)을 해치지 말라."(『리그베다』, X.18.1)

죽은 자 앞에서 장례를 치르는 사제는 먼저 '죽음'에 대하여 호통을 친다. 죽음은 더 이상 산 자의 것이 아니다. 죽음의 길은 또한 신들이 살아가는 세계와 거리가 멀다. 그러니 죽음은 죽음 그 자신의 길을 가야 한다. 죽음이란 것이 실체가 있는가 하는 의문을 던질 수 있겠지만, 그것이 중요한 것이 아니다.

인간이 삶의 세계에서 분리된 순간, 죽음이 당도한다. 그러기에 이름하여 '죽음'이라는 대상에게 산 자의 세계에서 멀리 떠나갈 것을 외친다. 사제는 죽음이라는 대상에게 "눈을 가지고 귀를 가진 자"라는 인격을 부여하면서, 구체적으로 자신의 충고를 받아들일 것을 외치고 살아 있는 자녀와 남은 용맹한 자들을 더 이상 해치지 말 것을 주장한다. 유족에 대한 축원의 노래가 계속된다.

[유족에 대하여]
"죽은 자와 더불어 슬퍼하는 그대들이여. 죽음의 발자국을 지워버림으로써 그대들의 생명을 연장하시오. 순수하고 깨끗하고 제의를 바칠 만하게 됨으로써 자손과 번영의 축복을 누릴 것이오."(『리그베다』, X.18.2)

죽은 자를 떠나보내고 슬퍼하는 유족들을 향하여, 장례를 치르는 사제는 위로의 말과 함께 정결의 의례를 요청한다. 죽음의 발자국을 지워버린다는 것은 여러 가지 해석을 낳게 하는데, 문자 그대로 해석하면 망자와 함께 화장터에 온 발자취를 지우라는 의례적인 뜻이다. 한편으로는 상징적인 의미에서 망자의 죽음과 동시에 더 이상 죽음에 대한 슬픔을 끝내라는 의미도 있을 것이다.[10]

죽음은 죽음으로서 떠나보내고, 유족들의 일시적인 슬픔 또한 발자국을 지우듯이 지움으로써, 남아 있는 자들은 오히려 수명을 연장하고 자손의 축복과 번영을 위해 정결한 삶과 제사를 행할 것을 말하고 있다. 그리하여 살아 있는 자들에 대한 기쁨의 노래가 다음과 같이 이어진다.

"살아 있는 자들은 죽은 자들과 분리되었도다. 우리가 신들을 초대한 이날이 행운의 날이 되었도다. 우리들의 수명을 늘리면서 춤추며 웃으며 나아가자.

나는 살아 있는 자들을 위하여 이곳에 방어벽을 세우나니, 그들 중에 아무도 이 벽을 넘어가지 않을 것이다. 살아 있는 자들로 하여금 100세를 살게 하고 죽음을 이 언덕에 장사지내노라."
(『리그베다』, X.18.3~4)

삶과 죽음의 엄격한 분리를 볼 수 있다. 죽음은 이미 죽음의 세계로 건너갔다. 망자는 아그니와 죽음의 신 야마, 그리고 그밖의 신들을 통해 조상들에게 혹은 신들에게로 나아가게 된다.

이제 남은 것은 산 자들의 몫이다. 삶은 여전히 축복이요 행운이다. 그래서 더 이상 슬퍼할 이유가 없다. 장례의 제의에 초대된 신들로 인하여 오히려 행운의 날이 된다. 남은 자들은 수명연장과 축복된 삶을 위해 춤추고 노래한다. 이는 마치 근원은 다르지만, 불교의 어느 종파에서 망자를 떠나보내고 49재 때에 복을 빌며 바라춤을 추는 것과도 부분적으로 상통한다 할 것이다.

장례를 집행하는 사제는 계속해서 살아 있는 자들을 위하여 '방어벽'을 세운다고 선언하는데, 이 방어벽은 죽음의 세계와 경계를 표시하기 위해 돌로 세운 일종의 경계비와도 같은 것으로 해석되기도 한다. 이는 상징적인 것이지만, 죽음과 삶의 세계를 분리하는 의례에 해당한다고 볼 수 있다.

산 자에게 죽음은 슬픔뿐이지 더 이상 기쁨이 될 수 없는 것이기에, 이 경계비로서의 방어벽을 세움으로써 아무도 그 벽을 넘을 자가 없으리라고 선언한다. 이른바 안전지대가 형성되는 것이다. 그리고 남은 자들은 100세의 장수를 누리게 된다. 베다에서 인간의 수명이 100세의 장수를 누린다는 언급이 여기서 나온다. 장수를 누리는 동안 더 이상 죽음은 산 자의 곁으로 다가오지 못하고, 언덕의 무덤 속에만 머물게 되는 것이다.

남은 것은 산 자들의 몫이다

생명의 순환은 계속된다. 앞서 죽은 자를 뒤따라 인간이 늙어감은 어쩔 수 없는 일이지만, 남은 생애만큼은 건강하고 복되게 장수하려는 희망과 염원이 장례의 매장식에서 울려 퍼진다. 생명의 순환 속에 아름다운 출생을 보장하고 선한 일을 주관하는 자, 트바스트리가 인간의 생명을 연장시켜주고 복을 내려준다. 신들의 역할이 이렇게도 다양함을 보게 된다.

> "날은 날로 규칙적으로 이어지고, 계절은 계절로 일정하게 이어지는 것과 같이, 남은 자들의 수명도 그러하리니, 오 질서를 정하는 자여, 젊은이들도 늙은이를 뒤따르리다.
> 나이가 늙어감에 따라, 장수하게 됨을 기뻐할 것이며, 그대들 모두가 앞서간 이를 뒤따라갈 것이오. 선한 일을 주관하는 자, 트바스트리가 은혜롭게도 그대들의 수명을 연장시켜줄 것이오."(『리그베다』, X.18.5~6)

이어지는 권면의 노래 속에서, 사제는 산 자의 아내와 죽은 자의 아내에게 각각 위로와 격려의 말을 건넨다. 우선 유족들 가운데 남편이 살아 있는 아내의 경우 몸가짐을 어떻게 해야 할 것인가를 말한다. 그리고 평상시와 같이 예쁘게 단장하고 결혼식 때에 올라갔던 침상에 먼저 올라갈 것을 권한다. 이것은 죽음의 무덤에 오르기 전에 산 자가 누릴 수 있는 큰 축복이기 때문이다.

[산 자와 죽은 자의 아내들에 대하여]
> "좋은 남편을 가지고 아직 과부가 되지 않은 부인들은 향기로운 향유를 가지고 그들의 눈을 화장할 것이로다. 눈물을 흘리지 말고 근심하지 말 것이며, 아름다운 장식의 옷을 입고, 먼저 침

베다는 의례에 참여한 아내와 여인들이 남편의 죽음 등과 같은
현실의 비통함을 극복하고, 정상적인 삶의 세계로 나아갈 것을 권한다.
고난을 극복하기 위해 불의 신 아그니를 켜 들고
여인들이 새로운 삶을 기원한다.

상에 오르도록 하시오."(『리그베다』, X.18.7)

이어서 남편을 잃은 아내에게 다음과 같이 위로의 메시지를 전한다. 사제는 죽은 남편의 손을 보이면서, 더 이상 그의 아내가 될 수 없음을 말한다. 그리고 죽은 남편의 손에서 활을 꺼내 들고 살아남은 자들의 위대함을 영웅으로 칭송한다.

"여인이여, 일어나 삶의 세계로 나아가시오. 이리 오시오. 그대는 숨이 끊어져 죽은 남편의 곁에 누워 있소. 그대는 당신의 손을 붙잡고 당신을 품으려 하던 이 남자의 아내였소.
나는 이 죽은 자의 손에 있는 활을 가지고 우리의 위대성과 영광스러움과 힘을 보여줄 것이니, (죽은 자여)그대에게 말하노라. '그대는 거기에 있지만, 우리는 여기에 있소. 위대한 영웅들과 같이, 우리를 공격하는 모든 적들을 정복할 것이오.'"(『리그베다』, X.18.8~9)

땅이여, 죽은 자를 감싸고 보호하소서

죽은 자와 대지는 살아 있을 때뿐만 아니라, 죽어서도 같이해야 하는 운명적 관계다. 따라서 죽은 자와 죽은 자를 맞이해줄 대지에 대하여 사제는 다음과 같이 연이어 노래한다.

"이 광활한 땅, 친절하고 온화한 어머니 – 땅(地母) 속으로 살며시 들어가시오. 어머니 대지는 젊은 여인이오. 공물을 바치는 누구에게나 양털처럼 부드러운 분이오. 어머니 – 땅으로 하여금 날름거리는 '파멸'의 혓바닥으로부터 그대를 지키게 하시오.

땅이여, 가슴을 열고 죽은 자를 받아 덮고 무겁게 짓누르지 마시오. 편안하게 굴 속에 들어가 그곳에 거하게 하소서. 땅이여 어머니가 아들을 치맛자락으로 감싸듯이 죽은 자를 감싸고 보호하소서."(『리그베다』, X.18.10~11)

『성서』의 표현대로 육신은 "흙으로 왔다가 흙으로 돌아가는" 인생이지만, 『리그베다』처럼 죽은 자에 대하여 어머니 같은 포근하고 온화한 대지로 돌아갈 것을 축원하는 모습은 참으로 이색적이고 따뜻한 느낌을 갖게 한다. 땅은 어머니 여신으로서 정성껏 공물을 바치는 자는 양털처럼 부드러운 가슴으로 안아준다.

망자를 위로하는 표현이기도 하지만, 산 자에게도 죽음에 대한 공포를 덜게 하고 살아생전 대지에 대한 고마움을 잃지 말고 살라는 교훈으로 들리기도 한다. 어머니 대지를 사랑하는 자는 땅속에서 '파멸'이라는 두 번의 죽음을 겪지 않고, 보호받는다는 뜻이다.

죽은 자에 대한 위로와 축원에 이어서, 죽은 자가 묻힐 땅을 향하여 탄원한다. 땅이 죽은 자를 배척하지 않고 가슴을 열어 곱게 묻어주되, 흙의 무게로 시신을 짓누르지 않도록 청원한다. 오히려 땅속이 편안한 굴이 되어 장막처럼 거할 수 있기를 빈다. 어머니가 아들을 치마로 감싸 안듯이 편안한 안식처가 되기를 바란다.

이처럼 죽은 자와 땅에 대한 세세한 노래가 장례식 내내 계속된다. 이제는 한 걸음 더 나아가 무덤이 하나의 견고한 집으로서 어떻게 지어져야 할 것인가를 다음과 같이 노래하고 있다.

"땅은 가슴을 열고 견고하게 되어, 천개의 기둥으로 집을 지어 죽은 자에게 버터를 공급할 것이며, 여기서 그가 머무는 날 동안 내내 안식처가 되게 할 것이라."(『리그베다』, X.18.12)

죽은 자가 들어갈 무덤은 1,000개의 기둥으로 견고하게 떠받쳐질 것이고, 그 기둥을 통하여 죽은 자에게 버터가 공급되게 하겠다는 것이다. 그리하여 죽은 자도 무덤 속에 사는 내내 굶주림이 없도록 하겠다고 밝히고 있다.

이제 마지막으로 죽은 자를 땅속에 묻으면서, 죽은 자를 끝까지 상하지 않게 보호하려는 따뜻한 배려를 보게 된다. 그리고 죽은 자를 조심스럽게 땅속으로 내리고, 조상들이 기둥을 붙잡아 지켜줄 것이며 죽음의 신 야마가 죽은 자를 위한 집을 지어줄 것임을 알린다.

"나는 그대 주위를 흙으로 돋우고, 이 흙덩이를 내리면서 그대를 상하지 않게 할 것이오. 조상들이 그대를 위해 이 기둥을 굳게 붙잡아줄 것이오. 야마가 그대를 위해 이곳에 집을 지어줄 것이오."(10.18.13)

장송곡, 새로운 생명의 노래

이 노래는 일정한 영적 수준에 따라, 높고 낮은 수준의 다양한 신들에게 바쳐지는 제물의 내용이 다르다. 그리고 죽은 자 또한 그 영적 수준에 따라, 각각에 해당하는 신들과 조상에게로 가게 하라는 제의의 노래를 불러주고 있다.

"신들을 위해서는 깨끗한 소마가 준비되어 있나이다. 또 다른 신들(半神半人)을 위해서는 버터가 마련되었나이다. 그들을 위해 꿀이 흐르나이다. 죽은 자로 하여금 곧바로 그들에게 가게 하소서.

거룩한 열정(고행)으로 무적의 용사가 된 자에게, 거룩한 열정으로 태양에게 간 자에게, 거룩한 열정으로 영광스러운 자리에 오른 자에게, 죽은 자로 하여금 곧바로 그들에게 가게 하소서.

전쟁터에서 영웅처럼 싸워서 그들의 몸을 희생한 자들에게, 혹은 무수한 봉헌을 한 자들에게, 죽은 자로 하여금 곧바로 그들에게 가게 하소서."(『리그베다』, X.154.1~3)

소마는 신들이 즐겨 마시는 향기로운 음료다. 따라서 소마를 받는 신들은 버터를 받는 반신반인의 신들보다 상위에 해당한다. 죽은 자들은 살아생전의 노력과 공헌에 따라 각자에게 해당하는 신에게로 가는 것이다. 더러는 용사에게, 더러는 태양으로 간 자에게, 더러는 영광의 자리에 오른 이와 함께 하는 것이다. 여기서 거룩한 '열정'(tapas)은 거룩한 '고행'을 뜻하기도 한다.

앞서 본 바와 같이 베다의 다른 본문에서는 천지의 창조가 바로 이 '타파스'에 의해서 가능했다고 하는데, 그것 또한 '열기' 혹은 (종교적) 수행을 통한 희생적 '고행'을 뜻하기도 한다. 살아생전 희생적 봉사의 삶을 살았던 조상이나, 전쟁터에서 몸을 바쳤던 영웅적인 조상들이 머무는 곳으로, 죽은 자들도 각자의 운명에 따라 자신들의 거처를 찾아가는 것이다.

이같이 죽은 자들이 자기들의 조상이나 신에게 가는 길도, 죽음의 신 야마의 도움을 입어야 한다. 그 야마에 대한 마지막 청원의 노래가 또 이어진다.

"질서(법칙)를 처음으로 따르고, 질서를 지니고 있으면서 질서를 더욱 거룩하게 강화시키는 자들, 그리고 거룩한 열기(열정)로 가득한 조상들에게, 오, 야마여, 죽은 자로 하여금 그들에게 곧바로 가게 하소서.

천 가지 길을 알고 있는 영감에 가득 찬 시인들에게, 태양을 지키는 이들에게, 거룩한 열기로 가득한 현자들에게. 오, 야마여. 죽은 자로 하여금 거룩한 열기(고행의 열정)를 통하여 다시 태어난 그들에게로 가게 하소서!"(『리그베다』, X.154.4~5)

여기서 '질서'라는 것은 아침에 태양이 뜨고 저녁에 지는 것과 같은 일종의 우주법칙을 말한다. 생로병사 또한 우주법칙에 따르는 것이고 보면, 먼저 간 조상들은 이 우주법칙에 순응할 수밖에 없었던 자들이다. 다만 생전의 삶의 질에 따라 귀속되는 사후의 삶도 다양해질 뿐이다.

이들은 또한 사후에도 거룩한 열정을 지니고 있어서 우주적 질서에 합류하고 더욱 그 질서를 강화시켜나간다. 더 나아가서 조상들 가운데는 천 가지의 길을 알고 있는 뛰어난 시인과 현자도 있다. 질서를 따르며, 질서 그 자체가 되면서 또한 질서를 강화시켜 나가는 조상신들에게로 죽은 자가 무사히 찾아갈 수 있도록 죽음의 신 야마를 초대하고 있다.

아들과 죽은 아버지와의 대화

『리그베다』 제10권에는 죽음에 대한 이야기와 찬가가 이처럼 많이 언급된다. 이밖에도 아버지를 여읜 소년이 아버지의 귀환을 바라며 탄원하고, 죽은 아버지가 그에 대답하고 위로하는 내용도 있다. 대화의 내용은 다음과 같다.

아버지가 죽은 후 소년은 정신적으로 야마의 세계로 떠나는 아버지를 따라 나선다. 아버지의 죽음을 슬퍼하면서도 다시 살아 돌아올 것을 빈다. 물론 소년은 죽은 상태가 아니며 아버지를 따라서 죽고자 하는 것도 아니다. 이때 아버지의 음성이 들려오면서, 아들에게 마차가 준비되어 있다고 말한다.

이 마차는 소년이 아버지를 따라가도록 마련된 것이다. 물론 이 마차는 시체를 야마에게 혹은 조상들에게 '실어 나르는' 장례의 제의를 상징하는 것이기도 하지만, 공물이나 장례의 불을 뜻하기도 한다. 동시에 이 마차는 소년이 아버지를 만나고자 하는 '희망'을 뜻하기도 한다.[11] 아들과 아버지의 대화를 살펴보자.

"[아들] '야마가 신들과 함께 음료를 마시고 있는 아름다운 잎사귀를 지닌 나무 아래, 고대의 조상들에게 돌아가고자 하시는, 우리 가장이신 아버지가 계시네요.
아버지를 바라보는 것이 안타깝지만, 아버지는 고대의 조상들에게 돌아가고자 하시네요. 죽음의 길로 들어서면서 말입니다. 나는 아버지가 다시 돌아오시기를 갈망했어요.'
[아버지의 음성] '나의 아들아, 네 마음속에, 너는 바퀴 없는 새로운 마차를 만들었구나. 마차 수레의 굴대가 한 개밖에 없지만, 모든 방향으로 여행할 수 있도록 말이다. 그리고 보이지는 않지만, 너는 그 위에 올라탈 수 있지."(『리그베다』, X. 135.1~3)

아버지가 다시 살아 돌아오기를 갈망하는 아들에게 죽은 아버지는 아들이 자기에게 올 수 있음을 말한다. 그러면서 아버지는 계속해서 다음과 같이 말하고 있다.

"내, 아들아. 네가 만든 마차를 사제(현자)들로부터 여기로 몰고 나올 때, 그 뒤에 마련된 배(공물을 뜻함) 위로부터 노래(Sāman)가 울려 퍼질 것이다.' 누가 아들을 태어나게 했던가? 누가 마차를 굴러가게 했던가? 누가 오늘날 우리에게 어떻게 (야마에게 가는) 여행 장비(장례용 기증품)가 만들어질 수 있음을 말해줄 것인가? ……여기에 신들의 고장이라 불리는 야마가 거주하는 곳이 있도다. 여기에 노래하는 자들이 그를 위해 갈대 피리를 부나니, 여기서 그가 찬양을 받음으로 영화롭게 되는도다."(『리그베다』, X.135.4, 5, 7)

아버지는 아들이 애타게 귀환을 바라는 노래를 부르고 있는데도 여전히 아들에게 마차를 타고 자신에게 올 것을 말하고 있다. 아들이 죽은 아버지를 다시 오도록 기원하는 것은 이해가 되지만, 아버지가 아들을 죽은 자의 세상으로 초대하는 것은 쉽게 이해되지 않는다. 그러나 어쩔 수 없이 죽음의 강을 건너간 망자는 다시 돌아올 길이 없다. 아버지는 죽음의 세계라고 해서 반드시 지옥과 같은 비극의 장소가 아니라는 것을 아들에게 넌지시 일러준다.

오히려 조상들이 있는 신들의 세계는 야마와 더불어 노래가 있는 아름다운 세계로 묘사된다. 야마는 이 노래에서 대화의 시작과 마침이 되고 있다. 죽음을 통해 만나게 되는 첫 관문도 야마요, 그 마지막도 야마다. 야마가 있는 곳은 아름다운 나무 아래며, 노래로 가득한 곳이다. 그곳은 더 이상 슬픔의 장소가 되지 못한다.

죽음의 문턱을 넘어가는 그대에게

마지막으로 『리그베다』 제10권 제58장에 나오는 망자의 귀환을 비는 노래를 살펴보자. 죽은 자의 영혼은 어디로 갈 것인가? 죽은 육신을 떠나 영혼이 가는 자리는 어디인가? 아무도 그 가는 곳을 모른다. 하지만 사제와 유족들은 슬픔을 극복하기 위하여, 어디론가 떠나간 망자의 영혼을 다시 불러 죽은 자의 몸속으로 다시 돌아오기를 빈다.

"만일 그대의 영혼(靈魂)[12]이 비바스반(Vivasvan)의 아들 야마에게로 멀리 떠나갔다면, 우리는 그 영혼을 다시 불러 여기 당신의 몸속으로 되돌아와서 머물러 살기를 원하노라.

만일 그대의 영혼이 하늘로 혹은 땅으로 멀리 떠나갔다면, 우리는 그 영혼을 다시 불러 여기 당신의 몸속으로 되돌아와서 머물러 살기를 원하노라.

만일 그대의 영혼이 땅의 네 귀퉁이로 멀리 떠나갔다면, 우리는 그 영혼을 다시 불러 여기 당신의 몸속으로 되돌아와서 머물러 살기를 원하노라.

만일 그대의 영혼이 하늘의 사방으로 멀리 떠나갔다면, 우리는 그 영혼을 다시 불러 여기 당신의 몸속으로 되돌아와서 머물러 살기를 원하노라.

만일 그대의 영혼이 큰 파도가 치는 바다로 멀리 떠나갔다면,

우리는 그 영혼을 다시 불러 여기 당신의 몸속으로 되돌아와서 머물러 살기를 원하노라.

만일 그대의 영혼이 번쩍이는 빛줄기 속으로 멀리 떠나갔다면, 우리는 그 영혼을 다시 불러 여기 당신의 몸속으로 되돌아와서 머물러 살기를 원하노라.

만일 그대의 영혼이 물속으로 혹은 식물들 속으로 멀리 떠나갔다면, 우리는 그 영혼을 다시 불러 여기 당신의 몸속으로 되돌아와서 머물러 살기를 원하노라.

만일 그대의 영혼이 태양으로 혹은 새벽으로 멀리 떠나갔다면, 우리는 그 영혼을 다시 불러 여기 당신의 몸속으로 되돌아와서 머물러 살기를 원하노라.

만일 그대의 영혼이 높은 산으로 멀리 떠나갔다면, 우리는 그 영혼을 다시 불러 여기 당신의 몸속으로 되돌아와서 머물러 살기를 원하노라.

만일 그대의 영혼이 유영하는 전체 우주 속으로 멀리 떠나갔다면, 우리는 그 영혼을 다시 불러 여기 당신의 몸속으로 되돌아와서 머물러 살기를 원하노라.

만일 그대의 영혼이 아주 아득한 곳으로 멀리멀리 떠나갔다면, 우리는 그 영혼을 다시 불러 여기 당신의 몸속으로 되돌아와서 머물러 살기를 원하노라.

만일 그대의 영혼이 늘 있어왔거나 앞으로 있어야 할 곳으로 멀리 떠나갔다면, 우리는 그 영혼을 다시 불러 여기 당신의 몸

속으로 되돌아와서 머물러 살기를 원하노라."(『리그베다』, X. 58.1~12)

이 노래는 사실 죽은 지 오래된 망자의 시체를 놓고 부르거나, 화장터에서 부르는 노래는 아닌 것 같다. 몸에서 영혼이 막 떠나려고 하는 찰나에 있는 죽음을 눈앞에 둔 사람이거나, 아니면 죽은 지 얼마 안 되는 사람을 두고 부르는 노래일 수도 있다. 죽은 자의 영혼이 떠나가는 곳에 대해서는 여러 곳이 언급되고 있다.

대부분은 야마에게 가는 것으로 묘사된다. 천지(天地)와 그 네 모퉁이, 혹은 바다, 빛, 물, 식물, 태양, 새벽, 높은 산, 전체 우주 혹은 그것도 아주 넘어서 아득히 먼 곳으로 간다고도 한다. 또는 늘 있어왔던 곳이나 앞으로 있어야 할 곳으로 떠나는 것으로 묘사되고 있다.

중요한 것은 그 어느 곳으로 영혼이 떠나가더라도 곧장 망자의 영혼이 현재 눈앞에 보이는 육신에게 다시 돌아와서 산 자들과 함께 생활할 수 있기를 비는 것이다. 이는 살아남은 사람들의 공통된 바람인 것이다.

5

최상의 권위를 자랑하는 위대한 권력자

천상(天上)의 신들

"보이지 않는 것도 삼켜버리는 자, 동쪽 산에 떠오르는 태양을 보라. 보이지 않는 모든 것과 밤의 악령들도 불살라버리도다. 산 위에 떠오르는 태양신이 있나니 모든 것을 그을리고 태워버리도라."

『러그베다』

계속 이동하는 최고권력

베다에서 가장 오래된 신명(神名) 가운데 하나가 '디야우스 피트리'(Dyaus Pitri), 곧 '하늘의 아버지'다. '아버지'로 불리는 디야우스(Dyaus)는 초기 인도-유럽계열의 신으로서 다른 신들을 통치하는 신으로 존경을 받았다. 그리스의 제우스(Zeus) 신과 로마의 주피터(Jupiter) 신에 비교되는 존재다.

초기에 이와 같이 하늘의 주권적 통치자로서 등장한 디야우스 신이지만, 인드라와 아그니와 같이 인도에서 크게 영향력 있는 신으로 각광받지는 못했다. 그것은 그 본래의 위대성이 없어서가 아니라, 실제적인 관점에서 다른 신들을 중요시했던 인도인의 사고방식과 관련이 있다.

『리그베다』에서 극히 제한적으로 언급되고 있는 디야우스는 주로 아버지의 모습이다. 예컨대 인드라나 아그니의 아버지로서의 영광을 안고 있을 뿐이다. 이에 비해 바루나, 미트라, 그리고 태양신들의 집단인 아디티야는 많은 능력을 지니고 있다. 또한 태양신 수리아, 사비트리, 푸샨도 천상의 신들로 각광을 누리고 있다. 후기에 가서는 비슈누가 대표적인 천상의 신이 된다. 이들 신을 친밀성 있는 것들끼리 세분해서 좀더 자세히 살펴보자.

그리스도교에서 아버지 하느님(Deos, Θεός)은 창조주로서의 영광을 계속 지니고 있지만, 인도 신화에서 아버지 디야우스는 바루나(Varuṇa)와 미트라(Mitra) 같은 천상의 신들에 의해 그 인기나 영향력이 현격히 줄어들고 만다.

그 가운데서도 가장 큰 활약상을 보이는 것은 바루나. 바루나처럼 눈이 태양으로 묘사되는 미트라를 보면 차이가 명백하다. 미트라는 바루나와 밀접한 관계를 가지면서 여러 베다 본문에서 서로 동시에 언급되긴 하지만 독립적인 어떤 개체로서의 성격은 약하다. 반면에 바루나는 팔과 손, 발을 가지고 먹고 마시며 걸어다니는 등, 다양하게 의인화되고 있다. 미트라는 바루나와 관련된 모든 노래 속에서 특징적으로 나타나고 있다.[1]

태양신의 집단, 아디티야

『리그베다』의 제6권 제50~52장에서 '모든 신들', 이른바 '만신'(萬神)을 뜻하는 '비스바데바'(Viśvedevas)장에서는 여러 신들을 초대하며 찬가를 부르는데, 이곳에서 미트라와 바루나도 같이 언급된다. 『리그베다』의 시인-사제들이 신들을 초대하며 노래를 부를 때, 이들도 초대되는 것이다.

> "나는 아디티(Aditi) 그대 여신과 아그니, 미트라, 바루나에게 은총을 구하나이다. 구하지 않았던 것도 주시는 은혜로우신 아리아만(Aryaman)과 구원의 신들이신 사비트리(Savitṛ)와 브하가(Bhaga)에게 비나이다.
> 오, 위대한 능력을 가지신 수리아(Sūrya) 님이시여. 오셔서, 우

리가 죄에서 해방되었음을 입증하여주소서. 다크샤(Dakṣa)에서 솟아난 빛의 신들이시여!

거듭 태어나며, 진리가 되시고 거룩한 의무를 다하시는, 거룩한 빛으로 가득하신 그대의 혀는 아그니로다."(『리그베다』, VI. 50.1~2)

『리그베다』 제6권 제50장은 전체 1~15절로 '여러 신들'에 대한 찬가가 함께 섞여 있다. 그 가운데 위의 본문에서 보는 바와 같이 불과 1~2절에서만 해도 아디티, 미트라, 바루나, 아리아만, 사비트리, 브하가, 수리아, 다크샤, 아그니라는 아홉 신들이 등장하고 있다. 이들이 모두 '아디티야'(Ādityas)로서 '태양신들의 집단'이 되는 '빛' 또는 '태양'과 관련이 있는 신이다.

처음에 언급된 아디티는 '무한한 공간' '영원성' '무한 의식'으로 해석되기도 하는데, 이 이름이 여성 형태로 변한 '아디티'(Aditī)는 아디티야의 어머니가 된다.[2] 태양신들을 낳은 여신인 것이다. 아디티의 이름에서 유추하여 풀어본다면 '영원'하고 '무한한 공간' 아디티가 '태양신'을 낳게 한 것이다.

아리아만은 태양신 아디티야의 하나로서, 영적 진보를 열망하는 자들의 주(主)가 된다. 그리고 '신적 의식의 빛'이면서 '진리의 힘'이기도 하다.[3] 아리아만은 그 이름에서 느낄 수 있듯이 인도-이란적인 성격이 강하다. 미트라와 함께 일종의 들러리이지만, 영적 가이드 역할을 하는 친절한 성격으로 존경받고 있다.

사비트리도 태양신 아디티야의 하나로서 생산을 하는 '산출자'라는 뜻을 지니고 있다. 사비트리는 종종 태양신의 다른 이름인 수리아와 동일시되기도 하는데, 수리아는 강한 빛을 발하는 더 큰 능력이 있는 것으로 말해진다. 시적인 강한 묘사를 할 경우에는 사비트리라는 표현보다 수리아라는 명칭이 더 많이 언급된다.

브하가 또한 태양신 아디티야의 한 이름이다. 이름의 의미처럼 '관대한' 성격을 지니고 있어서 그를 숭배하는 자에게 무엇이나 아낌없이 주는 '환대의 주'가 된다. 특히 브하가는 여성들이 결혼했을 때 행운을 가져다 주는 신으로 추앙된다. 또한 인간 안에서 신의 기쁨을 누리게 하는 자로 묘사된다. 이 기쁨은 순수한 불멸의 기쁨이다. 이 기쁨의 신은 육체와 죽음의 악몽을 없애버리는 능력을 지니고 있다.

다크샤는 창조주 프라자파티의 별칭으로서, 역시 태양신 아디티야 가운데 하나다. 이처럼 다양하게 등장하는 모든 신들이 태양신 아디티야의 하나이거나 태양에 관련되고 있음을 알 수 있다. 태양의 위대한 기능을 다양한 각도에서 숭배하는 신들의 이름인 셈이다. 인도에는 이와 같은 태양신 숭배가 『리그베다』 초기부터 성행했는데, 현재까지 남아 있는 인도의 대표적인 태양신 사원으로는 푸리(Puri) 근처에 있는 코나락(Konark) 사원이 있다.

최고 권력자 바루나

9명의 아디티야 가운데 최고의 권위를 자랑하는 신이 바루나다. 바루나는 1,000개의 눈을 가지고 멀리 바라볼 수 있는 능력을 지니고 있으며, 빛나는 황금 외투를 입고 있다. 바루나와 미트라는 태양빛으로 장식된 아름다운 팔로 천상에서 마차를 운전한다. 천상은 1,000개의 기둥과 1,000개의 문이 달려 있는 곳이다.

『카타파타 브라흐마나』에 따르면 바루나는 천상의 중간에 자리 잡고 그 주위에 있는 형벌의 장소를 응시하고 있다.[4] 바루나는 신과 인간의 왕으로 묘사되는데, 인드라 신에게도 가끔씩 주어지는 독립적인 통치자의 칭호인 '스바라즈'(svarāj)라는 이름으로도 많이 불린다.

또한 바루나는 아그니에게도 가끔씩 주어지는 우주 통치자의 칭호인 '삼라즈'(samrāj)라는 명칭으로 불리기도 한다. 이러한 명칭은 바루나의 주권적 통치(kṣtra)를 말하는 것으로 인드라나 아그니보다 더 높은 차원의 천상에 거주하는 우주 통치의 최고 주권자를 가리키는 것이다.

흥미로운 것은 이러한 통치자의 칭호가 인드라나 아그니 또는 브리하스파티(Bṛhaspati)와 같은 신들에게도 각각 주어진다는 것인데, 다만 그러한 호칭이 얼마나 자주 언급되느냐 하는 것은 예배자의 성향에 따라 달라진다. 신의 지명도나 인기가 예배자의 성향에 달려 있는 것이다. 그런 점에서 바루나는 가장 높은 천상에 거주하는 최고의 우주 통치자로서 권위를 갖는다.

한편 바루나는 미트라와 함께 신비한 창조의 힘으로 여겨지는 마야(Māya)의 환술(幻術)을 지니고 있다. 이 환술의 힘으로 바루나는 태양을 가지고 측량하여 땅을 분배한다. 바루나와 미트라는 태양이 하늘을 건너게 하고, 비가 오게 하며, 새벽을 선사한다. 세계의 모든 물리적 운동과 현상은 바루나(가끔은 미트라와 함께)의 통치에 종속된다.

바루나는 하늘과 땅을 분리시키고, 하늘과 땅과 대기(공기)가 바루나와 미트라에 의지한다. 바람은 바루나의 호흡이며 그가 지운 질서에 따라 밤에는 달이 뜨고 별이 빛난다. 바루나는 밤을 품고 아침을 만들며, 규칙적인 계절의 변화를 가져온다.

물리적인 힘뿐만 아니라 세계의 질서를 통제하는 도덕적이고 윤리적인 특성도 지닌다. 바루나는 그를 숭배하는 예배자가 죄에서 해방되게 하는 구원자로서, 혹은 극심한 위기와 스트레스에서 벗어나게 하는 자비로운 구세주 역할을 한다.

이러한 모든 우주적 통치의 역할 가운데서도 특별히 바루나는 비를 가져다주는 존재로 자주 언급되며, 『리그베다』에서는 바다의 물과 관련해 종종 언급되기도 한다.

바루나는 죄인에게는 형벌을 가하고 '물의 주(主)'답게 수종(水腫)증의 질병을 내린다.[5] 이렇게 왕이자 도덕적 통치자이던 태양신은 후기 문헌인 『아타르바베다』에 가서는 성격이 다르게 변화된다. 예컨대 미트라와 바루나는 각각 낮과 밤의 대명사가 되는 것

천상의 신 바루나가 바다의 괴물인 마카라(Makara) 위에 서 있는 조각상. 11세기에 인도 동부 부바네스와르 사원에 세워진 작품이다. 바루나는 원래 천상의 태양신의 하나이지만, 비를 가져다 준다는 뜻에서 후대에는 '바다의 신'으로서 더욱 유명해진다.

이다. 미트라는 낮의 해가 되고, 바루나는 밤의 달이 되는 것이다. 『아타르바베다』는 다음과 같이 말한다.

> "저녁에 존재하시는 그분은 바루나요 아그니로다. 미트라 그분은 아침에 떠오르도다. …… 바루나가 끌어낸 아침에 미트라는 빛으로 산산이 흩어지도다."(『아타르바베다』, VIII. 3.13; IX.3.18)

낮과 밤의 역할을 떠맡은 미트라와 바루나는 점차 후기로 가면서 다시 그 역할이나 기능이 축소되어간다. 바루나는 천상의 빛의 왕좌에서 다시 물을 통제하는 자로 바뀌어가고, 그의 황금의 집도 이제는 물속에 있게 된다. 바루나가 빗물을 내리면서 바루나와 미트라는 '물의 주(主)'가 된다.[6] 바루나의 천상통치는 비를 내리는 행위처럼 점점 물과 관계가 깊어지고 있다. 바루나가 달과 관계가 깊어지는 것도 역시 물과 관계가 있는 것이다.

천지를 지탱하는 미트라

바루나의 역할과 기능에 비해 미트라는 상대적으로 베다에서 적게 언급되고 있다. 하지만 대부분 미트라와 바루나가 동시에 찬양을 받고 있는데[7], 『리그베다』에서 미트라의 역할을 독자적으로 소개하는 곳은 유일하게 제3권 제59장뿐이다. 미트라에 대한 찬양의 시 일부를 한번 감상해보자.

"미트라여, 그대는 인간의 마음을 감동시켜 노동하게 하나이다. 하늘과 땅을 떠받치시는 미트라시여! 미트라는 멀리서 인간을 보고 계시도다. 미트라에게 거룩한 기름과 공물을 가져오라.
음식을 가져오는 자는 미트라에게 가장 먼저 바칠지어다. 오, 미트라여, 그대는 거룩한 아디티야의 법칙을 지키려고 노력하는 자입니다. 그대가 돕고자 하는 자는 결코 살육당하거나 정복당하지 않습니다. 가까이서 혹은 멀리서라도 결코 그에게 재난이 닥치지 않나이다.
거룩한 음식으로 기뻐하며, 병들지 않고, 드넓은 대지의 표면에 무릎을 꿇고 아디티아의 법칙을 가까이서 따름으로써 우리가 미트라의 은총 속에 살게 하소서."(『리그베다』, III.59.1~3)

이 시를 보면 미트라는 천지를 지탱하는 신이면서 인간으로 하여금 노동과 제사를 드리게 하는 인격신이다. 그리하여 제사를 드리는 자는 마땅히 먼저 미트라에게 공물을 바치라고 권한다. 미트라는 '아디티야의 법칙' 곧 태양의 주기적인 활동을 통하여 낮을 주관하고 바루나는 밤을 주관하면서, 함께 천지를 유지하고 세계를 보호하며 경건한 자들에게 복을 주고 죄를 범하는 자들에게는 형벌을 내린다.

아디티야는 다소 한계가 분명하지 않은 신들의 집단이다. 『리그베다』의 몇몇 곳에서 태양신 아디티야의 이름은 경우에 따라서 일곱 개 혹은 여덟 개로도 묘사된다.[8] 그러나 대체로 일곱 개인 것이 지배적이다. 이들은 미트라, 아리아만, 브하가, 바루나, 다크샤, 수리아, 사비트리다. 이밖에도 '빛'의 그룹에 속하는 신 푸샨 등이 있는데 이들은 뒤에서 별도로 살펴보겠다.

아디티야라는 명칭은 인드라에게도 적용되고 있을 만큼 의미영역이 광범위하다. 물론 인드라 신의 위대성이 점점 커져갈 때 아디티야의 이름에 흡수된 것이지만 말이다.

이와 같이 다양하게 표현되는 태양신 아디티야의 여러 가지 위상 가운데 가장 영향력 있는 신은 역시 바루나다. 그다음이 미트라이고 세 번째가 아리아만이다.

이들은 모두 천상의 빛의 신으로서 각 이름의 의미처럼 밝고, 빛나면서 줄지도 않고, 흠 없고 순수하고 거룩한 황금빛의 신이다. 이 태양신들은 적을 가두고 신봉자를 보호해주며, 죄인을 형벌하지만 나약함을 용서해주기도 한다. 동시에 질병을 퇴치하고 장수와 자손의 번성을 도와준다.

이제 이들의 역할을 염두에 두면서 또 다른 아디티야의 태양신 그룹인 수리아와 사비트리 그리고 푸샨에 대하여 살펴보자.

빛의 태양신, 수리아

태양신에 대한 가장 단순하고 직접적인 형태의 묘사는 『리그베다』의 수리아에 대한 찬가에서 볼 수 있다. 바루나와 미트라에 대한 묘사와 마찬가지로 수리아는 '하늘의 눈'으로 표현되는데, 멀리 내다볼 수 있어서 인간들의 행위를 감시하는 자가 된다.

수리아는 아디티야의 하나이지만 동시에 아디티야와 구별되는 독특한 성질을 지닌다. 앞에서 본 바와 같이 『리그베다』의 창조 신화인 푸루샤수크타(푸루샤에 대한 찬가)[9]에는 흥미로운 대목이 있다. 이 창조신화에 따르면 수리아는 푸루샤의 눈에서 탄생된다. 푸루샤의 마음에서는 달이 탄생하고, 입에서는 인드라와 아그니가, 호흡에서는 바람의 신 바유가 탄생된다.

많은 신들이 태양신 수리아와 밀접한 연관을 갖는다. 산골짜기에서 태동하는 새벽의 여신은 수리아의 아내가 된다.[10] 푸산은 수리아의 메시지를 전달하는 전령사이며, 대표적 태양신들인 바루나·미트라·아리아만은 수리아의 길을 준비하고 만든다.[11]

무엇보다 태양신 수리아의 진가는 힘의 세력을 신과 인간을 위해 세계를 비추는 빛에 있다. 그의 빛으로 어둠을 물리치고 어둠과 사악한 힘의 세력을 정복하는 것이다. 수리아는 신들의 사제 역할을 하기도 하고 미트라와 바루나 앞에서 인간들의 무죄를 선언하도록 요청을 받기도 한다. 일부 신화에 따르면, 수리아는 인드라와 함께 악마 브리트라를 물리치기도 한다. 천둥과 폭풍우의 신 인드라가 태양을 가리게 하는 힘을 가지고 점차 위력이 커지면서 수리아는 차선으로 밀려나기도 한다.

수리아는 새벽의 여신 우사(Uṣas)가 이끄는 하얗게 빛나는 군

태양신 수리아는 베다에서 가장 중요한 신 가운데 하나다.
7마리의 말을 타고 하늘을 건너면서 손에는 소라와 연꽃, 바퀴를 들고,
오른쪽 한 손은 보호를 뜻하는 자세를 취하고 있다.
빛과 온기를 지니며 계절을 주관하고 곡식을 익게 한다.
새벽의 신 아루나(Aruna)는 오른손에 채찍을 들고
수리아의 마차를 이끈다.

마(軍馬)가 되기도 하고,[12] 수리아는 날아가는 새가 되기도 하면서,[13] 하늘의 황금보석으로 군림한다.

"하늘에 떠올라 멀리 바라보는 황금태양, 그의 목적지는 아득한 곳 서둘러 눈부신 빛을 발하도다.
실로, 수리아에게 영감을 받은 사람들은 서둘러 그들에게 맡겨진 임무를 완수하도다."(『리그베다』, VII.63.4)

수리아는 하늘의 황금보석으로 표현된다. 태양신 수리아의 빛이 미치는 곳은 아득한 곳이다. 태양은 서둘러 눈부신 빛을 발하고, 사람들도 자기에게 주어진 하루의 분량을 완수하기 위해 빛이 있는 동안 자신의 사명을 게을리하지 않는다. 수리아는 사람들에게 끊임없는 영감을 제공해주면서 인간으로서의 지고한 가치를 충실히 완수하게 하는 기능도 갖고 있는 셈이다.

수리아의 기능은 거기서 그치지 않는다. 만물을 삼켜서 태워버리기도 하고 만물에 대한 감시자로서 어둔 밤에도 보이지 않는 악령들을 불살라버리는 도덕적 기능을 수행하는 소멸자이기도 하다.

"보이지 않는 것도 삼켜버리는 자, 동쪽 산에 떠오르는 태양을 보라. 보이지 않는 모든 것과 밤의 악령들도 불살라버리도다. 산 위에 떠오르는 태양신이 있나니 모든 것을 그을리고 태워버리도다. 언덕 위로 떠오르는 태양신 아디티야는 모든 것을 바라보

는 자로서 보이지 않는 것을 소멸시키도다."(『리그베다』, I. 191. 8~9)

방대한 분량의 시가 수록된 『리그베다』에는 주로 인드라와 아그니에 대한 찬가, 그리고 소마에 대한 찬가가 많다. 태양신인 미트라와 바루나 외에 수리아를 별도로 언급하며 찬양한 부분은 후기에 속하는 제10권의 제37장으로, 비교적 길게 독립적으로 한 편을 다루고 있다. 그중의 일부를 감상해보자.

[수리아 찬가]
"바루나와 미트라의 눈이신 태양에게 경의를 표하라. 이 위대한 신에게 엄숙한 경배를 드려라. 그분은 멀리 바라보시는 이요, 신들의 기수(旗手)로다. 디야우스의 아들, 수리아를 찬양할지로다.

나의 이 신실한 언어가 태양이 미치는 천지 사방으로부터 나를 지키게 하소서. 움직이는 모든 것이 안식처를 찾고 있나이다. 물은 영원히 흐르고, 태양도 영원히 떠오르나이다.

아득한 옛날부터 날개를 가진 얼룩 군마를 몰고 가는 그대를 끌어내린 불경스런 자는 지금까지 아무도 없었나이다. ……

오, 수리아여! 그대는 빛으로 어둠을 몰아내고 모든 움직이는 것들을 움직이게 하나이다. 모든 미약하고 가치 없는 제사들을 삼가게 하시고 질병과 모든 사악한 꿈을 내쫓으시나이다.……

수리아여! 우리가 오래 살게 하여 그대를 늘 바라보게 하소서. 오, 멀리 바라보는 자여. 영광스런 빛을 가져오는 자여. 그대가 산 위에 떠오를 때 빛의 홍수가 쏟아지는 것처럼 모든 눈동자에 기쁨의 샘이 되는 빛나는 신이시여.

그대의 영예로움에 따라서 모든 살아 있는 세계가 뒤따라 나올 것이며 그대의 빛줄기에 따라서 살아 있는 세계도 다시 안식을 얻을 것입니다. 오, 황금의 머릿결을 가진 수리아여! 날마다 우리를 위해 떠오르소서! 늘 순수한 세계를 가져다 주소서.

찬란한 빛으로 우리를 축복하시고, 완전한 햇빛으로 우리를 축복하소서. 차가운 것으로 우리를 축복하시고 뜨거운 열기와 광채로 우리를 축복하소서.

오, 수리아여! 여러 가지 풍요로움을 내려주시고 우리의 가정에서나 여행을 하는 동안에도 우리를 축복하소서."(『리그베다』, X.37.1~10)

사비트리와 푸산

이제 태양신의 또 다른 이름인 사비트리에 대해 살펴보자. 수리아가 태양의 다양하고도 구체적인 측면을 보여준다면, 사비트리는 인간들이 행동을 하도록 동기를 부여해주는 역할을 한다. 어떤 베다 본문에서는 수리아와 사비트리가 완전히 동일시되기도 하지만, 일반적으로 사비트리는 수리아를 재촉하여 인간들의 무죄를 선언하게 하거나, 태양의 숭배자를 돕는다.

사비트리는 눈, 손, 혀, 팔이 모두 황금으로 된 황금의 신이다. 사비트리는 황금의 손을 펼쳐서 인간들에게 생명을 선사한다. 생명력이 넘치는 그의 힘으로 부요를 선사하고 주거를 보호하는 것이다. 사비트리는 노란 머리칼을 하고 황갈색의 겉옷을 입고서 황금마차를 타고 있다.[14]

수리아의 마차가 일곱 마리의 군마(軍馬)가 이끄는 것이라면, 사비트리는 두 마리의 군마가 이끄는 마차를 탄다. 사비트리는 맑은 길을 따라 하늘을 날면서 영혼을 의로운 곳으로 안내하며, 신과 인간에게 불멸을 제공한다. 사비트리도 수리아처럼 악령을 몰아내고, 다른 신들처럼 하늘을 떠받치며 땅의 지경을 넓힌다. 때로는 인드라나 바루나, 미트라도 그에게 저항하지 못할 만큼 위력을 지니는 것으로 극찬을 받기도 한다.

사비트리가 가진 자극적인 힘의 위력은 「브라흐마나」에서 볼 수 있는 창조주 프라자파티와 동일시되기까지 한다. 사비트리는 푸산과도 동일시되거나 밀접한 관계를 가지게 된다. 현대의 정통 힌두교에서도 매일의 의례를 행할 때, 푸산 신을 부른 직후에 사비트리가 초대된다. 『리그베다』의 시 본문을 살펴보자.

"모든 살아 있는 것들을 바라보는 자여, 단번에 모든 것을 알아보는 자여. 오, 푸산 신이시여, 우리의 도움이 되소서.
우리로 하여금 저 위대한 사비트리 신의 영광에 이르게 하소서. 그리하여 사비트리 신이 우리의 기도에 반응하게 하소서.

진심으로 사비트리 신을 우리가 이해함으로써 우리가 열망하는 바 우리의 번영을 누리게 하소서.

생각이 고무된 자들과 노래하는 자들이 찬양과 거룩한 의례로 사비트리 신을 경배하나이다."(『리그베다』, III.62.9~12)

사비트리의 역할 가운데 가장 주목할 만한 것은 역시 인간들이 각각 자신의 몫을 감당할 수 있도록 고무시키고 격려하는 일과 사제들이 제의를 집행할 수 있도록 돕는 역할이었다. 이에 비해 같은 '빛의 신'인 푸산의 역할은 어떠한지 살펴보자.

푸산은 다소 진기하고 수수께끼 같은 성격을 지닌다. 그에 대한 찬가는 8곡이 있는데, 그중 5개가 『리그베다』의 제6권에 실려 있다.[15] 푸산은 루드라와 같이 꼰 머리에 수염 난 얼굴을 하고는 창과 송곳 그리고 막대기를 들고 있다. 푸산에 대한 찬가 내용의 일부를 감상해보자.

"오, 길의 주님, 푸산이시여! 우리는 그대를 우리의 노래로 묶어서 달리게 하나이다. 실로 승리를 향하여 달리는 마차처럼.

씩씩한 가정의 주인이시여, 우리에게 사람들이 바라는 바 부요함을 내려주소서. 재량껏 관대한 보상으로.

베풀지 않는 자에게까지 주시는 오, 붉게 타오르는 푸산이시여! 인색한 자의 마음을 부드럽게 하사 베풀게 하소서.

우리가 승리할 수 있도록 길을 깨끗하게 하여주소서. 우리의 적을 멀리 흩어주소서. 강한 신이시여, 우리의 모든 염원이 성취되게 하소서.

오, 현명하신 이여! 송곳으로 욕심 사나운 야비한 자의 심장을 찌르소서. 그리하여 그들로 하여금 우리의 뜻에 복종하게 하소서."(『리그베다』, VI.53.1~5)

이 찬가에서 '길의 주님'으로 불리는 푸산은 원래 산스크리트어의 어근 '푸쉬'(Push)에서 비롯되는데, '먹이다' '유지하다' '더 깊게 하다' '계시하다'라는 뜻을 지니고 있다. 이름대로 '영양을 공급해주는 자'였다가 후대에 가서 태양신으로 동일시되었다.[16]

풍요로움을 주는 푸산은 인색한 자의 마음을 변화시키는 역할뿐만 아니라, 승리의 길을 만드는 자, 야비한 자의 심장을 찌르는 자 등으로 다양하게 묘사된다. 다른 찬가에서 푸산은 일반적으로 힘과 영광, 지혜, 관용성 등으로 상징된다. 또한 황금의 배를 타고 공중에 있는 바다를 건너 수리아를 향해 인간을 위한 대사의 임무를 띠고 가기도 한다. 푸산은 천지(天地)의 가까운 친척이 되어, '음식의 주'로서 인간들의 편의를 돕기도 한다.[17]

이밖에도 푸산은 '길의 주'라는 이름에 걸맞게, 죽은 자들이 안전하게 조상이나 신들에게 가도록 돕기도 한다. 푸산의 마차를 이끄는 염소들이 제의에서 그러한 역할을 돕는다. 이와 같이 푸산은 처음에는 음식을 제공하는 신에서, 길을 안내하는 자로, 나아가서 인간을 축복하고 동시에 그의 송곳으로 사악한 자를 벌하면서 '빛'을 발하는 태양신의 자리에까지 오르게 된다.

큰 보폭의 황소, 비슈누

『리그베다』에서 비슈누는 다른 신에 비해 극히 제한적으로 찬미되고 있다. 특히 수백 편이 넘는 찬가를 수록한 아그니와 인드라 신에 비해 불과 다섯 개 정도의 찬가만을 지니고 있다. 인기 있는 다른 신들이 수천 번 넘게 호명되는 데 비해 비슈누는 100번도 언급되지 못한다. 그럼에도 비슈누는 폭풍의 신 루드라와 같이 크게 존경을 받고 있고 후기로 갈수록 인기는 더해간다.

비슈누는 젊은 신으로 거대한 몸집을 하고 있고, 보폭이 넓어 세 번의 큰 걸음으로 악마로부터 세계를 구출해낸다는 이야기로 유명하다. 그 걸음은 마치 『장자』(莊子)의 우화에 나오는 봉황의 날갯짓과 유사하다. 비슈누는 여러 태양신들 가운데 하나로서 인간에게 은혜를 미치는 좋은 신으로 여겨졌지만, 가끔씩 인드라와 함께 거론되면서 더욱 크게 찬양을 받기도 한다.

비슈누의 세 걸음은 지상과 공중, 그리고 천상의 가장 높은 곳으로 구분해 설명되는데, 이 걸음은 새로운 우주 공간을 창조해낸 것으로 이해될 수 있다. 첫 번째 걸음은 땅의 영역을, 두 번째 걸음은 상층부 하늘, 세 번째 걸음은 가장 높은 천상의 세계로 비슈누가 거주하는 곳이다. 이 세 걸음은 새벽과 정오와 석양이라는 태양의 세 가지 현상에 대한 상징적 은유다. 이는 새벽의 여신 우사와 길의 태양신 푸산, 그리고 석양의 태양신 사비트리를 연상하게 한다. 비슈누의 걸음을 '비카르마'(vikrma) 또는 '파다'(pada)라고 하는데, 특히 후자에는 많은 은유적 해석이 따른다.

첫 번째 해석으로는 '발'(foot)이라는 의미로 라틴어의 '페스'(pes)에 해당한다고 보는 것이다. 두 번째는 어떤 장소에 머물러 있는 동작을 포함하여 발의 동작에 따른 '발걸음'(step)이나 '족적'(footprint)으로 해석한다. 셋째는 '파다'가 인간과 신이 함께 거주하는 실제적인 장소를 뜻하거나, 소의 발자국이 찍힌 자국에 물이 고이듯 그곳에서 꿀샘이 솟아나는 장소를 만드는 발걸음을 뜻한다고 보는 것이다.[18] 이처럼 비슈누의 발걸음은 그 보폭으로 인하여 유명할 뿐 아니라, 걸음마저 다양하게 해석된다.

비슈누는 가장 높은 천상의 자리에서 신들과 경건한 인간들, 또는 인드라와 함께 거하기도 한다. 특히 인드라와는 아주 가까운 관계인데, 『리그베다』 제1권 제155장에서는 비슈누 - 인드라 신을 나란히 영웅적인 신으로 찬양하기도 한다. 예컨대 악마 브리트라를 물리칠 때는 인드라가 비슈누에게 좀더 보폭을 넓게 해달라고 탄원하기도 한다. 이때 비슈누는 소마를 마시며, 인드라를 위해 100마리의 들소와 우유를 음식으로 제공한다.

또한 마루트(Marut)와 함께 비슈누는 미래 생명의 씨앗인 태아(胎兒)를 보호하는 자로 숭배를 받는다.[19] 이밖에 비슈누는 90마리의 군마를 몰고 다니면서 산 위에 머무르기 때문에 『야주르베

비슈누는 권능을 지닌 다른 신들처럼, 네 개 혹은 그 이상의
팔을 가진다. 오른쪽 한 손에는 우주를 돌리는 바퀴를 지니고,
왼손에는 물을 상징하는 소라를 지니고 있다.
오른쪽 또 한 손에 지닌 곤봉은 지식의 힘과 권위를 상징한다.
반인반조의 형상을 한 가루다(독수리)를 타고 다닌다.

다』에서는 '산악의 주(主)'라고 불리기도 한다. 이제 비슈누를 찬양하는 『리그베다』의 대표적인 시 한 편을 감상해보자.

"나는 비슈누의 위대한 행위를 노래하고자 하노라. 그는 큰 보폭으로 세 걸음을 걸어서, 땅을 구분해내었고, 가장 높은 천상의 거주지를 세웠도다.

이로써 비슈누의 위대한 행위가 찬양을 받노니, 그는 산속에 머물며 사나운 들짐승처럼 이리저리 다니노라. 그의 큰 세 걸음으로 이루어진 영역 속에 모든 피조물이 지내는도다.

산속에 거주하면서, 홀로 큰 세 걸음으로 길고도 아득한 거주지를 만들어낸, 큰 보폭의 황소, 비슈누 그대에게 이 영감의 노래가 들려지길 바라나이다.

그의 세 발자국 속에 담긴 무한한 꿀로 가득한 제의의 음료로 기뻐하라. 그는 홀로 땅과 하늘과 모든 피조물을 지탱하고 있도다.

사람들이 신들을 사랑하고 기뻐하는 그곳, 그가 즐기는 안식처에 내가 도달할 수 있을까? 비슈누가 걸어간 가장 높은 그곳, 비슈누 바로 곁에 꿀샘이 있는 곳이기 때문이로다.

우리는 그대 비슈누가 머무는 곳에 가고자 하나이다. 그곳은 피곤을 모르는 곳이며 많은 뿔을 가진 가축들이 있는 곳이로다. 큰 보폭의 황소의 발자국이 있는 지극히 높은 그곳은 밝은 빛이 빛나는 곳이로다."(『리그베다』, I.154.1~6)

이 찬가는 비슈누의 위대함을 노래한 것이다. 그의 거대한 보폭에 따라 땅과 하늘 궁창, 그리고 그 너머 가장 높은 천상의 세계에 '거처를 세운'[20] 비슈누의 창조적 행위를 노래한다. 이어서 비슈누의 또 다른 특징들이 언급되고 있다. 우선 비슈누가 큰 세 걸음[21]으로 만들어낸 하늘 위와 땅의 두 영역에 우주의 모든 피조물이 각기 생명을 영위하고 있다. 태양의 일출과 정점, 그리고 석양의 일몰에 대한 모든 움직임을 비슈누의 거대한 보폭에 비유하며, 우주 공간을 세 곳으로 분할하여 설명하고 있는 셈이다.

비슈누는 이곳에서 힘의 상징일 뿐 아니라, 동시에 큰 걸음을 뜻하는 황소에 비유된다. 황소 같은 그 큰 걸음의 세 발자국에는 마르지 않는 꿀샘이 흐르게 되고, 비슈누는 이 꿀샘 곁에 늘 함께한다. '많은 뿔을 가진 가축'으로 상징되는 풍요로운 그곳[22], 지칠 줄 모르는 안식의 장소, 바로 이곳으로 제의를 드리는 모든 자들이 가기를 열망하고 있다. 그곳은 빛이 영원한 곳이며, 신과 인간이 함께 기쁨을 누릴 수 있는 곳이기 때문이다.

비슈누는 처음에는 빛의 신으로 출발하여 후기 베다시대에 갈수록 점점 인기가 높아져 힌두교의 최대신인 창조자 브라흐마, 파괴와 재생의 신 시바, 그리고 유지의 신 비슈누라는 삼위일체의 최고신 자리에 이르게 된다.

그렇게 높은 지위와 인기를 누리게 된 배경에는 몇 가지 이유가 있겠지만, 가장 큰 이유는 비슈누 신이 인간과 동물의 종족번식에서 가장 중요한 태아(胎兒)를 보호해주는 신이기 때문일 것이다.[23] 이 점은 다른 어떤 태양신에게서 볼 수 없는 독특한 것으로, 가축들이 점점 더 많아지고 삶의 질이 향상되면서 번영을 기원하는 인간과 사제들에게 더욱 인기 있는 신으로 각광을 받게 된 것이라 생각된다.

더구나 비슈누는 그의 큰 세 걸음으로 후기에 가서는 악마의 대부로 여겨지는 아수라(Asuras)로부터 세계를 보호하는 등, 땅과 공중, 천상이라는 세 개의 세계를 모두 정복한다. 때문에 여러 신에게 제사를 드리지만 대부분은 비슈누에게 바쳐진다. 바로 이 점이 점차 비슈누가 가장 위대한 신이 되는 과정이기도 하다.

특히 베다 후기 문서에서 자주 발견되듯이 비슈누가 에무사(Emūṣa)로 불리는 수퇘지로 화신(化身)하여 지구를 물에서 건져 올리는 모습이라든가, 인도 고대 설화집인 『푸라나』(Purāṇa)에서 거북이가 비슈누의 화신이 된다는 표현 등은, 모두 희생 행위 또는 제물로서의 비슈누를 위대하게 평가한 것이다.

비슈누의 인기는 거기서 끝나지 않고, 인도 신화에서 가장 인기 있는 『바가바드 기타』의 주인공 크리슈나(Krishna)로 화신하여 인류의 평화를 가져오는 주인공이 되기도 한다.

결국 '희생제의'의 존재로서 비슈누가 인류와 우주를 건지고 보호하는 가장 위대한 신으로 숭배받게 되었던 것이다. 마치 그리스도교에서 예수가 십자가의 희생제의를 통해 인류의 구세주로서의 위치로 승격되었듯이 말이다.

비슈누는 큰 보폭의 세 걸음으로 땅과 공중과 천상의 세계를
넓히고 지극히 높은 곳에 거주지를 만드는데,
세샤 뱀(Sheshanaga)이 꼬리를 튼 침대 위에 누워 있고,
곁에는 아내 락시미(Lakshmi)가 앉아 있으며,
배꼽에서는 연꽃이 나와서, 그곳에 브라흐마가 앉아
새로운 세계를 창조하는 모습으로 그려진다.

신들의 아버지, 비바스바트

비슈누의 명성에 비해 비바스바트(Vivasvat: 태양의 출생)[24]는 『리그베다』에서 단 한 군데도 독립적인 찬가를 받지 못했을 정도로, 그렇게 위대한 신으로 각광받지는 못한다. 그러나 마차꾼 아쉬빈과 죽음의 신 야마의 아버지란 점에서 주목할 만하다. 또 그의 명칭이 『리그베다』에서 30번 정도 언급되고 있어 그의 역할을 아주 무시할 수는 없다.

비바스바트의 가장 중요한 모습은 최초의 원형적 인간으로 불리는 마누(Manu)와의 관계에서 드러나는데, 비바스바트는 후기 베다 문헌에서 마누의 조상이 되기도 한다. 마누는 전통적으로 신과 인간 사이의 정신적 존재를 상징하는 것으로 해석되고 인간 속에서 인간의 정신적 기능을 각성시키는 존재로 여겨진다.

한편 『푸라나』에 따르면, 마누는 14대의 긴 기간에 걸쳐서 공중에 거처하면서 인간의 의식을 각성시키는데, 그 일곱 번째 시기에 해당하는 마누의 이름이 비바스바트라고도 한다.[25] 이 때문에 인간은 비바스반 아디티야(Vivasvān Āditya)의 후손이 된다.[26] 인간은 태양의 아들인 셈이다.

이러한 이유들로 인해 『리그베다』에서는 비바스바트를 신들의 아버지라고 부르기도 한다. 그의 아내는 장인(匠人)의 신 트바스트리의 딸 사라뉴(Saraṇyū)다.[27] 사라뉴와의 사이에서 야마와 마차를 이끄는 천상의 신 아쉬빈을 낳는다. 또한 비바스바트 앞에 처음으로 나타난 불의 신 아그니를 전령사로 삼았다. 후기문서인 『카타파타 브라흐마나』에서는 밤과 낮을 조명하는 그의 '빛의 성질'로 인해, 아그니와 우사의 별칭으로 불리기도 한다. 이러한 역할로 비바스바트는 후기 문헌에서 태양의 이름, 특히 '떠오르는 태양'으로 불리게 된다.

태양의 무소부재, 아쉬빈

아쉬빈은 『리그베다』에서 인드라, 아그니, 소마 다음으로 가장 많이 언급되고 찬양을 받는 신이다. 아쉬빈(Aśvin)이라는 산스크리트어의 의미는 '마차꾼'이라는 뜻이다. 아쉬빈은 정신의 힘과 생명의 에너지를 상징하는 의미에서 쌍둥이 의사(醫師)신으로 불리기도 하는데, 나사티아(Nāsatya: '비진리非眞理가 아니다'라는 뜻) 또는 다스라(Dasra: '놀랄 만한'이라는 뜻)라고 불리면서 찬양받기도 한다.[28]

이들 두 신은 질병 등으로 고통당하는 인간을 구제하고 깨달음을 주기 위해, 새벽이 오기 전에 말이나 새가 이끄는 황금차를 타고 하늘에 나타나서, 땅으로 이어진 황금길(Hiranyarūpa)로 안내한다.[29] 아쉬빈은 『리그베다』의 50여 편의 찬가에서 400번 이상 이름이 등장할 정도로 인기가 있다.

아쉬빈의 두드러진 특징 가운데 하나는 두 개의 눈, 두 개의 손, 두 개의 발, 두 날개, 그리고 쌍으로 같이 있는 동물들과 비교된다는 점이다. 이들 쌍은 빛나고 기민하며 젊고 아름답다. 또한 붉은 색을 띠면서 강한 힘을 자랑하고 법칙을 강화하기도 하며 모든 것을 알고 있는 전지자(全知者)라 불리기도 한다.[30]

아쉬빈은 특별히 꿀과 관련되어 언급되기도 하는데, 새들이 이끄는 차는 꿀로 가득 차 있다.[31] 아쉬빈은 제사를 지내는 자들에게 꿀을 제공해주기도 하고, 벌들에게도 꿀로 된 손을 주어서 먹게 한다. 아쉬빈이 이끄는 마차는 온통 황금으로 되어 있는데, 마차 바퀴는 세 개다. 그리고 아내인 수리야(Sūryā: 태양신 수리아[Sūrya]의 딸)를 태우고 다니기도 하여 의자는 세 개가 있다.[32]

아쉬빈은 대개 군마를 이끌지만, 그의 차를 이끄는 동물은 새, 백조, 독수리, 물소, 심지어 당나귀가 되기도 한다.[33] 특히 당나귀는 소마와 수리야의 결혼 잔치에서 벌어진 경주에서 승리한 것으로도 유명하다.[34] 가장 느릴 것 같은 당나귀가 승리했다는 것은 인도인이 일상에서 친하게 지내는 당나귀에 대한 배려가 아니었을까 싶기도 하다. 아쉬빈의 차는 단 하루에 하늘과 땅을 여행하는데, 이는 태양이 하루에 뜨고 지는 것과 관련된다.

아쉬빈은 무소부재(無所不在)하여 어디나 출현한다. 하늘은 물론 땅과 공중, 식물, 집, 산꼭대기, 산 아래 등 모든 곳에 존재한다. 특히 아쉬빈이 새벽의 여신 우샤를 깨울 때, 이른 새벽에 가장 잘 나타난다.

새벽의 여명이 밝아오면서 동이 트기 직전이 바로 아쉬빈이 나타날 시각이다. 이때 제의의 불이 켜지고 아쉬빈과 우샤와 아그니가 함께 빛을 발하는 새벽의 신이 되는 것이다. 이들이 모두 빛을 발하여 만물이 호흡하며 생장하게 된다. 이들의 붉은 색깔로 인해 제의의 동물도 붉고 하얀 것으로 바친다.

아쉬빈은 디야우스가 아버지며, 바다가 어머니다. 또한 앞서 살펴본 신들의 아버지 비바스바트의 아들이기도 하다. 한낮의 길을 가는 태양신 푸샨의 부모이며 새벽의 여신이 그의 자매다. 그러나 무엇보다도 아쉬빈은 태양신 수리아의 딸 수리야를 아내로 삼아 그들이 이끄는 마차에 함께 다닌다. 그리하여 수리야는 아쉬비니(Ashvinī: 아쉬빈의 여성명사)라고 불리기도 한다.

그런데 흥미로운 것은 수리야가 술의 신 소마의 아내가 되기도 하는데, 이때는 아쉬빈이 소마 신랑의 들러리 역할을 하게 된다.[35] 이와 같이 소마 앞에서는 아쉬빈의 역할이 축소되기도 하지만, 아쉬빈이 곤경에 처한 자를 돕게 될 때는 극구 찬양을 받는다.

곤경에 처한 자를 돕더라도 인드라와는 역할이 근본적으로 다르다. 인드라의 경우는 전쟁의 신으로서 전투에 임했을 때 그의 추종자들에게 도움을 준다. 반면에 아쉬빈은 바다에서 재난을 당했다든지 그밖에 어떤 경우든 고난에 처한 자를 도와주는 평화롭고 자비로운 신이다.

"나사티아(Nāsatya)를 위하여 나는 노래를 부르노라. 거룩한 잔디 위에서 제물을 바치듯이. 바람이 비구름을 몰고 오면서 앞으로 전진하듯이. 그들은 화살같이 빠른 마차를 타고 젊은 비마다(Vimada)에게 (곤경에 처했던) 아내를 데려다주었도다.

나사티아여, 강한 날개를 가지고 빠르게 달리는 그대의 군마 당나귀는, 신들의 격려를 믿으면서 야마와의 경주에서 무수한 승리를 거두었도다.

투그라(Tugra)는 브후주(Bhujyu)를 먹구름 가득한 바다 속에 남겨두었도다. 마치 죽은 자가 그의 부요함을 남겨두고 떠나듯이. 오, 아쉬빈 그대는 그를 다시 활기 있는 탈것에 태우고, 공중을 가로질러 굽이치는 물결 속에서도 젖지 않은 채 데리고 왔도다.

3일 밤낮으로 새들과 함께 날아온 나사티아여, 그대는 브후주를 먼 바다의 축축한 해변으로 데리고 갔도다. 여섯 마리 말이 이끄는 100개의 발이 달린 세 개의 마차에 싣고서.

그대는 처음도 없고, 지탱하는 것도 없고, 손잡을 곳도 없는 바다에서 영웅적인 행위를 했도다. 그대 아쉬빈은 브후주를 100개의 노가 달린 그대의 탈것(배)에 태우고 집으로 데리고 왔도다."

비바스바트의 아들 아쉬빈은 이와 같이 때로는 태양신 푸산의 부모가 되기도 하고 새벽의 여신과는 자매가 되기도 하면서, 태양신 수리아의 딸을 싣고 다니기도 하는 등 다양한 형태로 등장하는데, 무엇보다 무소부재한 그의 권능이 높이 칭송되고 있다. 그런가 하면 날쌘 군마로 어려움에 처한 자를 구해주기도 한다. 이어지는 본문을 감상해보자.

"불쌍한 말을 가진 자(Pedu)에게 백마를 선사하여 영원한 기쁨을 준 그대 아쉬빈이여, 그대의 이 위대한 선물소식은 내내 칭송을 받을 것이며, 페두의 경주마 또한 여전히 명성이 자자할 것이다.

사람들의 주(主)가 되신 그대는 그대를 찬양하는 파즈리아(Pajriya) 가문의 카크시바트(Kakṣīvat)의 소원을 풀어주었도다. 그대는 그대의 힘센 군마의 말굽으로부터 100개의 술 항아리를 체로 거르듯이 쏟아부었도다.

그대는 눈(雪)으로 붉게 타는 뜨거운 불을 막아내었고, 영양이 풍부한 음식을 공급하였도다.

아트리(Atri)가 새빨갛게 달아오른 화덕에 던져졌을 때에, 아쉬빈 그대는 그와 그의 모든 추종자들을 안전하게 이끌어내어 위로해주었도다. ……

많은 풍성한 것들을 가져다 주며, 좋은 일들을 즐기시는 나타시아여, 현숙한 여인이 그대의 도움을 요청하나니 도와주소서. 그대는 성적(性的) 불능자인 남편을 둔 그 아내의 울부짖음을 마치 명령처럼 듣고서 그대 아쉬빈은 그녀에게 황금손을 가진 아들(Hiraṇyahasta)을 주었나이다. ……

오, 용맹한 나사티아여, 그대는 늑대의 입에서 곧바로 메추라기를 끄집어내었도다. 좋은 일을 즐기시는 그대는 시인이 비탄에 처했을 때, 그에게 영감을 주셨도다. ……

경마에서 승리한 여인처럼, 태양의 딸이 그대의 마차에 올라

탔도다. 모든 신들이 진심으로 그것을 인정하나니 나사티아여, 영광이 그대의 것이로다."

아쉬빈은 이처럼 용맹한 기상으로 그를 추종하는 자들에게 어려움에 처한 자들을 구해줄 뿐만 아니라, 배고픈 이에게 음식을 제공해주거나 성불구인 남편 때문에 아이를 낳지 못하는 여인에게 아들까지 낳게 해주기도 한다. 이밖에도 아쉬빈은 다음과 같은 역할을 하며 칭송을 받는다.

"위대한 왕의 권위로 부요함을 가져오고, 훌륭한 자녀와 참된 영웅적인 삶을 누리게 하시는 나타시아여, 매일 세 번씩 그대에게 제의를 바치는 자나비(Jahnāvī)에게 힘을 주소서. ……
깊은 우물바닥에서 물을 끌어 올려 아르카트카(Ārcatka)의 아들 사라(Sara)에게 마시게 했도다. 그대 나사티아여, 지쳐 있는 사유(Śayu)를 위해 젖이 없는 암소에게 젖을 풍부하게 해주었도다. ……
르브하(Rebha)가 적들에게 붙잡혀 국자에 담겨진 소마처럼 물속에 10일 밤낮을 잠겨 잔인한 상처를 입고 있을 때, 아쉬빈이여, 그대는 그를 구해냈도다.
아쉬빈이여, 나는 그대의 놀라운 행위를 찬양하나이다. 나로 하여금 좋은 가축과 훌륭한 자손이 많이 있는 이 세상의 주인이 되게 하소서. 내 집에서 편안히 장수를 누리게 하소서."(『리그베다』, 1.116.1~25)

위의 노래에서 보듯이 '가짜 진리가 아닌' '참 진리'라는 뜻의 '나사티아'라는 명칭으로 불리고 있는 아쉬빈은 여러 가지 면에서 구세주의 역할을 하고 있다. 아쉬빈의 수많은 행위와 업적이 여기서 찬양되고 있다.

젊은 신랑 비마다에게 적의 공격을 받은 아내를 데려와준 일이나, 물에 빠져 헤매는 브후주를 건져준 일, 가련한 말들만 가지고 있던 페두에게 백마를 선사한 일, 아수라(Asura)에 의해 불덩이에 빠진 아트리를 건져준 일, 남편의 성적 기능이 약하여 아들을 낳지 못하는 여인에게 아들을 갖게 한 일. 그밖에 소에게 젖을 주고, 슬픔에 젖어 있는 시인에게 영감을 불어넣어주며, 죽어가는 르브하를 살려낸 일, 풍요는 물론 자녀의 축복과 장수를 주는 등 아쉬빈의 다양한 능력이 길게 찬양되고 있다.

이밖에도 천상의 위대한 신으로는 새벽의 여신 우사(Uṣas)를 들 수 있는데, 뒤에 여신을 다루는 장에서 따로 다루기로 하겠다.

6

공중의 세력을 관장하는 대기의 힘

대기(大氣)의 신들

> "심지어 하늘과 땅도 그 앞에서 머리를 숙이고, 산들도 그의 뜨거운 숨길로 떨고 있도다. 천둥을 손에 쥐고 번개를 휘두르면서 소마를 마시는 자로 알려진 자, 오, 사람들아, 그가 인드라로라."
> 『러그베다』

날씨를 관장하는 인드라의 탄생

『리그베다』에 나타나는 수많은 신들은 독자들을 당황하게 할 정도로 그 수가 많고 역할도 다양하다. 그러나 각기 신들의 특수한 역할을 크게 세 부분으로 구분하면 앞서 언급한 바와 같이, 가장 높은 천상의 세계에서 활동하는 신들과 인간이 거주하는 지상의 신들, 그리고 천상과 땅 사이의 공중에 속하는 대기의 신들로 구분할 수 있다.

지금부터 살펴보고자 하는 신들은 바로 이 공중의 영역에 속하는 대기의 신들이다. 『리그베다』에서 가장 강력한 영향력을 행사하며 대중적인 인기를 끌고 있는 인드라가 바로 이 대기의 영역에서 활동하는 신이다. 천둥번개를 일으키며 공중의 세력을 관장하는 인드라와 바람의 신 바유, 폭풍의 신 마루트와 루드라도 대표적인 대기의 신들이다. 이들의 역할과 기능에 대하여 베다의 시인들은 어떻게 찬미하고 있는지 살펴보자.

인드라(Indra)는 '대기'(大氣)의 현상을 인격화한 공중의 신이다. 『리그베다』에서 가장 위대한 신으로서 '신들의 왕'으로 군림한다. 처음에는 천상(天上)의 신 바루나의 위상이 사실상 더 높았지만, 점차 실제적인 영향력을 중시하면서 인드라가 더 많은 인기와 추앙을 받게 된 것이다.

인드라는 날씨를 관장하는 주(主)로서 천둥 번개를 일으키며 비를 내려준다. 비를 내려줌으로써 다산(多産)의 신으로 존경을 받지만, 동시에 폭풍을 일으키는 신으로 두려움의 대상이기도 한다. 이러한 권능의 인드라는 자신의 찬가뿐만 아니라 수많은 다른 신들의 찬가 속에서도 자신의 위용을 잠깐씩 드러내고 있다.[1]

거대한 황금 팔을 가진 신으로 묘사되는 인드라는 무수한 형태로 변모한다. 그는 주로 두 마리의 갈색 말이 이끄는 빛나는 황금 마차를 타고, 오른손에는 네 개 혹은 100개의 모서리를 지닌 천둥번개(vajra)를 무기로 들고 있다. 그리하여 그는 '번개를 가진 자'(vajrin)라는 별칭을 가지고 있다.[2] 인드라는 네 개의 손을 가지고 있으며, 각각 벼락(雷電)과 소라껍질, 활과 화살 및 갈고리와 올가미를 들고 있는 것으로 묘사된다.

『아타르바베다』에 따르면, 인드라는 거대한 창과 활을 차고 다니며 적을 포획하기 위해 그물을 던지기도 한다.[3] 특히 제의에서 바루나보다 훨씬 더 많이 등장하여 엄청난 양의 신주(神酒) 소마를 들이키고, 소마로 인해 강해진 자신의 위용을 과시한다.[4]

『리그베다』에서 인드라에 대한 찬가는 250개나 된다. 이것은 『리그베다』 전체의 약 4분의 1에 해당하는 방대한 분량이다. 인드라는 적어도 50여 개의 다른 신들과 여러모로 관계를 맺게 된다. 인드라는 특히 시인들에 의해 다양한 각도로 의인화되었다. 예컨대 소마로 배를 가득 채운다든가, 움직일 때 턱수염이 심하게 휘날린다든가, 그의 손은 천둥번개를 휘두를 정도로 길고 강하다는 표현 등이다. 이처럼 인드라는 자신의 의지에 따라 마음대로 움직이거나 변신을 할 수 있는 능력을 가진 것으로 묘사된다.

인드라의 무기 바즈라는 천둥번개를 의미한다.
이 무기로 악한 신 브리트라를 살육하여 가두어둔 물을 쏟아낸다.
그리하여 인드라는 천둥번개의 신으로 불리기도 한다.

그가 즐기는 음식은 소마인데, 태어나던 날도 소마를 마셨다고 한다. 특히 악신(惡神) 브리트라(Vṛtra)를 살해하려는 날에는 3개의 호수만큼이나 많은 양의 소마를 마신다. 물론 바람의 신 바유나 창조자 브리하스파티, 또는 아그니도 소마와 밀접한 관계를 가지지만, 단연 최고의 애주가(Soma-drinker)로는 역시 인드라가 꼽힌다. 인드라는 바유의 전차를 몰고 다니는 전사로 묘사되기도 한다. 바유에 대해서는 나중에 언급할 것이다.

인드라의 어머니와 아버지

인드라의 탄생이야기는 다른 여러 영웅적 신들의 탄생과 마찬가지로 조금 불분명하다.『리그베다』의 한 본문에 따르면 그도 모든 신들을 탄생시킨 어떤 '어머니'에게서 출생하지만 그 '어머니'에 대한 구체적인 언급은 나오지 않는다.[5]

하지만 다른 본문에는 그의 어머니가 암소로 불리기도 하면서 인드라는 몰골스러운 송아지의 모습을 하고 있기도 하고[6], 또 다른 곳에서는 인드라가 '힘'(Chavas)을 상징하는 어머니 '카바시'(Chavasī)의 아들로 언급되기도 한다. 그러나 후기의『아타르바베다』에서는 창조주 프라자파티의 딸인 에카스타카(Ekāṣṭakā)에게서 태어난다. 이처럼 인드라는 다양한 탄생의 배경을 가지는 것으로 묘사되고 있다.[7] 탄생의 계보가 다양한 것은 시대와 상황에 따라 시인들의 층이 각각 다르기 때문이다.

반면 인드라의 아버지는 신들의 건축가인 트바스트리[8] 또는 디야우스로서 천상의 신으로 묘사된다.[9] 특히 트바스트리는 예술적 재능으로 인해 '기술의 주(主)'라고도 불리는데, 황금도끼를 가지고 인드라의 '천둥번개'를 만들기도 한다.

그러나 『리그베다』의 본문에 따르면, 인드라는 태어나자마자 소마를 얻기 위해 아버지 트바스트리를 붙잡아 죽인다.[10] 도덕적인 눈으로는 이해할 수 없는 부친살해범이기는 하지만, 이것은 인드라에 대한 신들의 질투나 적대감을 보여주는 것이자, 인드라의 폭력적 권위가 높아지는 단계로 이해할 수 있다. 그러나 인드라의 이러한 행위는 다시 그의 아들에 의해 도전을 받기도 한다.

그런데도 인드라는 비와 천둥의 힘으로 여전히 경배와 두려움의 대상이 된다. 이제 인드라의 탄생과 그의 어린 시절을 말해주는 『리그베다』의 본문을 먼저 감상해보자. 이 찬가는 인드라의 어머니와 인드라, 그리고 중간에 제3의 화자 간의 대화로 진행된다.

"[인드라의 어머니] 이것은 고대로부터 입증된 통로(通路)다. 이러한 통로(자궁)로 모든 신들이 탄생하고 움직이기 시작했다. 그러므로 몸집이 커져도 바로 이 통로로 태어나야 한다. 다른 통로로 인해 어머니를 죽여서는 안 된다.

[인드라] 나는 그 통로로 나갈 수 없소. 그 통로는 뚫고 나가기가 아주 나쁜 곳이오. 나는 옆으로 비스듬히 가로질러 나갈 것이오. 아직 해결되지 않은 많은 일들을 내가 완성해내야만 하오.

내가 싸워야 할 자가 있고, 또 내가 요청해야 할 것이 있소.

[화자] 그(인드라)는 뒤틀린 눈으로 죽어가는 듯한 그의 어머니를 바라보고는, '내 말을 취소하겠소. 나는 그 통로로 따라갈 것이오' 했도. 트바스트리의 집에서 인드라는 100마리 암소의 가치가 있는 두 사발의 소마를 마셨도.

무슨 까닭에 그의 어머니는 이상한 행동을 했을까? 왜 그녀는 인드라를 무수한 세월(1,000개의 달과 수많은 가을) 동안 품고 있었을까? 먼저 태어난 자도 나중에 태어날 자도 그와 비교할 만한 이 아무도 없기 때문이로다.

그의 어머니는 인드라의 결점을 생각하기라도 한 듯이, 인드라가 많은 힘을 가졌음에도 불구하고 그를 숨겼도. 그런데 인드라는 태어나자마자 일어나서 <u>스스로 그의 옷을 걸쳐 입고</u>, 천지를 가득 채웠도.

[인드라의 어머니] 이 물들이 '알랄라!' 하고 소리치면서 유쾌하게 <u>흐르는구나</u>. 의로운 여인들이 함께 소리치듯이. 산을 에워싸고 있던 바위를 산산이 터뜨리며 솟구쳐 흐르는구나.

그들(물들)이 그(인드라)에게 찬양의 소리를 외치는가, 초대의 말을 하고 있는가? 물들이 <u>스스로 인드라의 결점을 떠맡으려</u>고 하는 것인가? 그의 위대한 무기로 내 아들이 브리트라를 죽이고 이 강물들을 해방시켰도.

아직도 젊은 여인인데, 나를 위해 너(인드라)를 던져버리지 않았도. 나를 위해 해산을 방해하는 악령이 너를 삼키지 않았도다. 나를 위해 물들이 은혜롭게도 너의 출산을 받아주었고, 너 인드라가 즉각 일어서게 하였도다.

관대한 인드라야, 어깨가 없는 이(브리트라)가 불행하게도 너에게 상처를 입히고, 너의 두 턱을 박살냈구나. 네가 상처를 입었지만 너는 그를 압도하였고, 너의 무기로 다사(Dāsa)[11]의 머리를 박살내었도다.

[화자] 젊은 암소가 강하고 힘센 불멸의 황소, 용감한 인드라를 낳았도다. 어미 암소는 어린 송아지를 한 번 핥아보지도 못하고, 송아지가 뛰어다니며 스스로 자기의 길을 찾아가게 하였도다.

그런데 어미는 황소에게 찾아가서 말했도다. '내 아들아, 여기에 있는 신들은 너를 버렸다.' 그러자 인드라는 브리트라를 죽이고자 하면서 말했도다. '내 친구, 비슈누여. 그대가 가능한 한 큰 보폭으로 걷게나.'

누가 그대의 어머니를 과부로 만들었는가? 그대가 (어머니 뱃속에서) 고요히 누워 있거나 움직이려고 할 때, 누가 그대를 죽이려고 했는가? 그대가 발로 그대의 아버지를 붙잡고 밟아 죽이려고 했을 때 어느 신이 그대를 도왔는가?

[인드라] '내가 절망적인 곤경에 처했기 때문에, 개의 창자를 요리했소. 하지만 나를 도우려고 하는 그 어떤 신도 없었소. 나는 나의 여인이 치욕을 겪는 것을 보았소. 그때 독수리가 나에게 유쾌한 소마를 가져다 주었소.'"(『리그베다』, IV.18.1~13)

대기의 신 인드라는 강하고 용맹하여 전쟁의 영웅 신으로
숭앙받으며 베다에서 최상의 권위를 자랑한다.
인드라는 비와 천둥을 관장하면서 대기의 신으로 추앙받는다.
불의 신 아그니를 예외로 하면 베다에서 최고로 많은 양의
시와 찬미를 받고 있다.

이 긴 시는 인드라의 탄생 배경에 대한 것으로 익명의 인드라의 어머니가 그의 아들 인드라에 대하여 술회하고, 그 중간에서 제3의 화자가 두 신들에 대한 대화의 내용에 대해 자문자답하는 형식으로 전개되고 있다.

먼저 이름은 밝혀지지 않은 인드라의 어머니는 모든 신들이 같은 통로를 통하여 탄생한다고 말한다. 그 통로에 대한 구체적인 언급은 없다. 다만 신들의 탄생이 '어머니의 자궁'을 거치지 않고는 불가능하다고 말한다.[12] 그러면서 아들이 비정상적인 방식으로 출생해서 어머니를 죽여서는 안 된다고 말하고 있다.

만일 인드라가 전통적인 자궁의 출산이 아닌 옆구리로 비스듬히 출산한다면 자신이 죽게 될 것이라고 생각한 것이다. 그러나 인드라는 대뜸 그러한 전통적인 방식의 출생 통로를 거부한다. 오히려 옆구리로 비스듬히 빠져나가겠다는 것이다. 마치 인도 불교 신화에서 석가모니가 출생할 때 어머니의 옆구리에서 태어났다는 설화와도 같은 이야기다.

그런데 인드라는 죽어가는 어머니의 모습을 보고 결심을 바꾼다. 죽어가는 어머니의 모습에 대한 구체적인 언급은 없지만 전후 문맥을 생각해보면, 비정상적으로 출생하고자 하는 인드라의 고집으로 어머니가 죽을 고비를 넘기는 것으로 짐작할 수 있다.

결국 문맥상으로 보면, 인드라는 전통적인 자궁 출산 방식으로 출산을 하는데(그러나 분명하진 않다)[13], 인드라는 아버지인 트바스트리의 집에서 태어나자마자 소마를 들이킨다. 그 소마의 가치는 암소 100마리에 해당하는 엄청난 가치다. 인드라가 소마를 들이키는 까닭은 그가 스스로 밝히듯이 악마인 브리트라를 죽여야 하기 때문이다.

이 시의 화자는 인드라가 어머니 뱃속에서 1,000개월이나 머물고 있다가 태어났다고 했다. 그리고 인드라만한 위대한 탄생은 전무후무하다고 말한다. 이 탄생신화에서 우리는 인드라가 다른 신들에 비해 얼마나 위대한 존재로 부각되고 있는지를 알게 된다. 어머니는 인드라를 오랫동안 숨겨왔지만, 그는 태어나자마자 스스로 일어나서 옷을 입고 천지에 가득 충만한 존재가 되었다.

이제 인드라의 사명은 악마 브리트라를 죽이는 일이었고, 그러기 위해 최대의 보폭을 자랑하는 그의 친구 천상의 위대한 신 비슈누에게 더 큰 걸음을 요구하며 협력을 요청해야 했다.

인드라의 어머니는 인드라가 결점이 있다고 생각했다. 그것은 육체적인 결점이라기보다 도덕적인 결점이었다. 사실 인드라는 아버지 트바스트리를 죽인 부친 살해 혐의가 있다. 그러나 그러한 결점에도 불구하고 용맹한 인드라는 악마 브리트라를 살해하여, 물이 봇물처럼 쏟아져 나오게 했다.[14]

사실 물이 흐르지 못한 것은 악마 브리트라 때문이었다. 산을 에워싸고 있던 바위동굴 속에 브리트라가 물을 감금하고 있었던 것이다. 비를 내리는 신 인드라를 상징하는 물이 홍수처럼 쏟아져 나왔다. 어쩌면 인류에게서 태양 못지않게 중요한 것이 또 있다면 그것은 물일 것이다. 천상의 신들인 태양신 외에 인드라가 각광을 받는 이유는 여기에 있다.

위의 시에서 물들이 소리치는 장면은 위기에 처했던 의로운 여인들이 해방을 얻어 기쁨의 환호 소리를 외치듯, 봇물이 인드라에 의한 해방을 기뻐하는 소리라고 말한다. 봇물처럼 터져 나온 물은 동시에 인드라의 출산을 도와준 물이기도 하다.

브리트라와의 싸움에서 인드라가 전혀 해를 입지 않고 그냥 승리를 쟁취한 것은 아니다. 천둥번개의 무기로 브리트라를 살해하지만 자신도 턱뼈에 일격을 얻어맞는 등 상처를 당한다. 악전고투 끝에 승리를 쟁취한 셈이다. 이로써 인드라는 불멸의 황소에 비유되고 그의 어머니는 젊은 암소에 비유되고 있다.

인간을 비추는 거울, 인드라의 결점

인드라의 결점은 다양하게 해석된다. 아버지를 살해한 것을 도덕적 결점으로 보기도 하고, 혹은 브리트라를 죽인 것에 대한 죄로 해석되기도 한다.[15] 하지만 본문에는 그에 대한 설명이 없다. 분명한 것은 인드라가 다른 신에 비해 용감한 전쟁의 신으로서 자신의 의지를 방해하는 자를 무찌르고 있다는 점이다. 이로 미루어보아 인드라에게 다소 성격상의 결함이 있는 듯하다.

신화가 고대 인간 역사의 거울이라고 생각해본다면, 인간 안에 도사린 모순과 결함이 영웅적 신들 속에서도 표현되는 것임을 알 수 있다. 인드라의 탄생과정에는 많은 적들이 어머니의 뱃속에서부터 방해하려고 했지만, 물의 도움으로 결국 탄생했다. 그리하여 구름 속에서 천둥 번개를 일으켜 지상에 비를 내리는 신으로 숭배받기도 한다.

잠시 여기서 사회학적 상상력을 동원하여 본문을 해석해보자. 인드라가 인도 정복에 나선 아리아인의 전쟁 영웅 신이라는 것을 생각하면, 다사의 머리를 박살내고 승리했다는 표현에서 우리는 새로운 힌트를 얻어낼 수 있다. 다사는 용 또는 뱀으로서 악마 브리트라를 상징하는 다른 이름이다. 동시에 당시 정복민이었던 아리아인의 적이나 포로가 된 토착 원주민 노예들을 뜻하기도 한다. 그런 점에서 볼 때, 인드라는 정복의 과정에서 턱을 얻어맞고 부상당하는 고통도 있었지만, 끝내 승리를 쟁취해낸 아리아인의 영웅 신인 것이다.

브리트라를 죽이자 봇물처럼 터져나온 물도 다른 의미로 볼 수 있다. 본래 아리아인이 거주하던 지역은 물이 귀한 곳이었다. 따라서 인더스 강 유역을 정복하면서 점차 이동하여 강물을 획득해내는 과정 또한, 인드라에게 주어지는 찬사 가운데 하나가 될 수 있었을 것이다.

인드라가 그의 적 브리트라와 싸울 때 비슈누가 큰 보폭으로 그를 돕기는 했지만, 마루트 같은 신들은 인드라 홀로 싸우도록 내버려두었다.[16] 인드라는 이런 역경을 딛고서 물을 가두고 움켜쥔 가장 강력한 적 브리트라를 물리침으로써 당당하게 가장 인기 있는 신의 자리에 올라갔다.

"누가 어머니를 과부로 만들었는가?" 하는 본문 속의 질문에 대해서는 분명한 답이 어렵다. 하지만 인드라의 부친 살해 혐의가 남아 있는 한, 오점으로 남을 수밖에 없다. 영웅이 가진 이면의 불합리성이다. 그런데 후기의 전승에 따르면, 인드라의 아버지로 불리는 트바스트리는 원수인 브리트라의 아버지로도 묘사된다.[17] 그리하여 인드라의 아버지는 브리트라가 죽어야 하듯이 죽을 수밖에 없는 운명적 대상이 된다.

특히 인드라가 절망적인 상황에서 "개의 창자를 요리했다"는 표현은 후기 힌두교에서 '오염된 행위'의 전형(典型)이다. 그런데 이러한 오염된 행위도 비참한 곤경의 상황에서는 '허용'되는 것으로, 신화 속에서도 특수한 사례다. 하지만 그렇다 하더라도 인간이 비참한 곤경에 처했을 때라면 아버지를 살해해도 되는 것인가 하는 문제가 남는다. 인드라는 여전히 논란의 가운데에 있다.

위 시의 마지막 문구에서 "나의 여인이 치욕을 겪는 것을 보았다"고 했는데, 이 또한 몇 가지 해석을 가능하게 한다. 우선 인드라의 아내로 해석할 수 있는데, 이 시 어느 곳도 아내에 대한 설명은 없다. 그리고 왜 아내가 치욕을 겪게 되었는지에 대한 이유도 나타나지 않고 있다. 한편으로 '나의 여인'을 인드라의 어머니로 해석할 수도 있는데, 오히려 이러한 해석이 더 타당할 수 있다. 인드라가 아버지를 살해한 혐의를 생각한다면 어머니가 치욕을 겪는 셈이 되기 때문이다.

그런데 인드라는 '나의 여인'이 치욕을 당하는 그 상황에서 독수리가 날라다 주는 소마에 대한 기쁨을 말하고 있다. 비극과 희극이 교차되는 순간이다. 부모가 얽힌 가족의 비극 상황에서도 인드라는 트바스트리의 집에서 소마를 마시며 즐거워한다. 어찌 보면 참으로 잔인한 모습이다. 그러나 인드라가 소마를 마실 때 독수리가 소마를 갖다 주는 다른 본문의 예가 많은 것으로 보아, 이 문장을 크게 모순으로 볼 필요까지는 없을 것이다.[18]

인드라 VS 브리트라, 그 한 판 싸움

지금까지 우리는 인드라의 탄생과 그의 초기 활동을 살펴보았다. 그 가운데서도 가장 큰 활동은 태어나자마자 악마 브리트라를 살해한 것이다. 인드라가 브리트라를 살해한 영웅적인 내용의 찬가에 대해서는 『리그베다』 제1권 제32장 전편에 걸쳐서 상세히 묘사되고 있다. 앞의 시에서 보듯이 브리트라의 품속에서 물을 해방시킨 것이다. 그다음은 아리아인의 적을 물리치고 용의 몸통에서 세계를 창조해낸 내용이 이어진다.

인드라의 무기인 천둥번개는 번영을 뜻하는 생식력의 상징으로서 남근(男根)을 의미하기도 한다. 씨앗과 비를 통해 만물을 생장시키는 것이다. 구름으로 상징되는 악마 브리트라가 모든 세계를 흑암 속으로 덮어버리지만, 인드라는 천둥번개로 구름의 허리와 배를 찔러 비가 오게 한다. 브리트라는 '어깨 없는' 뱀이나 용으로 표현되는데, 인드라가 그의 팔과 다리를 잘라버렸기 때문이다. 뱀

으로 표현되는 것은 그것이 위험과 수축(꽉 죄임)과 상실의 상징이기 때문이다.[19]

인드라와 브리트라가 벌이는 한판 싸움은 마법적인 기술 싸움이다. 인드라는 말의 갈기처럼 가늘게 자신을 변형시키기도 하고, 브리트라는 빛과 안개를 만들어내기도 한다. 물론 인드라가 승리한다. 그러나 인드라는 브리트라를 살해한 혐의로 형벌을 피하기 위해 멀리 도망쳐야 한다. 그런데도 끝내 인드라의 승리를 환호하는 것으로 찬가는 마무리된다. 다음에서 인드라와 브리트라의 싸움에 대한 찬가를 감상해보자.

"이제 나는 인드라의 영웅적인 행위를 노래하노라. 무엇보다 천둥번개의 무기를 휘두르는 자를. 그는 용을 찔러 죽임으로써, 산의 배를 갈라 물을 쏟아내었도다.

그는 산에 드러누워 있던 용을 살해했도다. 트바스트리는 인드라를 위하여 우렁찬 천둥번개를 만들어주었도다. 음매하고 울어대는 암소들처럼 물들이 바다로 쏟아져 흘러갔도다.

황소처럼 거칠게 흥분한 그는 자신을 위해 3일간의 소마축제에서 세 사발의 소마를 들이켰도다. 관대한 인드라는 천둥번개를 무기로 집어던져서 용들의 우두머리를 죽였도다.

인드라여, 그대의 마술로 용들의 우두머리를 죽인 순간, 그대는 태양과 하늘과 새벽을 가져왔도다. 그때로부터 그 어떤 원수도 그대를 정복할 자가 없도다.

천둥번개의 위대한 무기를 지닌 인드라는 그의 가장 큰 적인 어깨 없는 브리트라를 죽였도다. 도끼로 가지가 잘려나간 나무의 몸통처럼, 용이 땅 위에 나자빠졌도다.

술에 취해 나약해진 멍청한 전사처럼 브리트라는 소마를 들이킨 위대한 전쟁의 영웅에게 도전했도다. 인드라의 강렬한 무기에 저항하지 못하고, 코가 박살나고 몸은 산산이 부서졌도다.

발과 손이 없이 브리트라는 인드라에 저항하며 싸웠지만, 인드라는 천둥번개로 브리트라의 목을 후려쳤도다. 터질 듯이 (종자)씨를 가득 채우고 있는 황소(인드라)처럼 되어보고자 했던 불깐 수송아지에 불과한 브리트라가 산산조각으로 박살났도다.

깨어진 갈대처럼 누워 있는 브리트라 위로 부풀어 오른 물길이 인간을 위해 흘러넘쳤도다. 브리트라가 용의 힘으로 가두고 있던 물길에 밟히며 이제는 드러눕게 되었도다."(『리그베다』, I. 32.1~13)

인드라가 악한 용으로 상징되는 브리트라를 물리치는 한 판 싸움에 대한 내용이다. 재주가 능한 신인 트바스트리가 인드라를 위해 천둥번개를 만들어주고, 인드라는 세 사발의 소마를 마시고 흥분되어 용들의 우두머리인 트바스트리를 천둥번개의 무기로 무찌른다. 인드라는 브리트라의 배를 갈라 물을 쏟아내게 한다. 계속 이어지는 본문을 살펴보자.

후기로 갈수록 비와 천둥의 신 인드라 대신 크리슈나의
인기가 더욱 올라간다. 비슈누의 화신으로 나타난 목동 크리슈나는
사람들이 인드라에게 엄청난 제물을 바치는 것을 반대했다.
오히려 인간이 지켜야 할 바른 행위와 정의를
준수할 것을 강조했던 것이다. 이에 화가 난 인드라는 크리슈나와
한판 전쟁을 펼치지만 끝내 크리슈나의 승리로 귀결되고
그 이후는 크리슈나의 인기가 더욱 높아간다.

"인드라가 강력한 무기로 브리트라의 어머니를 내리치자 강력하던 그녀의 힘이 쇠약해졌도다. 브리트라의 어머니 다누(Dānu)가 아들 위에 엎드려 있도다. 마치 암소가 송아지를 덮고 있듯이.

결코 멈추어 설 줄 모르는 물길 한복판에 몸통이 숨겨져 있도다. 물길은 브리트라의 은밀한 곳을 뒤덮으며 넘쳐흐르도다. 인드라의 적은 내내 어둠 속에 잠기었도다.

다사(브리트라의 다른 이름)를 그들의 남편으로 둔 물들, 용을 그들의 보호자로 둔 물들은 마치 암소들이 파니스(Paṇis: 적의 집단)[20]에 갇히듯이 갇혀 있다가, 인드라가 브리트라를 죽이자 쏟아져 나왔도다.

브리트라가 턱을 공격했을 때, 인드라는 말꼬리 털이 되었도다. 그대 둘도 없는 유일한 신, 용감한 자, 암소를 얻은 자, 소마를 얻고, 일곱 줄기로 물이 흐르게 한 자여.

용과 인드라가 싸울 때, 브리트라가 사용한 빛, 번개, 안개, 우박은 모두 소용이 없었도다. 관대한 인드라는 오고 오는 모든 시간에 걸쳐서 영원한 승리자로 남았도다."(『리그베다』, I. 32.1~13)

위의 시에 언급되는 트바스트리는 인드라의 아버지로 나타나기도 하지만, 인드라에게 천둥번개의 무기를 제조해준 것처럼, 다른 신들을 꾸며주고 장식하는 장인인 예술의 신이다. 때로는 인드라의 적으로 나타나기도 하지만 여기서는 협조자로 등장한다.

부풀어 오른 물길이 '인간을 위해' 흘러 넘쳤다는 표현은 베다의 다른 본문에도 나오는데,[21] 당시의 대홍수와 관련이 있는 것으로도 해석된다.[22] 또한 인드라가 브리트라의 동굴 속에 갇혀 있던 물을 해방시켜 쏟아져 나오게 한 것에 대하여, 마치 우리에 갇혔던 암소들이 한꺼번에 쏟아져 나오는 것으로 표현한 것도, 인도 아리아인의 목축 생활양식에 걸맞은 비유다.

가축을 해방시키듯 물을 해방시킨 자, 인드라는 다가오는 세대에 영원한 통치자로 군림하게 되는 것이다.

공포와 은총, 권능의 인드라

이제 마지막으로, 수많은 인드라에 대한 찬가들 가운데서 구체적으로 인드라는 과연 누구인가 하는 질문에 답하기라도 하듯이, 되풀이되는 문구로 인드라를 노래하는 찬가 한 편을 감상해보자.

"지극히 큰 통찰력을 가지고 태어나자마자 최고의 신이 된 그는 신들의 보호자가 되었도다. 그의 뜨거운 입김 앞에서 두 세계가 떨었도다. 오, 사람들아! 그가 인드라로다.

비틀거리는 지구를 굳고 단단하게 하고, 여전히 산을 흔들리게 하며, 하늘 공간을 측량하고 널리 확장시키며, 하늘을 떠받치는 자. 오, 사람들아! 그가 인드라로다.

뱀을 죽이고, 일곱 개의 강물을 흐르게 하며, 발라(Vala)에게 갇힌 암소를 끌어내오고, 두 부싯돌 사이에 불을 가져오며, 전쟁에서 전리품을 획득하는 자. 오, 사람들아! 그가 인드라로다.

누구에 의해서 이 모든 변화하는 세계가 진동하고 있는가? 그는 시시한 악마의 무리를 내쫓아버렸도. 도박꾼이 자기 몫을 낚아채 가듯이 원수의 풍부한 재산을 보란 듯이 낚아채 가는 자. 오, 사람들아! 그가 인드라로다."(『리그베다』, II.12.1~15)

인드라는 과연 누구인가? 반복적인 질문을 던짐으로써 인드라의 위용을 다각적으로 설명하고 있다. 인드라는 여기서 최고신의 대접을 받으며, 우주를 견고히 지키고 물을 흐르게 하고 악마를 쫓아버리며, 전리품을 가져오는 자로 설명된다. 계속 이어지는 본문은 인드라의 위용을 점차 구체화하고 강화한다.

"사람들은 '그가 어디에 있는가?'라고 묻거나, 아니면 그 무시무시한 자에 대해 '그는 존재하지 않는다'고 말한다. 새가 물고 가듯이 원수의 풍부한 재산을 쓸어가는 자, 그를 믿으라. 오, 사람들아! 그가 인드라로다.

약한 자와 병든 자, 도움이 필요한 가난한 사제를 도와주고, 돌을 이용하여 소마즙을 짜내는 사람을 도와주고 음료를 마시기에 좋은 입술을 가진 자. 사람들아! 그가 인드라로다.

말과 암소와 촌락과 모든 마차를 통치하고, 태양과 새벽을 탄생시키며 물을 이끌어낸 자. 사람들아! 그가 인드라로다.

강한 자든지 약한 자든지 서로 싸우는 두 군대가 이쪽저쪽 모두 긴밀히 그에게 도움을 요청하고, 심지어 같은 마차에 타고 있는 두 사람도 그에게 따로따로 도움을 요청하도다. 오, 사람들아! 그가 인드라로다."(『리그베다』, II.12.1~15)

인드라는 재산을 쓸어가버리는 자이기도 하고, 동시에 병든 자나 가난한 자들을 도와주는 자가 되기도 한다. 더 나아가 새벽을 가져오는 자이기도 하다. 그러기에 인드라의 도움을 서로 다투어 요청한다. 전쟁터의 경우 더욱 그러하다.

"그가 없이는 전쟁에서 이길 수 없나니, 사람들은 그에게 도움을 요청하도다. 그는 모든 형태로 변할 수 있고 아무리 견고해도 흔들어버리도다. 오, 사람들아! 그가 인드라로다.

그는 큰 죄를 지은 모든 자를 그의 무기로 죽이도다. 심지어 자기들의 지은 죄를 그들이 모를지라도. 그는 거만한 자를 용서하지 않고, 다스유스(Dasyus)를 살해한 자로다. 오, 사람들아! 그가 인드라로다.

그는 40번째 맞이하는 가을에 산에서 거주하는 악마 삼바라(Śambara)를 발견하였고, 광포한 뱀 다누(Dānu)를 누워 있던 그곳에서 죽였도다. 오, 사람들아! 그가 인드라로다."(『리그베다』, II.12.1~15)

이처럼 인드라는 전쟁의 영웅적인 신이자, 죄를 지은 자들을 처벌하고 악마를 무찌르는 정의의 신이 된다. 또한 강력한 힘을 지닌 황소의 모습으로 나타나서 도움을 주기도 한다.

"일곱 개의 고삐를 가진 강력한 힘을 가진 황소인 그는 일곱 개의 강물이 흐르게 하였고, 그의 손에 쥔 천둥번개로 하늘에 오르려던 악마 라우히나(Rauhiṇa)를 박살냈도다. 오, 사람들아! 그가 인드라로다.

심지어 하늘과 땅도 그 앞에서 머리를 숙이고, 산들도 그의 뜨거운 숨길로 떨고 있도다. 천둥을 손에 쥐고 번개를 휘두르면서 소마를 마시는 자로 알려진 자. 오, 사람들아! 그가 인드라로다.

소마즙을 짜고 음료를 만들며, 제의와 찬양을 하는 자들에게 은총을 내리는 자, 그를 위한 기도는 양식이 되며, 그를 위한 소마는 특별한 선물이로다. 오, 사람들아! 그가 인드라로다.

소마를 붓고 제사를 지내는 자에게 힘을 주는 그대는 참으로 맹렬하면서도 참된 분이로다. 인드라여, 우리의 일생 동안 당신을 더욱 사랑하게 하시고, 제사를 드리는 회중 앞에서 더욱 권위 있게 말하게 하소서."(『리그베다』, II.12.1~15)

이상에서 우리는 인도 신화 가운데 『리그베다』에서 가장 많이 언급되고 칭송받는 인드라를 만나보았다. 그의 업적과 행동이 담겨 있는 베다의 수많은 찬가 중에서도 그의 행위와 신분을 가장 잘 보여주는 것이 바로 이 찬가다.

인드라는 태어나자마자 최고신의 권능을 지니고, 천지를 지탱하고 통치하는 최고 통수권자가 된다. 그러면서 악마의 화신인 뱀을 죽이고 천지에 갇힌 물과 불을 가져온다. 원수의 재산은 빼앗아 가지만, 자신을 숭배하고 질병으로 고통당하는 자와 약자들에게는 위로와 힘을 준다. 반면에 거만한 자나 큰 죄를 지은 자는 죽음으로 징벌하고 악마로 상징되는 많은 신들을 물리친다.

그 가운데 다스유스는 인드라의 적대자로, 검은 피부와 납작한 코를 가진 토착 원주민을 상징한 것으로 여겨진다. 이들은 정복자 아리아인의 신이나 풍속을 따르기를 거부했고, 사제들에게 희생 제물을 바치기를 거부하던 자들이었다. 베다시대의 전사에게 가장 필수적이었던 두 가지 의무를 거절한 이들 토착 원주민에 대해 아리아인이 좋은 감정을 가질 수가 없었던 것이다.[23]

이러한 사회·정치적 배경에서 탄생한 인드라 신은 천둥번개를 가진 공포의 대상인 동시에 그를 숭배하는 자들에게 비와 불로 은총을 가져다 주는 자이기도 하다. 그러나 후기 베다시대로 가면서 인드라는 최고신의 지위에서 비교적 낮은 신으로 떨어진다. 비록 작은 신들의 왕으로서 중요한 자리를 차지하긴 하지만, 이른바 인도의 주요한 3신, 즉 브라흐마(Brahma), 비슈누, 시바보다는 열등한 2인자의 지위를 차지하게 된다. 후기에 가서 인드라는 신들이 살고 있는 하늘(Swarga)의 통치자로 묘사되면서, 이 단계에서 인간의 여러 가지 나약함을 보살펴주는 자가 되기도 한다.[24]

동방을 지키는 자이기도 한 인드라는 불교와 습합되면서 중국의 한자표기로 제석천(帝釋天, Sakra devānām Indra)으로 해석되기도 한다. 이것이 한국의 단군신화에서 하늘의 주재자 환인(桓因)을 뜻한다는 주장 역시 이미 잘 알려져 있다.

폭풍 신 루드라와 그의 아들들 마루트

대기에서 최고의 권위를 자랑하는 인드라 신은 폭풍의 신 루드라(Rudra)와 그의 아들들인 마루트(Maruts), 그리고 바람의 신 바유(Vāyu) 등과 긴밀한 관계를 가진다. 폭풍의 신들은 기능상 인드라와 함께 활동하면서 서로 중첩적인 역할을 수행하기도 한다. 천둥번개가 일어날 때면 비바람과 폭풍이 일듯이 이들의 역할은 그만큼 서로 연관된다. 이밖에도 비구름의 신인 파르잔야(Parjanya)는 인드라와 긴밀한 연관을 지니면서 가끔씩 황소로 불리기도 한다.[25] 바타(Vāta) 또한 마차를 타고 다니는 폭풍의 신이지만 다른 신들에 비해 활동 영역이나 역할이 미미하다. 이제 이 신들을 각기 차례대로 조금 더 상세히 고찰해보자.

루드라는 인드라나 아그니처럼 많이 등장하지는 않는다.『리그베다』에서는 루드라에 대한 찬가가 독립적으로 편집된 곳이 단 세 군데뿐이다. 신들에 대한 제의에도 정기적으로 초대되는 것이 아니라, 풍랑을 만날 때와 같이 예기치 못한 위험을 당할 때 가끔씩 루드라가 초대되어 찬미를 받는 정도다. 그러나 루드라는 후대에 가서 힌두교에서 가장 위대한 세 신 가운데 하나인 시바(Śiva)로 불리며 역할이 승격된다.

　루드라의 두드러진 양면적 성격은 역시 힌두신 시바로 찬미되면서 절정에 이른다. 폭풍이 보여주듯 루드라의 무시무시한 파괴력이 후대에 가서 파괴와 재생의 신 시바로 이어졌다고 볼 수 있다. 루드라는 야생의 짐승처럼 악마적인 파괴력을 가지고 질병과 재앙을 초래하기도 하지만, 동시에 치유자의 역할을 하기도 한다. 한마디로 병과 죽음, 그리고 치유와 생명이라는 양면적 성격을 동시에 지니고 있다. 이제 루드라에 대한 시를 감상해보자.

"마루트의 아버지시여! 그대의 은총을 우리에게 내려주소서. 우리가 햇빛을 보게 하소서. 영웅이 우리의 말들(軍馬)을 아끼게 하소서.[26] 오, 루드라여, 우리의 자손들에게서 우리가 거듭 태어나게 하소서.

　루드라여, 그대가 준 가장 큰 도움이 되는 치유의 약으로 나는 100년의 겨울을 맞이할 수 있을 것이라오. 증오와 번민을 우리에게서 멀리 사라지게 하소서. 모든 질병과 병폐를 사방으로 내쫓아주소서.

　모든 탄생한 것들 가운데, 루드라여 그대는 가장 영광스럽도다. 그대는 손에 천둥번개를 들고 강한 것들 가운데서 가장 강하도다.[27] 우리를 고통의 바다 건너 저 멀리 안전한 곳으로 인도하여주소서. 모든 공격과 불행으로부터 지켜주소서.

황소 루드라시여, 우리는 그대를 노엽게 하기를 원치 아니 하나이다. 숭배하며 사악한 노래를 부르거나, 그대에게 기원하며 여러 신들을 불러대지 않겠습니다. 그대의 치유하는 약으로 우리의 영웅들을 일으켜주소서. 내가 듣건대 그대가 모두 치유자 중에서 최고의 치유자이나이다.

누군가 공물을 바쳐 루드라의 은총을 얻을까 하고 마음에도 없는 노래로 부른다면, 그러한 악한 목적을 가진 자에게는, 정당한 심판을 내리고, 쉽게 도움을 주는, 마음이 온화한 갈색의 신이 결코 응답하지 않으리라."(『리그베다』, II.33.1~15)

루드라의 뛰어난 권능에 질병의 치유와 자손의 번영 등 도움을 비는 청원의 기도다. 여기에는 루드라에 대해 순수한 영혼을 가진 자에게만 기도가 이루어지리라는 기대감이 깃들어 있다. 기도는 다음과 같이 계속된다.

"마루트와 함께 황소(루드라)는 내가 도움이 필요했을 때, 그의 큰 힘으로 나를 감화시켰도다. 나는 태양의 뜨거운 열기에 손상당하지 않기 위해 그늘을 열망하며 찾아가듯이, 루드라의 호의를 열망했도다.

루드라여, 상처를 치유를 해주고 시원하게 해주는 그대의 자비로운 손길은 어디에 있나이까? 그대는 신들이 우리에게 보낸 바, 원수를 소멸시키는 자가 아닙니까? 오, 강한 자(황소)여, 우리에게 자비를 베푸소서.

  강하고 위대한 황소에게 높이 찬양을 올리나이다. 빛나는 그대에게 머리 숙여 절하나이다. 루드라의 경이로운 이름을 찬양하나이다.

  많은 형태를 지닌 무시무시한 황갈색 신은 빛나는 황금으로 그의 굳건한 네 다리를 장식했도다. 이 거대한 세계의 통치자인 루드라로부터 결코 아수라(Asura)[28]의 힘이 떠나지 않도다."
(『리그베다』, II.33.1~15)

여기서 아수라의 힘이 루드라에게서 떠나지 않으리라 한 것은, 고대에 아수라 신이 천상의 큰 힘을 지닌 신으로 숭상받았기 때문이다. 본문은 계속된다.

"그대는 훌륭한 활과 화살을 둘러메고, 다양한 색상의 값진 황금 목걸이를 차고 악마를 쳐부수며 만물 위에 그 무시무시한 힘을 떨치도다. 루드라여, 그대보다 더 큰 힘을 지닌 자 아무도 없나이다.

  마차에 올라탄 채 사나운 들짐승처럼 공격하며 살육하는 젊고 훌륭한 신을 찬양하라. 오, 루드라여, 그대를 찬양하는 자들에게 자비를 베푸소서. 그대의 군대가 우리를 아끼시고 다른 이들을 공격하소서.

  아버지에게 머리를 숙여 절하는 아들처럼, 루드라여, 나도 그대에게 가까이 다가가서 절하나이다. 나는 많은 것을 주는 참된 영웅들의 주(主)에게 노래하나이다. 찬양을 받으시고 우리에게 치유의 약을 주소서.

오, 능력 있는 마루트여. 그대의 치유 약은 진정 건강에 좋고 약효가 강한 것이어서, 우리의 조상 마누도 선택한 것이나이다. 오, 황소이시여, 나도 그것을 원하나이다. 우리의 건강과 행복의 근원이신 루드라여.

루드라의 공격적인 무기가 우리를 피해가게 하소서. 적의에 찬 무시무시한 진노가 우리를 피해가게 하소서. 오, 관대한 신이시여, 우리의 후원자(왕자들)들을 위해 강력한 화살을 거두소서. 우리의 자손들에게 자비를 베푸소서.

오, 황갈색의 놀라운 황소여. 오, 신이여, 격노하여 우리를 죽이지 마소서. 루드라여, 여기서 우리의 간구를 들으소서. 그리하여 회중 앞에서 우리가 영웅들과 함께 큰 소리로 외치게 하소서."(『리그베다』, II.33.1~15)

폭풍의 신 루드라는 이름 그대로 폭풍을 몰고 다니기에, 태양을 가리기 일쑤다. 따라서 인간들은 태양을 가리지 않기를 비는 마음에서 루드라에게 도움을 청한다. 또는 자손으로 환생하기를 기원하기도 하고, 루드라가 주는 치유약으로 장수를 누리게 해달라고 기원하기도 한다.

천둥번개는 인드라의 상징적이고 대표적인 무기이지만, 동시에 루드라의 무기이기도 하다. 폭풍과 천둥번개의 밀접한 관계를 보여주는 것이다. 루드라는 황소처럼 강한 힘을 지니기에, 인드라와 마찬가지로 종종 황소로 불린다. 때때로 루드라는 뜨거운 태양열에서 보호해주는 그늘의 역할로도 칭송을 받는다. 태양을 보게 해달라는 요청도 받지만, 그늘의 축복도 주는 셈이다.

루드라가 자주 불리지는 않지만 칭송을 받을 때는 다른 여러 신들에 비해 독립적으로 높이 찬양받으며 최고신의 대접을 받는다. 이는 인도 베다신화의 대표적인 특징이기도 한데, 예배를 드리는 자가 필요에 따라 그때마다 정한 신에게 최고의 칭호와 찬사를 부여하는 것이다.

이처럼 『리그베다』에서 루드라는 강력한 활을 차고 들짐승처럼 사납게 적을 무너뜨리는 참된 영웅의 주로 묘사되면서, 그를 경배하는 자들에게 좋은 약을 선사하고, 자손들에게 건강과 행복을 주는 자로 높이 찬양받는다.

루드라의 아들들, 마루트

마루트는 루드라의 아들들이기 때문에 루드리야(Rudriyas)라 불리기도 한다. 마루트는 폭풍의 아들이자 바람의 신으로서 인드라의 위대함을 공유한다는 점에서, 오히려 루드라보다 더욱 많이 칭송되었다. 마루트는 인드라와 함께 7편의 찬가 속에서 동시에 찬양받기도 하고, 33편의 노래로 혼자 칭송되기도 한다.[29] 한편으로는 푸산과 아그니, 바루나와 함께 찬양을 받기도 한다.

늘 집단적으로 표현되는 마루트는 어떤 때는 21명[30]으로 또는 더 많은 숫자로 언급되기도 한다. 이들의 어머니는 프리스니(Pṛśni)로서 지상의 알록달록한 암소를 상징한다. 암소의 젖통이 부풀어 오르듯 이들도 비구름이 되어 부풀어 오르는 것이다.

마루트는 불의 신 아그니에 의해 탄생된다고도 하는데, 마루트가 빛의 웃음 속에서 탄생되었다고 보기 때문이다. 뿐만 아니라 바람의 신 바유도 마루트를 하늘의 자궁에서 탄생시킨 것으로 묘사된다. 마루트는 하늘의 아들들로서 대양을 어머니로 가지기도 한다. 이들은 모두 같이 출생하여 나이가 같고 한 마음으로 한곳에 거주하며[31], 아내들인 여신 로다시(Rodasī)가 있다.

마루트의 거처는 세 하늘, 곧 세 개의 세계다. 이들은 빛을 내는 것이 특징이기 때문에 불이라 불리기도 한다. 따라서 번개와도 관련이 깊다. 그런 점에서 마루트는 폭풍의 신의 아들들로서 번개와 관련되는 만큼 인드라와도 깊은 관련이 있다.

양말을 신은 그들은 황금으로 가슴을 장식하고 머리에는 황금 헬멧을 쓰고, 손에는 번개, 어깨에는 창을 메고 있다. 황금 도끼를 들고 루드라에게서 활과 화살을 빌리며, 인드라처럼 천둥번개를 무기로 지닌다. 천둥번개는 인드라의 전유물이지만 폭풍과 번개가 원래 밀접한 관계이듯 마루트도 무기로 지닌다.

마루트는 황갈색 바람의 군마가 이끄는 황금마차를 타고 먼지를 일으키며 달린다. 젊고 늙지 않으며 들짐승처럼 거칠고 용맹하지만 아이들처럼 장난기가 있다. 사자나 강철의 엄니를 가진 멧돼지, 혹은 검은 백조의 모습을 하기도 한다. 이들은 무리지어 다니기 때문에 폭풍이나 천둥번개의 우레 소리처럼 시끄럽다.

그들이 달리고 난 자리는 비가 내리고 강이 된다. 이들이 내린 비는 때로 꿀이 되고 우유가 되며 버터가 된다. 폭풍이 지나고 맑게 개듯이 마루트는 어둠을 몰아내고 빛을 가져오는 자로 묘사된다. 마루트의 주된 임무는 인드라를 돕는 것이므로 브리트라를 살육하는 인드라에게 힘을 주기 위해 찬가의 노래를 부른다.[32]

이처럼 마루트는 인드라를 도우며 적을 물리치는 신이 될 뿐 아니라 비를 가져옴으로써 농작물과 가축을 풍요롭게 한다. 전쟁이 빈번하고 농업·목축업을 기반으로 하던 당시의 신화적 상징임을 알 수 있다. 마루트에 대한 대표적인 찬가를 감상해보자.

"놀라운 일을 행하는 자, 루드라의 아들들 마루트는 여인들처럼 장식을 하고 마차부대를 이끌고 재빠르게 달리면서, 그들이 기뻐하는 제사를 받으며 하늘과 땅을 강하고 풍요롭게 만들도다.

그들은 온전하게 성장하여 위대하게 되었고, 루드라는 그들을 위해 하늘에 거주지를 마련하였도다. 그들은 (폭풍의) 노래를 부름으로써 인드라에게 힘을 불어넣어주었고, 얼룩암소의 자녀인 그들은 영광을 얻게 되었도다.

암소의 자녀인 잘생긴 그들은 황금으로 멋지게 장식하여 사지(四肢)가 빛나도다. 그들은 적을 물리치고, 버터가 그들의 길에 내내 흘러내리도다.

가공할 만한 힘으로 꿈쩍하지 않는 그 어떤 것도 흔들어버리면서, 창으로 번쩍번쩍 빛을 내며 나아가는 훌륭한 전사들, 그대들 마루트가 생각의 속도만큼 재빨리 달리는 얼룩진 영양(羚羊)을 그대들의 전차에 매었을 때, 전투에 승리하기 위해 천둥번개로 몰아대면서 재빠른 영양을 그대들의 전차에 매어달았을 때, 검붉은 비구름이 쏟아져 나왔고,[33] 가죽부대에서 물이 쏟아지듯 물이 대지를 적셨도다."(『리그베다』, I.85.1~12)

폭풍의 신으로서 권능을 행사한 루드라의 아들들의 위용을 찬양하는 내용이다. 마루트는 여인처럼 장식을 하고, 마차를 타고 다니면서 천지를 풍요롭게 해준다. 또한 암소의 자녀로 상징되면서 풍요로운 버터를 쏟아내기도 하는데 이는 농경문화의 신화를 반영하는 것이다. 동시에 초원에 물을 쏟아붓기도 하면서 이들의 인기는 더해간다.

"그대들의 재빠른 준마를 이곳으로 오게 하소서. 그대들의 날개로 날쌔게 날아 이곳으로 오소서. 거룩한 잔디에 앉으소서. 그대들 마루트여, 넓은 자리가 마련되었나이다. 달콤한 음료를 마음대로 기쁘게 드소서.

그들은 그들 자신의 힘으로 위대하게 성장했도다. 그들은 하늘 천장까지 올라갔고, 그들 자신을 위해 넓은 자리를 펼쳤도다. 비슈누가 소마를 마시고 흥분하여 황소(인드라)를 도왔을 때, 그들은 새들처럼 사랑스런 거룩한 잔디에 내려앉았도다.

전투 준비가 완료된 영웅처럼, 명성을 추구하는 전사처럼, 세찬 걸음을 활보하며 그들은 전쟁을 준비했도다. 마루트 앞에서 모든 피조물이 두려워하도다. 사람들이 왕을 바라보듯이 두려워하도다.

솜씨가 능란한 트바스트리가 1,000개의 송곳으로 황금 천둥번개를 멋지게 만들자, 인드라는 그것을 넘겨받아 브리트라를 살육하고, 물이 흐르게 하는 영웅적인 행위를 하였도다.

그들의 힘으로 우물을 높이 들어올리고 그 딱딱한 산을 두 동강으로 쪼개었도다.[34] 좋은 것을 선물로 주는 자 마루트는 소리를 내지르면서 통쾌하게 소마를 마시고 영광스런 행위를 하였도다.

그들은 옆으로 쏟아지는 물줄기 속에서 샘물이 치솟게 하였고, 목말라 하는 고타마(Gotma)에게 샘물이 쏟아지게 했도다. 눈부신 빛으로 다가와 그들은 고타마에게 도움을 주었도다. 그들은 그들의 방식으로 현자 고타마의 갈망을 채워주었도다.

그대를 열망하는 경건한 자들에게 도움을 주는 자여, 그대를 신봉하는 자에게 세 배의 축복을 주도다. 오, 마루트, 황소여, 우리에게도 동일한 은총을 내리소서. 우리에게 좋은 영웅들의 부요함을 누리게 하소서."(『리그베다』, I.85.1~12)

마루트는 이와 같이 용맹하고 재빠르며 폭풍의 노래를 부르면서 적을 무찌르는 인드라를 돕는다. 황금으로 장식한 모습을 하고 번쩍번쩍 빛나는 창으로 적을 무찌르는데, 이는 폭풍이 일 때 천둥번개가 동반하는 모습을 연상하게 한다. 검붉은 비구름이 일면서 가죽부대에 물이 쏟아지듯 비를 내리고, 대지는 비를 통해 영양분을 얻고 젖소는 우유를 낸다.

산을 쪼개고 물을 쏟아낼 만큼 대단한 마루트의 능력은 폭풍의 신 루드라의 아들들이라는 데서 비롯된다. 이러한 내용의 노래는 인드라나 루드라에게도 동시에 돌려지고 있어서, 대기를 관장하는 신들의 공통적 능력을 보여준다. 비가 내려야 샘물이 솟고 인간과 더불어 동식물이 소생할 수 있다. 때문에 이들 대기의 신은 더욱 각광받게 된다. 바로 그러한 능력의 소유자로서 마루트는 자녀와 후손, 그리고 모든 영웅에게 축복도 내려주는 자로 칭송받고 있다.

바람의 신, 바유와 바타

『리그베다』에서 바람에 대한 직접적인 상징으로 나타나는 신은 바유(Vāyu), 혹은 바타(Vāta)라고 한다. 바유는 비록 루드라나 마루트만큼 많은 곳에 등장하지는 않지만, 바람의 신으로서 지니는 권위와 역할로 독특하고도 아름다운 칭송을 받고 있다. 바타라는 이름은 바유에 비해 상대적으로 더욱 적게 나타나며 『리그베다』 제10권의 두 곳에만 등장한다.

바람의 신 바유는 빛나는 마차를 타고 요란스럽게
소리를 내며 하늘을 다닌다. 폭풍이 불 때는
수많은 말들이 이끄는 마차를 타고 다니거나,
사슴을 타고 깃발을 가지고 다니는 모습으로 묘사된다.

바유는 이름 자체가 '불다'라는 뜻의 어근 '바'(va)에서 생긴 단어로,[35] 바람의 신으로서 공중의 최고 신인 인드라와 깊은 관계가 있다. 반면에 바타는 상대적으로 비중이 떨어지는 '비구름의 신' 파르잔야(Parjanya)와 관련이 깊다.

바유는 1,000개의 눈을 가지고 하늘을 감미롭게 매만지는 아름다운 신으로 표현된다. 그는 99,100마리 또는 1,000마리의 군마가 이끄는 마차를 타고 맹렬한 기세로 하늘을 누빈다. 바유는 천지간의 풍요로움을 위해 탄생하며,[36] 예술의 신 트바스트리의 사위로 등장한다.

친구 인드라와 같이 바유도 순수한 형태의 소마를 즐긴다.[37] 바유는 신들 가운데서도 가장 빠르기 때문에 소마를 처음 마신 자가 되었다.[38] 가장 빠른 바람의 신도 자녀와 부와 명성을 얻게 해달라는 인간들의 요청을 받는다.

이에 비해 바타는 바람의 힘을 과시하고 거대한 먼지 구름을 일으킨다. 형태는 보이지 않으나 소리는 우렁차며, 신들의 호흡이자 신성한 생령(生靈)으로서 공물로 섬김을 받는다. 또한 번개와 태양의 출현을 알리는 전령사이기도 하다. 불그스름한 빛을 만들고 새벽을 빛나게 한다. 바람을 통한 먼지 구름 속에서 태양이 더욱 불그스름해지기 때문인지도 모른다.

바타의 이러한 기능에도 불구하고, 동물 희생의 제의에서는 주로 바유에게 제사를 지내고, 후기로 갈수록 바타는 거의 찾아보기 어렵다. 바람의 신에 대한 유명한 찬가를 감상해보자.

"오, 바람의 수레, 그의 힘과 영광이여. 요란한 천둥소리를 내며 밀치고 나아가도다. 그가 하늘을 만지며 나아가는 곳은 붉게 물들고, 지상의 먼지들은 흩어지도다.

귀부인들이 모임에 나아가듯이, 바람의 흔적을 좇아 서둘러 나아가도다. 우주의 군주인 바람의 신이 그의 수레에 수행원을 태우고 급하게 나아가도다.

하늘 공중의 길을 여행하면서, 하루도 졸거나 쉬는 날이 없도다. 아득한 초기에 탄생한 거룩한 자여, 물의 친구여, 어디서 솟아나 어디서 왔던가?

세상이 싹트는 조짐이요, 신성한 생령이여, 마음이 내키는 대로 늘 움직이는 신이여. 그의 소리는 들려도 그의 모습은 좀체 볼 수 없도다. 공물로써 이 바람의 신을 공경하세."(『리그베다』, X.168.1~4)

인간이 숨 쉬고 살아가는 공간에서 생존의 필수요소인 기후환경은 떼려야 뗄 수 없는 관계다.

천둥번개의 인드라와 바람의 신 바유, 폭풍의 신 마루트와 루드라가 갖는 권위의 크기를 짐작할 수 있다.

7

생명을 살리는 제의의 불과 음료

지상의 가장 위대한 신

"행복과 황홀함이 있고, 기쁨과 더함 없는 만족감이 있는 그곳, 그리고 오랜 소원이 성취되는 그곳에서 나를 불멸케 하소서. 오, 소마의 물방울이여, 인드라를 위해 흘러가소서."
『리그베다』

불과 물, 아그니와 소마

인드라가 대기의 신 가운데 최상의 신이라면, 지상에서 가장 인기 있는 최고 신으로 찬양받고 있는 대표적인 신들로는 단연 아그니와 소마를 들 수 있다. 불의 신 아그니와 술(음료)의 신 소마는 불과 물로 상징되는 만큼이나 서로 관계가 긴밀하다. 특히 이들 두 신은 제사에 빠질 수 없는 필수적인 신들로 찬미되고 있다.

불과 물은 성질상 완전히 반대되는 것이기는 하지만, 인도-유럽적 개념에서 물과 불은 '뜨거운 연금술의 액체'와 같이 하나로 융합되어 설명되기도 한다. 『리그베다』에서 아그니는 제의의 불, 소마는 제의의 음료 역할을 한다. 그들이 지니는 힘과 영향력은 실로 대단한 것이 아닐 수 없다. 이들은 우주의 본질을 명상하게 하는 상징일 뿐만 아니라, 각기 지닌 거듭되는 탄생의 신비로 더욱 다양한 기능을 한다.

이밖에도 아그니와 소마는 베다의 시인들에게 제사와 인생의 의미를 찾고 이해하게 하는 주요한 영감을 준다. 아그니가 제의의 생산적 측면과 관련한 '아폴론적 영감'을 준다면, 소마는 제의의 파괴적인 요소와 관련해 인생의 비전을 설명한다는 측면에서 '디오니소스적인 영감'을 준다고 설명되기도 한다.[1]

이제 차례대로 아그니와 소마에 대하여 상세히 고찰해보자.

제의의 중재자 아그니

아그니는 제사행위에서 가장 먼저 초대되는 신이다. 아그니는 『리그베다』 제1권 제1장 제1절에서부터 초대되어, 마지막 권인 제10권 마지막 장 제191장에서까지 독립적으로 찬미되고 있다. 『리그베다』 전체 중에서 약 200개의 찬가가 아그니에게만 독립적으로 주어지고 있다.

『리그베다』의 내용과 그 순서를 배열하는 편집자의 시각에서 볼 때에도 분명 아그니는 시인과 사제들 가까이에서 단연 최고의 찬사를 받으며 초대되고 있는 것이다. 이는 무엇보다도 제의를 위해서 불을 밝혀야 하기 때문이기도 하거니와 제물을 태우는 것도 불의 신 아그니가 있어야 비로소 가능하기 때문이다.

아그니는 제의를 행하는 데 초대되는 다른 수많은 신들을 불러오는 역할을 하기 때문에 더욱 중요한 신이다. 한마디로 아그니는 제사의 시작이자 마침인 셈이다. 『리그베다』의 서장을 여는 제1권 제1장의 아그니에 대한 찬가를 분석해봄으로써 우리는 아그니에 대한 이해를 더욱 높일 수 있을 것이다.

[아그니에 대한 기도]
"제의의 신이자 가정의 사제(호타르)로서, 찬가를 부르며 제의에 신을 초대하면서, 가장 풍부한 부요를 가져다 주시는 신 아그니에게 기도하나이다.

고대의 현자들이 노래했던 것처럼, 지금 살아 있는 자들에게도 아그니는 찬양을 받기에 마땅하도다. 그는 여기에 신들을 불러올 것이로다.

아그니를 통하여 사람들은 부요함을 누릴 것이며, 날마다 영화롭게 성장할 것이고 영웅적인 아들이 많아질 것이로다.

아그니여, 사방을 에워싼 그대의 완벽한 제의는 오직 신들에게로만 향하나이다. 지혜로운 마음을 가진 사제, 아그니여. 신실하고 가장 빛나는 위대한 신이시여. 신들과 함께 이곳으로 오소서.

아그니여, 그대를 경배하는 자는 원하는 무엇이나 할 수 있도다. 그대를 통하여 바로 앙기라스[2]가 그렇게 은혜를 입은 자로다.

어둠에 빛을 발하는 그대에게 우리는 경의를 표하는 마음으로 날마다 찾아오나이다.

제의를 주관하는 그대. 그대가 머무는 곳에서 점점 커져가면서 영원한 법을 비추며 지키는 빛나는 그대.

우리에게 어서 오소서, 아버지가 아들을 찾아오듯이. 아그니여, 우리의 행복을 위해 우리와 함께하소서."(『리그베다』, I. 1.1~9)

아그니는 자신이 희생제의를 밝히는 불의 신이면서, 제사를 드리는 사제들이 요청하는 특별한 신을 불러들이는 중개자의 역할도 하고 있다. 사방에서 집행되는 모든 제의가 아그니를 통하여 신들에게 전달되고, 신들은 그 제의를 기쁘게 받아 아그니의 중개로 제의에 초대되는 것이다. 그러기 위해 불의 신 아그니는 스스로 신들에 대한 찬가를 부르는 호타르(사제)가 된다. 각 가정에서 드리는 모든 가정의 사제의 역할을 떠맡는 것이다. 어둠의 불을 밝히는 아그니는 신실하게 그를 찬미하는 자에게 부요와 자손의 복을 주고, 특히 앙기라스와 같은 현자들에게 은총을 준다. 아그니는 이처럼 스스로 신으로서의 축복을 주는 동시에, 각각의 신들을 초대하는 중재자 역할을 하고 있다.

"제의의 주인이며 강성한 힘의 주여, 예복을 입으시고 우리를 위해 신들에게 제물을 바치소서.

젊은 아그니여, 영감과 빛나는 하늘의 노래로, 늘 우리의 사제로 자리를 잡으소서.

아버지가 그의 아들을 위해 희생제사를 드리듯이, 친척이 친척을 위하듯이, 사랑하는 친구가 친구를 위하듯이. 원수를 무찌르는 힘을 자랑하는 바루나, 미트라, 아리아만이 우리의 거룩한 제단의 잔디에 좌정하게 하소서. 마치 마누에게도 그러했듯이.

오, 고대의 전령사여, 우리의 제의와 우정을 기쁘게 받아주시고, 우리의 노래에 귀를 기울이소서. 하나의 신 혹은 또 다른 신에게 우리가 끊임없이 제물을 바칠 때, 공물이 그대에게 제공되었나이다."(『리그베다』, I.26.1~10)

이처럼 아그니는 제사를 주관하는 사제의 역할을 동시에 떠맡

『리그베다』에서 가장 많은 찬미를 받고 있는 불의 신
아그니가 염소의 등에 올라타고 있는 모습을 형상화했다.
아그니는 천둥번개의 신 인드라와 함께 강력한 힘을 지닌
대표적인 신으로 추앙받는다. 그러나 무엇보다도 아그니는
제의의 신으로서 가장 큰 존경을 받는다.

는다. 신의 편인 동시에 제사를 드리는 자들의 편에 서서 거룩한 제단에 앉아 제물을 불태우면서 신에게 공물을 바치는 자가 된다.

"오, 친애하는 사제여, 우리가 요청하는 신이 우리 가문의 주가 되게 하시고, 밝게 빛나는 불로 우리가 사랑받게 하소서.

신들이 눈부신 불꽃으로 장식하게 될 때, 우리가 원하는 바를 가져올 수 있기 때문입니다. 우리로 하여금 빛나는 불꽃으로 기도하게 하소서.

그리하여 찬양이 죽을 수밖에 없는 운명에 처한 우리와 불멸의 그대 사이를 오고가며 흐르게 하소서.

오, 젊은 힘의 아들, 아그니여, 그대의 모든 불길로 우리의 제물과 찬미를 기쁘게 받으소서."(『리그베다』, I.26.1~10)

아그니는 제의의 주인이자 신들을 초대하는 중재자다. 사제로서 입은 아그니의 예복은 소매가 길어 나풀거리는 불꽃을 형상화한 것이다. 아그니는 마치 자식을 향한 아버지의 마음처럼, 혹은 친척이나 친구처럼 다정하고 우애 깊은 정성으로 사제의 역할을 수행한다.

아그니가 사제가 되어 집행하는 제단에는 바루나나 미트라와 같은 천상의 신이 초대되기도 하고, 다른 무수한 신들이 각기 숭배자들의 요청에 따라 초대된다. 신들에게 최초의 제사를 바친 인류의 조상 마누에게 그러했던 것처럼, 제사를 바치는 모든 이에게 기쁘게 다가와서 중재자 역할을 충실히 해줄 것을 아그니는 요청받는다.

아그니에 대한 이 같은 특별한 기대는 신들이 아그니의 화려한 불꽃으로 장식될 수 있다는 기대와 믿음 때문이다. 아그니는 신들을 초대하는 화려한 불꽃이 될 뿐 아니라, 제물을 태우고 흠향하는 젊은 불멸의 신으로서, 제사를 드리는 자들과 아그니 사이에는 영원한 사랑의 유대감이 형성되고 있다.

인드라가 영웅적인 전사로 묘사되는 반면, 아그니는 이상적인 사제의 모습을 하고 있다. 인드라가 전쟁에서 승리를 가져다 준다면, 아그니는 가정의 번영과 행복을 가져다 준다. 물론 인드라는 아그니처럼 신과 인간 사이의 중개자 역할을 하지도 않는다.

아그니의 이러한 중재적 역할은 다른 신들에 비해 그의 격을 좀 떨어뜨리는 면이 없지 않다. 그렇다면 아그니는 도대체 어떻게 탄생하게 되었을까?

아그니, 태어나다

"젊은 어머니는 소년을 꽉 붙들고 그의 아버지에게 넘겨주지 않았도다. 그러나 전차를 모는 전사가 그를 숨기기 전까지, 팔 위에 누워 있는 동안만큼은 사람들이 그의 시들지 않는 용모를 볼 수 있도다.

오, 젊은 여인이여, 그대가 데리고 가고자 하는 이 소년은 누

불의 신이자 제의의 신인 아그니는 가정에서는
가문의 주가 되고, 불멸로 이끄는 사제의 역할을 담당하고 있다.
아그니는 시들지 않는 영원한 젊은 불꽃으로서
하늘에서는 태양으로, 공중에서는 빛으로, 땅에서는 불로 나타나면서
베다에서 인격화되고 신성화되었다.

구입니까? 태아는 수많은 가을을 거치는 동안 성장하였고, 계모가 아니라 왕후가 이 소년을 낳았도다. 나는 이 소년의 어머니가 그를 낳는 것을 보았노라.

나는 멀리서 순수한 빛깔의 황금 이를 보았고, 그가 거주하는 곳에서 그의 무기를 던지는 모습을 보았노라. 그리고 나는 그에게 혼합되지 않은 순수한 신의 음식을 드렸노라. 인드라도 없고 찬미도 부르지 않는 이들이 어떻게 나를 해칠 수 있겠는가?"
(『리그베다』, V.2.1~12)

아그니는 젊은 여인의 품에서 태어나는 것으로 비유된다. 탄생 과정에서 계모가 아닌 왕후에게서 탄생되었음도 밝힌다.

"나는 그가 거주하는 곳에서 멀리 떠나는 것을 보았고, 그의 많은 가축 떼(불꽃들)도 더 이상 밝은 빛을 내지 않도다. 가축 떼도 그를 붙잡아둘 수 없었으니, 이미 그가 탄생해버렸기 때문이다. 젊은 여인은 나이 들어 잿빛이 되었도다.

나의 젊은 황소를 암소들로부터 분리시킨 자들은 누구인가? 그들은 결코 어느 목동도, 실로 어느 이방의 사제도 가져본 적이 없도다. 그를 붙잡은 자들이 그를 놓아주게 하소서. 예지가 있는 자가 소들을 우리에게 다시 몰고 올 것이로다.

원수의 세력들이 인간들의 가정(화로)에 거주하는 왕(아그니)을 사람들에게서 숨겼도다. 아트리의 마술적 기원으로 그를 자유롭게 하소서. 우리를 욕하는 자들이 욕되게 하소서.

슈나세파(Śunaḥśepha)가 1,000마리의 소들이 있는 가운데서 속박된 채 화형의 기둥에 달려 희생의 제물이 되었을 때, 그가 열정적으로 기도를 했기 때문에, 그대가 구원해주었나이다.

마찬가지로, 아그니여, 그대가 이곳에 좌정했을 때, 우리를 우리의 속박에서 구원해주소서. 오, 공물을 받으시기에 현명한 사제이시여."(『리그베다』, V.2.1~12)

인드라를 찬미하지 않는 자들에게는 아그니의 효력도 없다. 뿐만 아니라, 그들에게는 불꽃으로 상징되는 밝은 빛, 아그니가 있을 까닭도 없다. 하지만 가정에서 왕으로 상징되는 아그니를 모심으로써, 아그니는 원수의 속박에서 해방의 구원을 베푼다. 그러나 아그니는 때때로 화를 내기도 한다. 이어지는 본문을 보자.

"아그니여, 그대가 화가 났을 때 나에게서 떠나갔나이다. 신의 법을 감시하는 자(바루나)가 나에게 이 사실을 말했나이다. 인드라가 그대를 발견하고 나에게 가르쳐주었나이다. 그래서 아그니여, 내가 그대에게 왔나이다.

아그니는 드높이 멀리 빛을 내고, 그의 위대한 능력으로 만물을 선명히 밝히도다. 그는 신을 공경하지 않는 악마의 무기력한 마법을 제압하고 두 개의 날카로운 뿔로 악마, 라크샤(Rakṣas)를 무찌르도다.

적을 무찌르는 무기처럼 아그니의 울부짖는 소리가 하늘에 닿게 하소서. 그의 분노의 이글거리는 눈초리가 소마의 황홀함 속에서 터져 나오나이다. 신을 공경하지 않는 방해꾼들이 사방을 에워싸도 그를 붙잡지 못하나이다.

나는 시심(詩心)의 영감을 받아, 타고난 능력의 그대를 향해, 숙련된 예술가가 전차를 만들듯이, 이 찬가를 부르나이다. 기쁨으로 이 노래를 들으신다면, 천상의 물과 빛을 얻게 하소서.

'힘과 체구가 점점 커져가는 강력한 목을 지닌 황소가 아무런 저항 없이 적들의 소유를 가져올 것이라.' 이것은 불멸의 존재가 아그니에게 한 말씀이나이다.

그분께서 거룩한 제단의 잔디를 펼쳐놓은 자들에게 안식처를 마련해주게 하소서. 그분께서 공물을 바치는 자들에게 안식처를 마련해주게 하소서."(『리그베다』, V.2.1~12)

아그니의 찬가는 대개 짧게는 3~4절에서 길게는 15절가량의 분량인데, 이 찬가는 12절 분량의 제법 긴 시다. 본문을 통해 이해할 수 있듯이, 아그니는 젊은 어미의 품에서 좀처럼 아버지에게 이양되지 않는다. 제의의 신화적 직유(直喩)를 고려해본다면, 제의의 불을 피울 때, 낮은 층의 땔감은 어머니이고 위층에 놓인 땔감은 아버지로 해석되기도 한다. 어머니는 아이를 그의 품에 간직하고 있으면서 상층부에 있는 아버지에게 쉽게 전달하려 하지 않는다. 인간적 혹은 신인동형론적 관점에서 볼 때, 흔하게 볼 수 있는

가족 간의 갈등을 보여준다고 할 수 있다.[3]

한 가지 다른 해석도 해볼 수 있다. 젊은 어머니는 계모로서, 아그니를 직접 낳은 어머니 왕후가 아니라고 보는 것이다. 아그니를 둘러싼 가족 간의 갈등이다. 이를 제의의 불을 피우는 관점에서 보면, 낮은 땔감의 불이 처음부터 위층의 땔감으로 쉽게 옮겨 붙지 않는 장면을 연상해볼 수도 있다.

전차를 모는 자가 그를 숨기기 전까지 아그니는 땔감인 어머니의 팔에 누워서 계속 빛을 발하고 있다. 여기서 전차를 모는 자는 우주적인 은유(隱喩)로서, 태양의 전차를 모는 자다. 태양이 나타나면 아그니의 빛은 희미해질 수밖에 없다. 그러나 밤사이 아그니의 빛은 활활 타오른다. 아그니(불)를 숨기는 전차를 모는 자는 사제로 해석되기도 한다.[4] 사제가 불을 끄기까지는 땔감인 어머니의 품에서 계속 불을 밝힐 수 있기 때문이다.

본문에서는 계모가 아닌 왕후가 아그니를 낳았다고는 하지만, 아그니가 어떻게 탄생했는지에 대해서는 직접적으로 언급하지 않는다. 단지 수많은 가을을 거치며 세월이 흐르는 동안 모태에 간직되었다가 태어났다는 기록만 있다. 영감에 찬 시인은 왕후가 아그니를 낳는 것을 보았다고 하지만, 여기서 탄생에 얽힌 구체적인 이야기는 없다. 다른 『리그베다』의 본문(III.31.2)에서도, 아그니는 두 어머니를 지니고 있는데, 하나는 공식적인 왕후로서 그를 낳은 어머니이고 또 다른 하나는 젊은 계모라고만 한다.

이를 미루어보면, 젊은 여인은 계모가 분명하며 아그니 소년을 데리고 가고자 했던 것이다. 동시에 계모는 사제로부터 아그니 불길을 숨긴 것에 대해 비난받고 있다. 본문은 정작 아이를 낳은 자는 왕후인데 계모가 소년 아그니를 데려가려 했던 것을 고발하고 있다. 제의의 불길이 타올라야 하는데, 그렇지 못하고 불길이 꺼져 간다. 왕후가 아니라 계모가 아그니를 품에 안고 내놓지 않는 데서 생기는 일이라는 것이다.

아그니의 역할

아그니는 성장하여 황금 이빨을 하고 멀리 창을 내던지는 연습을 한다. 아그니가 던지는 창은 물론 날카로운 불꽃을 말하는 것이리라. 제사를 드리며 아그니를 찬미하는 사제는 인드라를 믿고 따르지 않는 경건하지 못한 자들이 자신을 해치지 못할 것임을 자신한다. 그만큼 사제는 신실하게 공물을 바침으로써 아그니에 대한 확실한 충성과 신념을 지니고 있다는 것을 말한다.

사제는 다시 아그니의 불길이 사라져가는 모습을 가축 떼에 비유하며 노래한다. 전쟁터의 무기처럼 활활 타오르던 아그니의 불꽃이 사라지는 모습을, 들판에 모여 풀을 뜯던 가축 떼가 어둠 속으로 사라져가는 형상에 비유하고 있는 것이다. 어둠 속으로 멀리 떠나버린 불꽃 아그니, 이미 사라져버린 것을 누가 붙들 수 있겠는가? 하지만 아그니는 사라져버린 그 시점에서 다시 탄생하고 있다. 이것이 아그니 탄생의 역설적인 신비다.

아그니를 품고 있던 젊은 여인 계모(아래층 땔감)는 이제 불길 속에서 회색빛 재가 되고, 아그니는 장성하여 젊은 황소가 되었다. 그런데 그 황소가 암소들로부터 사라졌다. 누가 그 황소를 붙잡아 갔단 말인가? 불 꺼진 아그니를 상징하는 말이다.

예지가 있는 자, 곧 사제인 목동이 소들을 다시 몰고 돌아오는 날은, 불이 다시 켜져서 불꽃처럼 소떼들이 몰려올 것이라고 말한다. 아그니가 사라진 것에 대해서는 원수들이 아그니를 훔쳐서 숨긴 것으로 표현한다. 불이 없다는 것은 예배하는 자들에게 위협이 되는 것으로, 아트리의 마술적 힘으로 빼앗긴 아그니를 해방시키도록 기원한다.

아그니는 때로 화형당할 위기에 처한 자를 구해주기도 하고, 화가 났을 때는 사제를 멀리 떠나기도 한다. 그러나 영감에 찬 시인 사제는 인드라의 도움을 통해, 아그니에게 다시 다가간다. 소마를 들이킨 아그니는 분노가 불길처럼 맹렬하게 타올라 그 어떤 적들도 상대가 되지 못한다.

사제들이 말하는 적은 신들에 대해 경건한 신심이 없는 비 아리아인들이기도 하고, 라이벌 사제들이기도 하다. 시심으로 가득 찬 시인은 천상의 물과 빛을 구하기 위해, 더욱 부드럽고 감미로운 노래로 아그니를 찬미한다. 강력한 힘을 가진 황소 아그니가 적들의 소유를 빼앗아주고 참된 안식처를 제공해줄 것을 기원한다.

물의 아들, 불의 신

또 다른 『리그베다』 본문에서는 아그니의 탄생이 물과 관련이 있다고 이야기한다. 아그니는 물의 아들로 탄생되는데, 이는 마치 구름에서 번개가 치는 이치와 같다.[5] 조로아스터교의 성전 『아베스타』(*Avesta*)[6]에 나오는 깊은 물속의 정령처럼, 아그니는 물에서 탄생한다. 그리하여 아그니는 물의 아들(Apām Napāt)이 된다.

불이 물에서 탄생한다는 논리는 역설이 아닐 수 없다. 그러나 비구름 속의 번개나 뜨거운 용암을 생각해본다면, 물과 불의 융합을 이해할 수 있다. 불이 물의 아들이라는 기본 논리는 베다와 후기 힌두 우주론의 중심적인 상징이다.

물에서 초목이 자라나고 초목에서 아그니가 자라난다. 『리그베다』 제2권 제35장에서 지상의 신이자 천상의 신인 아그니의 역할을 잘 보여주고 있다.

본문에서 빠른 말을 몰고 다니는 아그니는 홍수, 혹은 물의 아들로 표현되며 사제들의 찬사를 받고 있다(제1절). 또한 아그니는 높은 신성을 지닌 아수라로 표현되면서 모든 고상한 것들을 창조하기도 한다(제2절). 젊은 여인(여신)들인 물들은 젊은 신을 둘러싸고 흐르면서 젊은 신을 더욱 빛나게 한다. 물의 아들 아그니가 물의 여인들 속에서 더욱 빛나는 것이다(제4절). 물의 여인들은 아그니의 세 어머니로 표현되는데(제5절), 땅과 하늘과 천상의 세 세계의 물을 말하는 것이다.[7]

물속에서 난 아들 아그니는 물에서 빛을 발하며 스스로 순수한 신이 된다(제8절). 지상의 불은 아그니의 가지에 불과하며, 나무나 식물에서 빛을 발한다. 한편으로 천상의 아그니의 불길은 승화되어 모든 피조물과 나무들을 재생하게 한다. 그리고 천지간의 모든 물들(젊은 여인)이 아그니를 둘러싸고 흐른다(제9절). 물과 불의 역학관계와 친족관계를 잘 보여주는 우주적 은유다.

아그니는 불꽃같은 황금의 옷을 입고 제의의 불꽃 속에 앉아 있다(제10절). 물은 또한 구름으로 상징되어 젊은 여인(열 손가락)이 지상의 불을 켬으로써, 아그니는 연기나 구름 속에서 빛을 발한다(제11절). 아그니는 여러 신들 중에서 인간과 가장 가까운 친구로 표현되며 찬미와 제사를 받는다(제12절).

아그니는 황소의 모습으로 암컷들의 태아를 만드는 아버지의 역할로 나타나기도 하며, 그가 낳은 자식들을 어미 암소처럼 핥아주기도 하고, 빨기도 한다(제13절). 이것은 아그니가 구름 속에서 물을 빨아들이는 번개의 역할을 한다는 비유이기도 하다. 아그니는 시들지 않는 황금의 빛깔로 대지에 스며들며, 꺼지지 않는 불길로 높은 곳에서 영원히 빛난다(제14절). 그리하여 사제와 시인으로부터 영원한 찬미의 제사를 받는다.

음료(술)의 신, 소마

『리그베다』의 시인 사제들은 아그니 못지않게 소마에 대하여 많은 부분에서 길고도 장황하게 다루고 있다. 소마는 제의에서 가장 중요한 음료로서 신들이 즐기는 술이기 때문이다. 술의 신 소마는 여러 측면에서 독보적인 신적 지위를 차지한다.

특히 『리그베다』 제9권은 114편이나 되는 방대한 분량의 시 전체가 오직 소마에 대한 찬가, '소마 파바마나'(Soma Pāvamāna: 정화시키는 자)로 편집되어 있다.[8] 그밖의 다른 본문에 독립적으로 6편의 노래가 수록되어 있다. 물론 『리그베다』 전편에서 인드라나 아그니 혹은 루드라와 푸산 등의 많은 중요한 신들과 소마가 동시에 언급되면서 여러 곳에서 찬미의 대상이 되기도 한다.

제의에 바쳐지는 음료 소마는 일종의 약초인 소마나무의 즙을 내어 만든다. 소마 약초도 『리그베다』에서 신으로 형상화되고 있다. 소마를 돌에 눌러 으깬 다음 모직물로 만든 조리에 거른 음료를 나무 그릇에 담아 제의에 바친다. 이러한 과정이 『리그베다』 본문에 노래로 상세히 기술되고 있다.

"새로 태어난 아이처럼 그는 나무 속에서 울부짖고 있도다. 황갈색의 튼튼한 그가 하늘의 빛을 얻으려고 열망하도다. 그는 우유(물)가 크게 불어나게 하는 하늘의 씨앗을 가지고 왔도다. 우리는 널리널리 안식처를 얻기 위해 친애하는 마음으로 그에게 기도하노라.

온 사방을 가득 에워싸고 사방으로 움직이며 훌륭하게 장식된 그는 하늘 높이 떠받치는 소마줄기 기둥(支柱)이로다. 그는 전승에 따라 위대한 하늘과 땅 사이에 제사를 올리는 자요, 하늘과 땅 그리고 모든 신선한 음식을 끌어안고 있는 현자로다.

소마의 꿀은 위대한 큰 기쁨을 얻게 하도다. 바른길을 가는 인간을 위해 아디티의 드넓은 목초지가 마련되어 있도다. 이곳에서 비를 내리는 새벽의 아들 황소, 찬미를 받기에 마땅한 물의 지배자, 그는 우리를 돕는 자로다."(『리그베다』, IV.74.1~9)

소마가 나무 속에서 태어나는 과정을 갓난아이의 울음에 비유하고 있다. 우유의 양이 불어나게 해주는 하늘의 씨앗을 지니고 탄생한다. 소마의 줄기는 하늘을 떠받드는 기둥에 비유되며, 천지의 모든 신선한 음식을 안고 있는 현자에 비유되기도 한다.

"살아 있는 구름으로부터 버터와 우유가 흘러나오도다. 제의의 한복판에서 신의 음식(神饌, Amṛta)이 탄생하누나. 좋은 예물을 가져오는 자들은 모두 그를 기쁘게 하고, 부풀어 오른 그들(구름들)은 분비액(비)을 억수같이 뿌릴 동작을 취하도다.

소마나무 줄기는 파도처럼 소리치며, 인간들을 위해 나무껍질에서 신들이 즐기는 수액을 쏟아내도다. 그는 아디티의 무릎(초원)에 우리의 자손을 번성케 하는 씨앗(빗물)을 내려놓도다.

소마가 거침없이 쏟아져 나와 1,000개의 물줄기 속으로 스며들어가서, 제3의 세계에서 자손들을 번식시키도다. 버터를 쏟아내는 네 개의 숨은 샘에는 공물인 신의 음료가 하늘로부터 내려

소마는 음료의 신이지만, 술의 신이기도 하다. 술처럼 흥분을 일으키는
음료이기 때문이다. 이 소마는 불멸의 음료인 암리타(Amrita)라고도 불린다.
왼손에는 철퇴를 들고 오른손으로는 보호를 뜻하는 자세를 취하면서,
세 개의 바퀴가 달린 열 마리의 말이 이끄는 마차를 타고 다닌다.

오도다.

승리의 쟁취를 위해 소마는 하얀색으로 장식하도다. 아량이 넓은 아수라인 소마는 전 세계를 꿰뚫어보고 있도다. 노래를 듣고 제의에 참여하기 위해 가파른 언덕 아래로 내려오도다. 그리하여 그는 가득 담긴 하늘의 물통을 쏟아부을 것이로다.

이제 그는 준마가 승리를 위해 목적지를 향하여 달려가듯이 빛나는 우유로 덧칠된 큰 컵을 향하여 갔도다. 경건한 마음을 가진 사람들이 서둘러 100년의 겨울을 보낸 카크시반(Kakṣīvān)에게 100마리의 암소를 선물했도다.

맑게 정화된 소마여, 그대가 물과 함께 섞였을 때, 그대의 즙은 양털 모직으로 걸러져서 흘러내렸도다. 이와 같이 현자(사제)들에 의해 정화된 지극한 황홀감을 가져다 주는 소마는 인드라가 마시기에 달콤해졌도다."(『리그베다』, IV.74.1~9)

나무 속에서 태양을 열망하며 어린아이와 같이 울부짖고 있는 소마의 모습은 아직도 제의의 음료가 되기 전 단계의 소마나무 그 자체를 인격화하여 형용하고 있다. 황소와 같은 힘을 지닌 소마는 하늘의 씨앗을 품고 있다. 황소에 비유되는 이유 중 하나는 소마나무가 대부분 황갈색을 띠기 때문이다.[9]

소마나무는 그 튼튼한 줄기로 인해 하늘을 떠받치는 기둥으로 묘사된다. 소마는 하늘과 땅을 연결하는 사제의 역할을 떠맡으면서 현자, 곧 시인 사제의 모습으로 표현되기도 한다. 또한 신들이 먹기 좋은 꿀로 표현되며, 새벽의 아들 황소가 되기도 하여, 물을 지배하고 관장하는 자로 숭배를 받는다. 구름에서 비가 내리듯 우유가 흐르고 제의의 한복판에 신의 음식인 소마가 등장한다.

물길 닿는 곳마다 소마의 축복이

소마의 다양한 변형은 모두 물과 관련이 깊다. 구름, 암소의 우유, 꿀, 음료, 그리고 식물의 수액이나 동물(황소)의 정액(분비물, 씨앗), 술 등이 모두 물의 이미지와 관계가 깊고, 그 물은 언제나 제의의 한복판에서[10] 신의 음료나 음식으로서 기쁨을 얻게 한다. 소마가 물과 섞이면서 다양한 은유를 제공하는 것이다. 소마나무는 하늘을 떠받치는 기둥이고, 나무에서 짜내어 정제된 즙은 우주의 배꼽으로서 중심이 되는 제의의 한복판에 올려진다.

세계를 관망하며 통찰하고 있는 술의 신 소마의 나무가 찬미의 노랫소리를 듣고, 스스로 제의의 희생물이 되기 위해 가파른 언덕 아래 제의의 장소로 간다는 묘사는 매우 해학적이다. 소마는 자손을 번성시키는 '하늘의 씨앗'으로 표현되는데 이는 만물을 생장시키는 빗물로 해석할 수 있다.

그리하여 하늘에서 내려오는 신의 음료는 하늘의 물통을 쏟아부어 물길이 닿는 곳마다 새로운 자손이 번성하는 축복을 주는 것이다. 그 은총을 받은 대표적인 인물이 100년의 겨울을 보낸 카크시반이다. 카크시반은 쌍둥이 마차꾼 아쉬빈의 도움을 받아 젊음

을 되찾은 자로 설명된다.[11]

위의 시에서 소마는 나무에서부터 마지막 즙이 흘러 나와 모직물에 걸러져서 나무 제기(祭器)의 사발에 담겨 신들의 음료로 바쳐지기까지 여러 가지 비유와 상징으로 찬미된다. 그 가운데 소마 제의를 통해 얻을 수 있는 것은 비와 다산(多産)과 부요 등이었다.

이제 소마의 기능과 위대성을 찬미한 제9권 전체의 수많은 노래 가운데 제1장에 수록된 대표적인 시 한 편을 더 감상해보자.

"오, 소마, 그대 가장 달콤하고 가장 유쾌한 물줄기, 그대의 길을 따라 순수하게 즙으로 흘러나와 인드라를 위한 음료가 되었도다. 악마를 진압한 만인의 친구, 그는 나무를 가지고 강철로 장식된 그의 보금자리에 도달하였도다.

그대는 악마 브리트라의 살육자, 최고의 축복을 주는 자요, 가장 자유로운 자이나이다. 우리에게 훌륭한 자손들을 번영시키소서. 그대의 음료는 위대한 신들의 연회에 흘러가고, 우리의 힘과 명성을 위해 이곳으로도 흘러오나이다.

오, 인두(Indu)여! 우리는 이 한 가지 목적을 가지고 날마다 그대에게 가까이 가나이다. 오직 그대에게 우리의 기도를 드리나이다."(『리그베다』, IX.1.1~10)

인드라가 소마를 즐겨 마시는 장면이 여기에도 언급되고 있다. 특히 인드라가 소마를 마심으로써 악마 브리트라를 물리치는데 큰 역할을 한다. 동시에 소마는 위대한 신들의 연회에 흘러들어가서 신과 인간을 즐겁게 하는 주요 신으로서 자리하게 된다. 계속 이어지는 본문에서 소마가 이 잔치를 위해 어떻게 준비되고 마련되는지를 잘 보여주고 있다.

> "수리아의 딸이 이 영원한 모직천으로 거품을 일으키며 나오는 그대의 소마(남편)를 정화시키도다.
> 열 명의 늘씬한 소녀들이 압축기에서 그를 붙잡고 있다가 마지막 날에는 더욱 단단히 붙잡도다.
> 처녀들은 그를 내보내주면서, 음악가들처럼 나무껍질을 (피리처럼)불며 적들을 물리치는 소마를 쏟아내도다.
> 그를 둘러싼 신성한 젖소가 신선하고 젊은 소마를, 그들의 우유와 함께 인드라가 마시도록 혼합하도다.
> 단숨에 이 음료를 마신 인드라는 황홀하게 도취되어 악마 브리트라를 전멸시켰도다. 영웅인 그가 우리에게 그의 풍성함을 내려주도다."(『리그베다』, IX.1.1~10)

소마는 식물에서 생산되는 수액이기 때문에, 달콤한 주스이기도 하고 술이 될 수도 있다.[12] 이 음료는 악마 브리트라를 무찌르는 최대의 신 인드라에게 우선 바쳐진다. 소마를 찬양하는 대부분의 시에서 소마는 인드라에게 바치는 음료로 설명된다.[13] 브리트라는 앞에서도 언급했듯 물을 가두고 있는 자로서 아리아인의 적을 상징한다. 이 물을 해방시킨 인드라에게 힘을 불어넣어주는 술로서 소마가 그 일차적 기능을 담당하고 있다.

소마는 식물로서 나무를 그 속성으로 하며 자라지만, 그의 하늘의 처소는 누구도 침범하지 못하는 '강철로 된 집'에 비유된다. 브리트라를 살육한 것은 인드라였지만 소마도 인드라에게 힘을 주는 술로서 함께했기에, '브리트라를 살육한 자'라는 칭호를 부여받고, 축복을 내리고 자손을 번영시키는 자로 칭송받는다.

소마의 특성

소마는 신들의 연회에 없어서는 안 될 제의의 기본요소인 술의 신이지만, 인간들에게 힘과 명성을 부여하는 신이기도 하다. 그런 점에서 불의 신 아그니와 함께, 술의 신 소마는 인두라는 칭호를 부여받으며, 물의 아버지가 되기도 하고 물의 아들이 되기도 한다.

인두는 '빛나는 물방울'이라는 의미를 지닌다.[14] 인류 4대 문명의 발상지 가운데 하나인 인더스(Indus) 강도 바로 이러한 명칭의 뜻을 지닌 '빛나는 물줄기'를 반영한 것이다. 소마는 다른 『리그베다』의 본문에서도 종종 인두라는 별칭으로 불리는데, 인두는 이때, 천지간에 보물과 부요함과 물을 가져다 주는 자다.[15]

소마는 돌로 으깨진 다음 흘러나오는 즙이 양털 모직의 체에 걸려서 정화된 상태로 거품을 일며 나온다. 소마는 태양신 수리아(Sūrya)의 딸 수리야(Sūryā)의 남편으로 나타난다. 이 책의 제5장에서 수리야를 아쉬빈의 아내로 언급했었다. 『리그베다』의 다른 본문에서 수리야는 소마와 결혼을 하는데,[16] 그 수리야가 위의 본문에도 등장하는 것이다. 이는 구름 속에서 번개가 나오듯이 '물과 불의 만남'으로 볼 수도 있다.

위의 본문의 표현을 자세히 보면 소마의 나무줄기에서 즙이 나올 때 아내인 수리야의 도움으로 모직물에서 걸러져 정화되게 된다. 이와 같이 소마가 정화되는 과정에서도 그의 아내 수리야를 등장시키는 시인들의 상상력이 참으로 놀랍기만 하다. 소마를 묘사하는 시인들의 상상력은 끝이 없다.

소마가 제의의 음료로 바쳐지기까지 소마는 계속 의인화 되는데, 열 명의 날씬한 소녀들이 소마즙을 붙들고 좀처럼 내보내주지 않다가 최후에는 어쩔 수 없이 피리를 불듯 날려 보낸다. 열 명의 처녀들이 누구인지 아무런 설명이 없지만 나무줄기에서 즙이 나오는 것을 염두에 둔다면, 소마를 붙들고 있는 가는 줄기들을 상징화한 것이 아닌가 싶다.

이렇게 어려운 과정을 통과하여 생산된 소마는 이제 젖소에 둘러싸인 것으로 표현되는 우유와 섞여 인드라의 음료로 제공된다. 드디어 우유에 탄 소마 음료를 거친 호흡으로 단숨에 들이마신 인드라는 황홀감에 사로잡힌 채 브리트라를 거뜬히 물리친다.

불과 물, 아그니와 소마

『리그베다』의 다른 본문에서 소마는 하늘과 산에서의 두 가지 탄생 배경을 지닌다. 소마는 거주지가 천상이라 해도 활동지는 여전히 지상이다. 천상의 배경 설화에 따르면 소마는 독수리가 소마를 지상에 가져오는 것으로, 『리그베다』 제4권에서 표현된다.[17]

독수리는 천개의 강철로 된 성에 감금되어 있었지만, 그럼에도 불구하고 독수리는 소마를 확보하고 하늘에서 도망쳐 내려온다. 이 독수리는 『리그베다』의 다른 본문에서 불의 신 아그니의 별칭이 되기도 한다.[18] 이는 마치 그리스 신화에서 하늘에서 지상으로 불을 훔쳐온 불의 신 프로메테우스와 부분적으로 비슷하다.

이를 종합해보면 소마가 천상에서 하강한다는 신화는 '강철로 된 집'으로 상징되는 구름 속에서 발생하는 번개와 관련이 있고, 땅으로 가져왔다는 것은 비를 내리는 것으로 설명될 수 있다.

아그니-소마가 동시에 짝을 이루어 찬양받고 있는 『리그베다』 제1권 제93장에 따르면, 소마와 아그니는 하늘의 번갯불 속에서 결합되고 있다. 이들은 또한 저주와 비난에서 자유로운 자로서, 강물을 속박에서 해방시키고 있다.[19] 이처럼 소마와 아그니는 물과 불이지만 단짝을 이루어 지상의 가장 중요한 제의를 수행하는 역할을 하고 있다. 그러나 하늘에서 비를 내리게 하는 결정적인 역할과 임무는 여전히 인드라의 행위임을 잊어서는 안 된다.

한편 산에서의 탄생, 곧 지상의 탄생배경 이야기는 사제에 의한 소마의 물리적인 활동을 더욱 구체적으로 설명한다. 산에서 탄생한 나무인 소마는 모든 초목의 왕으로 대접받는다. 물론 소마는 지상과 모든 인간의 왕일 뿐 아니라, 신들의 왕으로 불리기도 한다.

또한 소마의 새싹이 나서 자라는 것과 수액이 부풀고 줄어드는 것은 달이 차고 기우는 것에 비유되기도 한다. 그런가 하면 신들이 달을 갉아먹듯이 지상의 인간들이 소마 식물을 먹는다고도 한다.[20] 즙으로 정제되어 나온 소마의 선명하고 빛나는 물방울은 물에 비친 달빛에 비유된다. 이는 앞의 '인두'라는 별칭에서 본 것처럼 밝은 빛을 내는 소마의 이미지를 연상하게 한다.

이런 이유들로 인해 후기 문서인 『찬도기야 우파니샤드』에서는 소마를 달과 동일시한다.[21] 불의 신 아그니가 태양의 이미지라면 물의 신 소마는 달의 이미지로 인간과 제사에 밀접한 연관을 지니게 되는 것이다. 그럼에도 불구하고 소마의 이미지는 달보다는 여전히 술의 신, 곧 제의의 음료로서의 기능이 가장 중요하다.

소마를 맨 처음 맛보는 맷돌

직접적인 찬가 외에도, 소마즙을 만드는데 필요한 중요 도구인 맷돌에 대한 찬가도 흥미롭다. 『리그베다』 제10권에 나타난 이 맷돌 찬가는 전체 14절에 해당하는 비교적 장편 시로 되어 있다.

특히 이 맷돌이 소마를 만들어가는 과정에 대한 비유가 독특하다. 맷돌이 소마즙을 내는 과정에서 소마나무의 줄기를 빠개며 가

는 동안에 나는 소리를, 마치 소나 말이 풀을 와그작거리며 즙을 내어 먹는 소리에 비유하고 있다.[22]

제1절에 따르면, 맷돌이 먼저 소리를 내게 하고, 사제들은 나중에 소리를 지른다. 소마제의를 행하는 데 필요한 제의의 절차 과정은 모두 신성시되고 있다. 뿐만 아니라 맷돌이 내는 소리와 사제들이 부르는 인드라에 대한 찬가를 동일시하고 있다.

제2절에서는 맷돌이 소마나무를 삼키는 푸른 턱으로 100가지 1,000가지의 다양한 소리를 내며 부지런히 갈면서 임무를 완수하고 있는 모습을 형상화하고 찬양한다. 제3절에서는 소마가 맷돌에 먹힘으로써, 제의에 희생되는 먹이에 비유되고 있다. 꿀맛을 본 맷돌이 덜그럭덜그럭 춤을 추면서 인드라에게 소리치면(제4절), 독수리가 그 소리를 하늘에 전달한다. 그리고 맷돌은 홍수처럼 '소마의 씨앗(즙)'을 쏟아놓는다(제5절). 또 한 가지 더욱 흥미로운 것은 맷돌을 돌리는 열 개의 손가락이 맷돌을 견인하는 열 마리의 소나 말을 상징하며, 소나 말에게 걸린 고삐나 마구(馬具), 손잡이 등이 모두 동시에 찬양을 받고 있다는 것이다(제7절).

맷돌은 소마를 가장 먼저 맛보며, 동시에 인드라의 황갈색 준마와 키스를 하게 된다(제9절). 맷돌의 아버지는 세월이 흘러도 변함없이 굳건한 산에 비유되고, 소마가 자라면서 갈색이 되면[23] 맷돌도 덩달아 갈색이 된다(제12절). 그리고 제의의 임무를 마치는 순간에 이르면, 제의에 사용된 맷돌은 더 이상 경외의 대상이 아니고, 평상시의 자연스런 원래의 맷돌로 돌아간다(제14절).

이처럼 소마에 대한 경외감은 소마를 만들어내는 그 일체의 과정 모두를 신성시하게 만들며, 제의의 순간에는 모든 것이 거룩한 존재로 찬미를 받는다. 더구나 소마는 제의의 가장 기본적인 요소인 만큼, 아그니와 함께 사제와 시인들의 '친구'이자 신으로서 극진한 사랑과 찬미를 받게 되는 것이다.

소마의 황홀함, 그 엑스터시

이제 소마의 엑스터시(ecstasy), 그 황홀함에 대한 시 한 편을 감상해보자. 소마의 황홀함은 술의 위력이기도 하다. 그 위력은 브리트라를 물리친 인드라에게 가장 크게 나타났다.

"브리트라를 죽인 인드라로 하여금 사르야나바트(Śaryaṇāvat) 산에서 소마를 마시고, 스스로 힘을 모아 영웅적인 행위를 하게 하소서. 오, 빛나는 소마의 물방울 인두(Indu)여, 인드라를 위해 흘러가소서.

하늘 한 모퉁이의 주인이시며, 아르지카(Ārjika) 땅에서 온 너그러운 소마여, 그대 스스로를 정화하소서. 진실하고 거룩한 노래와 믿음과 열정으로 압축되어 스미어 나온. 오, 소마의 물방울이여, 인드라를 위해 흘러가소서.

태양신 수리아의 딸이 파르잔야(비의 신)가 길렀던 야생 들소를 여기에 가지고 왔나이다. 젊은 신 간다르바(천상의 비밀을 알려주는 자)²⁴가 그를 받아들였고, 소마를 놓아두었도다. 오, 소마의 물방울이여, 인드라를 위해 흘러가소서.

그대의 빛남이 거룩하듯이, 거룩한 법을 말하는 자. 그대의 행위가 진실하듯이, 진리를 말하는 자. 소마 왕이여, 제의를 행하는 사제들이 그대를 정성스럽게 제단에 초대하듯이, 그대의 말은 신실하도다. 오, 소마의 물방울이여, 인드라를 위해 흘러가소서.

위대하고 참으로 강한 자, 그의 줄기들이 함께 만나 흐르도다. 오, 황금색으로 서로 혼합되어 가득한 주스가 기도로 스스로 정화되도다. 오, 소마의 물방울이여, 인드라를 위해 흘러가소서.

오, 파바마나(Pavamana: 정화시키는 자)여, 사제가 소마를 통하여 위대해졌다고 기뻐하면서 맷돌을 붙들고 장단에 맞추어 기도를 올리는 그곳으로, 오, 소마의 물방울이여, 인드라를 위해 흘러가소서.

그곳은 하늘의 빛이 있어 영원히 꺼지지 않는 불빛이 흐르며, 시들지 않는 불멸의 세계로다. 오, 정화시키는 자여, 나를 그곳에 있게 하소서. 오, 소마의 물방울이여, 인드라를 위해 흘러가소서.

그곳은 비바스반(Vivasvan)의 아들(야마)이 왕이요, 은밀한 하늘의 성소이며, 그곳의 싱싱한 물들은 나를 죽지 않게 하도다. 오, 소마의 물방울이여, 인드라를 위해 흘러가소서.

빛으로 가득한 세계로서, 가장 높은 제3의 영역인 하늘 위의 하늘, 바라는 대로 움직일 수 있는 그곳에서 나를 불멸로 이끄소

제의에서는 가끔 신들린 신도가 황홀함에 도취되는 일이 벌어진다.
이 때 친구들은 그 신도가 쓰러지지 않도록 주위를 둘러싼다.
술의 신 소마는 신들뿐만 아니라,
인간도 황홀한 기쁨을 누리게 해주는 사제의 역할을 한다.

서. 오, 소마의 물방울이여, 인드라를 위해 흘러가소서.

열망과 갈망이 있는 그곳, 태양의 정점에서. 죽은 자들이 먹이를 얻고 기쁨을 얻는 곳, 그곳에서 나를 불멸케 하소서. 오, 소마의 물방울이여, 인드라를 위해 흘러가소서.

행복과 황홀함이 있고, 기쁨과 더함 없는 만족감이 있는 그곳, 그리고 오랜 소원이 성취되는 그곳에서 나를 불멸케 하소서. 오, 소마의 물방울이여, 인드라를 위해 흘러가소서."(『리그베다』, IX.113.1~11)

소마제의의 중심에는 여전히 인드라가 있다. 인드라가 악마 브리트라를 절멸시킬 수 있기 때문이다. 아리아인에게 가장 큰 걸림돌은 물을 움켜쥐고 있는 악마 브리트라였다. 물은 그들에게 생명이었고, 목축과 자손이 번영을 누리는 원천이었다. 브리트라를 물리치기 위해 소마는 한 방울의 위대한 빛의 물, 인두가 되어 하늘의 영웅신 인드라에게 바쳐진다. 인드라가 하늘 전체의 주인이라면, 소마는 하늘 모퉁이의 한쪽을 지키는 주인에 불과하다.

그러나 소마는 대지에 비를 내리는 물의 신답게 언제나 너그러운 존재로 불린다. 소마는 '순수한 흐름'을 바탕으로 스스로 정화하는 능력이 있어서, '정화하는 자'라는 뜻의 파바마나라는 이름으로 불리면서 찬미를 받는다. 『리그베다』의 아홉 권 전체가 '소마 파바마나'라는 별칭으로 찬미되고 있는 것이다.

한 방울의 소마액(液)이 흘러나오기까지, 소마에 대한 신뢰와 열정과 진실의 노래가 함께하고 있다. 그것은 바로 소마가 그러한 신뢰와 순수한 열정을 지니고 있다고 보기 때문이다. 대지를 비옥하게 하는 신 파르잔야와 천상의 비밀을 알려주고 신들에게 소마를 준비하는 간다르바도 소마를 돕는다.

소마의 물방울은 빛으로, 법으로, 진실로 더욱 빛난다. 그리하여 정화시키는 힘을 가진 소마는 영원히 꺼지지 않는 불빛이 흐르는 곳에서, 그리고 죽은 자들의 왕인 야마가 있는 곳에서 영생수가 되어 사람들을 불멸의 길로 인도한다. 그곳은 심지어 죽은 자들도 먹이를 얻고 기쁨을 얻으며, 바라는 바 열망이 충족되는 황홀한 행복을 누릴 수 있는 곳이다.

이처럼 술의 신 소마는 불멸의 세계에서 신들이 누리는 황홀한 기쁨을 인간도 누릴 수 있게 해주는 지상의 사제로서, 인간과 가장 가까운 친구 신 가운데 하나다.

천지자연의 신성을 노래하라

천지와 자연의 신

"하늘과 땅, 그대 위대한 한 쌍이여, 우리가 그대를 노래하노니 영원히 백성들을 다스릴 수 있는 위대한 명성과 높은 주권을 우리에게 허락하소서. 사람들의 칭송을 받을 만한 힘을 우리에게 주소서."

『리그베다』

천지의 신, 디야우스프리티비

『리그베다』에서 천지(天地)의 신은 각각 하늘의 신과 땅의 신으로 숭배를 받기도 하지만, 짝을 이루어 하나의 명사처럼 '천지의 신'(Dyāvāpṛthivī)으로 숭배받기도 한다.[1] 하늘의 신 디야우스(Dyaus)나, 땅의 신 프리티비(Pṛthivī)는 각각 아버지(pitarā)와 어머니(mātarā)의 형태로 숭배를 받는데,[2] 둘이 하나로 합쳐진 자웅동체(雌雄同體)의 디야우스프리티비(천지)라는 이름의 신으로도 『리그베다』여섯 곳에서 독립적으로 찬미되고 있다.

하늘의 신 디야우스는 원래 인도 유럽 신화에서 중요한 역할을 했다. 그리스 신화에서는 제우스(Zeus)라는 이름으로 강력한 하늘의 신으로서 위상을 지니지만, 베다 신화에서는 그 권리와 지위가 인드라에게 이양되면서 점차 주요 신의 자리를 잃어간다.

천지 한 쌍의 디야우스프리티비를 찬미하는 『리그베다』의 시편을 살펴보면, 우주창조와 진화뿐만 아니라 지상에 살고 있는 인간과 유한한 존재들의 안전을 도와주는 부모와 같은 역할을 함을 알게 된다. 물론 디야우스와 프리티비는 인간에게 음식과 영양을 제공하는 자로서 숭배를 받는다.

"만물에게 좋은 것을 베푸는 거룩하고 현명하신 하늘과 땅, 이 두 분은 세계의 질서를 관장하며, 하늘 공간의 시인(태양)을 품고 계시도다. 장엄한 두 그릇인 이들 두 여신 사이에 거대한 출생을 가능하게 하는 찬란한 태양신이 자연의 법을 따라 여행하고 있도다.

광대하고 강하여 지칠 줄 모르는 아버지와 어머니가 우주를 안전하게 보호하고 계시도다. 한 쌍의 하늘과 땅(두 딸들)은 아버지가 그들에게 좋은 색상의 옷을 입혀주었기 때문에 활발하고도 아름답도다.

이 양친(천지)의 아들(태양)은 그의 놀라운 힘으로 세상을 정화하고 거룩하게 하도다. 얼룩 젖소와 좋은 종자(種子)를 가진 황소로부터 매일 그의 씨앗인 우유를 짜도다.

재능을 가진 신들 가운데서도 가장 솜씨가 좋은 그[3]는 만물에게 풍요로움을 선사하는 두 세계를 만들었도다. 위대한 지혜를 가진 그가 두 영역을 측량하고 결코 부패하지 않는 기둥으로 건설하였도다.

하늘과 땅, 그대 위대한 한 쌍이여, 우리가 그대를 노래하노니 영원히 백성들을 다스릴 수 있는 위대한 명성과 높은 주권을 우리에게 허락하소서. 사람들의 칭송을 받을만한 힘을 우리에게 주소서."(『리그베다』, I.160.1~5)

하늘과 땅, 곧 천지는 만물에게 늘 좋은 것을 베푸는 거룩한 존재로 숭앙받으며, 그 사이에 아들 태양을 품고 있다. 베다의 다른 곳에서 하늘이 아버지로 표현되는 것에 대해, 이곳 제1절에서는 천지가 두 개의 그릇이자 두 여신으로 묘사된다. 바로 다음의 제2

힌두사원 가운데 시바 사원의 지성소 내부에는 남신을 상징하는
링가와 여신을 상징하는 요니가 결합된 형태로 모셔져 있다.
천지와 우주가 이처럼 남녀 한 쌍의 결합으로 이루어져
온갖 신성한 생물을 가꾸어낸다.

절에서는 신들의 장인 트바스트리로 예상되는 아버지가 두 딸에게 예쁜 옷을 입혀주는 것으로 표현된다.[4] 하늘과 땅의 아름다움이 바로 트바스트리의 작품이라는 셈이다.

제3절에 가서는 다시 천지가 태양의 양친이 된다. 이같이 제2절과 제3절에서 천지가 모두 여신으로 표현되다가 다시 남녀 양성의 부부로 표현되는 모순은 각각 독립적으로 전승되어오던 제2절과 제3절이 비평적 과정 없이 한데 엮였을 가능성이 높다고 볼 수 있다. 『리그베다』에서는 흔히 볼 수 있는 모순이다. 어쨌든 이들의 아들 태양은 스스로의 거대한 힘, 곧 세상을 밝히는 힘으로 천지를 정화시키며 거룩하게 보존한다.

동시에 태양은 암소의 젖과 황소의 씨앗(종자)을 통해 우유를 얻어내는 목동이 되기도 하는데, 암소가 땅을 상징한다면, 황소는 하늘을 상징한다. 그리하여 태양은 하늘과 땅에서 우유를 짜는 자가 된다. 만물을 밝히는 태양, 그 위와 아래로 하늘과 땅이 그를 감싸고 있다. 이제 시인들은 이 디야우스프리티비를 향하여 백성을 다스릴 수 있는 명성과 주권을 부여해달라고 기원한다.

어둠의 심연에서 우리를 보호하도다

하늘과 땅이 짝을 이루어 찬미를 받는 또 하나의 시편이 『리그베다』 제1권에 수록되어 있다. 이곳에 따르면, 천지는 어둠의 심연이라는 위험한 괴물에서 인간을 구해주는 신으로 표현된다.

"하늘과 땅 이들 둘 중에 누가 먼저이며, 누가 나중이던가? 이들은 어떻게 탄생했던가? 오, 현자들이여, 누가 이것을 참으로 알 수 있을까? 그들 스스로 모든 만물을 품고 있도다. 두 개의 바퀴처럼 낮과 밤이 맞물려 돌아가도다.

이들 둘은 움직이지도 않고 발도 없는데, 부모의 무릎에 천연스럽게 앉아 있는 아이처럼 움직이며 발을 가진 거대한 태아(胎兒, garbha)5를 품고 있도다. 하늘과 땅은 가공할 심연(위험)에서 우리를 보호하도다.

나는 아디티의 관대한 은총을 구하노니, 악을 추방하고 적을 내쫓고 폭력적인 죽음으로부터 우리를 구해주는 놀라운 은총을 구하노라. 하늘과 땅은 가공할 심연에서 우리를 보호하도다.

우리는 신들의 어버이인 두 세계를 기쁘게 하고자 하나니, 신들 가운데서 이들 두 신은 밤낮으로 교대하며 우리를 고통에서 해방시키고 무기력한 자를 돕도다. 하늘과 땅은 가공할 심연에서 우리를 보호하도다."(『리그베다』, I.185.1~4)

위의 시를 분석해보면, 하늘과 땅 중에 누가 먼저랄 것이 없이 서로가 맞물려 돌아가면서 모든 세계 만물을 포용하고 있는 것으로 이해할 수 있다. 그 어느 현자도 처음을 알 수 없다. 하지만 분명한 것은 부모가 아이를 무릎에 앉히듯이, 천지가 태양을 안고 있고, 두 세계는 태양을 통하여 밤낮으로 만물을 조명하며 가공할만한 두려움과 위험의 심연에서 해방을 가져다 준다는 것이다.

이때의 '심연'(abyss)은 산스크리트어로 '아브흐밤'(abhvam)으로 '어둠, 무형(無形), 거대하고 무시무시한 심연, 밤, 지하세계' 등을 의미하는데, 여기 본문에서는 빛의 세계와 대조되는 어둠의 세계를 뜻한다.[6] 디야우스프리티비는 아들인 태양을 통하여 만물을 비추고 낮과 밤의 세계를 주관한다.

『리그베다』의 또 다른 본문에 따르면, 천지의 신은 밤낮을 주관하며 어둠의 세력을 물리칠 뿐 아니라, 넓고 광활한 천지가 꿀과 버터로 가득하게 하여 모든 피조물의 아름다운 주인이 되고, 천상의 신 바루나의 법칙에 따라 지탱된다. 그리하여 영원히 늙지 않는 수많은 태아를 품고 재생을 거듭한다. 천지가 품고 있는 이 태아에는 인간의 원형적 조상으로 여겨지는 마누도 포함되고 있다.[7]

땅의 여신, 프리티비

천지가 이처럼 디야우스프리티비라는 한 쌍으로 숭배를 받기도 하지만, 그 가운데서 땅만이 독립적으로 찬양을 받는 시편도 있다. 이른바 땅의 신, 프리티비에 대한 찬가다. 이는 그리스의 지모신(地母神) 가이아(Gaia)에 비교될 수도 있다.

대지를 어머니 여신으로 섬기는 것은 만물을 음양(陰陽)으로 파악하는 주역(周易)의 중국사상에서도 찾아볼 수 있다. 『리그베다』에서 땅의 신 프리티비가 독립적으로 찬양을 받는 것은 아주 극히 제한적이다.[8] 주로 하늘의 신인 디야우스와 짝을 이루어 찬미를 받는 것이 대부분이다.

『리그베다』에서는 제5권 제84장에서 아주 짧게 3절의 노래가 불리고 있다. 이 짧은 노래를 한번 감상해보자.

> "오, 프리티비, 언덕을 나누는 연장을 지닌 진리의 그대여! 땅을 활기 있게 하는 풍부한 급류를 지닌 전능자여. 오, 자유로운 방랑자여, 밝은 낯빛으로 그대에게 소리 높여 찬미하나이다. 부풀어 오르는 구름같이, 우는 말처럼 달리는 오, 빛나는 색조의 말달리는 자여. 위대한 힘으로 강한 나무들을 땅 위에 붙들며, 구름으로 번개를 일으켜 하늘에서 비의 홍수를 내리는 그대를 찬미하나이다."(『리그베다』, V.84.1~3)

땅의 여신 프리티비는 지상의 언덕과 산을 구분하는 도구를 지닌 자로 존경을 받는다. 땅에 흐르는 물을 통해 대지를 적시며 온갖 생명에 활기를 불어넣어주고, 동시에 온 세계를 자유롭게 활보하는 자유로운 방랑자로 묘사된다. 대지의 광활하고 자유로운 모습을 부풀어 오르는 구름과 힝힝거리며 힘차게 달리는 말을 탄 것에 비유하고 있다.

프리티비는 나무를 붙들고 구름으로 번개를 일으켜 비를 내리게 하는 힘도 지니고 있다. 이처럼 프리티비는 산과 강을 지니고 온갖 숲을 지탱하게 하는 힘의 여신으로서, 이러한 권능도 하늘의 신 디야우스와 함께할 때 더욱 빛나고 커진다.

또한 프리티비는 앞에서 본 죽음의 신 야마와 망자의 넋을 기리는 찬미의 노래에서처럼, 죽은 자를 포근히 안아주는 친절한 어머니 여신이기도 하다. 땅이라는 뜻의 '브후미'(Bhūmi) 또한 힌두인의 가정에서 제의를 드릴 때 종종 언급되는 대지 신의 명칭이다.

이제 『아타르바베다』에 나타난 땅의 여신 프리티비에 대한 찬가의 일부를 감상해보자.

"진리, 위대함, 우주적 질서(rita), 힘, 정화, 창조적 열정(tapas), 영적 고양(brahma), 제의, 이 모든 것이 땅을 지원하고 있도다. 전에도 있었고 앞으로도 있게 될 이 땅, 곧 땅의 여신이 우리에게 광대한 영역을 허락하리로다.

높이와 경사면, 그리고 거대한 평원을 가지고, 다양한 효력을 지닌 식물들을 도와주는 땅은 인간들에게서 보게 되는 억압에서 자유롭도다. 우리를 위해 펼쳐져 있으니 우리의 도움이로다.

땅 위에는 바다와 강들과 물들이 있고, 음식과 인간의 종족이 생겨나며, 살아 움직이게 하는 이 호흡이 우리를 먼저 마실 수 있게 하리로다.

사방 공간이 있고, 음식과 인간 종족이 생겨나리라. 땅은 살아 움직이게 하는 다양한 호흡을 가능하게 해주고, 가축과 다른 필요한 소유들도 허락할 것이로다.

오래전 처음 인간들이 그들의 세계를 펼치고, 신들이 아수라를 정복했던 땅의 여신은 우리에게 온갖 종류의 가축과 말들과 가금류와 좋은 행운과 영광을 가져다 주시리라.

만물을 지원하고 부요를 가져다 주며, 모든 살아 있는 것들의 기초와 황금 젖가슴의 안식처를 제공해 주는 땅의 여신은 아그니 바이시바나라(Agni Vaisvānara: 불)를 지원하고, 황소 인드라와 짝을 이루어 우리에게 번영을 가져다 주시리라."(『아타르바베다』, XII.1.1~6)

땅의 여신 프리티비를 둘러싼 모든 우주적 질서와 진리의 힘이 땅을 지탱하고 지원하고 있다는 노래다. 광활한 평원과 여러 산맥으로 이루어진 산은 다양한 식물들이 자라게 할 뿐만 아니라, 인간들이 터전을 마련하고 살아갈 수 있도록 돕는다.

흥미로운 것은, 『리그베다』에서 아수라가 하늘의 힘 있는 신으로 평가를 받았지만, 벌써 후기 문서에 속하는 『아타르바베다』에 이르러서는 아수라의 위상이 다른 신에게 정복당하는 위치로 전락한다. 땅의 여신마저 아수라가 설 자리를 내어주지 않는다. 신들의 권력이동과 선악구별의 기준이 후대에 갈수록 점차 달라지고 있기 때문이다. 불교 시대에 와서 아수라가 악마적 요소로 변형되는 것도 이 시기를 거치면서다.

지모신 프리티비는 모든 생물의 기초가 되고 어머니의 젖가슴 같은 풍요로운 땅이다. 불의 신 아그니와 함께, 그리고 대기의 최고신 인드라와 짝을 이루며 프리티비는 사제와 시인들의 영감 어린 찬양을 받고 있다.

장인(匠人)의 신, 리부스

『리그베다』 본문에는 리부스(R̥bhus)[9]의 이름이 100여 곳이 넘게 불리는데, 그중 11편의 찬가에서 독립적으로 등장한다. 이들은 3인조 그룹으로 활동하는데, 이들은 개별적으로 가끔 리부(R̥bhu)[10]라고도 불린다. 혹은 리부크샨(R̥bhukṣan: 리부스의 우두머리), 비브반(Vibhvan: 탁월한 예술가)[11], 바자(Vāja: 열정적인 자)[12]로 호칭되기도 한다.

다른 위대한 신들에 비해서는 하급신이라서 인기도나 영향력이 큰 것은 아니지만, 인드라와 긴밀한 관련이 있다. 물론 산, 강과 같은 자연의 신들이나 아디티야, 사비트리 같은 태양신들과도 연관되어 설명되거나 찬미를 받고 있다. 『아타르바베다』에도 7편이 실려 있지만 그 특징은 구체적으로 언급하고 있지 않다.[13]

리부스의 성격을 특징짓기는 어렵지만 인드라를 돕는 신의 역할을 한다는 것만은 분명하다. 특히 신들을 장식하는 목수로서 장인(匠人) 역할을 하고 있다. 리부스는 그들이 지닌 특별한 기술로 불멸성을 얻은 것이지,[14] 처음부터 신이 아니었다.[15] 예컨대 인드라와 다른 신들의 마차를 만드는 것은 물론, 다산과 축복의 상징인 암소를 만든다든가, 목초지를 만들고 수로를 만드는 역할도 리부스의 몫이었다.

리부스가 자랑하는 훌륭한 기술의 특징은 다섯 가지로 설명된다.[16] 첫째, 아쉬빈을 위해 말도 없고 고삐도 없이 세 개의 바퀴로 공간을 여행하는 수레를 만드는 일. 둘째, 인드라를 위해 두 마리 적갈색 군마를 장식하는 일. 셋째, 브리하스파티[17]를 위한 신비의 암소를 제작하는 일.[18] 넷째, 그들의 늙어가는 부모인 천지(天地)를 회춘시키는 일.[19] 다섯째, 트바스트리[20]가 만든 신들의 컵 한 개를 흔들어 네 개로 만드는 일이다.[21]

리부스 형제의 막내는 트바스트리가 만든 한 개의 컵을 네 개로 만들 것을 제안했고, 트바스트리도 이에 동의한다. 그런데 다른 『리그베다』의 본문에서는 그 일로 인해 리부스 형제를 죽이려고 했던 내용이 나오기도 한다.[22] 이것은 리부스가 예술 장인의 선조(先祖)인 트바스트리와 경쟁적인 관계에 있음을 보여주는 것이다.

이렇게 훌륭한 기술을 가진 리부스는 아그니에게 전해받은 신들의 명령에 따라 필요한 도구를 만들어내고 그 대가로 불멸성을 획득한다.[23] 리부스와 관련된 찬가가 『리그베다』의 제4권 제33~37장에 집중적으로 수록되어 있다.

"우리의 제의에 오소서, 리부(Ṛbhu), 비브반(Vibhvan: 탁월한 예술가), 바자(Vāja: 열정적인 자) 그리고 부의 선물을 가지고 있는 인드라여. 오늘이 디사나(Dhiṣaṇā) 여신이 그대들을 위하여 술을 따르는 날이기 때문입니다. 즐거운 음료가 그대들을 위해 도착하였나이다.

리부스여, 그대의 출생과 부요를 알고 있나니, 리투(Ṛtus)와 함께 기뻐하소서. 즐거운 음료가 도착하였으니, 영웅들과 함께

부요를 우리에게 내려주소서."(『리그베다』, IV.34.1~3)

여기서 제의에 초대된 리부는 리부스(3형제들)와 달리 독립적으로 불리는데, 비브반이나 바자와 함께 3인조 형제그룹의 별칭으로 찬미되고 있다.[24] 이것은 리부스가 각자의 이름만큼이나 개성 있는 재능을 지녔음을 구체적으로 설명하고자 한 것이기 때문이다.

찬가에는 리부와 리부스 모두가 동시에 언급되고 있는데, 이들 3인조 그룹 가운데 리부와 비브반은 이 그룹의 수장 격이다. 이들은 모두 제의에 초대되어 디사나 여신이 주는 소마주를 마시며 제사를 행하는 자들에게 부요를 내려주도록 탄원을 받는다. 물론 이들은 부의 선물을 가져다 줄 인드라와 함께 초대된다. 경우에 따라서 이들은 마루트[25]나 아디티야, 사비트리, 산과 강의 신들과 함께 언급되며 제의에 초대를 받는다.[26]

리부스는 인드라의 마차를 만드는 장인이지만 인드라의 아들들로 등장하기도 한다. 동시에 그 힘과 부요로 인드라와 같은 역할도 하기 때문에[27] 새로운 인드라라는 인상을 받게 되기도 한다.[28] 리부스는 다른 신들과 같이 부요를 내려주고 적들을 쳐부수는 힘을 제공한다.

살찐 군마가 이끄는 수레를 몰고 다니는 이들은 태양의 용모를 하고, 천상의 사비트리 혹은 아고야(Agohya: '감추어질 수 없는' 태양)의 집에서 환대를 받으며 12일간 잠을 잔다. 이곳에 머무르는 동안 산지에 비옥한 초목을 만들고 계곡에 물이 흐르게 하여 강물을 만들며, 황무지에 식물을 키우고 저지대에 습지가 형성되게 하는 등[29] 놀라운 솜씨를 발휘함으로써 결국 신의 자리를 차지하게 되는 것이다. 그리하여 아그니도 그들의 형제로 불리기도 한다.[30]

위의 본문에서는 리투도 동시에 초대되고 있는데, 그 어근을 살펴보면 '계절'의 의미를 지닌다. 따라서 계절과 관련이 있는 신으로 볼 수 있다.[31]

인도신화학자들의 주장에 따르면, 3형제 리부스는 봄, 여름, 가을의 3계절을 상징하고, 트바스트리의 컵 한 개를 리부스가 4개로 만든 것은 4개월의 달수를 뜻한다고 추측한다.[32] 그렇다면 3계절로 구분되어 4개월씩 운행되는 1년의 주기를 생각해볼 수 있다.

리부스가 여행을 12일간 한 것도 인도의 축제인 '12일간의 축제'(Dvādashāha)와 관련지어 생각하기도 한다. 실제로 리부스와 관련된 모든 축제와 노래에서 '드바다사'의 의례가 중시되고 있고, 이 찬양의 시 끝부분에 계절과 관련된 '리투' 신이 초대되는 것도 우연은 아닐 것이다. 한편 힐레브란트의 추측대로 자연적 인간으로 출발한 리부스 형제들은 원래 마차를 만드는 장인 집안의 사람이었을 수도 있다.[33]

아무튼 그 기술의 우수성으로 인해 리부스 형제들은 신들의 제의에서 때로는 인드라의 아들로, 때로는 천지의 아들로 존경받으며 소마를 즐기는 불멸의 신이 되었다. 인간이 신이 되는 또 하나의 길을 보게 되는 것이다.

간다르바와 그의 아내 압사라

『리그베다』에서 간다르바(Gandharva)라는 단어는 총 20번가량 나타나는데,[34] 창공에 똑바로 서서 하늘 공간을 측량하는 하늘의 영적 존재로 묘사된다. 종종 태양과 관련하여 태양-새, 태양-군마로 묘사되기도 한다. 간다르바는 창공에서 신들을 위해 소마를 지키는 자로서 소마와도 관련이 깊다. 실제로 간다르바의 어근을 이루고 있는 '간드하'(gandha)의 뜻이 '향기'인 것을 생각해보면, 지상의 향기로운 식물 소마와 어원적으로도 밀접한 연관이 있다고 하지 않을 수 없다.[35]

후기 문서에 속하는 『타이티리아 아라냐카』 또는 『리그베다』 제4권에 등장하는 궁사(弓射) 크리사누(Kṛśānu)도 간다르바로 표현되는데, 소마를 훔친 독수리를 저격하는 것으로 나온다.[36] 이처럼 소마 때문에 간다르바는 소마를 즐겨 들이키는 인드라에 적대적인 존재로 나타나기도 한다. 또한 간다르바는 죽음의 신 야마와 그의 여동생 야미(Yamī)의 아버지로 나타난다. 나중에 살펴보겠지만 야마와 야미는 근친상간 루머와 관련이 깊다.

간다르바의 아내는 압사라(Apsaras)로서, 일종의 물의 요정이다. 압사라는 『리그베다』에서 다섯 번밖에 언급되지 않는 만큼, 구체적으로 묘사되지는 않는다. 그러나 높은 하늘에서 그녀의 사랑하는 남편인 간다르바에게 미소를 보내는 장면,[37] 바다에 사는 압사라가 즙과 섞여서 소마의 마음속으로 흘러들어가는 장면 등에

등장한다.[38]

압사바는 『리그베다』의 편집자 가운데 한 사람으로 여겨지는 전설적 사제로서 신적 권위를 부여받는 신비로운 사제 바시스타(Vasiṣṭha)를 낳은 자[39]로 소개되기도 한다. 특히 간다르바가 물과 관련되어 설명되는 것은 그의 아내가 물의 요정이라는 점도 관계가 깊고, 후기문서인 「브라흐마나」의 본문에는 수영을 하고 있는 물의 요정들 사이에 앉아서 여성들의 사랑을 받고 있는 것으로 묘사되기도 한다.[40]

이같이 간다르바는 여성들을 좋아하고 많은 여성들의 사랑을 동시에 받고 있는 것으로 나타난다. 간다르바와 압사라는 젊고 아름답기 때문에 베다의 사제들은 제의를 행할 때에 종종 이들을 초대하며,[41] 특히 자손을 번식시키는 축복을 준다고 믿기 때문에 더욱 인기가 있다.[42] 이러한 이유로 불교문헌에는 윤회의 과정에서 여성이 임신할 때 간다르바(乾闥婆)가 자궁에 들어가는 것으로 표현하기도 한다.[43]

천상의 비밀을 알려 주는 자, 간다르바

간다르바는 '모든 좋은 것을 가진 자'라는 뜻을 지닌 비슈바바수(Vishāvasu)라는 별칭이 있으며,[44] 향기 나는 의복을 걸치고, 바람에 날리는 긴 머리를 하고 있다.[45]

간다르바의 거주지는 보통 하늘이라고 칭하지만 『브리하드아라냐카 우파니샤드』에 따르면, 대기와 태양 사이에 거주하는 것으로 나타난다.[46] 『리그베다』에서도 간다르바는 대기와 천상의 중간 영역에 거주하면서 공간을 측량하는 자로 설명된다. 그리하여 간다르바는 달의 궤도와 연관되어 아그니, 태양, 달, 그리고 바람 등과 늘 밀접한 관계를 지니며 나타난다.

간다르바는 하늘 공간을 측량하고 천상의 신들이 지닌 지식과 진리를 인간들에게 계시하여 전달해준다. 그리하여 인간들이 참과 거짓을 알고, 신들을 찬양할 수 있도록 영감을 불어넣어주는 역할을 하기도 한다.[47] 뿐만 아니라 간다르바는 음악적 재능이 뛰어나 신들을 위한 천상의 가수 역할을 하기도 하지만, 후대에 갈수록 악역을 맡는 존재로 전락한다.

예컨대 『아타르바베다』에서는 원숭이나 개 또는 털 많은 아이 등의 모습으로 여성들을 괴롭힌다.[48] 이 때문에 간다르바는 힌두교에서 절반은 동물의 모습으로 형상되고 있다. 본래는 천상에서 태어나 태양빛의 화신으로서 태양과 대기 사이를 거닐면서 신들의 지식을 인간에게 전해주는 전령사이자 신들에게 소마주를 제공해주는 역할을 했지만, 후기에 가서는 반신(半神)의 모습으로 신들의 연회에서 음악을 담당하는 가수 역을 했던 것이다. 이러한 모습은 불교에도 영향을 미치게 된다.

기타 정령들: 식물, 들과 산, 강, 그리고 동물

나무나 식물에 대한 찬가가 베다에서 그리 흔한 것은 아니지만 약초와 같은 일부 식물을 공경하는 별도의 찬가가 있다. 『리그베다』의 제10권에서는 인간의 질병을 치유하는 힘을 지닌 약초를 신성시하여 길게 찬미한다. 이러한 약초의 능력이 『아타르바베다』에서는 더욱 두드러지게 나타나서, 치유를 위한 주문이라든가 모든 종류의 악마를 쫓아내는 데 약초의 신성한 힘을 빌리고 있다. 약초의 신성한 힘은 급기야 인간들에게 말과 양, 의복을 제공해주고, 환자들의 생명을 구해주는 자로 숭배를 받는다.

『리그베다』에서 소마는 이미 식물의 왕으로 불리게 된다.[49] 『아타르바베다』에서는 식물이 지모신에게서 탄생한 여신이라고 시적으로 표현하고 있다.[50] 그러면 『리그베다』에서 약초가 어떻게 찬미되고 있는지 대표적인 시 한 편을 감상해보자.

[약초에 대한 찬가]

"아득히 오래전, 신들보다 3년 더 먼저 솟아난 약초여, 그대들 중에 갈색의 빛깔을 지닌 자여, 나는 100가지와 그 7배의 효험을 선언하노라.

오, 어머니들이여, 그대들은 100개뿐만 아니라, 1,000개의 집에서 자라났도다. 그대들은 1,000개의 효험을 가지고 이 나의 환자를 질병에서 구하였도다.

기뻐하고 즐거워하라. 꽃이 피고 열매를 맺는 식물을, 경주에서 승리하는 암말처럼 우리를 성공으로 이끄는 식물을.

식물이여, 나는 그대들을 어머니들이라고, 여신들이라고 부르겠소. 내가 군마와 암소와 의복을 얻을 것이며, 오, 사람이여, 그대는 바로 자신의 영혼을 회복할 것이오.

거룩한 무화과나무는 그대의 가정이요, 파르나(Parna) 나무는 그대의 저택이라오. 그대가 나를 위해 이 사람(환자)을 회복시켜준다면 그대는 가축을 얻을 것이오.

사람들 가운데서 왕처럼 가까운 곳에 약초의 창고를 가진 사람은 현자의 이름을 가진 의사요, 악마의 퇴치자이며, 질병을 쫓아내는 자로다.

약초는 소마에 가득하고, 말들 속에, 자양분 속에, 강력한 힘 속에 가득하도다. 이 모든 것을 내가 여기서 준비하였나니, 이 사람이 다시 온전해질 것이로다.

외양간에서 소들이 쏟아져 나오듯 식물의 치료하는 기운이 흘러나오도다. 식물이 부의 창고로 나에게 가득 채워줄 것이며, 오, 사람이여, 그대 생명의 호흡을 되찾아주리라.

고통을 해방시키는 자가 그대 어머니의 이름이로다. 그리하여 그대는 회복시키는 자라고 부를 것이로다. 그대들은 날개를 가지고 날아가는 강물이며, 어떤 질병으로부터도 지켜주는 자로다."(『리그베다』, X.97.1~9)

위의 시를 보면 약초들은 신들보다 3년이나 먼저 태어난 것으로 찬미된다. 3년이 무엇을 의미하는지는 구체적으로 밝혀져 있지는 않지만, 3이라는 숫자의 상징적 의미로 볼 때 세대 간의 큰 차이가 있음을 뜻하는 것은 분명하다. 기원신화에서 볼 때 치유의 신비한 자연적 힘을 지닌 약초가 환자들에게는 그 어떤 신들의 존재보다 우선적일 수밖에 없는 것이다.

약초는 환자를 되살린다는 뜻에서 어머니로 불리고, 이들 약초가 자라는 장소는 100개 1,000개가 넘는다. 이 숫자 또한 많다는 것의 상징적 의미다. 예컨대 온 천하가 식물이 자라는 곳이라는 뜻이다. 환자를 치유하는 의학이 발달하지 않았던 고대에는 오로지 신비한 약초의 힘을 빌릴 수밖에 없었고, 그 힘은 특히 꽃피고 열매 맺는 약초들에게서 얻을 수 있었다. 이들 약초를 통하여 삶의 승리를 얻게 되고 말과 가축과 의복을 얻음은 물론 죽어가는 환자의 영혼도 다시 찾을 수 있다는 노래다.

여러 식물 중에서도 무화과나무는 거룩히 숭배받았고, 거대한 파르나 나무는 저택으로 비유된다. 왕처럼 약초창고를 많이 가진 사람일수록 현명한 의사요, 악마와 질병을 퇴치하는 의사가 된다. 약초 중에 가장 강한 약초는 소마로서, 인간과 말과 모든 동식물 속에 가득하여 건강을 회복하고 부를 얻게 된다. 그리하여 약초는 환자들뿐만 아니라 치유를 기원하며 제사를 지내는 모든 이들에게 어머니와 여신으로 불리며 칭송을 받는다.

들과 산에 대한 찬가

『리그베다』에서는 들판도 신성화 되어 독립적인 찬미를 받는다. '들판의 주' 크세트라스야 파티(Kṣetrasya Pati)는 가축과 말에게 천지에 가득한 식물과 물로 향기로운 음식을 제공해준다.

> "들판의 주를 통하여 우리는 소와 말을 살찌우는 친구 같은 들판을 얻도다. 그처럼 들판은 우리에게 좋은 것을 베풀어주도다. 암소가 젖을 만들어 우리에게 거저 쏟아주듯이, 들판의 주도 굽이치는 벌판에 향기로운 양식을 내어놓도다. 버터처럼 잘 정제되고 순화된 음식을 거룩한 법(法)의 주가 은혜롭게 내어놓도다."(『리그베다』, IV.57.1~2)

'들판의 신' 크세트라스야 파티는 인간들에게 친구처럼 다가와서, 수많은 초목으로 온갖 달콤하고 향기로운 영양분을 제공해주고 '거룩한 법의 주'가 되어 자연신의 위상이 더한층 강화된다. 들판의 주는 다른 『리그베다』 본문에서 사비트리, 새벽의 신 우샤와 파르잔야와 같은 태양신들과 함께 칭송을 받으며 부요와 번영을 내려줄 것을 부탁받고 있다.[51]

그런가 하면 '들판을 경작하는 주'인 우르바라파티(Urvarāpati)는 경작할 때와 타작마당에서의 제사 때에 숭배를 받는다.[52] 들판의 주나 경작의 주는 모두 인간의 감정이나 정서를 인격화한 것이

인도에서 보리수나무는 흔히 볼 수 있는 나무로,
가정에서나 거리 혹은 정원 등에서 각종 신들에게 제사를 지내기 위한
신성한 나무로 여겨진다.
신도들은 나무 아래에 각자 원하는 신상을 차려두고
인간의 행복을 기원하며 존경과 숭배를 드린다.

아니라, 자연의 활동을 신격화한 것이다.

들판 외에 산에 대한 찬가도 상당수 있다. 산신(山神) 파르바타(Parvata)는 『리그베다』에서 독립적으로 찬미되는 곳은 한 곳도 없고 오직 다른 신들이 거명되는 자리에서 함께 칭송을 받을 뿐이다. 『리그베다』 본문 곳곳에서 약 20회 정도 언급되는데 그중 혼자 등장하는 것은 4회 정도다.[53]

물론 산신은 일반 가정의 제사에서는 언급되지 않는다. 산신 파르바타는 산에 안전하게 머물며 제의의 공물을 즐긴다. 어떤 때는 인드라와 짝을 이루어 '인드라-파르바타'라는 복합어로 인드라의 동료가 되어 제사에 나타나기도 한다. 이와 같이 파르바타는 산신령으로서 제의에 함께 참여하여 제사를 올리는 자들을 축복해주는 정령이 된다. 이런 전통은 한국의 무속신앙에서도 여전히 발견할 수 있는 모습이다.

동물에 대한 찬가

베다에서 동물은 다른 신들에 비하면 극히 제한적으로 숭배받는다. 그것도 동물에 대한 직접적인 숭배라기보다는, 여러 신들이 동물의 몸을 입고 나타나는 상징적인 비유의 형태다. 그러나 점차 후기로 갈수록 동물에 대한 숭배가 보다 직접적으로 나타난다. 베다에서 위대한 신들은 대개 의인화된(anthropomorphic) 형태로 숭배를 받는데, 한 차원 낮은 신들은 동물의 형태를 지닌 반신(半

神) 또는 초자연적 신으로 등장한다.

동물은 의례에서 더욱 신성화된다. 동물 가운데서는 무엇보다 말과 소가 가장 많이 등장하여 칭송을 받고, 염소, 멧돼지, 원숭이, 거북이가 비슈누의 화신이 된다. 뱀 또한 숭배의 대상이 되는데, 이는 위험에서 벗어나게 해달라는 뜻에서 달래는 차원의 숭배다. 이밖에도 독수리와 같은 새가 인드라나 태양에 비유되면서 신적 존재로 찬미를 받는다.

동물 가운데서 다디크라(Dadhikrā) 또는 다디크라반(Dadhikrāvan)이라고 하는 말(馬)은 『리그베다』에서 가장 유명한 말인데, 네 번에 걸쳐서 독립적으로 찬미를 받는다.[54] 여러 가지의 말 가운데서 다디크라는 그 빠르기로 인해 독수리와 동일시되면서 칭송받고 있다.[55]

다디크라는 빛 속의 백조 아그니, 공중에서는 바수(Vasu: 8신들의 집단),[56] 제단에서는 사제, 가정에서는 손님의 별칭이 되기도 한다. 다디크라는 신들의 수레를 끄는 천상의 말로서 전쟁의 승리로 전리품을 얻는 영웅이 되기도 한다. 그는 베다에서 아그니, 우사, 아쉬빈, 수리아 등의 다른 신들과 함께 찬미를 받는데, 다음과 같은 형태로 찬미된다.

"이제 우리는 날쌔게 달리는 다디크라를 찬양하며, 큰 소리로 천지신령에게 고하나이다. 붉게 물든 새벽의 여신이여 나를 분발하게 하여 모든 곤경을 안전하게 극복하게 하였나이다.

나무를 포함한 자연의 여러 현상뿐만 아니라, 각종 동물들도
숭배의 대상이 되는데 특히 소에 대한 인도인의 숭배는
각별하고 유명하다. 베다에는 우유와 풍요의 비유로 암소에 대한
언급이 많으며, 힘센 황소도 신처럼 숭배 대상이 된다.
이 황소 조각상은 기원전 2000년경의 돌에 새긴 인장으로서
가장 오래된 동물숭배의 원형 가운데 하나다.

나는 나의 영혼을 감동시키는 놀라운 힘을 지닌 말을 찬미하나니, 종마(種馬) 다디크라반은 관대함이 풍부하도다. 그는 아그니와 같이 발 빠르고 밝게 빛나도다. ……

그리하여 나는 강력한 정복자 군마 다디크라반을 찬미하며 영광을 돌리나이다. 그가 우리의 입술을 달콤하게 할 것이며, 우리를 장수하게 할 것이로다."(『리그베다』, IV.39.1~2,6)

말을 숭배하는 제사에서 태양과 아그니가 같이 종종 등장하듯이, 인드라와 루드라에 대한 제의에는 가끔 황소가 등장한다. 이는 앞에서 인드라에 대한 찬가에서 살펴본 바 있다. 황소가 인드라와 디야우스 등의 상징으로 종종 등장한다. 암소 또한 비구름의 신 파르잔야의 상징으로 숭배된다.

비구름의 신 파르잔야는 『리그베다』에서 별도로 3회에 걸쳐서 독립적인 찬미를 받고, 적어도 그 이름은 30회 정도 언급된다. 파르잔야를 찬미하는 시편을 보면, 그는 식물을 성장하게 하고 물과 모든 살아 있는 것을 통치한다. 그리하여 그는 황소의 정자(精子)가 되기도 하고, 하늘의 아들로서 비를 선물로 내리며, 암소나 암말, 혹은 지상의 식물의 형태로 나타나기도 한다.[57]

암소는 또한 하늘의 태양인 아디티로 불리기도 하는데 여러 신들이 이 암소에게서 태어난다. 그러나 암소 그 자체에 대한 숭배는 『리그베다』에서 언급되지 않는다. 다양한 신들의 상징으로 암소가 나타나고 있을 뿐이다. 그것은 암소가 목축업의 시대에 인간들에게 젖을 주는 유익한 동물이기 때문일 것이다. 암소에 대한 상징적 숭배는 후기『아타르바베다』에서 더욱 구체화된다.[58]

말이나 황소 또는 암소 외에 염소도 찬미의 대상이 된다. 염소는 태양신의 하나인 푸샨의 수레를 끄는 동물로 나타나며, 어떤 경우에는 푸샨이 염소의 형태가 되기도 한다. 빛을 형상화한 것으로 보이는 '한 개의 발을 가진 염소'라는 뜻인 '아자 에카파드'(Aja Ekapād)라는 이름으로 등장하기도 한다.

멧돼지는 마루트나 루드라 또는 브리트라의 형상으로 나타나는데, 「브라흐마나」에서는 창조주 프라자파티의 모습을 하고서 물에서 지구를 건져 올린다. 후기 베다 문헌에서 멧돼지는 비슈누의 화신으로 나타난다.[59] 개 또한 앞서 죽음의 신 야마의 신화에서처럼, 두 마리의 얼룩개가 그 빠르기로 인하여 인드라의 메신저로 여겨지는 사마라(Saramā)의 자손들이라는 칭송을 받는다.[60]

이밖에도 원숭이와 거북이도 동물숭배의 대상이다. 원숭이는 힌두 신화에서 원숭이 신 하누만(Hanuman)과 연결되는데, 원숭이의 왕인 하누만은 주인에게 충성하는 종(dasya)의 상징이다. 거북이의 경우는 물과 관련되는데, 「브라흐마나」에서는 프라자파티의 형태로 만물을 창조해내는 상징이 되기도 한다.[61] 이 신화가 후기에 가면 비슈누가 거북이로 화하는 것이 된다.

이상에서 언급한 동물들과 달리 뱀은 인간에게 해롭고 위험한 동물이지만, 그 위험과 두려움을 피하기 위해 뱀을 달래는 차원에서 숭배된다. '아히'(Ahi)로 불리는 이 뱀은 물을 삼킨 까닭에 인드라에게 살육당한 악마 '브리트라'(Vṛtra)와 동일시되기도 한다. 그러나 브리트라는 뱀들의 우두머리로 나타난다.[62]

동물들 가운데서 들짐승이나 물짐승 외에 하늘을 나는 새는 종종 태양에 비유된다. 태양 새 가루다(Garuda)는 새들의 왕으로서 절반은 인간이고 절반은 새의 모습을 하고 있다. 가루다는 비슈누의 수레가 되고 뱀과 대적한다. 머리와 꼬리, 날개는 독수리의 것이고, 몸통과 다리는 인간의 형상을 하고 있다.[63] 독수리는 종종 불의 신 아그니에 비유되고 인드라와 소마의 상징이 되기도 한다. 독수리 외에도 부엉이나 비둘기가 죽음의 신 야마의 메신저 역할을 하기도 하는데, 후기 문헌에서는 부엉이가 악령의 메신저가 된다.[64]

이상에서 우리는 동물에 대한 신격화를 보았다. 이는 모두 인간과 동물 사이의 관계를 신화적 차원에서 재구성하여 보여주는 것이었다. 그 중에서 뱀이나 후기의 부엉이를 제외하고는 모두가 인간과 동물 사이의 우호적인 관계들을 신격화시켜 찬미한 것임을 볼 수 있다.

남성 우월 신화에서도 두각을 나타낸 여신

베다의 여신들

"사라스바티여, 우리의 희생제의를 기쁘게 듣고 받으소서. 너그러우신 여신이여, 우리가 무릎을 꿇고 경외함으로 그대가 만들어내는 풍요로움을 주하나니, 사랑하는 자에게 좋은 것으로 채워주소서."

『리그베다』

새벽의 여신 우사

『리그베다』는 남성시인 – 사제들에 의해 기록된 것인 만큼 대단히 남성우월사상이 들어 있는 것이 사실이다. 그것은 그리스도교의 『성서』 또한 마찬가지다. 이것을 다시 비평적 관점에서 자세히 읽어볼 필요가 있다. 『리그베다』에서 여성이 대부분 종속적 위치인 것은 사실이지만, 가끔씩은 주체적으로 나타나기도 한다.

그 가운데 가장 탁월한 여신은 천상의 위대한 신 가운데 하나인 새벽의 여신 우사(Uṣas)다.[1] 우사는 천상의 위대한 신들에 비하면 낮은 서열에 불과하여, 다른 신들처럼 소마의 제의를 함께 나누지는 못한다.[2] 하지만 여신 가운데는 가장 높은 지위를 차지한다. 새벽의 여신 우사에 대해 자세히 살펴보자.

우사(Uṣas)는 산스크리트어로 새벽을 뜻한다. 새벽을 인격화하여 새벽의 여신이 된 것이다. 우사는 하늘의 딸로서 태양신 아디티아야의 자매다.

우사에 대한 독립적인 찬가는 베다에서 20개밖에 되지 않고, 전체에서도 300회 정도밖에 언급되지 않지만, 베다의 모든 찬가들 가운데 가장 아름답고 눈부시며 감미로운 시다. 우사는 인간의 벗으로서 그녀의 자매인 '밤'을 대신하여 사랑스런 처녀로 나타나며 동녘 하늘에 높이 떠올라 빛으로 온 천지를 목욕시킨다. 우사는 영원한 젊은 여신으로서 땅 위의 모든 것들에게 번영을 준다.[3]

새벽의 여신 우사는 그녀의 어머니가 해준 화려한 차림을 하고 인간에게 살짝 가슴을 보여주는 가냘픈 처녀의 모습으로 나타난다. 우사는 거듭거듭 태어나면서 영원히 늙지 않는 젊음을 유지하여 어제와 같이 지금도 빛나지만 미래도 계속해서 빛날 것이다. 우사가 인간과 동물의 생명을 깨우기 위해 도래할 때, 새들은 그들의 둥지에서 높이 날아오르고, 사람들은 그들의 일을 찾는다.

우사는 길을 조명하며 어둠과 악령을 멀리 몰아낸다. 가축이 마구간을 열고 나오듯이 우사는 어둠의 문을 연다. 그리하여 우사는 가축의 어머니로도 불린다. 우사는 군마나 붉은 암소 또는 황소가 이끄는 빛나고 재빠른 전차에서 태어난다. 붉은 소의 힘찬 어깨 위에서 아침의 붉은빛이 웅장하게 탄생하는 것이다.

새벽은 태양과 가장 밀접한 관계다. 마치 연인이 사랑하는 여인을 뒤따르듯이 태양은 새벽을 따른다. 새벽의 신 우사는 태양신 수리아의 아내다. 그러나 몇몇 다른 자료에서는 우사가 수리아의 어머니로 표현되거나, 우사가 수리아에게서 탄생하는 것으로 나타나는 곳도 있다.[4]

또한 우사는 태양신 아디티야 가운데 하나인 브하가의 자매요 바루나의 친족 여인이다. 그러나 무엇보다 천신 디야우스의 딸로 유명하다. 아침의 제사에 꼭 등장하는 아그니와의 관계도 깊다. 우사는 앞서 본 바와 같이 아쉬빈의 친구이자 동시에 아쉬빈의 마차에서 탄생한다. 우사는 또한 달과도 깊은 연관을 가진다. 달은 새벽보다 앞선 존재이기 때문이다.

이들과 다르게 인드라는 우사와 독특한 연관을 지닌다. 그는 재

우샤가 태양신 수리아에게 새벽을 열며 인사하고 있다.
우샤는 '새벽'을 뜻하는 말로, 새벽의 여신으로 인격화된 하늘의 딸이자,
태양신 아디티야(때로는 수리아와 동일시)의 자매다.
베다에서 우샤에게 바치는 노래는 참으로 아름답고 감미롭다.

빠른 준마를 타고 강력한 우레의 힘으로 천천히 가고 있는 우사의 군마를 산산이 부숴버리는 적대자로 나타난다.[5] 우레와 천둥의 신 인드라가 천천히 솟아오르는 연약한 새벽의 여신을 무자비하게 부수는 위용을 과시하는 것이다.

이러한 인드라의 승리는 새벽을 물리치고 태양을 가져오게 하는 힘의 비유다. 그러나 새벽의 여신 우사는 여전히 자신의 길을 갈 뿐, 질서를 깨뜨리는 법이 없다. 경건한 사람들을 새벽에 일깨우고 제의를 행하게 하며, 구두쇠들은 졸리게 한다. 때로는 우사를 숭배하는 자들에 의해서 우사가 잠에서 깨어나기도 한다.

하늘 끝자락을 깨우며 어두운 장막을 벗기도다

우사는 다른 신들처럼 자신을 숭배하는 자들에게 부와 장수와 명성을 준다. 죽은 자들은 바로 새벽의 여신과 태양신에게 가도록 요청받으며, 조상들도 불그스레하게 빛나는 우사의 무릎에 앉아 있다.[6] 『리그베다』 전체에서 볼 때 우사의 활동은 아주 다양하게 나타난다. 베다의 시인들이 각자의 통찰에 따라 다르게 묘사하고 있기 때문이다. 우사는 또한 그리스-로마 신화에 나오는 에오스(Eos)나 오로라(Aurora)와 비슷하다고 볼 수 있지만, 직접적인 연관은 없다.

"보라, 새벽의 여신들이 그들의 빛나는 빛으로 장식하며 하늘

동쪽 어느 곳에 깃발을 꽂았도다. 전쟁을 위하여 무기를 뽑아든 맹렬한 영웅들처럼, 황갈색의 암소가 돌아오누나.

붉은 황금색 빛이 유유히 솟아오르도다. 황갈색 암소들이 스스로 멍에를 가볍게 걸머쥐고. 예전처럼 새벽의 여신은 그들의 독특한 빛을 사방으로 퍼뜨리며 더욱 새빨갛게 타오르도다.

그들은 자기 일에 분주한 여인들처럼 노래를 부르며, 늘 멀리서 오는 길을 달려오누나. 선한 일을 하고 관용을 베풀며, 제사를 지내면서 소마즙을 짜는 사람들에게 날마다 신선한 음식을 가져오도다.

춤추는 무희처럼 우사는 빛나는 장식을 하고, 암소가 부풀어 오른 젖을 젖통에 짜듯이 우사도 젖가슴을 벗누나. 새벽의 여신은 전 우주에 빛을 창조하면서 암소가 외양간 문을 박차고 나오듯이, 어둠을 열치고 나오도다.

여신의 빛나는 불꽃이 다시 또 보이누나. 자신의 빛을 비추며 어둠의 괴물을 몰아내도다. 제사를 지내는 자가 말뚝을 박고 화려한 장식으로 제단을 꾸미듯이, 하늘의 딸도 놀라운 광휘를 드리웠도다.

새벽의 여신이 맑은 빛살을 퍼트려 우리는 이 어둠의 깊은 장벽을 넘어섰도다. 연인의 밝고 우아한 미소처럼 예쁜 얼굴로 우리를 깨워 기쁘게 하도다.

고타마(Gotamas)는 풍부한 선물을 가져다 주는 하늘의 빛나는 딸을 노래하도다. 새벽의 여신이여, 그대는 우리에게 자손의 번영과 강건함을 주시고 가축에서 시작하여 말들로 절정을 이루는 승리의 보상들을 주시나이다.

오, 놀라운 영광의 빛을 발하시는 새벽의 여신이여. 그대의 빛으로 얻은 위대한 승리의 힘으로, 나로 하여금 종들의 무리에서부터 영웅들에 이르는 위대한 영광의 부요와 명성을 누리고 용감한 자손을 갖게 하소서.

새벽의 여신은 멀리서부터 서쪽으로 널리 빛을 발하며 모든 눈동자를 똑바로 응시하고 모든 피조물을 내려다보나이다. 만물이 살아나도록 일깨우는 여신은 영감에 가득 찬 시인들의 찬미를 알아듣도다.

같은 색상의 아름다운 옷을 입고 거듭거듭 새롭게 탄생하는 고대의 여신은, 교활한 도박꾼이 판돈을 쓸어가듯 사람의 일생을 어느덧 늙게 하누나.[7]

광대한 부의 승리를 걸머쥔 행운의 여신이여, 그대의 빛나는 광채의 힘으로 자녀와 후손들을 양육할 수 있는 놀라운 은총을 내려주소서.

풍부한 암소, 풍부한 말들로 눈부신 은총을 주는 자, 새벽의 여신이여, 그대의 풍성함이 지금 여기에 빛나게 하소서.

오, 승리를 주는 여신이여, 그대의 황금마차로 하여금 우리에게 온갖 좋은 행운의 선물을 가져오게 하소서.

오, 놀라운 일을 행하시는 아쉬빈이여, 가축과 황금을 몰고 오는 그대의 마차를 돌려 한 마음 되어 곧바로 우리에게 오소서.

하늘에서 외치는 아쉬빈이여 인류를 위해 빛을 만들고 우리에게 힘을 주소서.

새벽을 깨우는 이들이여 황금 길을 달리며 건강을 주고 놀라운 일을 행하는 두 신들이 소마를 마시게 하소서."(『리그베다』, I.92. 1~18)

한 편의 긴 서사시와 같은 새벽의 신 우사에 대한 찬가를 감상해보았다. 우사는 동쪽 하늘에 붉은 깃발을 꽂고 모습을 나타낸다. 그것은 마치 점령군이 어느 지점을 점령했을 때와 같은 용맹한 모습이기도 하다. 어둠의 세력을 몰아내고 높은 정상에 올라 승리의 신호를 보내는 깃발과도 같이 태양이 떠오르기 이전에 새벽의 붉은 광선이 깃발처럼 동녘 하늘에 나부끼는 것이다.

태양과 함께 새벽의 여신은 빛난다. 그 모습은 전쟁터에서 용감하게 무기를 뽑아든 전사와 같고, 한편으로는 황갈색의 암소와 같기도 하다. 암소는 인도인에게 일찍부터 인간과 가장 가까이서 젖을 주는 생명의 동반자다. 이렇게 새벽의 여신은 인간과 가까운 황갈색 암소가 반갑게 돌아오는 모습으로 형상된다.

늘 새벽이면 언제나 떠오르는 빛이지만, 새벽의 여신은 일터에서 돌아오는 여인들처럼 즐겁게 노래부르며 다가온다. 또한 선하고 관대하며 소마제의를 바치는 이들에게 음식을 제공해주는 자이기도 하다.

춤추는 무희처럼 젖가슴을 열고 나타난 새벽의 여신이, 암소가 외양간을 박차고 나오듯이 어둠을 열고 나온다는 표현을 보면, 시인들의 아름다운 비유와 뛰어난 상상력을 보게 된다. 하늘의 딸로 표현되는 새벽의 여신은 어둠의 괴물을 물리칠 뿐 아니라, 연인의 미소처럼 예쁜 얼굴로 아침을 깨운다.

새벽의 여신은 인간에게 다양한 필요를 제공해주고 있다. 기본적으로는 암소와 말과 같은 가축을 포함한 부요와 자손의 번영을 가져다 준다. 노예제 사회처럼 많은 종을 거느리거나, 나아가서 영웅까지 통솔하는 부요를 내리도록 축복한다. 또한 어둠을 물리치듯 적들을 물리침으로써 승리의 여신으로 환영받는다. 시인들의 찬미를 듣고 행운의 여신이 타고 다니는 황금마차를 통해 온갖 좋은 행운의 선물도 가져다 준다.

하지만 새벽의 여신은 교활한 도박꾼처럼 인간의 수명을 어느새 앗아가버리기도 한다. 새벽의 여신은 세월이 흘러도 영원히 화려한 치장을 하고 젊은 여신으로 되살아나지만, 인간의 늙음은 어쩔 수 없는 법이다. 인간을 주름지게 하고 수명을 단축하는 것 또한 새벽의 여신 우사의 역할이다.

우사를 찬미하는 이 시에는 아쉬빈도 등장하고 있는데, 이는 마차꾼으로서의 아쉬빈이라는 이미지와 새벽을 깨우고 황금길을 달리며 축복을 주는 이미지가 새벽의 신 우사와 함께 결합되어 나타나고 있는 것이다.

이처럼 부와 승리를 가져다 주는 새벽의 여신은 황금빛 암소나 황금빛 마차에 비유되며, 어둠의 세력을 물리치고 새벽의 전사로서 찬란한 영광의 승리를 인간들에게 선사한다.

새벽의 여신 다음으로 비중 있는 여신은 강의 여신 사라스바티가 있지만 그녀 역시 저급 신들에서 수위를 다툴 뿐 위상이 높지는 않다. 다음으로 강의 여신 사라스바티에 대해서 살펴보자.

강의 여신, 사라스바티

베다에는 물뿐만 아니라, 강에 대한 독립적인 찬가도 있다. 인더스 문명의 발원지인 인더스(Indus) 혹은 신두(Sindhu)라는 명칭으로 칭송되는 강의 신은 『리그베다』 제10권 제75장에서 구구절절 찬미되고 있다. 이 가운데서 제5절 한 구절을 제외하고는 절마다 신두라는 강의 명칭이 칭송을 받는다.

이 시편에서는 신두라는 이름 외에도 거룩한 강들이 호명되는데, 특히 제5절에서는 강가(Gaṅgā: 갠지스), 야무나(Yamunā), 수투드리(Sutudri), 파루스니(Paruṣṇī), 사라스바티(Sarasavatī) 등이 언급되고 있다.[8]

특히 '강철의 요새'로 불리는 사라스바티는 다른 모든 강들을 압도하는 풍부한 물줄기를 이루며 하늘의 바다에서 내려와 산을 통하고 강을 이룬다.[9] 사라스바티에 대한 대표적인 시 한 편을 감상해보자.

"우리의 확실한 보호자, 우리의 강철 요새인 이 사라스바티 강줄기가 급류를 이루며 흘러나오도다. 마치 수레를 타고 있는 양, 거대한 물줄기가 장엄하고 강력한 힘으로 모든 물들을 뒤엎으며 흘러가도다.

오직 순수한 사라스바티 강줄기만이 산으로부터 바다로 흐르는 소리가 들리도다. 풍요로움과 위대한 창조 세계를 생각하면서 그녀(사라스바티)는 나후사(Nahuṣa)를 위해 우유와 지방을 쏟아놓도다. ……

사라스바티여, 우리의 희생제의를 기쁘게 듣고 받으소서. 너그러우신 여신이여, 우리가 무릎을 꿇고 경외함으로 그대가 만들어내는 풍요로움을 구하나니, 사랑하는 자에게 좋은 것으로 채워주소서."(『리그베다』, VII.95.1~2, 4)

사라스바티는 '강철의 요새'로 비유될 만큼 고대 인도인에게 강력한 수호신이었다. 사라스바티라는 거대한 물줄기의 원천은 하늘에 있는 것이지만, 도도한 물줄기(신두)가 흘러흘러 바다에 이르기까지 모든 들판을 적시며 우유와 온갖 풍요로운 생산물을 쏟아낸다.

『리그베다』의 다른 본문에 따르면, 사라스바티가 쏟아낸 거대한 눈물의 파도가 산에서 홍수처럼 흘러내려 산과 들을 적신다.[10] 사라스바티의 강둑에는 왕과 백성들이 살고 있고,[11] 시인과 사제들은 이런 축복을 주는 사라스바티가 멀리 타국으로 떠나지 말고 늘 가까이에서 축복을 더해달라고 기원한다.[12] 사라스바티는 천상의 태양신 푸샨이나 대기의 신 인드라, 그리고 특히 인드라를 돕는 전사 그룹 마루트와 더불어 많은 찬미를 받는다.[13]

새벽의 여신 우사나 강의 여신 사라스바티의 강력한 능력에도 불구하고 이들은 여전히 여신이기 때문에 주목받지 못하는 한계를 지닌다. 이 점은 앞에서 천지의 신을 다룰 때, 잠시 언급한 땅의 여신 프리티비도 마찬가지다. 남성성을 가지는 다른 신에 비해 크게 두각을 나타내지 못하는 것이다. 또한 신의 집단인 아디티야의 어머니 아디티도 비중 있는 여신이지만 아디티야를 낳은 어머니로서의 위대성을 가질 뿐이다. 이는 앞에서 천상의 신 아디티야를 고찰할 때 잠시 살펴본 바 있다.

여신의 위대성에 주목했지만 남성중심의 베다시대 사회상을 반영하는 어쩔 수 없는 한계라고 할 수 있을 것이다.

밤의 여신, 라트리

밤의 여신 라트리(Rātrī)[14] 또한 자매인 새벽의 여신 우사와 같이 하늘의 딸로 불린다. 밤이지만 어두운 것만이 아니라, 무수한 별빛이 밝게 흐르는 별이 빛나는 밤이다. 밤의 여신 라트리는 감미롭게 찬미되고 있다. 라트리를 찬미하는 베다의 시 몇 구절을 감상해보자.

"밤의 여신은 한껏 영광스러운 모습을 하고서, 그녀의 모든

하늘의 바다에서 내려와 산을 통해 풍부한 물줄기로
강을 이루는 강의 여신 사라스바티는 후대에 갈수록
지식과 학문과 예술과 미의 여신이 된다.
네 개의 팔을 지니고 수련(水蓮) 위에 앉아 있는 모습으로
형상되는데, 한쪽 손에는 야자수 잎으로 만든 책을 들고 있고,
한 손에는 진주 목걸이를 들고 나머지 두 손은
비나라는 악기를 연주하고 있다.
『리그베다』에서는 주로 강의 여신으로 숭상받는다.

눈으로 수많은 곳을 바라보나이다. 그대 불멸의 여신은 높고 깊은 광막한 지역을 가득 채우고, 그녀의 빛으로 어둠을 정복하도다. 밤의 여신이 올 때는 자매인 새벽의 여신을 동반하니, 어둠도 자취를 감추도다. 오, 이 밤 그대여, 우리에게 은혜를 베푸소서. 새가 나무 위의 둥지를 찾듯이 우리도 그대의 길을 찾아가나이다. 독수리가 먹이를 찾듯, 마을 사람들도 그들의 가정을 찾아가고, 걸어가는 모든 것과 날아가는 모든 것도 그러하나이다." (『리그베다』, X.127.1~8)

밤의 여신은 새벽의 여신과 자매로서 빛으로 어둠을 정복하고 어둠 속에서 길을 찾는 자들에게 안내자가 되어준다. 밤의 여신은 우르미야라는 또 다른 명칭으로 존경받는다. 이러한 신들의 별명은 베다 곳곳에서 찾아볼 수 있다.

"오, 우르미야(Urmya), 그대는 늑대와 도둑으로부터 우리를 지켜주고 우리를 안전하게 지나가게 하나이다. 영롱한 빛깔로 밤을 수놓은 그녀가 내게 가까이 분명히 다가오누나. 오, 아침이여, 빛을 청산하듯이 상쾌하도다. 암소 같은 그대에게 이 모든 것을 바치나니, 오, 그대 하늘의 자녀, 밤의 여신이여. 정복자에게 부치는 노래처럼 크게 외치는 나의 이 부르짖음을 들어주소서."(『리그베다』, X.127.1~8)

밤의 여신은 별처럼 수많은 눈동자를 갖고, 높은 산과 깊은 계곡 등을 두루 비춘다. 밤의 별빛이 다가오는 것은 마치 새들이 둥지를 찾아가고 마을 사람들이 가정으로 돌아가는 모습에 비유된다. 밤의 여신은 인간을 늑대처럼 사나운 짐승과 도둑으로부터 지켜주고, 자매인 새벽의 여신과 함께 오는 아침은 모든 빚을 청산하듯이 맑고 깨끗한 심정을 만든다.

안전하게 밤을 지낸 시인은 아침 일찍 밝게 떠오르는 태양과 함께 밤의 여신에게 큰 소리로 찬미와 공물을 올린다.

이외에도 어머니로 표현되는 물의 여신,[15] 숲의 여신 아라냐니(Aranyani)[16] 등이 있다. 또한 죽음의 신 야마의 누이이자 아내가 된 야미라든가, 간다르바와 연관된 아름다운 새벽 물안개 우르바시,[17] 태양신 수리아의 딸 수리야[18]와 인드라의 아내들이 대표적인 여신에 속한다. 물의 여신에 대한 찬가를 주목해보자.

물의 여신, 아파

『리그베다』에서 아파(āpaḥ: 물)에 대한 신격화는 소마를 비롯하여 여러 곳에서 볼 수 있다. 물은 특히 인간의 생명을 유지해주고 새로이 깨끗하게 해준다는 점에서 여신으로 불린다. 생명을 주고 인간을 치유하는 아파에 대한 찬가를 먼저 감상해보자.

"우리를 생명의 힘으로 이끄는 그대 아파여, 우리가 자양분을 얻고 기쁨을 누리게 하소서. 자애로운 어머니처럼 그대가 품고 있는 가장 유쾌한 활력을 우리가 나누게 하소서. 그대가 우리에게 주는 탄생과 생명의 집으로 우리가 곧바로 나아가게 하소서.

여신께서 우리에게 도움을 베푸시어 축복을 주시고, 우리가 물을 마시게 하소서. 물이 흘러 우리에게 잘사는 복과 건강을 누리게 하소서.

모든 만물의 여왕께서 모든 백성을 통치하시도다. 나는 아파에게 치유를 비나이다. 물속에 모든 치유가 있다고 소마는 나에게 말했나이다. 아그니도 만물을 축복하는 자로다.

오, 아파여, 내 몸은 해악으로부터 안전하게 지켜주는 약으로 가득 찼도다. 그리하여 나는 태양을 오래오래 볼 수 있도다. 나에게서 나쁜 것은 무엇이든지, 내가 무슨 잘못을 행했든지, 내가 거짓말을 했거나 거짓맹세를 했거나, 아파여, 이 모든 것을 나에게서 멀리 가져가버리소서.

오늘 내가 물을 구하나이다. 우리가 그 물의 원기를 찾아왔나이다. 오, 물기 가득한 아그니여, 그대에게 왔나이다. 오셔서 그대의 광휘로 우리를 덮으소서."(『리그베다』, X.9.1~9)

생명의 근원인 물에 대한 예찬이다. 아파는 단순한 물이 아니라 만물에게 생명을 주고 축복을 주는 여신이다. 베다의 시인은 물을 자애로운 어머니에 비유하여, 아기에게 젖을 주듯이 생명력과 치유력이 풍부한 물의 활력을 얻게 해달라고 기원한다. 아파는 물의 여신이자 백성을 통치하는 만물의 여왕이다.

이렇듯 소중한 아파는 무엇보다 생명력을 부여하고 인간의 잘못을 깨끗이 없애 정화해주는 것이 주요한 힘이다. 기도는 물 자체가 지니는 정화의 힘으로 인간의 죄악도 씻어가달라는 기원으로 이어진다.

물의 신 아파를 예찬하는 자리에는 불의 신 아그니도 함께 초대되어 찬미된다. 이것은 아그니 또한 하늘의 물속에서 번개 치는 불빛으로 탄생했기 때문이다. 물과 불이 함께 정화의 신으로 협력하는 것이다. 이러한 정화의 힘은 다른 본문에서도 발견된다.

"결코 잠들지 않는 물들의 우두머리 바다 한가운데로부터 자신을 깨끗이 정화시키는 물들이 흘러나오도다. 천둥번개를 가진 황소, 인드라가 물들을 위해 수로를 개척하였으니, 아파여, 지금 여기에서 나를 도우소서.

하늘에서 내려오는 물들 혹은 땅에서 땅속으로 흐르거나 자연스럽게 흘러가는 물들, 바다를 향해 달려가는 그 순수하고 깨끗한 물의 여신이여, 지금 여기에서 나를 도우소서."(『리그베다』, VII.49.1~2)

잠들 줄 모르는 아파는 우주 하늘의 바다가 그 기원이고, 인드라가 개척한 수로를 따라 끊임없이 흐르며 인간들을 이롭게 한다. 이 물은 하늘에서 내려와 산과 들로 흘러 강을 이룬다. 물의 여신 아파는 거대한 강줄기(Sindhu, 또는 Indus)를 따라 바다로 향한다. 그 바다는 하늘의 바다이기도 하고, 지상의 바다이기도 하다.

흐르는 물을 따라 인간을 포함한 모든 생명체가 살아나고 오염된 인간은 물의 여신을 통해 죄악을 씻는다. 이런 사상 아래 오늘날도 힌두인은 갠지스나 인더스 강에서 목욕을 통해 죄를 정화하고 새사람으로 거듭나기를 비는 것이다.

쌍둥이 오누이 야마와 야미

원래 태양신 비바스바트의 아들로 불리던 야마는, 후기가 되면 첫 인간으로서 사자(死者)의 왕이 된다. 반면에 비바스바트의 또 다른 아들인 마누는 인류의 조상으로 여겨진다.[19] 죽음의 신 야마에 대해서는 이미 살펴보았지만, 여기서 다룰 것은 그의 쌍둥이 누이였던 여동생 야미에게 부부관계를 요청받는 이야기다.

『아베스타』 신화에서 야마와 야미는 인류의 종족 번식이라는 차원에서 근친상간의 중요한 에피소드로 남아 있다. 『리그베다』에서 여동생 야미가 잠자리를 함께 할 것을 요구하자 야마는 이를 거부한다. 야마는 도덕성을 표방하고 야미는 인류 종족 번식의 필요성을 주장하고 나선다. 대화 형식으로 꾸며진 이들 사이의 대화 내용을 잠시 감상해보자.

"[야미] 나의 친구를 끌어들여 친밀한 우정을 가지면 안 될까요? 선견지명을 가진 현자라면, 멀리 바다 건너 돌아와야지요. 지구의 앞날을 생각하면서, 아버지에게서 나온 아들을 얻어낼 것입니다.

[야마] 그대의 친구는 그러한 우정을 바라지 않아. 혈족관계의 그대가 이방인처럼 행동하는 것을 원치 않아. 위대한 아수라의 아들들과 영웅들, 하늘의 지지자들이 멀리서 널리 바라보고 있어.

[야미] 이것은 하나밖에 없는 그대, 인간을 통하여 자손을 얻고자 하는 불멸의 욕망입니다. 그러니 그대의 마음과 내 마음이 하나가 되게 해주세요. 사랑하는 남편으로서, 당신의 아내가 되게 해주세요.

[야마] 우리가 지금 예전에 하지 않았던 일을 해야 하겠니? 큰소리로 진리를 말해야 하는 우리가 지금 거짓을 속삭여야 하겠니? 물속의 신성한 젊은이와 물의 여성 그것이 우리의 근원이요, 지고한 출생이 아니던가?

[야미] 창조자요 모든 형태의 모양을 만들어내는 트바스트리 신께서는 우리를 심지어 자궁 속에 있을 때부터 남자와 아내로 만들었어요. 누구도 이 명령을 거역할 수 없어요. 하늘과 땅이 이 일에 우리의 증인이어요.

[야마] 그 첫날의 증인이 누구였더냐? 누가 그것을 보았단 말이냐? 누가 그것을 여기서 선언할 수 있느냐? 미트라와 바루나의 위대한 법이다. 그런데, 부정(不貞)한 여인아, 무엇 때문에 사람들을 속여서 유혹하려 하느냐?

[야마] 야마를 향한 열망이 나, 야미에게 솟아오르나이다. 한 침대에 같이 자고 싶은 욕망 말입니다. 나로 하여금 남편의 아내로서 몸을 허용하게 하소서. 마차의 두 바퀴가 굴러가듯 함께 뒹굴게 하소서."(『리그베다』, X.10.1~14)

야미는 두 사람이 부부관계임을 입증하고자, 트바스트리 신을 거론한다. 하지만 야미는 그것을 부정(不貞)한 행위로 규정하며 거부한다. 그리고 야미에게 자신이 아닌 다른 남자를 구하라고 요구한다.

"[야마] 부정한 여인아. 나와 함께 있지 말고 어서 다른 사람에게로 꺼져라. 마차의 두 바퀴처럼 그와 함께 뒹굴어라.

[야미] 수리아의 눈이 밤낮으로 야마와 같이하여 그의 목전에 늘 비치게 하소서. 한 쌍의 혈족인 우리도 하늘과 땅처럼 하나 되게 하소서. 이 야미가 그의 누이가 아닌 것처럼 야마에게 (아내로서) 행동하게 하소서.

[야마] 실로, 나중에 오누이 간에 아무 관계가 없는 것처럼 행동할 날이 올 것이다. 오, 귀여운 여인아, 나는 아니다. 다른 남편을 구하라. 그리하여 어떤 황소 같은 사나이와 팔베개를 하라.

[야미] 보호자도 없는데 떠나가는 것이 형제란 말입니까? 파멸이 초래되는데 자매가 무슨 상관입니까? 나의 열망을 억누르고 거듭거듭 말하나이다. 나의 몸과 그대 몸이 하나 되게 해주

소서.

[야마] 나는 결코 너의 몸과 하나 되지 않을 것이다. 자기의 여동생과 한 몸을 이룬다면 사람들이 죄인이라 부를 것이다. 나는 아니다. 너의 오빠는 그럴 수 없다. 너의 육체적 욕망을 위해 다른 남자를 구하여라. 오, 귀여운 여인아.

[야미] 아, 빌어먹을. 이다지도 약한 야마여. 나는 그대에게서 어떤 마음도 정신도 찾아볼 수 없소이다. 어떤 다른 여인이 분명히 그대를 휘감을 것이오. 끈으로 종마(種馬)에게 마구(馬具)를 채우듯이, 담쟁이가 나무를 휘감아버리듯이.

[야마] 야미여, 그대 또한 분명히 다른 남자를 포옹할 거다. 그러면 담쟁이가 나무를 휘감듯 그도 너를 휘감을 것이다. 그의 마음을 사로잡아 그도 너를 사로잡게 하라. 그와 더불어 조화롭게 살도록 하라."(『리그베다』, X.10.1~14)

쌍둥이 오누이 야마와 야미의 대화가 한 편의 드라마처럼 펼쳐진다. 고대 인도의 신화 속에 이러한 근친상간을 유도하는 혈육 간의 대화가 적나라하게 소개된다는 것이 놀랍다.

남자로서 야마는 사회적 관념과 도덕성을 내밀어 혈육 사이의 육체적 관계를 거부하지만, 야미는 인류의 종족번식이라는 차원에서 집요하게 야마를 남편으로 맞이하기를 원하고 있다. 그러나 끝내 야마는 여동생 야미의 요구를 거절한다. 처음에는 부정한 여인으로 부르며 밀어내지만, 끝내 육체적 욕망을 달성할 수 있는 힘센 황소 같은 남자를 찾아서 행복하게 살기를 축원한다.

위의 시는 근친상간을 해서는 안 된다는 사회적 도덕규범을 말하려는 데 있는 것이 아니다. 우주 진화의 과정에서, 궁극적으로 부정되는 것이기는 하지만, 남녀 간에 있을 수 있는 성적 욕망을 솔직히 보여주고 있다는 점에서 의의가 있다고 보는 것이 좋을 것이다.[20]

빛의 신 푸루라바스와 새벽물안개 우르바시

영원한 지식의 빛으로 상징되는 태양신 푸루라바스(Purūravas)와 새벽물안개의 상징인 물의 요정 우르바시(Urvaśī) 부부의 대화 내용은 애틋한 사랑을 느끼게 해준다. 『리그베다』의 끝부분인 제10권 말미에 수록된 이 신화는 후기 문서인 「브라흐마나」 본문에도 약간의 내용수정과 세부적인 묘사가 덧붙어 계속 이어진다.

우르바시는 푸루라바스와 결혼했을 때, 사랑하는 남편이 벌거벗은 모습을 결코 보지 않겠다고 약속한 적이 있다. 결혼하고 나서 한참 뒤에 임신을 했다. 그런데 간다르바가 재주를 부려 그녀의 침대에 묶여 있던 두 마리의 어린양(아들을 상징하지만 구체적으로 누구인지를 본문은 밝히지 않는다)을 데리고 가버린 것을 보고 그녀는 울면서 말했다.

"여기에 영웅도 없고 남자도 없는 것처럼, 누가 내 아들을 데려가버렸다."

남편 푸루라바스는 그 소리를 듣고 생각했다.

"어찌 여기에 영웅이 없단 말이냐? 내가 여기 있는데."

그리고 주저 없이 아무것도 걸치지 않고 침대에서 일어났다. 이때 간다르바가 불을 켜자 그녀는 남편의 발가벗은 몸을 똑똑히 보고 말았다. 그리고 우르바시는 약속했던 말이 기억나서 사라지고 말았다. 남편 푸루라바스는 슬퍼하며 방황하다가 어느 호수에 다다라서 우르바시와 다른 물의 요정들이 물새처럼 수영을 하고 있는 모습을 보았다. 그리하여 푸루라바스와 우르바시는 다시 대화를 시작하게 된 것이다. 다음에서 길게 이어지는 그 대화의 내용 일부를 감상해보자.

"[푸루라바스] 오, 나의 아내여, 거기에 멈추어다오. 모진 마음을 먹은 여자여, 서로 말 좀 합시다. 그대의 마음을 내게로 돌려주오. 우리가 서로 우리의 생각을 말하지 않고 지낸다면, 언제까지라도 결코 즐겁지가 않을 것이오.

[우르바시] 당신의 이런 말들이 내게 무슨 소용이 있어요? 첫 새벽처럼 나는 당신을 이미 떠났어요. 집으로 돌아가세요, 푸루라바스여. 나는 바람처럼 붙잡기가 힘든 사람이랍니다.

[푸루라바스] 화살통에서 나온 화살이 영광스럽게 적중하고, 혹은 승리한 경마가 100마리의 가축을 얻은 것처럼 되게 하소서. 용기 없는 겁쟁이가 모사를 꾸민 것처럼, (간다르바가 계략을 꾸미며) 빛을 비추자 양이 울듯 분통을 터뜨리며 울었다오. 한때 당신

은 시아버지에게 영양가 넘치는 부요를 가져다 주었고, 당신이 머물던 안방을 건너와 내 방으로 들어왔을 때는 언제든지 당신을 열망하고, 나의 품에서 밤낮으로 당신을 기쁘게 해주었지 않소.

[우르바시] 그래요. 그대는 하루에 세 번씩이나 나를 품어주었고, 심지어 내가 원하지 않을 때도 나를 가득 채워주었지요. 푸루바라바스여, 나는 그대의 뜻을 따라주었어요. 그리하여 그대는 나의 남자, 내 몸의 왕이었다오."(『리그베다』, X.95.1~18)

새벽물안개 우르바시는 빛의 신인 남편 푸루라바스를 너무도 사랑하지만, 모진 마음을 먹고 남편을 떠나갔다. 푸루라바스는 떠나간 우르바시에게 애타게 애원하며 돌아오기를 권한다. 이어지는 본문을 보자.

"[푸루라바스] 만일 그대의 남자가 오늘 아주 먼 곳으로 사라져버리고, 결코 다시 돌아오지 않는다면 그대는 어찌하겠소? 아니면, 그가 파멸의 구렁텅이에 누워 있거나 사나운 늑대가 그를 집어 삼킨다면 또 어찌겠소?

[우르바시] 죽지 말아요, 푸루라바스여. 사라지지도 말아요. 사나운 늑대가 그대를 삼키지도 않게 하세요. 여자들이란 인정머리가 없을 때도 있어요. 자칼(jackal) 같은 것이 여자들의 마음이어요. 내가 사람의 모습으로 사람들 사이를 배회할 때, 그리고 내가 그대와 함께 4년간 밤을 지새울 때, 매일 한 번은 버터(남

성의 정액을 상징) 한 방울을 맛보았어요. 이제 나는 그것으로 만족한답니다.

[푸루라바스] 우르바시의 연인인 나는, 그녀가 비록 공중에 가득하고 하늘 공간을 측량하고 있다고 해도, 그녀를 나에게로 데리고 오기를 열망하오. 내게 돌아와 선한 행위에 대한 보상을 받아주시오. 내 마음이 불타는 듯하오.

[시인] 오, 일라(Ilā: 자양분)[21]의 아들이여, 이와 같이 신들이 그대에게 말했나이다. 그대는 사자(死者)의 친족이기 때문에, 그대의 후손이 공물로 신들에게 제사를 지낼 것이옵니다. 그러나 그대는 하늘에서 기쁘게 맛보시게 될 것입니다."(『리그베다』, X.95.1~18)

푸루라바스는 침상에서 벌거벗은 남편의 몸을 보고 떠나버린 아내 우르바시를 찾아 나선다. 호숫가에서 아내를 발견하고, 다시 자신에게 돌아와달라고 애원하지만 결국은 소용없이 끝나고 만다. 그러나 후기 문서인 「브라흐마나」에서는 우르바시가 남편 푸루라바스가 가여워 황금의 저택에서 하룻밤을 보낸다. 그 후 간다르바는 주술적인 힘을 가진 불을 그에게 전해주고, 특별한 방식으로 불을 켜는 방법도 가르쳐준다. 그리하여 푸루라바스도 빛의 신 간다르바의 한 명이 된다.[22]

태양신 간다르바는 물안개의 요정 우르바시를 하늘로 다시 데려가기 위해, 꾀를 부려 침상에서 그녀의 남편에게 빛을 비췄다. 벌거벗은 남편을 본 우르바시는 약속대로 남편을 떠난다. 빛과 안개가 만나서 안개의 그림자만 지상에서 홀로 방황하고 있는 꼴이다.

남편 푸루라바스는 자신을 떠난 물안개의 요정을 찾아 헤매던 중 천신만고 끝에 호수에서 결국 발견한다. 침실에서 좋았던 시절을 이야기하며 설득하지만, 아내는 이미 그때 일로 만족한다면서 어쩔 수 없이 헤어져야 함을 거듭 표명하고 있을 뿐이다.

대화의 중간에는 부부 사이에 낳은 아들을 이야기하면서 좋은 추억을 되살리기도 하지만, 여전히 아내는 아들을 낳은 것으로만 족하다는 표정이다.

더 나아가서 우르바시가 악마에게 위협당할 때, 푸루라바스가 전투에서 인드라를 도와 구출해낸 공로로, 인드라가 영원히 우르바시와 살도록 허용해주었던 것도 상기시키지만, 약속은 어쩔 수 없었다. 호수에서 다른 물안개의 요정들과 함께 물새처럼 날면서 유영하는 우루바시는 자신을 바람처럼 붙잡을 수 없는 여인이라 밝히면서, 단념할 것을 요구한다.

그래도 푸루라바스는 화살통에서 빠져 나온 화살이 과녁을 적중하듯, 자신도 아내를 찾아 나선 일이 헛되지 않기를 간곡히 빈다. 간다르바의 계략에 자신이 억울한 신세가 되었음도 말해보지만 소용없다.

이런저런 요청에도 불구하고 소용이 없자, 푸루라바스는 이제 자신과 침실에서 밤낮으로 세 번씩이나 나누었던 격정적인 쾌락의 순간도 말해본다. 우루바시는 남편을 나의 왕이라고 극찬하며 그 사실을 전적으로 인정하면서도, 끝내 되돌리지 않는다.

그러자 푸루라바스는 자신이 늑대에 물려 죽어도 좋으냐고 되묻는다. 하지만 돌아오는 대답은 여전히 여자란 자칼과 같아서 때로는 교활하고도 인정머리가 없다는 쌀쌀한 말이다. 4년 동안의 결혼 생활에서 매일밤 남편의 정액을 받아먹을 정도로 아내 또한 호색을 누렸지만 이젠 그것으로 만족할 뿐, 우루바시는 더 이상의 대답이 없다.

하늘 공간을 가득 메우는 물안개의 요정 우루바시를 자신의 집으로 데려가기 마지막 순간까지 불타는 마음으로 노래하던 푸루라바스의 갈망은 끝내 이루어지지 못한다.

시인은 말미에 해설을 덧붙인다. 푸루라바스와 우루바시의 대화의 내용이 바로 일라의 아들 '아일라'(Aila)에게 바치는 노래라는 것이다.[23] 제사에 종종 등장하여 공물을 즐기는 '자양분의 신' 일라는 푸루라바스의 어머니이기 때문에 결국 푸루라바스도 하늘에서 후손들의 제사를 받는 영광을 얻게 된다는 결말이다.

한편 인도 학자 막스 뮐러는 푸루라바스와 우루바시 신화의 내용을 두고 새벽과 태양 사이, 즉 인간과 불멸 사이의 운명적인 관계를 비유하고 있다고 해석한다.[24] 남녀 간의 사랑과 성적 표현이 지나치다 할 정도로 상세하지만, 인간의 욕망이 어디까지인지를 보여주는 한 단면이기도 하다. 불멸의 태양신에 이르기 위한 일련의 과정은, 욕망을 넘어서 어느 정도 절제가 필요한 고행의 길을 택해야 하는 것인지도 모른다.

현자 아가스티야와 아내 로파무드라

『리그베다』의 현자(賢者)들은 역사적 인물이기도 하고 혹은 반역사적(半歷史的)으로 신격화된 인물이기도 하다. 『리그베다』에는 이러한 현자들이 아주 많이 등장한다. 그 가운데서 특히 유명한 일곱 명의 현자들이 있다.[25] 고대의 대표적인 현자들은 일곱 명의 '르시'(Ṛṣi)로 한정되어 나타났는데, 『리그베다』에서는 네 번 정도밖에 등장하지 않는다. 『리그베다』의 시인은 그들에 대해 "우리의 조상, 일곱 현자들"[26]이라고 부르는가 하면, "신과 같은 7현"[27]이라 하여 신성화하기도 한다.

현자 아가스티야(Agastya)는 7현에 포함되지는 않지만 그의 아내 로파무드라와 나누는 사랑의 대화 때문에 유명하다. 로파무드라(Lopāmudrā)는 금욕주의적 수도생활을 하면서 순결을 맹세한 남편 아가스티야에게, 마음을 돌이켜 자신에게 아들을 낳게 해달라고 간청한다. 남편은 불멸에 이르는 지복(至福)의 두 가지 방법을 설명하지만, 아내는 막무가내로 남편에게 접근한다.

소마를 마신 남편은 성행위를 하게 되고 맹세를 지키지 못한 죄의 속죄를 구한다. 이에 대해 베다의 시인은 수행하는 금욕수도자 아가스티야와 육체적 만족과 후손을 얻고자 하는 로파무드라가 아들을 낳게 됨으로써, 두 사람 모두 불멸을 얻는 것으로 설명한다. 부부 사이의 에로티시즘과 금욕주의의 충돌이 출산을 통해 결합하고 행복과 불멸을 통해 획득한다는 좀 독특하게 설명되는 신화다.[28] 이 내용의 본문을 감상해보자.

"[로파무드라] 여러 해 동안 나는 밤낮으로 고통을 겪어왔다오. 새벽이 올 때마다 나는 더욱 늙어갔고, 세월은 내 몸의 영광을 앗아가버렸다오. 황소 같은 정력을 가진 남자들이여, 그대들의 아내에게로 돌아가시오. 과거의 남성들도 '법'에 따라 행동했고, 신들과 함께 영원한 법을 선언하기도 했지만, 끝내 법을 완수하지 못했다오. 그러니 아내는 남편과 연합해야 하오.

[아가스티야] 이 모든 고행이 결코 헛된 것이 아니요. 신들도 격려하는 일이라오. 우리 둘은 서로 분투하여, 이 고행에서 승리함으로써 불멸의 행복을 얻게 될 것이오. 우리 부부가 합심하여 하나가 될 때 말이오.

[로파무드라] 왕성한 정력을 숨긴 채 으르렁거리는 황소에 대한 열망이 나에게 덮쳐온다오. 욕망이 여기저기 사방에서 나를 삼키고 있다오.

[시인] 로파무드라는 정력적인 황소를 끌어내었도다. 이 어리석은 여인은 거친 숨을 몰아쉬며 헐떡거리는 현명한 남자를 빨아 마셔버렸도다.

[아가스티야] 내가 마신 소마로 인해, 내 마음 깊은 곳에서 말하나니, 우리가 죄를 지었다면 용서하소서. 인간은 많은 욕망으로 가득 차 있나이다.

[시인] 한편으로는 강력한 영적 힘을 가진 현자로서, 또 한편

베다에서 현인과 사제들은 대개 금욕적 수행을 했다.
그러한 전통은 오늘날까지도 이어져서
시바 혹은 비슈누파의 수행자들이 힌두교의 경전을 읽으며
금욕적 명상수행을 하면서 우주와 인생의 진리를 탐구하고 있다.

으로 자녀와 후손과 힘을 바라며 삽질(성행위)을 한 아가스티야는 신들과 함께 그의 소원을 이루었도다."(『리그베다』, I.179. 1~6)

고대 인도의 현자나 수행자의 아내들은 남편을 따라 같이 고행하거나 금욕적인 생활을 할 수밖에 없었다. 하지만 그중에는 출산이라는 문제와 여성들이 견디지 못하는 성적 욕구 또한 수행자들 사이에 문제가 되었다. 물론 남성 수도자 또한 성적인 문제가 없을 수야 없었겠지만, 종족 번식이라는 본능적 욕구에 대해서는 여성이 더 월등한 욕구를 지니게 되는지도 모르겠다.

위의 대화에서 불멸을 추구하는 수행자 아가스티야의 아내 로파무드라는 그의 표현대로 수년 동안 남편과 잠을 이루지 못하는 금욕의 고통을 함께하고 있었다. 새벽이 다가올 때마다 점점 늙어가기만 하는 자신의 모습이 처량하기까지 했다.

더 이상 늙어만 가는 자신의 몸을 그냥 바라볼 수 없던 나머지 남편과의 사랑을 요구하며, 당시에는 관행으로 여겨지던 남자 수행자들의 금욕적 태도를 지적하며 자신들의 아내에게로 돌아가야 한다고 호소하고 있다.

심지어 과거의 남자 수행자들도 신의 법률이라고 중시하며 지켜오던 관행이라도 성취될 수 없다고 판단되면 과감하게 그 법령을 파기한다며 전통적인 경우들을 열거한다. 그리하여 수행자 남편이 아내와 한 몸을 이루어야 하는 정당성을 피력하는 것이다.

이러한 아내의 요청에 남편 아가스티야는 고행의 효과와 정당성을 피력하면서 아내를 설득하려 한다. 부부가 합심하여 고행을 하면 불멸의 행복을 얻게 될 것이라는 것이다. 그러나 그럴수록 아내 로파무드라는 솔직하고 단도직입적으로 자신의 끓어오르는 욕망을 표현하며 남편을 설득한다.

이들의 대화 사이에 시인이 개입하여 해설을 덧붙인다. 남편을 정력이 왕성한 황소에 비유하고, 아내는 그 황소 같은 남편의 정력을 받아들여 충분히 해소시키는 것으로 묘사한다. 아가스티야는 순결을 지키고자 했지만 결국 허사였고, 그것을 죄로 생각하여 신에게 속죄를 빈다. 욕망에 가득 찬 인간의 나약함을 용서해달라는 뜻이었다.

하지만 죄를 고백하며 겸손한 모습을 보인 수행자요 현자 아가스티야는 아내를 통해 자식을 낳고 건강과 힘을 얻고, 이 세상에서 누리는 행복뿐만 아니라 신들과 더불어 사는 지복의 불멸도 획득하게 된다. 결국은 에로티시즘과 금욕주의의 절충적 합일을 보게 된다는 해피엔딩의 수행자 부부 이야기다.

여지껏 『리그베다』에 나타난 중요한 여신들의 이야기를 살펴보았다. 이밖에도 인드라와 그의 아내 인드라니(Indrāṇī)의 성희롱의 문제에 대한 대화[29]라든가 다양한 여신들의 흥미롭고 소소한 이야기가 본문 곳곳에 스며들어 베다의 재미를 한층 더해주고 있다.

10

민중을 위한 주술에서 베단타 철학으로

『아타르바베다』와 「브라흐마나」

"실로, 태초에 이 세계는 브라만이었
다. 그것이 신들을 창조했고, 그 후 그
신들을 이 세계에 오르게 했다. 아그니
(agni)는 땅 위에, 바유(vāyu)는 공중에,
수리야(sūrya)는 하늘에."
「사타파타 브라흐마나」

『아타르바베다』의 주술적 기도문

베다의 네 종류 중에서 가장 후기에 속하는 『아타르바베다』(*Atharvaveda*)는 주술(呪術, magic)적 주문으로 구성되어 있다. 그 중에 무려 731개가 『리그베다』에서 인용해온 것이다. 그밖의 많은 본문 내용도 출처가 의심스러울 정도로, 민간의 주술적 내용들을 혼합하고 있어서 한때는 위경(僞經, apocryphal) 취급을 받기도 했다. 주로 후기 힌두교의 성격을 많이 드러내는데, 우파니샤드의 초기 문서들이 여기에 합류되어 있기도 하다.[1]

『아타르바베다』는 특히 민간전승의 신앙들을 많이 수용하여 채택하고 있다. 제사를 집행하는 아타르반(Atharvan)이 속죄를 비는 제의나 저주(咀呪)에 관한 문헌, 또는 결혼식이나 장례식 등에서 사용하는 의례적 문구 등이 많다. 아타르반은 고대 인도의 초기 사제들을 지칭하는 말로, 후대의 브라만 사제들의 선조가 되는 셈이다. '아타르바베다'라는 말도 여기서 따온 것이다.

이들 아타르반은 단순히 축복과 저주의 주술이나 주문을 말하는 제의적 활동뿐만 아니라, 민간요법의 광범위한 의술 행위도 했던 것으로 나타난다. 본문의 여러 곳에는 질병의 치료와 관련된 진술이 허다하다. 『아타르바베다』는 또한 사제들이 법정에서 활동하는 데에도 필수적이었다. 기원전 2세기경의 정치 상황에서 주술과 정치는 아주 밀접한 관계였기 때문이다.[2]

비록 『아타르바베다』는 『리그베다』에 비해 그 중요성이 뒤지기는 하지만 대부분 『리그베다』에서 뽑아낸 찬가들로 구성된 노래집(saman)인 『사마베다』나 '제의의 기도문'(yajna)으로 구성된 『야주르베다』[3]에 비하면 그 비중이 높게 평가되고 있다.

『아타르바베다』가 이렇게 인기 있는 이유 중의 하나는 인도 고대의 원시적인 대중 신앙과 미신들을 여과 없이 생생하게 다루어 주는데다가 초기 인도-아리아인의 하층민 생활상을 잘 보여주기 때문이기도 하다. 아주 오래된 층에서는 인도-유럽인의 생활상도 일부 보이고 있다.[4] 인도의 고대언어 자체가 인도-유럽인 계열이듯이 민족 이동의 흐름을 따라 고대생활의 풍속도 자연히 섞여 있었음을 충분히 짐작할 수 있는 내용이다.

『리그베다』가 비교적 고대인도-아리아인 상류층의 종교적 신념과 행위들을 보여주고 있던 데 비해, 『아타르바베다』는 고대인도의 주술적 경향과 하층민들의 생활상을 보여줌으로써 『리그베다』를 보충하는 중요한 역할을 하고 있다.

『아타르바베다』의 대중적 주술들

『아타르바베다』의 본집에는 전 19권의 책 가운데 565개의 운율적인 산문형태로 된 찬가가 있다. 주술과 제의형태의 내용이 대부분인데 그 특징은 다음과 같다.

433개의 노래 가운데 첫 번째 부분은 아주 짧은 형태로 되어 있고, 어떤 것은 오직 단 한 줄의 시구절로 되어 있는 것도 있다. 그리고 대부분이 특수한 목적을 위한 주문 형식의 기도문으로 이루어져 있다. 물론 대중의 요구를 충족시키기 위한 주문이다.

예컨대 뱀과 전갈로부터 보호해달라든지, 곤충들에게 물렸을 때 독을 없애달라는 식의 적을 향한 저주의 주문이 있고, 머리털이 자라나게 하는 주문에서는 효과가 있다며 소마가 초대되기도 한다. 심지어 도박판에서 행운을 빈다든지, 악령으로부터의 해방과 감기를 내쫓는 주문도 있다. 성공적인 해산(解産), 적과의 싸움에서 승리, 연애의 성공, 정력의 회복 등등 생활 속에서 경험할 수 있는 모든 위기와 기회에 주문이 적용되는 것이다.

대표적인 예를 살펴보자. 질병과 악마의 퇴치를 위해 간기다(gangida)라는 나무로 만든 부적을 가지고 주문을 외우기도 한다. 간기다나무는 악마를 퇴치하는데 효력이 있다고 믿어진다.

"간기다는 악마를 멸하는 자로다. 또한 악의 세력을 퇴치하는 자로다. 그러므로 강력한 힘을 지닌 간기다여, 우리의 생명을 연장하소서! 간기다의 위대한 힘이 우리를 모든 면에서 보호하리로다."(『아타르바베다』. XIX.34.4~5).

일반적인 치료약으로는 보리와 물이 언급되기도 한다. 『아타르바베다』에서는 주술과 치료에 효과가 있는 의료식물에 대한 찬가가 길게 수록되어 있고, 질병 회복과 건강, 그리고 장수에 대한 주문이 많다. 건강과 장수를 비는 기도문을 감상해보자.

『아타르바베다』는 다른 베다에 비해 주술적인 성격의
주문(呪文)이 많다. 대개 질병의 치유와 같은 효과를 위해
비는 것으로 반복적인 형태의 기도문이다.
주문 구절을 천에 수놓아 걸어두고 기도문을 외우기도 한다.

"나는 내가 바치는 공물로 쇠락해가는 그대의 생명을 해방시키노라. 만일 강탈자 그라히(Grāhi)가 여기서 이 사람을 속박한다 해도, 인드라와 아그니가 그를 해방시켜주리라. 그의 생명이 쇠락해가더라도, 심지어 그가 죽었다 할지라도, 죽음의 언저리에 닿았다 해도, 나는 파괴의 여신 니리티(Nirriti)의 무릎에서 낚아채 나오리라. 나는 그를 100세까지 살게 하노라. 1,000개의 눈, 100배의 힘을 가진 제물을 바쳐 그를 구해내고 100배의 생명을 보장받게 했노라. 그리하여 인드라가 해마다 모든 불행에서 건져내도록 했노라."(『아타르바베다』, III.11.1 - 3).

건강과 장수를 비는 기도문은 이밖에도 길게 이어진다. 이때 기원하는 신들은 인드라와 아그니 외에도 태양신 미트라, 바루나가 있고, 하늘의 아버지 신 디야우스, 땅의 어머니 신 프리티비, 그리고 바람의 신 바유가 동원된다. 물론 세계의 창조자이자 "기도의 주"로 불리는 브리하스파티도 죽음의 신 야마로부터 인간들을 해방시키는 역할을 한다.[5]

『아타르바베다』에는 특히 저주를 위한 주문이 많다. 이 때문에 『아타르바베다』는 '저주의 베다'(Cursing-Veda)라고도 불린다.[6] 그 가운데서 특히 마법사와 악마에 대한 저주의 기도가 유명하다. 대표적인 예를 살펴보자.

"홀로 높은 곳에 우뚝 서서 버터기름과 참기름을 먹어치우시는 정복자. 오, 아그니, 가타베다(Gātaveda)이시여! 마법사를 호통쳐서 침묵케 하소서! 마법사와 게걸스런 탐식가 키미딘(Kimīdin)을 호통쳐서 꼼짝 못하게 하소서! 그리하여 오, 아그니와 인드라여, 우리가 바치는 이 공물을 은혜롭게 받아주소서!"(『아타르바베다』, I.7.2~3).

『아타르바베다』의 다양한 주문에는, 특히 여성에게 해당되는 주문도 있어 눈길을 끈다. 예컨대 남편을 구하기 위한 주문 같은 것이다. 이때에도 아그니 혹은 소마가 기원의 대상이 된다.

"이 여인은 남편을 얻게 될 것이다. 소마 왕께서 그녀를 사랑스럽게 여겼기 때문이다. 그녀가 아들을 낳고 여왕이 될지니라. 그녀가 남편에게 돌아가 사랑 속에 빛나게 되리라!"(『아타르바베다』, II.36.3)

왕에게만 해당하는 주문도 있다. 왕이 보좌에 앉아 신성한 직무를 수행하니 죽음이 가까이 오지 말고 왕국을 영광스럽게 하라는 주문이다. 아그니의 힘을 빌려 망명생활을 하는 유배된 왕의 회복을 비는 주문도 있다. 뿐만 아니라 왕을 선택하는 주문이나 왕의 권력을 강화하기 위해 파르나(Parna)나무로 만든 부적의 힘을 칭송하는 노래도 있고, 권력을 강화하기 위한 주문도 있다.[7]

이밖에도 적을 무찌르거나 교란시키기 위한 전쟁주문이 있다.

전쟁을 일으키기 전날 밤에 아그니, 소마, 인드라 신 등에게 탄원하는 주문도 상당수 있고, 적을 떨게 하는 전쟁북(battle-drum)에 대한 노래도 있다. 이처럼 『아타르바베다』는 다양한 형태의 주문을 포함한다.

민중을 위한 주술이 베단타 철학으로

『아타르바베다』는 네 개의 베다 가운데 가장 후대에 기록된 문서로, 민중의 생활과 가장 가깝다. 고대 인도의 민중들은 실생활에 필요한 제반 문제들을 해결하기 위한 방법으로 기도와 주문에 상당부분을 의존하고 있었기 때문에, 그들에게는 이러한 제사와 기도가 생활 속의 관행이 되어왔던 것이다.

모든 기도문을 일일이 열거할 수는 없지만 특별히 재미있는 기도문들을 조금 더 언급해보자면, 집을 건축할 때 비는 기도문, 씨앗을 뿌릴 때 축복하는 기도문, 곡식의 성장을 촉진하는 주문, 들판의 곡식에 몰려드는 해충 떼를 몰아내기 위한 주문, 곡식이 번개 맞는 것을 막기 위한 주문 같은 것이 있다.

가축의 보호와 번식을 위한 주문, 불의 위험을 막는 주문, 새로운 수로로 강물을 끌어들이기 위한 주문도 있다. 그밖에 상인의 기도, 도박이나 주사위 놀이에서 성공을 비는 기도, 잃어버린 재산을 찾기 위한 주문, 죄와 신성모독의 속죄를 위한 주문 등 그 종류는 무궁무진하다.

이밖에도 『아타르바베다』에는 사제들인 바라문의 억압에 대해 저항하는 저주의 기도문이 상당수 있어 흥미롭다. 권력으로 민중을 억압하는 바라문을 이렇게 저주한다.

"바라문을 온화한 사람이라고 생각하는 사람은 죽여라. 신들을 욕되게 하고 생각 없이 재물만 탐하는 자, 그의 심장에 인드라가 불을 지피리라. 그가 살아 있는 한 천지가 그를 증오하리라. ……바라문의 혀는 활이 될 것이다. 그의 목소리는 화살촉에 걸리는 줄이 되리라. 그리하여 그의 숨통과 이빨이 거룩한 불로 태워져 패대기쳐지리라. 이들 바라문과 같이 신들을 욕되게 하는 자들도 그러하리라. 심장을 꿰뚫는 강한 화살로 신들이 이들을 벌하리라."(『아타르바베다』, V.18.5, 8)

제사풍속이 만연한 고대사회에서 사제의 사회적 지위가 상대적으로 높아지면서 사제가 본연의 자세를 잃고 종교적 권력으로 민중을 압제하자, 점차 이에 저항하는 저주의 목소리가 높아갔던 것을 짐작하게 한다. 그러나 제의에 정성을 다하는 사제에게는 달랐다. 제의의 대가로는 우유를 섞은 곡식의 죽을 사제에게 주었고, 그 준비에는 정성을 다하는 기도문이 함께 하기도 했다.

대부분이 앞에서 본 바와 같이 긴 형식의 산문이지만 몇몇 경우에는 반 산문(半散文, semiprose)으로 된 것도 있다. 이것은 두 자료의 층이 서로 다르다는 것을 보여준다. 전반부는 짧은 산문으로 매혹적인 언설의 주술인 반면, 후반부는 긴 산문으로 제의의 의미에 대한 깊고 체계적인 사색과 통찰이 담겨 있다.

대중적인 주술은 특정인의 목적과 요구를 충족시키기 위한 것이지만, 우주적 질서의 통제 그 자체는 희생제사를 통해서만 가능했다. 이때의 통제력이란 우주적 질서를 제의로 모방하여 주술적으로 통제하는 것을 말하는데, 이를 위해서는 통제의 대상과 제의의 목적 사이의 정확한 상관관계를 이해하는 지식이 필요하다.

통제해야 할 대상이 더 클수록 정보와 지식의 중요성은 더욱 커진다. 이러한 희생제의의 주술적 개념은 점차 우주적 관념으로 확대되었으며, 그 결과 '제의의 철학'인 베다의 마지막 철학, 즉 초기 형태의 우파니샤드(베단타 철학)로 나타난다.

잘 알려진 바와 같이 베단타 철학은 『리그베다』의 말기 사상으로서, 우주의 최고원리를 일신교(一神敎) 또는 일원론으로 설명하는 것이 특징이다. 이러한 경향은 베다의 가장 후기 저술인 『아타르바베다』의 후반부에서부터 드러난다.

『리그베다』에서 이미 일자와 같은, 또는 푸루샤와 같은 최초의 우주 인간으로 나타내기도 했지만, 『아타르바베다』에서는 우주를 떠받치는 기둥(支柱)을 뜻하는 '스캄바'(Skambha)가 대표적인 최고 원리가 된다. 그밖에도 최고 원리의 자리를 다투며 나타나는 명칭 가운데는 칼라(Kāla, 時間), 비라즈(Virāj, 遍照者)[8], 카마(Kāma, 意欲), 황소, 암소, 브라티야(Vrātya: 정통 바라문 이외의 종족) 등이 있다.

이 가운데 가장 대표적인 위치를 점하고 있는 '스캄바에 대한 찬가'가 『아타르바베다』 제10권 제7장에 언급되고 있다. 그 본문의 일부를 살펴보자.

"그 위에 프라자파티[9]가 일체의 세계를 지탱하며 고정시키는 스캄바를 설한다. 그것은 대체 어떤 것일까? ……

그 속에 사람이 갖가지 세계와 보물 저장소와 태초의 물과 브라흐만(최고 원리)을 알며 그 속에 무(無)와 유(有)를 담고 있는 그 스캄바를 설한다. 그것은 대체 어떤 것일까? ……

인간 가운데 있는 브라만을 아는 자는 파라메슈틴(Parameṣtin: 최고의 승리자)을 안다.

파라메슈틴을 아는 자, 프라자파티를 아는 자, 그리고 브라만을 가장 잘 구현한 자를 아는 자, 그들은 동시에 스캄바를 안다."
(『아타르바베다』, X.7.7, 10, 17)

『아타르바베다』의 시인은 이미 『리그베다』에서 세계의 원리로 설명된 프라자파티나 브라만도 만유를 지탱하고 떠받치는 기둥 스캄바의 별칭에 지나지 않는다고 선언한다. 스캄바는 이미 온갖 무와 유를 내포하는 자로 찬미되고 있다.

유무를 통합하는 우주의 근본 원리, 브라만

앞에서 서술한 스캄바와 달리, 『아타르바베다』의 다른 본문인 제4권 제1장 제1절에는 유와 무를 통합하는 근본 원리가 브라만으로 설명되기도 한다. 이것은 『아타르바베다』가 서로 다른 전승과 층이 결합된 것임을 보여준다.

후기에는 브라만을 우주의 최고 원리로 내세우는 사상이 더욱 환영받게 되면서 우파니샤드의 원리로 발전한다. 우주적 최고 원리인 브라만을 인간 내면 속의 자아, 곧 아트만(ātman, 自我)과 동일시하는 '범아일여'(梵我一如)의 사상도 나타나고 있다.

> "그러므로 실로 푸루샤(아트만)를 아는 자는 '이것이 브라만이다'라고 생각한다. 그 속에 모든 신격(神格)이 자리하고 있기 때문이다. 암소가 외양간에 앉아 있는 것과 같이."[10](『아타르바베다』, V.11.8.32)

우주 최고의 원리인 브라만이 인체의 내부에 도사리고 앉아 있다는 이 사상은 인간이 바로 브라만이라는 사실을 통찰하게 하는 우파니샤드 최고의 진술의 사상적 맹아를 말해주는 것이다. 이미 『아타르바베다』의 시인은 인간 내부에서 우주적 통찰을 보여주고 있는 것이다.

『아타르바베다』는 『리그베다』의 내용을 대거 인용한 후속물이기는 하지만, 오히려 후속물이기 때문에 가지게 되는 큰 장점도 있다. 『아타르바베다』는 『리그베다』의 기초 위에 당대에 광범위하게 유포되었던 민간전승의 주술적 자료들을 대거 포함하고 있고, 후대의 시인과 사상가의 세계와 우주에 대한 깊은 근원적 사색과 통찰을 담고 있다.

이로써 우리는 『아타르바베다』의 제의와 주술, 그리고 사제의 역할을 이해함과 동시에, 후기 베다의 철학적·우주적 사색의 결과도 찾아볼 수 있었다. 시인의 상상력이 단순한 우주 발생론 차원의 신화나 재앙을 물리치고 복을 기원하는 주술 차원을 넘어서, 이제는 우주의 근본 원리를 사색하기에 이른 것이다. 그 사색의 끝이 인간의 내면에서 멀지 않은 인간 내면성으로의 회귀를 다시 보여주고 있다는 점에서 새로운 가치가 있다고 하겠다.

『아타르바베다』의 시인이 읊었던 우주-철학적 노래들을 통해 우리는 하이데거의 말처럼[11] 그 "시(詩)와의 관계를 사유(思惟)함으로써" 단순한 신화가 아니라 '철학의 본질을 경험하는' 재미를 맛보게 된다.

「브라흐마나」 사상의 출발, 제사 만능주의

「브라흐마나」는 베다의 본집을 해석한 주석서로서, 『리그베다』를 포함한 4개의 베다 본문에 대한 각각의 해설서다. 특히 제사의 구체적인 방식과 절차는 물론, 그 의미를 자세히 서술한 사제들의 기본적인 지침서가 주를 이룬다.

후대 베단타학파의 고전적 소의(所依)경전이 되는 본서가 형성된 시기는 대략 기원전 900년에서 700년 사이로 추정된다. 그 가운데서 가장 내용이 풍부하고 방대한 것으로는 『야주르베다』를 해석한 주석서, 『사타파타 브라흐마나』(Śatapatha Brāhmana)가 있다.

「브라흐마나」를 다시 내용적으로 구분해보면, 제사의 방식과 규범을 다룬 지침서인 '비디'(Vidhi, 儀軌), 찬가인 만트라의 의미를 다루는 부분, 제사의 기원과 전설을 설명해주는 '아르타바다'(Arthavāda, 釋義)[12]로 이루어져 있다. 제사의 기원과 전설을 설명해준 아르타바다에서 베단타 철학이 출발하는데, 이것이 우파니샤드 철학의 시작을 알리게 된다.

아르타바다의 논의는 베다의 주석서인 「브라흐마나」의 끝부분으로서, 제사에 관한 최종적인 철학적 논의라고 볼 수 있다. 그런 의미에서 '베다의 끝'(end of the Veda)을 의미하는 '베단타'(Vedānta = Veda + anta)라고 부르게 된 것이다.

베다의 마지막 문헌 「브라흐마나」, 그리고 여기에 포함되어 있는 아르타바다를 더욱 깊이 숙고하여 철학화한 작품이 바로 「아라냐카」(Āranyakas, 密林書)로서, 베다와 우파니샤드의 사상체계의 과도기에 해당한다.

「브라흐마나」의 주된 사상은 무엇보다 '제사 만능주의'다. 베다의 본집이 주로 시인의 노래와 찬가 형식의 만트라로 구성된 데 비해, 「브라흐마나」는 주로 사제들의 편집물이라고 볼 수 있다. 때문에 제사가 주축이 되고 제사가 모든 사상의 중심을 이루고 있는 것이다.

"학식이 있으며 베다에 정통한 바라문(브라만)은 인간이라는 신이다."(『사타파타 브라흐마나』, II.2.2, 6)

사제 즉, 바라문(婆羅門, Brahman)은 신들을 대신하여 제식(祭式)을 주관하는 위치에 있었기 때문에, 그들의 권위는 점점 더 높아만 갔다. 당시의 세계관에서는 제식이 가장 중요한 것이었고, 제식이야말로 신들을 강제하거나 우주의 현상을 지배할 수 있는 힘이라고 생각됐기 때문이다. 베다의 세계관에서는 신들마저 제식을 수행해야만 비로소 불멸성을 획득하는 것으로 여겨졌다.

이러한 이유로 제사를 집행하는 바라문의 권위는 단순히 신에게 봉사하는 경건한 봉사자의 차원을 넘어서 독자적이고 전문적인 지위를 확보했다. 따라서 제식의 힘으로 신들을 지배하는 자인 동시에 인간으로서의 신, 곧 신인(神人)의 위치로 격상되었다.

사제, 브라만의 역할

신인의 지위로까지 격상된 사제의 명칭도 다양하다. 물론 사제들의 역할과 기능에 따라서 다르게 불리기도 한다.

제사의 기능과 범위가 점점 복잡해지고 전문화 되면서 제사를 주관하는
사제들의 위치가 높아져갔고, 이에 따라 제사만능주의가 형성되기도 했다.
제식의 기능과 힘은 오늘날에도 바라문에게 전승되고 집중되어왔다.
바라문 가정의 거실에는 온갖 다양한 음식과 제사용 도구가 마련되어
수시로 신도들이 찾아와서 제사를 드린다.

예컨대 제의 전 과정을 주관하며 총감독의 위치에 있는 리트비즈(Ritvij), 『리그베다』의 찬가를 낭송하는 호트리(Hotri), 『사마베다』의 노래를 부르는 우드가트리(Udgatri), 『야주르베다』의 노래를 부르는 아드바르유(Adhvaryu), 그리고 『아타르바베다』의 사제인 브라민(Brahmin, Brahman)이다.[13]

일반적으로 바라문이라는 사제의 명칭은 바로 이 『아타르바베다』의 주술과 주문을 집행하는 사제 브라만이었다. 원래 브라민은 카스트 제도의 4계급 가운데 사제 계급을 가리키는 것이었으나, 사제 개인을 의미하기도 한다. 이 말은 브라만이라는 말과도 혼용되고 있다.

여기서 잠시 '브라만'이라는 용어에 대한 혼돈을 피하기 위해 부연 설명을 하고자 한다. 일차적으로 브라만은 종종 브라흐만으로 번역되기도 하지만 같은 단어의 발음 차이일 뿐이다. 브라만의 뜻은 하나의 지고의 실재(One Supreme Reality), 혹은 신(God)을 뜻한다. 중성적 의미에서 지고의 실재라는 개념은 신적인 인격성을 띠고 표현되기도 한다.

한편 브라만은 사제 계급을 의미하고, 동시에 사제 그 자체를 뜻하는 브라만으로도 혼용하고 있다. 이러한 혼동을 피하고자 사제로서의 브라만을 구분지어 설명하는 용어가 브라민이다. 또 나중에 언급하게 될 힌두교의 대표적인 세 신 가운데 하나로서의 창조신인 브라흐마(Brahma)가 따로 있다.[14] 그리고 브라민(바라문)이 각 베다의 본집을 제의적으로 해석하고 편집한 문서를 「브라흐마나」라고 한다는 것은 이미 앞에서 본 바와 같다.

오늘날 힌두교에서 제의를 수행하는 사제에 대한 일반적인 명칭은 브라민(브라만) 외에도 가정에서 가족을 위해 제사를 드리는 프로히타(Purohita), 브라만 외의 다른 계급에서 자신들의 제사를 드리는 사제인 잔가마(Jangama), 성지순례를 오는 자들을 위해 힌두 사원에서 제의를 안내하고 집행하는 판디야(Pandya), 사원이나 성소에서 주로 의례의 절차와 푸자(puja : 봉헌 또는 예배)를 담당하는 푸자리(Pujari) 등 다양한 명칭이 있다.[15] 이는 제사의식의 전문화와 사제계급의 분화를 설명해주는 다양한 본보기다.

제사가 점차 중시되면서, 우주의 질서를 유지하는 것이 신들이 아니라, 올바른 제사를 드리는 행위 자체로 변해갔으며, 그 제사행위를 제대로 수행하는 사제들의 권위도 높아져갔다. 따라서 제사는 우주적 힘을 지닌 것으로 생각됐다. 이러한 사고는 후대에 인도의 정통 철학파의 하나로 제의의 중요성을 강조하는 푸르바 미맘사(Pūrva mīmāmsā)[16] 학파에서 계승되었다. 제의 속에서 신(神)의 존재 가치는 점점 퇴색하고 있다.

「브라흐마나」의 창조주, 프라자파티

「브라흐마나」의 '제사 만능주의' 분위기 속에서 신의 가치는 쇠락해갔지만, 여전히 최고신 또는 최고의 원리에 대한 탐구는 계속 이어져갔다. 신의 역할이 상대적으로 축소된 신들의 역할을 대신

『아타르바베다』에는 다양한 질병을 퇴치하기 위한
주문 형식의 기원문들이 많다. 현대에도 이런 형태의 질병 퇴치나
가족과 자손들의 번영을 기원하는 제사의 예를 많이 볼 수 있다.
사진은 할머니가 병에 걸린 손자를 주술로 치료하기 위해
현대식의 병원을 거부하고 제단으로 데려온 장면이다.

한 것이 창조자의 최고신 프라자파티[17]였던 것이다.

문자 그대로 '창조의 주'라는 뜻을 가진 프라자파티는 앞에서 본 바와 같이 제사를 창조하고 스스로 제식을 행할 뿐 아니라, 제식 그 자체가 되기도 한다. 최고신 프라자파티는 「브라흐마나」에 와서 가장 유력한 존재가 되지만 그 또한 우주창조 때 '황금의 알'(모태)에서 탄생하는 것으로 묘사되고 있다. 『사타파타 브라흐마나』 본문의 그 내용을 살펴보자.

"태초에 이 우주는 실로 물이었다. 물의 바다일 뿐이었다. 물은 희망했다. "내가 어떻게 번식할 수 있을까?" 물은 노력했다. 물이 고행(苦行, tapas)을 통하여 열기를 발했을 때, 황금의 알 히란야가르바가 생겼다. 그때 세월은 아직 존재하지 않았다. 황금의 알은 1년 동안 떠다니고 있었다.

1년이 지나 그로부터 한 남자가 태어났으니, 그가 프라자파티였다. 그리고 1년 후에 한 여자, 암소, 암말이 태어났다. ……그는 이 황금의 알을 깨뜨렸다. 그러자 실로 의지할 곳이 없었다. 이 황금의 알만이 그를 지탱하여 1년을 떠다녔던 것이다.

1년의 마지막에 그는 말하고 싶었다. 그가 브후(bhūh)라고 말하니, 대지(大地)가 되었다. 그가 브후바(bhuvah)라 말하고(이 말은 대기의 공간으로서) 스바(svah)[18]라고 하니, 하늘이 되었다. 그러므로 어린아이는 1년을 자란 후에 말을 하고 싶어한다. 프라자파티가 1년을 지내고 말을 했기 때문이다."(『사타파

타 브라흐마나』, XI.1.6)

앞의 『리그베다』 본문에서도 보았듯이, 여기서도 황금 알을 통한 우주 탄생이라는 난생설화(卵生說話)를 보게 된다. 이는 혼돈에서 질서와 하늘과 땅이 생겨나는 세계 발생의 기원을 말해주는 베다의 다양한 우주 창생론(創生論)의 하나다.

서양 철학의 시조(始祖)라고 불리는 탈레스가 물이 세계의 근원자라고 상상했던 것처럼, 태초에 물이 있었다는 생각은 『리그베다』에도 일관되게 나타난다. 그 물의 바다 위에 황금의 알이 떠 있었고, 그 황금 알은 지금의 우주를 잉태하고 있었으며, 그 알 속에서 창조주 프라자파티가 나온 것이다.

흥미로운 것은 '물'의 희망과 '물'의 고행을 말하고 있다는 점이다. 물을 인격화하는 것이다. 우주를 탄생시킨 황금의 알 또한 '물의 희망'의 결과다. 그 희망의 결과는 다시 '물의 고행', 즉 '타파스'의 결과라는 것도 잊지 말아야 한다. 우주 발생도 아이를 낳는 산모의 고통처럼 타파스의 과정이 있었다는 것, 그 자체만으로도 탄생의 신비를 엿보는 자그마한 열쇠를 얻은 느낌이다.

황금의 알 속에서 1년간 머물다가 탄생한 프라자파티, 그 후 1년이 지나서야 여자와 암소, 암말이 탄생한다. 창조주 프라자파티가 남자로 설명되고 있는 것은 그리스도교에서 하나님이 아버지라는 남성적 표현으로 묘사되고 있는 것과도 유사하다. 이는 가부장적 사고가 팽배했던 문화적·시대적 산물이라고도 볼 수 있을 것이다. 수많은 짐승 가운데 암소와 암말의 탄생을 여자 다음으로 언급하고 있는 이유는, 인간 생활에 가장 가깝고 제사용으로도 사용되는 동물이기 때문이다.

창조자 프라자파티는 1년이 지나서 말을 하기 시작한다. 말을 하고 싶은 욕망이 그에게 있었다는 것이 흥미롭다. 그 욕망의 최초의 발언은 '브후'였고, 그 말의 결과로 대지가 탄생했다. 이 또한 『성서』에서 하느님이 천지를 '말씀'으로 창조한 것에 비유되며, 최초의 인간 아담이 만물에 이름을 부여한 것과 비교된다. 인간은 언어적 존재라는 것을 말하고 싶었던 것이리라.

언어는 개념적 사고의 기호적-상징적 결과다. 앞에서 언어의 신 바크(vāc)가 얼마나 큰 창조력을 발휘하는가 하는 점을 살펴본 바 있다. '브후'라는 말은 산스크리트어로 '땅'을 의미하는 '브후미'(Bhūmi)[19]의 어근이다. 땅이 창조된 다음에 하늘에 대기가 탄생되기를 바라는 마음에서 '브후바'를 언급한다. 땅이 먼저 탄생되고 대기가 나중에 탄생된다. 이는 마치 그리스 신화에서 땅의 지모신 가이아가 최초의 신으로 등장하고, 그 후 그에게서 하늘의 신인 우라노스가 탄생되는 순서와 흡사하다.

이제 창조주 프라자파티의 언어의 힘으로 우주의 기초인 땅과 하늘이 구축되었다. 우주 탄생의 신화가 언어로 서술되었지만, 인간은 탄생부터 1년을 기다려 언어를 배워가야 하는 존재이기도 하다. 남은 일은 어린이가 성장하면서 말을 배우는 것이다. 인간 언어의 세계가 강조되고 있다. 하이데거가 "언어는 존재의 집"이라고 했듯이, '알(母胎)의 집'에서 탄생한 인간도, 언어와 존재의 시조(始祖)에게 경건한 제사를 올린다.

창조주 프라자파티에 관한 흥미로운 신화 가운데 하나는 근친상간을 통한 종족 번식과 세계창조다. 근친상간의 신화는 앞서 『리그베다』에서 이미 언급되었다. 창조와 번식의 과정에서 '하늘의 아버지'는 자신의 남성적 힘의 상징인 남근(男根, linga)을 자기 딸의 자궁에 삽입하여 욕망을 충족한 이후, 정액의 일부를 땅에 뿌리기도 한다.[20] 이러한 근친상간의 예는 우주창조설을 길게 언급하는 「브라흐마나」에서도 계속되는데, 여기서는 근친상간을 하는 '하늘의 아버지'가 바로 창조주 프라자파티와 동일시되고 있다. 버터와 소마주스를 봉헌하는 베다의 제의 속에서 프라자파티의 '정액'(씨앗, seed)이 불속에 던져진다.[21]

이 신화적 상징을 어떻게 해석할 것인가는 해석자의 몫이다. 하지만 고대에 근친상간의 풍속이 있었음을 반영해주는 것은 틀림없을 것이다. 그런데도 여전히 근친상간의 풍속에 대해서는 시선이 곱지 않았던 것이 사실이다.

혹자는 프라자파티가 접근했던 딸을 하늘(sky)이라고 하고, 어떤 이는 새벽의 여신(dawn)이라고도 해석한다. 또는 프라자파티가 암사슴으로 변해 도망가는 그의 딸에게 수사슴이 되어 접근했다고 말하기도 한다. 이러한 주장은 『아이트레야 브라흐마나』에 근거하고 있다. 프라자파티는 창조적 역할을 하지만 근친상간에 대해서는 다른 신들도 좋지 않게 보고 비판한다.

프라자파티가 사슴이 된다는 신화는 고대의 점성학과도 관련이 있다. 하늘의 별들에 이름을 붙이고 그 기원을 신화적으로 설명한 사례 중의 하나로 볼 수도 있다. 예컨대 '사슴'이라는 뜻의 산스크리트어 '므리가'(Mṛga)는 염소별자리를 의미하며, 사슴머리자리(Mṛgaśiras)라고도 불린다. 사슴을 찌른 자(사냥꾼)는 시리우스(Sirius)로서 이리, 곧 천랑성(天狼星)을 가리킨다. 또한 영양(羚羊)을 뜻하는 산스크리트어 로히니(Rohinī)는 황소자리(金牛宮, Taurus)에서 첫자리를 차지한다. 이들 별자리 속에서 프라자파티가 차지하는 별은 오리온(Orion, 거대한 사냥꾼)이며, 오리온자리의 세 별 곁에 암사슴 로히니와 수사슴이 있다.[22]

프라자파티의 정액(씨앗)의 일부가 땅에 쏟아져 호수가 되었다. 이때 신들은 말했다. "이 프라자파티의 정액을 손상(mādusam)시켜서는 안 된다." 그러자 정액은 손상되지 않았다. 바로 그 '손상되지 않은 것'이 '최초의 인간'을 뜻하는 '사람'(mānusa: 운명적 존재)의 탄생과 관계되었다.

이 같은 신화 속에서 우리는 인간의 탄생도 신들의 사랑에 얽힌 이야기의 결과물이라는 비유를 읽게 된다. 비록 그것이 다소 어설프게 전개되는 근친상간의 이야기일지라도, 이 이야기의 구조가 보여주는 모습 속에서 우리는 오히려 '인간의 어설픔 그 자체의 기원'을 보게 되는지도 모른다. 어설픈 인간의 조상, 프라자파티에게서 인간의 양면성을 또 한 번 읽게 된다.

프라자파티와 아그니

한편 『카우시타키 브라흐마나』(Kauṣītaki Brāhmaṇa)에서는 프라자파티가 조금 다른 모습으로 나타난다. 많은 자손을 번식시키기를 원하면서도 금욕적 고행(타파스)을 수행하던 프라자파티는 어느 날 열기에 가득 차 우주의 다섯 가지 요소를 탄생시킨다. 불(火), 바람(風), 태양(日), 달(月), 새벽(黎明)이다.

프라자파티는 이들에게 "고행을 하라"고 명령했고 그들은 각각 자신을 제물로 봉헌하며 고행을 실천했다. 그 가운데서 프라자파티의 딸인 '새벽'은 천상의 요정이 되어 이들 형제 앞에 나타났다. 형제들은 그녀의 아름다움에 도취되어 정액을 쏟아냈다. 그리고 아버지에게 나아가 자신들의 정액이 헛되지 않도록 부탁했다.

그러자 프라자파티는 화살길이와 넓이만한 크기의 황금 대접을 만들어 거기에 정액을 담았다. 그러자 1,000개의 발과 눈을 가진 신과 천개의 멋진 화살이 탄생했다. 이렇게 탄생한 신은 아버지 프라자파티를 붙잡고 자기에게 이름을 달라고 요청했다. 이름 없이는 아무것도 먹을 수 없기 때문이었다.

그러자 프라자파티는 그에게 이름을 주었다. "너는 브하바(Bhava, 존재)다." 그리고 그에게 일곱 개나 더 많은 이름을 지어주었다.[23] 이름을 가지고 탄생한 존재, 그 존재는 또한 먹이 없이 살 수 없다. 신이건 인간이건 존재하기 위해서는 먹어야 한다. 이름과 존재와 먹이, 이 세 가지는 존재를 존재하게 하는 불변의 요소들이다. 신이 먹는 것 또한 제물이요, 신은 그 이름에 따라 각기 먹는 것도 다양하다.

『사타파타 브라흐마나』에 따르면, 맨 처음 프라자파티 자신은 홀로 존재했기에 먹을 것이 없었다. 그래서 자손을 번식시키기 위해 그는 자신의 입에서 불의 신 아그니를 탄생시킨다. 아그니는 창조주 프라자파티의 첫 탄생물이다. 아그니라는 명칭도 '처음'이라는 뜻의 '아그레'(Agre)에서 온 말이다.

입에서 탄생한 아그니는 제사의 음식을 먹는 자가 되었다. 그러나 정작 제사의 음식이 없었다. 그때 땅은 황폐했고 식물이 없었다. 배고픈 아그니가 먹이를 위해 크게 입을 벌리고 있을 때, 놀란 프라자파티에게서 뭔가 위대한 기운이 빠져나갔다. 그것이 바로 '언어'(말, speech)였다.

프라자파티는 자신을 제물로 삼고자 했다. 그리하여 손을 비비자 희생제물로 버터가 나왔다. 처음 나온 버터는 머리카락이 빠져 있어서 제물로 바치기에 적절하지 않다고 생각했다. 첫 버터를 불에 쏟아버리며, "태워서 마시자"(osa dhaya)라고 했다. 이 "오사드야"라는 '말' 속에서 '식물'(osadhayas)이라는 말이 나왔다.

온전한 제물을 위하여 두 번째 손을 비비자, 깨끗한 버터와 우유가 나왔다. 이것을 제물로 바칠 것인가, 말 것인가를 생각하자 "그것을 제물로 바쳐라"라는 심중의 소리가 들려왔다. 이때 프라자파티는 깨달았다. 자신에게서 나온 말, 그 언명의 위대성을 깨달은 것이다. 자신(sva)의 내면에서 들려오는 위대한 명령의 언어(āha),

그 소리를 깨닫고 프라자파티는 "스바하!"(Svāha)라고 외친다. 스바하는 직역하면, '그 자신의 소리'지만, 의역하자면 "그렇게 되라"(So be it!)는 의미다. 이것이 불교에서 '사바하'라는 염불(念佛)의 끝을 장식하는 종식언어로 번역됐다. 그리스도교에서는 말할 것도 없이 '아멘'에 해당한다.

프라자파티가 "스바하"를 외치자 태양이 일어나 뜨거워졌고 바람이 크게 불었으며, 아그니는 돌아가버렸다. 프라자파티는 계속 제의를 수행하여 자손을 번식시켰으며, 자신을 삼키려고 달려드는 아그니로부터 자신을 구원할 수 있었다. 그리하여 불의 제사(Agnihotra)를 드리는 자는 누구든지 프라자파티처럼 자손을 번식하게 된다고 알게 되었다. 누구든지 죽어 불에 던져 화장(火葬)하면, 부모에게서 태어나듯이 다시 태어나게 된다는 것이다. 불은 오직 그 몸만을 불태울 수 있을 뿐이기 때문이다.[24]

이것이 『사타파타 브라흐마나』의 진술이요, 창조주 프라자파티에 관한 신화적 기술의 대략이다. 거듭 강조하지만 창조의 원동력은 고행, 즉 타파스가 기초이고, 그 고행을 통해 불의 신 아그니와 내면의 힘, 언어가 탄생되며, 자신을 산 제물로 바칠 때 비로소 만물이 번식하면서 '존재'의 지속이 가능해진다는 것이다.

제사만능주의에서 우주적 원리의 추구로

제사 만능주의 외에 「브라흐마나」의 또 다른 특징은 브라만이라는 우주의 통일적 원리인 실재(實在)에 대한 생각이 더욱 깊어 져가고 있음을 보여준다는 것이다. 이미 베다에서 그 맹아를 보여 주고 있었지만 「브라흐마나」는 더욱 그것을 구체적으로 언급한 다. 만유와 여러 신들의 배후에 있는 근원적 실재로서의 힘으로 브 라만이 제시되고 있다.[25] 『사타파타 브라흐마나』의 본문이 이를 잘 설명해주고 있다.

"실로, 태초에 이 세계는 브라만이었다.
그것이 신들을 창조했고, 그 후 그 신들을 이 세계에 오르게 했다.
아그니(agni)는 땅 위에 바유(vāyu)는 공중에 수리아(sūrya) 는 하늘에."(『사타파타 브라흐마나』, X.2.3.1)

우주의 태초는 브라만이라고 설명된다. 지금까지 태초에 관한 다양한 설명방식과는 또 다른 차원이다. 베다에서 우주를 최초의 인간 푸루샤가 창조하는 것과 달리, 이곳에서는 브라만이라고 말 하고 있는 것이다.

그러나 자세히 생각해보면 이 브라만 또한 후기에 가서 인간의 내재적 본성인 아트만과 동일시된다는 점에서 최초의 우주적 인 간과 어느 정도 연관성을 가짐을 볼 수 있다. 점차 다양한 창조적 원리가 중성적 실재로서의 우주적 원리인 브라만에 규합되고 있 음을 알게 된다. 이 브라만이 불의 신 아그니와 바람의 신 바유 그 리고 태양신 수리아를 탄생시킨다. 우주의 시작이자 우주적 존재

그 자체였던 브라만이 「브라흐마나」에서는 당당히 창조의 원리로 나서고 있는 것이다.

「브라흐마나」의 또 다른 특징은 제사의식을 올바로 행해서 얻게 된다는 필연적 결과에 대한 믿음이다. 제사행위의 인과적 보상 법칙을 믿는다는 것이다. 『리그베다』에서 '자연의 법칙'을 의미하던 개념 '리타'는 이제 '행위의 법칙'을 의미하게 되었다.

후기 인도철학 전반에 가장 큰 특징으로 드러나는 카르마, 즉 행위의 결과에 대한 보응으로서의 업(業)에 대한 개념은 바로 이러한 제사주의 성격에서 발전한 것이다. 이밖에도 「브라흐마나」에서는 인간의 본질도 정신과 육체로 구분하여, 정신을 각각 아트만, 마나스(manas, 意根), 프라나 등으로 설명하고 있다.

베다의 주석서인 「브라흐마나」에서 이미 이와 같이 인간에 대한 정신적 분석이 깊다는 것은 놀라운 일이다. 신의 역할이 인간이 지내는 제사의 역할로 대치되고, 자연의 법칙이 행위의 법칙으로 이동하고 있는 점, 그리고 인간 정신의 세밀한 분석 등이 점차 신화의 세계에서 주술의 세계로, 그리고 다시 인간 중심의 세계로 이동하며 우파니샤드로 이어지는 과도기적 과정을 볼 수 있었다.

영원히 열린 계시의 책, 베다

🌸 맺음말

인류 최초의 거룩한 가르침

'지식' 혹은 '거룩한 가르침'이라는 뜻을 지닌 베다는 수천 년이 지난 오늘날에도 여전히 인류의 고전으로서의 가치를 지니는 영향력 있는 경전이다.

베다는 인도-유럽어인 산스크리트어로 된 오래된 문헌이다. 하지만 인도 지역에 국한되지 않고 중앙아시아는 물론 유럽에까지 그 정신세계가 이어져 있고, 동남아를 거쳐 중국과 한국, 그리고 일본에 이르기까지 광범위하게 그 사상적 영향이 두루 미치고 있다. 조로아스터교와 시크교는 물론이거니와 불교에까지 베다의 용어와 사상이 깊숙이 스며 있다.

베다는 한국 문화에도 영향을 미쳤다. 베다의 위대한 신인 인드라는 불교에서 제석천(帝釋天, Sakra devānām Indra)으로 해석되었고, 이는 단군신화에서 환인(桓因)의 개념으로 전용된다.

약 1,000여 년에 걸쳐서 고대 인도의 수많은 현인(賢人)이자 시인들은, 우주의 기원과 신들의 권위를 우주론적 측면에서 영감에 찬 노래를 불렀다. 이것이 한 편의 드라마처럼 엮여 베다가 만들어졌다. 『리그베다』(시의 베다) 하나만 해도 1,028편의 노래가 한 권의 경전이 되었던 것이다.

그리스도교에 비하면 『구약성서』보다 훨씬 이른 시기에 편집이 시작되었고, 다윗과 그밖의 현인들이 하느님을 노래했던 「시편」 150편보다 무려 7배가 넘는 분량을 보여주고 있다. 물론 양도 훨씬 많다. 『사마베다』(노래의 베다), 『야주르베다』(제의의 베다), 『아타르바베다』(불의 제사를 드리는 사제, 아타르반의 베다)까지 합치면 『성경』 전체 분량의 6배에 달한다.

이들 베다는 각각 본집과 그 본집에서 채택한 의례를 위한 해설서인 「브라흐마나」와 함께, 이를 더욱 심층적으로 토론하고 철학적으로 해명한 '숲의 책', 「아라냐카」로 구성되는데, 이것이 곧 베다에 대한 최종적인 철학적 해설서인 우파니샤드로 정립되게 되었다.

그리하여 베다가 『구약성서』라면 우파니샤드는 『신약성서』에 해당한다고 볼 수 있고, 베다는 우파니샤드를 탄생시킨 모체인 셈이다. 이로써 베다와 우파니샤드는 각각 인도의 정통 힌두교 경전으로서 수천 년 동안 불멸의 권위를 지닌다.

베다는 크게 두 가지 측면이 있다. 지혜의 문헌으로서 신들에 대한 노래를 통하여 우주와 인생의 근원적인 문제를 찾아갈 수 있고,

베다가 한국에 미친 영향을 보여주는 대표적인 사례가
인드라 신의 변용으로 나타난 환인(桓因) 사상이다.
인드라는 불교에서 제석천(帝釋天)으로 해석되었는데,
동아시아로 유입되면서 한국에까지 그 영향을 미치고 있다.

수행을 위한 의례의 문헌으로서 고대인의 갖가지 제사 양식과 종교적 의례행위를 살펴볼 수 있다.

수많은 신들, 그들이 말하는 것

베다의 수많은 신들은 크게 천상의 신, 대기의 신, 지상의 신으로 구분된다. 하지만 결국 신앙인들이 필요에 따라 각각의 기호에 맞는 신들을 선택하여 제의에 초대한다.

여러 신 가운데 태양신 수리아의 역할이 두드러지면서, 새벽을 여는 여신 우사라든가, 중천의 미트라, 석양의 신 사비트리 등으로 다양하게 불리게 된다. 땅의 신 프리티비 또한 여신으로서, 그리스의 가이아 같은 지모신의 역할을 두드러지게 하게 된다. 천신과 지신의 대비는 중국의 부모나 음양 개념과도 일치하는 면이 있다.

아름다운 손으로 온갖 신들과 그 신들의 마차와 같은 장식도구를 만들어내는 '공예의 신', 트바스트리라든가, 거대한 몸집으로 큰 걸음을 세 번 걸어서 땅과 하늘을 넘어 지고한 천상의 거주지를 만든 비슈누, 바람의 신 바유나 폭풍의 신 루드라 등은 인도 신화와 현대의 힌두교에서까지 중요한 역할을 하고 있는 신들이다. 특히 비슈누는 창조주 브라흐마, 파괴와 재생의 신 시바와 함께 현대 힌두교의 주요 3신으로 각광받고 있다. 시바는 베다에 언급되지는 않지만, 폭풍의 신 루드라의 변형된 이름이라는 점에서 중요하다.

베다에는 온갖 자연현상, 강과 바다, 또는 동물이나 산천초목이 수많은 크고 작은 신들이 되어 각각의 이름을 지니고 있다. 그러나 이는 단순히 미신이나 정령에 불과한 것으로 치부해버릴 것이 아니다. 오늘날의 생태적 관점에서 바라보자. 하나하나의 신을 생각하면 자연에 대해 경건한 경외심을 가지게 된다. 자연을 함부로 훼손할 것이 아니라 갖가지 자연 속에 깃든 신성한 힘들을 경외하면서 인간이 어떻게 처신해야 하는지를 다시금 생각하게 해준다.

세상의 창조, 신 또는 타파스

베다에서 말하는 우주창조론은 『성서』의 창조 기사와 마찬가지로, 다소 후기에 기록된 것일 가능성이 많다. 아리아인의 인도 정복시기에 가장 숭배를 받았던 인드라와 같은 전쟁영웅 신이 점차 기능을 상실해갈 즈음에, 고대 인도인은 우주의 발생에 관해 더 깊고 철학적인 사색을 하게 되었을 것이라는 일반적인 추측이다.

베다의 우주발생의 기원설은 여러 가지 층으로 구성되어 있다. 오랜 기간에 걸쳐 다양한 현자들이 각각 다양한 시각에서 우주 발생에 대한 상상력을 제공하고 있기 때문이다.

그러나 다양한 기원도 크게 두 가지로 요약할 수 있다. 하나는 어떤 원리의 신이 목수처럼 우주라는 건축물을 만들어내면서 여러 기능을 지닌 신들이 창조의 과정에 협조하는 것이고, 또 하나는 '타파스'와 같은 열기가 발생하여 스스로 진화해가는 과정을 말한다. 그렇다고 이러한 견해들이 상호배타적 관점인 것은 아니고, 두 가지 견해가 서로 결합되기도 한다.

창조적 관점에서는 여전히 독보적인 조물주의 존재를 상정하게 되는데, 비슈바카르만이라는 신이 그러한 경우다. 또한 만들어진 것도 아니고 탄생된 것도 아닌 스스로 우주의 제물이 되어서 우주를 발생시키는 푸루샤도 있다. 이 우주 거인 푸루샤의 몸에서 천지사방과 인간이 탄생되고 있다는 신화다.

그런가 하면 이러한 신화 창조의 개념보다는 다소 철학적인 개념으로 우주창조를 설명하는 경우도 있다. 움직이고 정지하는 모든 것의 정신, 곧 아트마를 창조의 원리로 보는 것이다. 이는 태양을 찬미하는 표현 중의 하나로, 우주의 정신이자 영혼인 아트마라고 말하는 것이다.

태양을 우주의 근본정신으로 보는 이러한 태도는 후기의 우파니샤드에 가면 우주의 근본 원리로서 아트만과 브라만의 합일 사상을 낳게 한다. 태양은 우주를 잉태하는 황금계란과 같은 '황금의 모태'가 된다. 바로 이 태양의 우주정신인 아트마가 모든 것을 탄생시킨 창조주 '프라자파티'로 칭송받는다. 프라자파티는 후기 문서인 「브라흐마나」의 주된 창조주가 된다.

그러나 무엇보다도 『리그베다』에서 창조에 관한 가장 유명한 기사는 일종의 '타파스'에 의한 진화적 측면에서 우주의 탄생을 말하고 있는, 이른바 비존재(āsat)에서 존재(sat)가 드러나는, 창조적 진화 과정으로 유명한 나사디아 찬가다. 이는 마치 노자의 『도덕경』에서 '무'에서 '유'가 나왔다(有生於無)는 논리와 아주 유사하다. 『도덕경』에서 말하는 우주발생설은 단순히 진화적 관점이라기보다는 순환적 관점이다. 일종의 진화를 통한 순환이라고 할 수도 있을 것이다. 더구나 베다가 말하는 '비존재'는 아무것도 없다는 뜻이 아니라, 형체가 드러나지 않은 '무형'(無形)을 뜻한다는 점에서, 노자의 '무' 개념과 더욱 유사한 면이 있다.

축복과 제사에서 인간과 우주에 대한 탐색으로

베다에서 또 하나의 관점은 제사의 기능이었다. 제사의 주된 기능은 인간의 생로병사에 관한 모든 분야를 관장하면서, 축복과 장수를 신에게 비는 것이었고, 그 제사를 담당하는 역할을 떠맡은 자가 사제였다. 인간과 신의 중재자로서, 신의 축복을 인간에게 전달하는 대리자의 역할을 지닌 전문가였다.

이들은 처음에는 모두 순수한 예언 기능과 시인으로서의 통찰력을 지닌 현자들이었으나, 제사의 기능이 점차 세속화되어가면서 제사를 권력의 도구로 사용하고 부를 착취하는 수단으로 전락시키기도 했다. 베다에도 재물만 탐하는 사제들에 대한 신랄한 비판의 문구가 등장한다.

그리하여 점차 후대로 갈수록 제사의 기능은 약화되고, "나는 누구인가?"라는 궁극적인 물음부터 시작하여, 인간과 우주의 근원에 대한 탐색이 깊어지면서, 베다의 끝인 우파니샤드가 탄생하게

우주와 인간의 합일 사상은 베다 사상의
마지막 결정체인 우파니샤드에서 보게 된다.
범아일여의 통일적 원리로, 우주에서 벌어지는 모든 다양성이
하나의 원리 속에 수렴된다는 것을 말해준다.
이는 그림에서 보듯 탄트라적 우주관으로 전개되기도 했다.

되는 것이다.

우주와 나를 일치시킴으로써, 우파니샤드 탄생의 맹아를 보이게 되는 『리그베다』의 시 한 편을 감상해보는 것으로 베다의 대단원을 마감하고자 한다. 이는 가장 높은 천상의 신 바루나에게 바치는 노래이지만, 일명 '우주 나무'(cosmic tree)로 불린다. "나"를 떠난 우주가 따로 없기 때문이다.

"오, 신성한 그대에게 비길 것은 아무것도 없어라. 그 어떠한 힘도 권력도 용맹도. 그대만큼 빠르게 날아가는 새도 없어라. 그대만큼 강력하게 흐르는 강물도 없어라. 그 어떠한 광풍도 이겨내는 그대만큼 굳건한 산도 없어라.

그대는 깊은 바다 밑에 뿌리를 내린 우주의 나무이니, 그대의 꼭대기는 하늘을 떠받치고 그대의 가지는 우주의 전역에 뻗쳐 있도다. 그리하여 그대 또한 모든 생물 속에서 커가도다. 그대는 태양을 만들고 하늘에 운행하도다. 그대는 절름발이에게 발을 주고, 분노한 마음에 평화를 가져다 주도다.

그대는 수많은 사람들을 치유해주며 병에서 건져주어 젊음을 유지시켜주도다. 그대는 죄의 속박에서 우리를 해방시켜주도다."(『리그베다』, I. 24. 6~9)

주註

고대 인도인의 삶과 정신세계

1 Ninian Smart, *The World's Religions*(Trumpington street: Cambridge, 1995), 42쪽.
2 '힌두'(Hindu)라는 용어는 인도에서 이슬람의 확장과 더불어 이슬람 공동체(Umma)에 속하지 않은 그밖의 사람들을 지칭하는 가운데 더욱 두드러지게 표현되었다. Nirad C. Chaudhuri, *The Hinduism Omnibus*(New Delhi: 2003), xiii쪽 참조.
3 통계자료에 따르면, 영국 식민지 시대의 인도인의 힌두 비율은 1881년 75.09%, 1891년 74.24%, 1901년 72.87%, 1911년 71.68%, 1921년 70.73%, 1931년 70.67%, 1941년 69.46%로서 점차 감소하고 있었는데, 독립 이후의 조사에 따르면, 1951년 84.98%, 1961년 83.50%, 1971년 82.72%, 1981년 82.64%로 약 80% 이상의 높은 비율로 유지되는 모습을 보이고 있다. 이는 힌두 민족주의가 점점 강해졌기 때문이기도 하다. Sharma, *Our Religions*(New York: Harper Collins, 1993), 7쪽; Sharma, 『Our Religions』 "Hinduism" 이명권 외 공역, (서울: 소나무, 근간) 참조.
4 Lindia Johnsen, *The Complete Idiot's Guide To Hinduism*(Indianapolis: Alpha Books, 2002), 4~5쪽.
5 이를테면, 같은 문장의 질문을 강조점의 차이에 따라 질문하는 형식이다. "인도에는 (하나의) 어떤 인도식의 사유 방식이 **있는가?**" "인도에는 (**하**

나의) **어떤** 사유 방식이 있는가?" "인도에는 (하나의) 어떤 **인도식의** 사유 방식이 있는가?" "인도에는 (하나의) 어떤 인도식의 **사유 방식이** 있는가?" Mckim Marriott(ed.), *India through Hindu Categories* (Delhi: Sage Publication, 1990), 41~42쪽 참조.

6 『리그베다』의 저작 시기에 대해서는 학자들 간의 이견이 있다. 초기 베다시대를 보다 이 시기보다 이른 기원전 1700년에서 기원전 1100년 사이로 보는 견해도 있다. Ralph T.H. Griffith(tr.), *The Rig Veda: Complete* (Lexington: Forgotten Books, 2008), vii쪽.

7 Thomas J. Hopkins, *Hindu Religious Tradition* (California: Wadsworth Publishing Company, 1971), 3쪽.

8 Thomas J. Hopkins, 앞의 책, 5쪽.

9 같은 책, 6쪽.

10 같은 책, 6쪽.

11 같은 책, 8쪽.

12 Gavin Flood, *An Introduction to Hinduism* (Cambridge: The University of Cambridge, 1997), 11쪽.

14 Thomas J. Hopkins, 앞의 책, 11쪽.

14 같은 책, 12쪽; A.A. Macdonell, *Vedic Mythology* (Delhi: Motilal Banardass Pub., 2002), 8쪽 참조.

15 Thomas J. Hopkins,, 14쪽.

16 V.P. Kanitkar and W. Owen Cole, *Hinduism* (UK: Hodder Headline Plc, 1995), 35쪽.

17 Thomas J. Hopkins, 앞의 책, 14쪽.

18 『리그베다』는 리그(rig, 詩)로 구성된 베다(veda, 知識)라는 뜻. 구체적인 내용은 뒤에서 다루기로 한다. 산스크리트 원문 전 10권을 영어로 완역한 편집본이 근래에 출간되었다. Ralph T.H. Griffith(tr.), *The Rig Veda: Complete* (Lextington: Forgotten Books, 2011).

19 Thomas J. Hopkins, 앞의 책, 15쪽.

20 같은 책, 15쪽.

1 신을 부르는 노래, 베다

1 Stephan Schuhmacher & Gert Woerner(ed.), *The Encylopedia of Eastern Philosophy and Religion*(Boston: Shambhala, 1994), 403쪽.
2 Ralph T.B. Griffith(tr.), *The Vedas with illustrative extracts*(San Diego: The Book Tree, 2003), i쪽.
3 산스크리트어로 상히타(Samhitā)는 '모음'(collection)이라는 뜻으로, 여기서는 선집(選集)의 의미다. 여러 베다 경전에서 제의와 관련된 노래의 모음집으로 설명되고 있다.
4 우파니샤드의 해설서는 필자가 따로 저술한 바 있다. 졸저, 『우파니샤드 – 궁극적 진리에 이르는 길』(파주: 한길사, 2011).
5 Cornelia Dimmitt and J.A.B. van Buitenen(ed.&tr.), *Classical Hindu Mythology; A Reader in the Sanskrit Purāṇas*(Philadelphia: Temple University Press, 1978), 310~312쪽. 소마에 대해서는 이 책의 제7장에서 자세히 다룬다.
6 Stephan Schuhmacher & Gert Woerner(ed.), 앞의 책, 403쪽.
7 '옴'에 대해서는 졸저, 『우파니샤드』(파주: 한길사, 2011)에서 자세히 다룬 바 있다.
8 Ralph T.B. Griffith(tr.), 앞의 책, 7쪽. 『리그베다』에는 총 10권의 책(mandalas), 85개의 장(anuvakas), 1,028개의 노랫구절(suktas, 1,080개로 분류하는 학자도 있다)에 10,589절의 시구가 담겨 있다. Bibek Debroy & Dipavali Debroy, *The Holy Veda: Rig Veda, Yajur Veda, Sama Veda, Atharva Veda*(Delhi: B.R. Publishing Corp., 2011), 2쪽 참조.
9 Ralph T.H. Griffith(tr.), *The Rig Veda: Complete*, 앞의 책.
10 수크타(sūkta)는 'su-ukta'에서 비롯된 합성어로서, '잘-말해진 것'이란 의미를 갖는다. 그러므로 베다의 찬양시가 잘 불린 노래라는 뜻이다. Staal

Frits, *Discovering the Vedas*(New Delhi: Penguin Books, 2008), 4쪽 참조.

11 Ralph T.H. Griffith(tr.), *The Rig Veda: Complete*, 앞의 책, 474~536쪽.

12 Staal Frits, 앞의 책, 4쪽.

13 Ralph T.H. Griffith(tr.), *Hymns of the Samaveda*(Lexington: Forgotten-books, 2008), 1쪽.

14 같은 책. 이 책은 원래 초판이 1895년에 만들어진 것이었으나, 2008년에 재발행되었다.

15 『사마베다』의 13학파는 다음과 같다. 라나야나(Ranayana), 사티야무크야(Shatyamukhya), 비야사(Vyasa), 브하구리(Bhaguri), 오우룬디(Oulundi), 고울굴비(Goulgulvi), 브하누만-오우파마냐바(Bhaniman-Oupamanyava), 카라티(Karati), 마샤카 가르기야(Mashaka Gargya), 바르샤가비야(Varshagavya), 쿠투마(Kuthuma), 샬리호트라(Shalihotra), 자이미니(Jaimini). Bibek Debroy & Dipavali Debroy, 앞의 책, 216쪽.

16 전반부(purvarchika)는 다시 4편(kandas)으로 나뉘는데, 「아그네야 칸다」(agneya kanda), 「아인드라 칸다」(aindra kanda), 「파바마나 칸다」(pavamana kanda), 「아란야 칸다」(aranya kanda)다. 이 4편은 다시 각 장(adhyaya)으로 나뉜다. 그러나 후반부(uttararchika)는 편으로 구분됨이 없이 단순히 21개 장으로 되어 있다.

17 7가지 「브라흐마나」는 다음과 같다. 『탄드야 브라흐마나』(*Tandya Brahmana*: 이는 『프로우드라 브라흐마나』*Proudra Brahmana* 혹은 『판차빔샤 브라흐마나』*Panchavimsha Brahmana*라 불리기도 한다), 『샤다빔샤 브라흐마나』(*Shadavimsha Brahmana*), 『사마비드하나 브라흐마나』(*Samavidhana Brahmana*), 『아르셰야 브라흐마나』(*Arsheya Brahmana*), 『데바타드흐야야 브라흐마나』(*Devatadhyaya Brahmana*), 『우파니샤드 브라흐마나』(*Upanishad Brahmana*: 이는 『만트라 브라흐마나』*Mantra Brahmana*라 불리기도 한다), 『밤샤 브라흐마나』(*Vamsha Brahmana*). Bibek Debroy & Dipavali Debroy, 앞의 책, 217쪽.

18 같은 책, 218쪽.

19 Stephan Schuhmacher & Gert Woerner(ed.), 앞의 책, 45쪽.
20 Bibek Debroy & Dipavali Debroy, 앞의 책, 235쪽.
21 Stephan Schuhmacher & Gert Woerner(ed.), 앞의 책, 422쪽.
22 같은 책, 422쪽.
23 Arthur Berriedale Keith(tr.), *The Yajur Veda: Taittiriya Sanhita* (Lexington: Forgottenbooks, 2008).
24 같은 책, 95쪽.
25 Stephan Schuhmacher & Gert Woerner(ed.), 앞의 책, 292쪽.
26 Arthur Berriedale Keith(tr.), 앞의 책, 386쪽.
27 Stephan Schuhmacher & Gert Woerner(ed.), 앞의 책, 407쪽. 불교에서는 비라즈를 어근으로 하여 '비로자나불'로 설명한다.
28 같은 책, 402쪽.
29 같은 책, 117쪽.
30 같은 책, 306쪽.
31 같은 책, 46쪽.
32 같은 책, 229쪽.
33 같은 책, 400~401쪽.
34 같은 책, 282쪽.
35 이들 두 현자들의 집단 외에도 카우시카(Kausika), 바시스타(Vasistha), 카스야파(Kashyapa)가 있다고 말하는 학자들도 있다. Maurice Bloomfield(tr.), *The Atharvaveda* (Lexington: Forgotten Books, 2008), vii쪽.
36 같은 책, 1쪽.
37 같은 책, 164쪽; 『아타르바베다』, VII.1.1.을 참조.

2 우주와 인간은 어떻게 형성되었는가

1 『리그베다』, VI.47.3~4.
2 『리그베다』, I.154.1.

3 『리그베다』, VI.49.13; VI.69.5; A. A. Macdonell, 앞의 책, 12쪽.
4 『리그베다』, VI.75.5.
5 『리그베다』, V.84.3; I.89.4. 이 본문에 땅의 어머니(地母神)와 하늘의 아버지(天父神) 신이 언급된다.
6 A.A. Macdonell, 앞의 책, 12쪽.
7 『리그베다』, I.115.1.
8 『리그베다』, X.121.3, 10.
9 『리그베다』, X.129.1~7.
10 물론 『성서』도 처음부터 『성서』 기자들이 창조에 대한 관점을 지닌 상태에서 신학적 체계를 가지고 서술한 것이 아니다. J.E.D.P라는 다양한 『성서』의 기자들이 각기 나름대로의 방식대로 하느님과 인간 그리고 천지에 대한 관점을 서술한다. 그러다가 후대에 가서 창조 기사에 대한 이야기를 『성서』의 맨 앞으로 편집한 것이다.
11 이 움직임을 호흡으로 해석하기도 한다. 이 구절은 행위(action)가 행위자(actor)보다 앞섬을 의미한다. Wendy Doniger O'Flaherty(ed.&tr.), *The Rig Veda*(New Delhi; Penguin Group, 2000), 26쪽 참조.
12 낮과 밤, 빛과 어둠, 혹은 태양과 달처럼 어떤 차이를 가져다 주는 표징이 없었다는 뜻이다.
13 이때의 욕망은 산스크리트어로 kāma로서 '창조력' 또는 제의적 충동을 의미한다. Thomas J. Hopkins, 앞의 책, 25쪽.
14 Wendy Doniger O'Flaherty(ed.&tr.), 앞의 책, 34쪽.
15 Thomas J. Hopkins, 앞의 책, 26쪽.
16 『리그베다』, X.129.3.
17 Stephan Schuhmacher & Gert Woerner(ed.), 앞의 책, 83쪽.
18 뮐러는 처음으로 이 신에 대하여 '익명의 신'(Deus Ignotus)이라는 이름을 붙였다. Wendy Doniger O'Flaherty, 앞의 책, 26쪽 참조.
19 A.A. Macdonell, 앞의 책, 13쪽.
20 두 진영은 두 차원으로 설명되는데, 신들이나 악마로 상정되는 상대적

인 두 그룹으로 볼 수도 있고, 하늘과 땅의 두 진영으로도 볼 수 있다. 하늘과 땅이 문자 그대로 히란야가르바에게 의존하면서 지탱하기에 '떨면서 도움을 청하는' 모습으로 표현되고 있다. Wendy Doniger O'Flaherty (ed.&tr.), 앞의 책, 29쪽 참조.

21 Stephan Schuhmacher & Gert Woerner(ed.), 앞의 책, 131쪽.
22 『리그베다』, X.82.5~6; X.72.4에서는 다크샤(Dakṣa)가 아디티(Aditi)에게 태어나고, 아디티는 다크샤의 아들이다. 이는 아디티와 다크샤가 서로 우주적 부모임을 역설적으로 표현한 것으로 추정된다. 한편 무이르의 산스크리트 원문(Muir's OST,4,20ff)에 따르면, 신들이 창조주 프라자파티를 낳고, 프라자파티가 신들을 낳는다. A.A. Macdonell, 앞의 책, 14쪽 참조.
23 힌두교의 주요 삼신(三神: trimūrti)인 브라흐마(Brahmā: 창조신), 비슈누(Vishnu: 유지와 보존의 신), 시바(Shiva: 파괴와 재생의 신) 가운데 하나로서 창조주다. 특히 브라마는 울부짖는 듯한 언어(말씀)를 통해 천지를 창조한다.
24 '그들'이라는 복수표현은 창조의 조력자들이 있음을 암시한다. 이어지는 『리그베다』, X.82.2, 4처럼 7명의 현자를 말하는 것일 수 있다.
25 Thomas J. Hopkins, 앞의 책, 22쪽.
26 Dharam Vir Singh, *Hinduism An Introduction*(Jaipur: Travel Wheels, 1991), 95쪽.
27 여기서 말하는 음식은 원문이 구체적으로 무엇을 지시하는지 분명하지 않지만, 전후 문맥으로 보아서 제사음식이라고 보는 것이 타당할 것이다. Wendy Doniger O'Flaherty(ed.&tr.), 앞의 책, 31쪽; Thomas J. Hopkins, 앞의 책, 22쪽을 참조할 것.
28 원문에는 "먹는 것"과 "먹지 않는 것"으로 묘사되고 있지만 "생물"과 "무생물"로 의역했음을 밝힌다. 사실상 "먹는 것"과 "먹지 않는 것"이 더 베다의 사상에 가까운 것이 사실이다. 왜냐하면 베다의 기본적인 내용이 희생제사와 관련되고 있기 때문이다. 먹고 먹힘의 관계를 통해, 창조와 재생이

거듭되고 세계는 순환하고 있다.

29 Stephan Schuhmacher & Gert Woerner(ed.), 앞의 책, 407쪽.
30 6파 철학은 상키야(Sāmkhya)와 요가(Yoga), 니야야(Nyāya)와 바이세시카(Vaiśeṣika), 미맘사(Mimāmsā)와 베단타(Vedānta) 학파를 총칭하는 것이다. 이들은 독자적인 우주론을 펼치는데, 긴 세월에 걸쳐서 여러 학자들이 학파를 형성한 것으로, 독자적인 근본 경전(Sūtra)을 가지고 있으면서 각파의 주장을 변증적으로 체계화했다.
31 본문은 누구인지 분명히 밝히지 않고 3인칭 대명사를 사용하고 있기에, 'he'를 창조주라고 해석하는 학자도 있고, 푸루샤로 해석하는 이도 있다. 문맥상 창조주라고 보는 것이 옳을 듯하다.
32 여기서 시(verses)는 『리그베다』를 구성하는 요소들이며, 노래(chants)는 『사마베다』를 가리키고, 형식 또는 공식(formulas)은 『야주르베다』를 말한다. Wendy Doniger O'Flaherty(ed.&tr.), 앞의 책, 32쪽 참조.
33 이 구절은 인도 사회의 4성제도(四姓制度)인 카스트(caste), 즉 바르나(Varnas) 제도의 이념적인 배경이 되었다.
34 봉인된 막대기는 푸른 나뭇가지로서 불이 번지는 것을 막는다. 또 다른 막대기들은 불을 밝히기 위해 계절에 따라 사용될 연료이기도 하다. Wendy Doniger O'Flaherty(ed.&tr.), 앞의 책, 32쪽 참조.
35 여기서 『리그베다』의 역설을 보게 된다. 푸루샤는 제사의 희생물인 동시에, 제사를 받는 신성한 존재다. 따라서 푸루샤는 제물의 주체이자 객체다. 희생 그 자체가 희생을 낳으며, 희생을 통하여 창조는 거듭된다.
36 산스크리트 원문은 'dharmas'(法)로서, 향후 행해질 모든 제의와 행위의 원초적 규범으로서의 법을 뜻한다.
37 사드야는 천상에 거주하는 신성한 무리들로 해석된다. 하늘에는 주로 신들(gods), 사드야(천상의 신성한 무리), 르시들이 거주한다고 본다. Thomas J. Hopkins, 앞의 책, 24쪽 참조.
38 카스트 제도를 바라보는 시각에는 기본적으로 두 가지가 있다. 하나는 간디의 견해처럼, 인종적 차별로써가 아니라, 단순한 직업의 구분으로만 보

는 시각이다. 다른 하나는 인종 차별이라고 보는 견해다. 대부분의 경우 사회적 차원에서 후자의 견해를 따르고 있다.

3 모든 것은 제의의 불을 통해

1 『리그베다』, X.63.7. 마누가 처음 사제로서 제사를 창시했지만, 고대의 다른 사제들도 함께 언급된다. 본문이 말하는 일곱 사제들은 고대의 7현(七賢)으로 생각된다. 이들 가운데 다른 본문에서 종종 언급되는 사제들로는 다음과 같다. 앙기라스(Aṅgiras), 야야티(Yayāti), 브리구(Bhṛgu), 아타르반(Atharvan), 다드얀크(Dadhyanc), 아트리(Atri), 칸바(Kaṇva) 등이다. 『리그베다』, I.31.17; VIII.43.13; I.80.16 참조.
2 『리그베다』, I.76.5; I.44.11; V.21.1; VII.2.3.
3 『리그베다』, IV.37.3.
4 『리그베다』, I.36.19.
5 『리그베다』, I.36.10; I.128.2. 여러 신 가운데, 특히 마타리쉬반(Mātariśvan)이 마누에게 아그니를 하늘에서 전달해주는 모습으로 나온다. 『리그베다』, I.128.2; X.46.9 참조.
6 『리그베다』, V.29.7.
7 『리그베다』, IV.26.4.
8 『리그베다』, X.17.2; X.14.5; A.A. Macdonell, 앞의 책, 42~43쪽.
9 A.A. Macdonell, 같은 책, 139쪽.
10 『사타파타 브라흐마나』, I.8.1.1~10.
11 『아타르바베다』, XIX.39.8.
12 Stephan Schuhmacher & Gert Woerner(ed.), 앞의 책, 400쪽.
13 같은 책, 400~401쪽.
14 Thomas J. Hopkins, 앞의 책, 17쪽.
15 같은 책, 17쪽.
16 Stephan Schuhmacher & Gert Woerner(ed.), 앞의 책, 408쪽.

17 같은 책, 229쪽.
18 A. A. Macdonell, 앞의 책, 45쪽.
19 같은 책, 46쪽.
20 트바스트리는 예술적 작품을 만들어내는 장인(匠人)의 신이다. 이 책의 제6장에서 구체적으로 다룬다.
21 Stephan Schuhmacher & Gert Woerner(ed.), 앞의 책, 292쪽.
22 Wash Edward Hale, *Asura; In Early Vedic Religion*(Delhi: Motilal Banarsidass Pub., 1999) 참조. 초기 베다 종교에서 아수라가 차지한 위상에 대해 학자들의 다각적인 논의와 상세한 정보를 주는 흥미로운 책이다.
23 Stephan Schuhmacher & Gert Woerner(ed.), 앞의 책, 222쪽.
24 푸산은 천상의 '길을 가는' 태양신의 하나로서 이 책의 제8장에서 상세히 다룬다.
25 사비트리는 『리그베다』에서 11개의 독립된 찬가가 그에게 주어지며, 170회나 곳곳에서 언급될 만큼 인기 있는 신이다. 천상의 태양신의 하나로서 이 책의 제5장에서 상세히 다룬다.
26 Thomas J. Hopkins, 앞의 책, 18쪽.
27 Samuel Enoch Stumpf and James Fieser, 이광래 옮김, 『소크라테스에서 포스트모더니즘까지』(서울: 열린책들, 2004), 33~34쪽.
28 Thomas J. Hopkins, 앞의 책, 18쪽.
29 같은 책, 19쪽.
30 Stephan Schuhmacher & Gert Woerner(ed.), 앞의 책, 220쪽.
31 Thomas J. Hopkins, 앞의 책, 19쪽.
32 같은 책, 20쪽; Stephan Schuhmacher & Gert Woerner(ed.), 앞의 책, 305쪽.
33 Stephan Schuhmacher & Gert Woerner(ed.), 앞의 책, 44쪽.
34 같은 책, 44쪽.
35 A. A. Macdonell, 앞의 책, 39쪽. Stephan Schuhmacher & Gert Woerner(ed.), 앞의 책, 117쪽 참조.
36 Stephan Schuhmacher & Gert Woerner(ed.), 앞의 책, 422쪽.

37 『리그베다』, I.128.2; X.46.9.
38 『리그베다』에서 바크를 '우주의 통치자' 또는 '신들의 여왕' 등 우주의 주요 원리로 찬양하는 구절이 여러 곳에 나온다. 『리그베다』, VIII.89.10~11; X.71.1~11; X.125.1~8 등이다.
39 Thomas J. Hopkins, 앞의 책, 31쪽.
40 『아이트레야 브라흐마나』(*Aitraeya Brāhmana*), I.3.
41 Thomas J. Hopkins, 앞의 책, 32쪽.
42 『사타파타 브라흐마나』는 현자(賢者) 야즈나발키아(Yājnavalkya)의 저술로 인정되고 있는데, 이 텍스트의 기본 내용이 『브리하드 아라냐카』 (*Brihadāranyaka*)에서 이어지고 있다.
43 Thomas J. Hopkins, 앞의 책, 32쪽.
44 『리그베다』, X.129.1.
45 『사타파타 브라흐마나』, VI.1.1.5.
46 『사타파타 브라흐마나』, VI.1.2.13.
47 Thomas J. Hopkins, 앞의 책, 33쪽.
48 Wendy Doniger O'Flaherty(ed.&tr.), 앞의 책, 85쪽.
49 A.A. Macdonell, 앞의 책, 67~69쪽.
50 Stephan Schuhmacher & Gert Woerner(ed.), 앞의 책, 402쪽. 인드라를 섬기는 이들 여덟 신은 물(Apas), 북극성(Dhruva), 달(Soma), 지구(Dhāra), 바람(Anila), 불(Anala), 빛(Prabhāsa), 새벽(Pratyūsha)이다.
51 Wendy Doniger O'Flaherty(ed.&tr.), 앞의 책, 88쪽.
52 『리그베다』, I.162.13~22.

4 죽은 자가 가는 운명의 길

1 Wendy Doniger O'Flaherty(ed.&tr.), 앞의 책, 43쪽.
2 『리그베다』, X.14.3. 여기서 언급되는 마탈리는 오직 『리그베다』의 이 본문에서만 유일하게 나온다.

3 Wendy Doniger O'Flaherty(ed.&tr.), 앞의 책, 45쪽. '스바하'는 모든 희생제의를 한 후에 뒤따라오는 외침으로, 뜻은 "그렇게 되기를 바라나이다!"라는 것이다. 이 단어는 불교에서도 마찬가지로 같은 용어로 사용되어왔다. 이는 그리스도교에서 '아멘'(amen)이라는 뜻과 유사하다.

4 Wendy Doniger O'Flaherty(ed.&tr.), 앞의 책, 45쪽.

5 사마라에 대한 찬가는 『리그베다』 제10권 제108장 제1~11절에 걸쳐 언급되고 있다. 이 찬가에서 사마라는 천상의 힘으로 다른 세계를 인도하는 안내자로 묘사되고 있고, 인드라 신의 여성 특사다. Ralph T.B. Griffith(tr.), *The Rig Veda: Complete*, 앞의 책, 619쪽.

6 산스크리트 원문에는 '다르마'(dhrma, 法)로 언급되고 있는데, 14세기의 유명한 인도 베다 학자 사야나(Sāyaṇa)는 이 용어를 죽은 자가 생전에 그의 선한 행위에 따라 받게 되는 업(業)으로서의 카르마로 해석했다. 선업의 결과는 물론 사후 천상에서의 복락을 즐기는 것이다. Wendy Doniger O'Flaherty(ed.&tr.), 앞의 책, 51쪽 참조. 사야나는 사야나차리야(Sāyanāchārya)라고도 불리는데, 베다에 대한 유명한 주석을 남겼고, 남인도에 거주하는 또 다른 유명 인도학자 비드야라냐(Vidyāranya)의 형이다. 이들 두 형제는 베다의 본집 상히타와 해설서인 브라흐마나에 대한 주석가로서의 명성뿐만 아니라, 문법과 법률에 대해서도 독창적인 작품들을 남겼다. 특히 비드야라냐는 상카라의 아드바이타 베단타 철학을 계승한 마드하바차리야(Madhāvāchārya)로 불리기도 한다. 비드야라냐는 베단타 학파의 표준적인 지침서가 되고 있는 『판차다시』(*Panchadashi*)를 저술했고 세속적인 정치인으로서 남인도의 법무부장관을 지내기도 했으나, 속세를 떠나 수도승이 되었다. 비드야라냐라는 이름은 '해박한 숲'이라는 뜻을 지닌 그의 승려명이다. Stephan Schuhmacher & Gert Woerner(ed.), 앞의 책, 309쪽, 405쪽 참조.

7 암소의 네 발이라는 표현 외에도, 염소 대신에 사용되는 죽은 암소의 피부 가죽이나 태아 내면을 둘러싸고 있는 보호막이라고 해석되기도 한다. Wendy Doniger O'Flaherty(ed.&tr.), 앞의 책, 51쪽 참조.

8 같은 책, 51쪽.
9 여기서 거론된 식물들에 대한 해석은 다양하다. 그러나 일반적으로 수생(水生)식물로 인정되고 있다. 같은 책, 51쪽과 Ralph T.B. Griffith(tr.), *The Rig Veda: Complete*, 앞의 책, 546쪽을 참조할 것.
10 Wendy Doniger O'Flaherty(ed.&tr.), 같은 책, 53쪽.
11 같은 책, 55쪽.
12 이 본문에서 영혼(靈魂)이라고 표현한 것은 산스크리트어의 '마나스'를 옮긴 것이다. 마나스는 마음, 정신 등으로도 번역될 수 있으나, 여기서는 영(靈)이라고 번역했다. 같은 책, 57쪽. 그리고 Ralph T.H. Griffith (tr.), *The Rig Veda: Complete*, 앞의 책, 575쪽을 참조할 것.

5 최상의 권위를 자랑하는 위대한 권력자

1 Arthur Berriedale Keith, *The Religion and Philosophy of the Veda and Upanishads*, part 1(Delhi: Motilal Banarsidass Pub., 2007), 96쪽.
2 Stephan Schuhmacher & Gert Woerner(ed.), 앞의 책, 4쪽.
3 같은 책, 18쪽.
4 『카타파타 브라흐마나』(*Catapatha Brāhmaṇa*), XI.6.1.1.
5 Arthur Berriedale Keith, *The Religion and Philosophy of the Veda and Upanishads*, part 1, 앞의 책, 97쪽.
6 『아타르바베다』, III.3.3; IV.15.12; VII.83.1; V.24.1~5. 『야주르베다』에서도 마찬가지로 바루나와 미트라는 물에 거주하는 물의 통치자다.
7 『리그베다』 제7권 제60~66장까지는 미트라-바루나를 동시에 찬양하는 내용이다. 대부분 태양신 수리아와 아리아만 등이 함께 등장한다.
8 『아타르바베다』에서는 아디티(태양신들의 어머니)에게 여덟 개의 태양신 아들이 있는 것으로 묘사된다.(VIII.9.21) 『타이티리야 브라흐마나』에서는 미트라, 바루나, 아리아만, 앙카(Aṅca), 브하가, 다트리(Dhātṛ), 인드라, 비바스반트(Vivasvant)가 언급됐다.(I.1.9.1) 그러나 베다에서 브라흐마나

로 이어지면서 아디티아의 숫자는 12개로 늘어나는데, 이는 1년의 12개월과 관련이 있다. Arthur Berriedale Keith, *The Religion and Philosophy of the Veda and Upanishads*, part 1, 앞의 책, 99쪽 참조

9 「푸루샤수크타」(Puruṣasūkta): '푸루샤에 대한 찬가'라는 뜻이다. 『리그베다』의 후기 문서에 속하는 제10권 90장에 나오는 찬가다. 이 노래에서 푸루샤는 천 개의 머리와 천 개의 눈, 천 개의 발을 가지고 있다. Ralph T.B. Griffith(tr.), *The Rig Veda: Complete*, 앞의 책, 602~603쪽을 참조할 것.

10 『리그베다』, VII.75.5.

11 Arthur Berriedale Keith, *The Religion and Philosophy of the Veda and Upanishads*, part 1, 앞의 책, 104쪽.

12 『리그베다』, VII.77.3.

13 『리그베다』, I.191.11; V.47.3.

14 『리그베다』, VI.71.1~6. 이 시는 사비트리를 예찬하는 독립적인 찬가다.

15 『리그베다』 제6권에 수록된 75편의 찬가 내용을 분류해보면, 인드라에 대한 찬가가 30편이고, 그다음이 아그니로서 17편, 그리고 푸산에 대한 찬가가 5편이며, 만신(萬神)에 대한 찬가가 4편, 인드라-아그니 2편, 아쉬빈 2편, 새벽의 여신 2편, 그리고 나머지가 각각 1편으로 마루트, 인드라-바루나, 인드라-비슈누, 미트라-바루나, 마루트, 천지(天地), 사비트리, 인드라-소마, 브리하스파티, 소마-루드라, 전쟁무기에 대한 찬가들의 순서로 되어 있다. Ralph T.H. Griffith(tr.), *The Rig Veda: Complete*, 앞의 책, 288~336쪽을 참조할 것.

16 Stephan Schuhmacher & Gert Woerner(ed.), 앞의 책, 282쪽.

17 리그베다』, VI.58.3-4.

18 Wendy Doniger O'Flaherty(ed.&tr.), 앞의 책, 223쪽.

19 『리그베다』 제7권 제36장의 「만신」(萬神)편에서는 마지막 9절에서, 마루트와 비슈누에 대해 이렇게 노래를 부르고 끝마친다. "장차 태어날 태아를 보호하시는 오, 마루트와 비슈누시여, 부디 우리의 이 노래가 그대들에게 상달되기를 비나이다. 그대들을 찬미하는 자들에게 자손의 번성함을

주소서. 그대 신이여! 우리를 영원한 축복으로 지켜주소서." Ralph T.H. Griffith(tr.), *The Rig Veda: Complete*, 앞의 책, 358쪽을 참조할 것.
20 '세우다'는 단어의 산스크리트어는 '스캄브하'(skambh)는 '기둥'이나 '축'을 뜻하는 명사와 관련이 있다. 이로써 비슈누는 하늘 곧 천상의 세계를 떠받치고 있는 것이다. Wendy Doniger O'Flaherty(ed.&tr.), 앞의 책, 227쪽 참조.
21 비슈누의 세 걸음은 조로아스터교의 경전인『아베스타』에서도 유사한 면이 발견된다.『아베스타』속의 아메샤 스펜타(Amesa Spenta) 역시 땅에서 태양까지 세 걸음을 걷는다. 그러나 이들 사이에 직접적인 연관은 없다. 초기 인도-이란의 종교와 생활 풍속에는 여러 가지 유사점이 많았던 것이다. 서로 영향을 주고받기는 해도 그들은 각각 독립적으로 신화와 사상을 발전시켜갔다. Arthur Berriedale Keith, *The Religion and Philosophy of the Veda and Upanishads, part 1*, 앞의 책, 110쪽 참조.
22 '많은 뿔을 가진 가축'이라는 말에서, 가축은 풍요를 상징하기도 하고, '하늘의 뭇별들'을 상징한다고 보는 자도 있다. 또한 태양으로서의 비슈누의 연장선에 있는 '빛들의 광선'에 가축을 비유하기도 한다. '많은 뿔'은 '별들의 반짝임'이나 '널리 퍼지는 빛줄기'로 해석하기도 한다. Wendy Doniger O'Flaherty(ed.&tr.), 앞의 책, 227쪽 참조.
23 Arthur Berriedale Keith, *The Religion and Philosophy of the Veda and Upanishads, part 1*, 앞의 책, 110쪽.
24 비바스바트에 대한 자세한 설명으로는 A.A. Macdonell, 앞의 책, 42~43쪽을 참조할 것.
25 베다에 따르면 마누는 최초로 신의 법률을 제공하고, 제사와 종교적 의례를 설립했다. Stephan Schuhmacher & Gert Woerner(ed.), 앞의 책, 220쪽.
26 A.A. Macdonell, 앞의 책, 42쪽.
27 『리그베다』, X.17.1~2.
28 『리그베다』, I.116.1, 2, 4, 9, 20, 23(이 절에서는 크리슈나 Kṛṣṇa의 아들로 표현된다.).

29 Stephan Schuhmacher & Gert Woerner(ed.), 앞의 책, 21쪽.
30 『리그베다』, I.47.3~4.
31 『리그베다』, I.34.2.
32 『리그베다』, I.34.2.
33 Arthur Berriedale Keith, *The Religion and Philosophy of the Veda and Upanishads, part 1*, 앞의 책, 114쪽.
34 『리그베다』 제1권 제116장 제2절에서는 야마의 경기에서 당나귀가 승리하는 것으로 나온다.
35 수리아의 결혼식에 대한 찬가는 『리그베다』 제10권 제85장 제1~47절까지 길게 수록되어 있다. 여기에서 많은 신들이 등장하지만 주인공 소마가 가장 위대한 신으로 찬양되고, 아쉬빈과 아그니는 차를 몰아주는 들러리 역할을 한다(8절). Ralph T.H. Griffith(tr.), *The Rig Veda: Complete*, 595~596쪽 참조.

6 공중의 세력을 관장하는 대기의 힘

1 마루트에 대한 찬미가 중심이 되고 있는 『리그베다』 제1권 제165장 제3, 5, 7, 10, 11절과 제1권 제170장 제2, 5절, 제171장 제6절에서, 그리고 수리아와 아트리를 찬미하는 장인 『리그베다』 제5권과 기타 수많은 곳에서 인드라는 다른 신들과 동시에 찬미되고 있다.
2 '번개를 가진 자'(vajrin)라는 별칭은 루드라와 마루트에게도 각각 한 번씩 주어진다. 이들도 폭풍의 신으로 불리기 때문이다. Arthur Berriedale Keith, *The Religion and Philosophy of the Veda and Upanishads, part 1*, 앞의 책, 124쪽 참조.
3 『아타르바베다』, VIII.8.5~8.
4 『리그베다』, X.119.1~13. 인드라에 대한 찬가인 제10장 제13절 전체에 걸쳐, 각 절의 말미에 후렴구에서, "내가 이 소마를 마시지 않았던가?"라고 되풀이하며 반문하고 있다.

5 『리그베다』 제4권 제18장 제1~2절에 따르면, "모든 신들이 존재(탄생)하게 된 고대로부터의 그 길(방법)을 따라" 인드라도 존재하게 된다. 『리그베다』 제10권 제51장의 '만신'(萬神, Viśvedevas)을 언급하는 마지막 제12절에서, 인드라는 어머니 니스티그리(Nistigrī)의 아들로 묘사되고 있다.

6 『리그베다』, IV.18.10.

7 Arthur Berriedale Keith, *The Religion and Philosophy of the Veda and Upanishads, part 1*, 앞의 책, 125쪽.

8 Stephan Schuhmacher & Gert Woerner(ed.), 앞의 책, 389쪽.

9 『리그베다』, IV.17.4에서는 인드라의 아버지는 디야우스로 나타난다.

10 『리그베다』, IV.18.12에서는 인드라가 어머니를 과부로 만들게 한 내용이 언급된다. 특히 『리그베다』, III.48.4에서는 인드라가 탄생과 동시에 아버지 트바스트리를 정복하는(죽이는) 것으로 나타난다. 이는 트바스트리가 인드라의 '천둥번개'를 만들어준다(『리그베다』, I.32.2)는 다른 구절의 묘사와 모순된다. 따라서 『리그베다』의 진술은 세대를 거치면서 작가들의 입장에 따라 각기 다르게 표현되고 있음을 알게 된다.

11 Wendy Doniger O'Flaherty(ed.&tr.), 앞의 책, 145쪽.

12 『리그베다』, IV.27.1에서도 모든 신들이 어머니의 자궁에서 태어난다고 말한다.

13 『리그베다』의 이 본문에 대해서는 해석이 서로 다르다. 랠프 그리프스는 자궁 출산으로 생각하지만, 웬디 도니거는 자궁 출산이 아니라고 해석한다. 하지만 본문에서 화자의 표현에 따르면, 인드라 자신은 옆구리 출산을 원하지만, 견해를 바꾸어 자궁 출산을 따른 것으로 볼 수 있다. Ralph T.H. Griffith(tr.), *The Rig Veda: Complete*, 앞의 책, 216쪽; Wendy Doniger O'Flaherty(ed.&tr.), 앞의 책, 145쪽을 각각 참조할 것.

14 『리그베다』, I.32.1, 8, 11~12에 따르면, 인드라는 첫째, 천둥번개를 가지고 악마를 퇴치했으며, 둘째, 물을 해방시켜 쏟아부었고, 셋째, 산에 수로를 내어 물이 흐르게 했다.

15 Wendy Doniger O'Flaherty(ed.&tr.), 앞의 책, 144쪽.

16 『리그베다』, I.165.6~7.
17 Wendy Doniger O'Flaherty(ed.&tr.), 앞의 책, 145쪽.
18 『리그베다』, IV.26.7; IV.27.3~4.
19 Wendy Doniger O'Flaherty(ed.&tr.), 앞의 책, 149쪽.
20 파니스(Paṇis)는 신들의 세계와 악마들의 세계를 분리시키는 라사(Rasā) 강 건너편 하늘의 악마들이다. 또한 파니스는 지상에 거주하는 베다인의 적대적인 종족을 가리키기도 한다. 이들은 현자 앙기라스 종족의 암소들을 훔쳐서 산속 동굴에 감추기도 했다. 그리하여 현자들은 인드라, 소마, 아그니, 브리하스파티 같은 신들을 등장시켜 소들을 되찾고자 했다. 『리그베다』, X.108.1~11에는, 인드라의 아내이자 사신이 된 사라마(Saramā)와 인드라의 적인 파니스의 유명한 대화가 나온다. 파니스는 인드라의 사신으로 온 사라마를 유혹하여 자매로 삼으려 하지만, 사라마는 거절하고 파니스의 멸망을 예고하고 가축을 해방시킬 것이라는 메시지를 전달하는 자신의 임무를 완성한다.
21 『리그베다』, I.165.8에서도 브리트라의 살육과 관련하여 "인간을 위해" 물이 쏟아져 나온 것으로 말하고 있다.
22 Wendy Doniger O'Flaherty(ed.&tr.), 앞의 책, 151쪽.
23 Arthur Berriedale Keith, *The Religion and Philosophy of the Veda and Upanishads, part 1*, 앞의 책, 129쪽.
24 Dharam Vir Singh, 앞의 책, 71쪽.
25 『리그베다』, V.83.1~10; VII.102.2.
26 이 구절은 루드라에게 그를 숭배하는 자들을 해하지 않고 은총을 내려 줄 것을 기원하는 것으로 볼 수 있다. 또한 말들에 대한 각별한 은총을 기원하는 것이다. 루드라에 대한 또 다른 찬가를 수록하고 있는 『리그베다』 I.114.8에 따르면, 씨앗을 지닌 종자(수컷)와 자손을 해하지 말아달라는 것과 암소와 군마(軍馬)를 해하지 말고, 영웅들을 살해하지 말아달라고 부탁한다.
27 천둥번개는 주로 인드라가 가진 최상의 무기로 소개되지만 가끔씩 루드라

에게도 적용된다. 천둥번개는 폭풍우를 동반하므로 루드라와도 밀접한 연관이 있다.

28 루드라에게서 아수라의 힘이 떠나지 않는다는 것은 아수라의 신성한 힘을 찬양하고 있는 것이다. 초기 베다에서는 이와 같이 아수라가 신성의 계열에서 동등한 대우를 받는데, 후기에 가서는 '악마적' 힘으로 대표된다. Wendy Doniger O'Flaherty(ed.&tr.), 앞의 책, 223쪽 참조.

29 『리그베다』 제1권 제37~39장, 제64장, 제85~88장(인드라-마루트, 제165장), 제166장(인드라-마루트, 제167장), 제168장(인드라-마루트, 제170장), 제171~172장; 제2권 제34장; 제5권 제52~61장, 제87장; 제6권 제66장; 제7권 제56~59장; 제8권 제7장, 제20장, 제83장; 제10권 제77~78장에 마루트에 대한 찬가가 수록되어 있다. 이 가운데서 제1권이 12편으로 가장 많고, 제5권이 11편으로 그다음으로 많이 수록되어 있다.

30 『리그베다』, I.133.6

31 『리그베다』, V.56.5; V.59.6; V.60.5. 마루트 형제들은 모두 큰형도 막내도 없이 모두 같이 태어나서 행복하게 자란 것으로 묘사된다. 그리고 같은 고향과 같은 거주지를 지닌다.

32 Arthur Berriedale Keith, *The Religion and Philosophy of the Veda and Upanishads, part 1*, 앞의 책, 150쪽.

33 검붉은 비구름을 혹자는 "하늘의 종마(種馬)의 고환에서 흘러나오는 정액이나 오줌"으로 해석하기도 한다. Wendy Doniger O'Flaherty(ed.&tr.), 앞의 책, 165쪽 참조.

34 그리피스는 이 문장을 "강하게 흐르는 구름을 두 동강 내게 했다"고 표현한다. 폭풍의 신들답게 몰려오는 구름이 갈라지는 모습으로 해석한 것이다. Ralph T.H. Griffith, *The Rig Veda: Complete*, 앞의 책, 216쪽 참조. 하지만 일반적으로는 도니거의 해석처럼, 『리그베다』의 다른 본문에 비추어볼 때, 마루트 또한 인드라와 같이 산을 쪼개고 물을 쏟아내는 역할을 하고 있다고 본다. Wendy Doniger O'Flaherty(ed.&tr.), 앞의 책, 166쪽 참조. 어떻게 해석하더라도 우물을 치솟게 하고 산에서 물이 흐르게 하는 역할이 마

루트에게도 주어짐을 알 수 있다.
35 A.A. Macdonell, 앞의 책, 82쪽.
36 최초의 우주적 인간인 푸루샤에 관한 내용을 담고 있는 『Puruṣasūkta』에서 바유는 거인의 호흡에서 탄생한다. Arthur Berriedale Keith, *The Religion and Philosophy of the Veda and Upanishads, part 1*, 앞의 책, 139쪽.
37 『리그베다』, VII.90~92장에서, 바유는 말들을 몰고 와서 인간이 바치는 제의의 소마를 즐기며, 인간의 다양한 간구와 찬미를 듣는다.
38 『아이타레야 브라흐마나』(*Aitareya Brāhmana*), II.25. 신들의 경주에서는 바유가 가장 빠르고 인드라가 그다음이다.

7 생명을 살리는 제의의 불과 음료

1 Wendy Doniger O'Flaherty(ed.&tr.), 앞의 책, 97쪽.
2 앙기라스는 고대의 사제 가문 출신인데, 종종 아그니나 인드라와 같은 베다의 신과 동일시되기도 한다. A.A. Macdonell, 앞의 책, 138~144쪽 참조.
3 Wendy Doniger O'Flaherty(ed.&tr.), 앞의 책, 103쪽.
4 같은 책, 103쪽.
5 아그니(ag-ni)의 산스크리트어의 어근을 '아즈'(aj)로 보고, '민첩한' 동작으로 '나아가는 것'(ajāmi, 라틴어의 ago; 헬라어의 ἄγω)이라는 의미에서 파생된 것으로 보는 학자도 있다. A.A. Macdonell, 앞의 책, 99쪽 참조. 이렇게 보면 아그니는 하늘의 물속에서 탄생하는 번개로 이해될 수 있다.
6 같은 책, 7~8쪽.
7 Wendy Doniger O'Flaherty(ed.&tr.), 앞의 책, 106쪽.
8 『리그베다』 전체를 영어로 완역한 그리프스는 제9권 소마 찬가 114편 전체에 '소마 파바마나'(Soma Pāvamāna)라는 제목을 달고 있다. 『리그베다』 곳곳에서 소마가 파바마나와 동일시되는 별칭으로 불리기 때문이기도 하겠지만, 소마의 특징 자체가 '파바마나'라는 산스크리트어와 가장 깊은 연관이 있다고 보기 때문일 것이다. Ralph T.H. Griffith, *The Rig Veda*:

Complete, 앞의 책, 474~536쪽 참조. '파바마나'는 '순수한 자유로운 흐름'이라는 뜻으로 '정화시키는 자'라는 의미가 있다. 소마는 나무에서 채취된 후 돌로 으깨지고 모직물에 정화되어 즙으로 걸러져 나올 때 이미 순수한 액체로 흐른다. 이처럼 정화된 소마는 영적인 차원에서 해석하여, 인간의식의 깊은 내면에 자유롭게 흐르는 순수한 영혼을 상징하는 것으로 보기도 한다. Stephan Schuhmacher & Gert Woerner(ed.), 앞의 책, 270쪽 참조.

9 Arthur Berriedale Keith, *The Religion and Philosophy of the Veda and Upanishads*, part 1, 앞의 책, 167쪽.

10 『리그베다』, V.321.12에서는 소마를 제단에 바치는 장면이 나온다. 이때 사제인 아드바르유(Adhvaryus)는 능숙한 솜씨로 소마를 다룬다. 즙을 내기 위해 소마를 빻는 돌을 아드리(adri) 또는 그라반(grāvan)이라고 부르기도 한다.

11 『리그베다』, I.116.7.

12 A.A. Macdonell, 앞의 책, 104~105쪽.

13 소마는 『리그베다』 114편에 이르는 방대한 분량의 제9권 전체에서 대부분 인드라에게 바쳐지는 음료이지만 비슈누나 바유, 아리아만, 미트라, 바루나와 같은 다른 신들에게도 함께 제공된다. 『리그베다』, IX.63.3.10; IX.64.24; IX.65.20. 등.

14 Arthur Berriedale Keith, *The Religion and Philosophy of the Veda and Upanishads*, part 1, 앞의 책, 167쪽.

15 『리그베다』, IX.52.4~5; IX.57.4; IX.61.1~3; IX.64.25~27; IX.65.1, 13; IX.66.13. 등을 참조할 것.

16 『리그베다』, X.85.1~47. 수리야의 또 다른 남편으로 등장하는 마차꾼 아쉬빈(Ashvins)은 이때 소마의 들러리 역할을 하게 된다.

17 『리그베다』, 제4권, 제26장과 제27장에서는 독수리가 소마를 하늘에서 가져오는 것으로 묘사된다. 특히 제27장은 독수리가 독립적으로 칭송된다. 제4절에 의하면, 독수리는 인드라의 친구로서 빠른 차를 몰고 다니고, 제

26장 제5~7절에서는 달콤한 소마를 가져 오는 것으로 설명된다.
18 『리그베다』, VII.15.4. 독수리는 후기 문서인 『타이티리야 브라흐마나』(*Taittirīya Brāhmaṇa*), III.10.5.1에서 번개인 아그니로 표현되기도 한다.
19 『리그베다』, I.93.5.
20 Arthur Berriedale Keith, *The Religion and Philosophy of the Veda and Upanishads, part 1*, 앞의 책, 171쪽.
21 『찬도기야 우파니샤드』, V.10.1; 『브리하드아라냐카 우파니샤드』, VI.2.16 참조. 『아타르바베다』에서도 소마는 여러 차례에 걸쳐서 달로 표현되고 있다. VII.91.3, 4; XI.6.7 참조.
22 『리그베다』, X.94.1~14.
23 소마 식물과 주스의 색깔은 주로 갈색(babhru)이나 불그스름한 색(aruna)으로 설명되는데, 종종 황갈색(hari)으로 묘사될 때도 있다. 『리그베다』 X.94.3; VII.98.1; A.A. Macdonell, 앞의 책, 105쪽.
24 Stephan Schuhmacher & Gert Woerner(ed.), 앞의 책, 115쪽 참조

8 천지자연의 신성을 노래하라

1 천지의 신은 같은 뜻이지만 가끔씩 디야바크샤마(Dyāvākṣāmā) 또는 디야바브후미(Dyāvābhūmi)로 다르게 표현되기도 한다. A.A. Macdonell, 앞의 책, 126쪽 참조.
2 『리그베다』, I.159.1~3; I.160.2 아버지이자 어머니인 천지는 인간과 모든 피조물을 안전하게 지켜주는 모습으로 나타난다.
3 여기서 '그'는 구체적으로 누구인지 밝혀지지 않았는데, 문맥상 두 가지로 해석할 수 있다. 하나는 신들의 장식가 트바스트리일 수도 있고, 또 하나는 문맥의 흐름을 그대로 따라서 '태양'으로 볼 수도 있다. 그런데 이 경우에는 태양이 그의 양친으로 표현된 천지를 낳게 되는 모순이 생긴다. 그러나 이런 경우도 다른 베다의 본문에서 가끔 보인다. Wendy Doniger O'Flaherty(ed.&tr.), 앞의 책, 203쪽 참조. 그러나 한편으로 『리그베다』,

IV.56.3에서 천지를 쌍둥이로 짝을 지어 만든 이가 하늘의 유능한 장인(匠人)인 트바스트리인 것처럼, 이곳에서도 본문의 내용상 '그'를 재능을 가진 트바스트리로 해석하는 것이 타당할 것이다.

4 Wendy Doniger O'Flaherty(ed.&tr.), 앞의 책, 203쪽. 트바스트리는 실제로 후기 문서인 신들의 서사시 『푸라나』(브라흐마, 비슈누, 시바파의 문헌으로 압축됨)에 가서는 신들의 설계가인 비슈바카르마(Vishvakarma)나 창조주 프라자파티(Prajāpati)와 동일시된다. Stephan Schuhmacher & Gert Woerner(ed.), 앞의 책, 389쪽

5 이 본문에서 태아는 다른 베다 본문에 비추어볼 때 태양 또는 만물이라고 볼 수 있다. 문맥을 고려해볼 때는 만물의 태아라고 보아도 좋을 듯하다.

6 Wendy Doniger O'Flaherty(ed.&tr.), 앞의 책, 205쪽.

7 『리그베다』, VI.70.1~6.

8 『아타르바베다』, XII.1.1~63에는 프리티비에 대한 독립적인 찬가가 길게 소개되고 있는데, 종교적 열망보다는 땅에 대한 세세한 기록들이 두드러지는 것이 특징이다. Maurice Bloomfield(tr.), 앞의 책, 164~170쪽 참조.

9 '리부스'는 '리부'라는 단독명칭을 지닌 3형제이지만, 리부라는 명칭과 구분하기 위해 편의상 리부스라고 통칭하기로 한다.

10 리부(Ṛbhu)는 '붙잡다'는 뜻의 어근 rabh에서 나온 것으로 '솜씨 있는 자'의 의미를 지니게 되었다. A.A. Macdonell, 앞의 책, 133쪽 참조.

11 비브반(Vibhvan)은 vi와 어근 bhū의 합성어로서 '탁월한 예술가'를 뜻한다. 같은 책, 133쪽 참조.

12 바자(Vāja)는 vaj라는 어근에서 나온 말로 '열정적인 자'라는 뜻을 지닌다. 같은 책, 133쪽 참조.

13 Arthur Berriedale Keith, *The Religion and Philosophy of the Veda and Upanishads*, part 1, 앞의 책, 176쪽.

14 『리그베다』, I.60.3에 따르면, 사비트리가 리부스에게 불멸성을 제공한다. Ralph T.H. Griffith(tr.), *The Rig Veda; Complet*, 앞의 책, 71쪽. 『리그베다』, III.60.1에서도 리부스는 그의 기술로 인해 신성을 얻고, IV.35.8에서도 하

늘의 독수리와 같은 신성을 얻는다.

15 『아이트레야 브라흐마나』, III.30.2에서는 리부스가 인간들로서 열정적인 고행(tapas)을 통해 신들과 함께 소마를 마시는 권리를 획득한 것으로 나온다. A.A. Macdonell, 앞의 책, 132쪽.

16 다섯 가지 기술에 대한 자세한 설명은 같은 책, 132~133을 참조할 것.

17 『리그베다』, II.23.17에 따르면, 브리하스파티는 '기도의 주'로서 트바스트리가 낳은 것으로 기록되어 있다. 또한 브리하스파티는 죄를 지은 자에게 복수하고 강력한 법을 수호하면서 그 법을 망가뜨리는 자를 죽인다. Ralph T.H. Griffith(tr.), *The Rig Veda: Complet*, 앞의 책, 148쪽.

18 『리그베다』, I.161.3; IV.34.9.

19 『리그베다』, I.20.4; I.111.1(늙은 어미에게 송아지를 제공해줌으로써 회춘시킨다.); IV.35.5.

20 트바스트리에 대한 자세한 내용은 A.A. Macdonell, 앞의 책, 116~117쪽을 참조할 것.

21 네 번째와 다섯 번째의 솜씨에 대한 기술은 『리그베다』, IV.35.3, 5에 기록되어 있다. 『리그베다』, IV.33.5~6에 따르면, 하나의 컵을 4개로 만든 것은 리부스 3형제 중에 막내가 제의한 것이다. 첫째는 2개의 컵을, 둘째는 3개의 컵으로 만들자고 제안했지만, 막내의 제의를 트바스트리가 수긍한 것이다. 트바스트리가 만든 1개의 컵은 달을 상징한다고 보는 학자도 있다. 같은 책, 133쪽 참조.

22 『리그베다』, IV.33.5~6; I.161.4~5. 트바스트리는 4개의 술잔이 만들어진 것을 보고, 신들의 아내들 틈에 몸을 숨기고 리부스를 죽일 계획을 세운다.

23 Arthur Berriedale Keith, *The Religion and Philosophy of the Veda and Upanishads, part 1*, 앞의 책, 177쪽.

24 리부스의 3인조 그룹은 가끔씩 바자(Vāja), 리부크산(Ṛbhukṣan)의 둘로, 혹은 바자(Vāja,) 리부스(Ṛbhus)의 형식으로 나타나기도 한다.

25 마루트는 『리그베다』, I.20.5에서 리부스와 함께 초대되고, I.111.4에서는 마루트와 함께 바루나, 미트라, 그리고 쌍둥이 마차꾼 아쉬빈도 제의에 초

대되어 소마를 마시고 축복을 내리는 자로 찬미를 받고 있다.
26 『리그베다』, IV.34.8; I.111.5에서는 미트라와 아디티 외에도 신두(Shindu, Indus)와 천지(天地)가 함께 초대된다.
27 『리그베다』, IV.37.4~5에서는 리부스가 인드라의 아들이다. 하지만 다른 본문에서는 천지(天地)의 아들들로 여겨지기도 한다.
28 『리그베다』, I.110.7.
29 『리그베다』, I.161.11; IV.33.7.
30 『리그베다』, I.161.1, 3.
31 Arthur Berriedale Keith, *The Religion and Philosophy of the Veda and Upanishads*, part 1, 앞의 책, 177쪽.
32 같은 책, 177~178쪽; Oldenberg, *Sacred Books of the East*, 46, 323; A.A. Macdonell, 앞의 책, 133~134쪽; Hillebrandt, *Ved. Myth.* III.135~154.
33 Arthur Berriedale Keith, *The Religion and Philosophy of the Veda and Upanishads*, part 1, 앞의 책, 178쪽.
34 후기베다인 『아타르바베다』에서는 32회에 걸쳐 간다르바가 언급되고 있고 절반 가까이 복수로 설명된다. 조로아스터 경전인 『아베스타』에서는 간다르바가 용과 같은 괴물로 몇 번 정도 등장하는데, 단수로만 사용된다. 이것을 보면 간다르바의 표현이 단수용법에서 점차 복수 형태로 발전해 간 것을 볼 수 있다. A. A. Macdonell, 앞의 책, 96쪽.
35 Arthur Berriedale Keith, *The Religion and Philosophy of the Veda and Upanishads*, part 1, 앞의 책, 180쪽.
36 『타이티리야 아라냐카』(*Taittirīya Āraṇyaka*), I.9.3; 『리그베다』, IV.27.3.
37 『리그베다』, X.123.5.
38 『리그베다』, IX.78.3.
39 『리그베다』, VII.33.12. 『리그베다』 제7권 제33장은 신적 사제 바시스타에 대한 독립적인 찬가다. 바시스타는 제12절에서는 압사라의 아들이었으나 제11절에서는 바루나와 미트라의 아들로 묘사된다. 이와 같은 모순적 진술은 『리그베다』에서 흔한 일이다. 이는 앞서 보았듯이 리부스 3형제가 인

드라의 아들이면서 천지의 아들인 것과 같다. 이러한 모순은 『리그베다』 본문의 편저자가 서로 다른 까닭도 있거니와, 시인-사제들이 각각 선호하는 신들의 위상이 다르기 때문일 수도 있다. 한편 바시스타와 같은 신적 사제들 가운데 『리그베다』에 언급되는 대표적인 자로는 앙기라스와 브리구(Bhṛgu) 등이 있는데, 이들은 가끔 아그니와 동일시될 정도의 권위를 지니고 나타난다. A.A. Macdonell, 앞의 책, 96쪽 참조.

40 『판차빈샤 브라흐마나』, XII.11.10.
41 『사타파타 브라흐마나』, XIII.4.3, 7, 8.
42 『판차빈샤 브라흐마나』, XIX.3.2.
43 Arthur Berriedale Keith, *The Religion and Philosophy of the Veda and Upanishads*, part 1, 앞의 책, 180쪽.
44 『리그베다』, X.85.21~22. 수리아의 딸, 수리야가 신랑 소마의 결혼식에 초대되어 비스바바수라는 별칭으로 불리고 있다. IX.86.36(홍수의 간다르바), X.139.4~5에는 간다르바 비스바바수가 동일명칭으로 언급되고 있다.
45 『리그베다』, X.123.7; III.38.6.
46 『브리하드아라냐카 우파니샤드』, III.6.
47 『리그베다』, X.139.4~5.
48 『아타르바베다』(*Atharvaveda*), IV.37.
49 『리그베다』, X.97.18.
50 『아타르바베다』, VI.136.1.
51 『리그베다』, VII.35.10.
52 『리그베다』, VIII.21.3.
53 Arthur Berriedale Keith, *The Religion and Philosophy of the Veda and Upanishads*, part 1, 앞의 책, 187쪽.
54 『리그베다』, IV.38.1~10; IV.39.1~6; IV.40.1~5(다디크라반Dadhikrāvan); VII.44.1~5.
55 『리그베다』에는 여러 이름의 말들이 등장한다. 그 가운데서 가장 유명한 것은 다디크라로, 영웅이자 전쟁에서 승리한 말이다(IV.38.1~3, 7). 다음

으로 유명한 강력한 말로 타르크샤(Tārkṣya)(I.89.6; X.178.1)와 파이드바(Paidva)(I.119.10; VII.71.5)라는 이름의 신비한 군마로 나타난다. 에타샤(Etaśa)는 '빠른 자'의 의미로 태양과 관련하여 몇 번 등장하는 군마다. 예컨대 "사비트리는 지상의 영역을 측정하는 말(etaśa)이다"(V.81.3)라는 형태로 등장한다. A. A. Macdonell, 앞의 책, 148~150쪽 참조.

56 바수는 인드라를 섬기는 종으로서, 물, 북극성, 달 등의 자연현상을 인격화한 신이다. 앞에서 살펴본 바 있다.

57 『리그베다』, VII.101.1~6; VII.102.1~3이 대표적이다.

58 『아타르바베다』, XII.4.5.

59 Arthur Berriedale Keith, *The Religion and Philosophy of the Veda and Upanishads*, part 1, 앞의 책, 192쪽.

60 『리그베다』, X.14.10.

61 『사타파타 브라흐마나』, VII.4.3.5; V.1.1.

62 『리그베다』, IX.88.4; X.139.6.

63 Stephan Schuhmacher & Gert Woerner(ed.), 앞의 책, 116쪽.

64 『타이티리야 아라냐카』, IV.28.13; Arthur Berriedale Keith, *The Religion and Philosophy of the Veda and Upanishads*, part 1, 앞의 책, 193쪽 참조.

9 남성 우월 신화에서도 두각을 나타낸 여신

1 『리그베다』, I.92.1~18.

2 A.A. Macdonell, 앞의 책, 124쪽.

3 Stephan Schuhmacher & Gert Woerner(ed.), 앞의 책, 21쪽.

4 Arthur Berriedale Keith, *The Religion and Philosophy of the Veda and Upanishads*, part 1, 앞의 책, 120쪽.

5 『리그베다』, II.15.6.

6 『리그베다』, X.15.7, 9.

7 그리피스는 자신의 『리그베다』 영역본에서, 새벽의 여신이 인간을 늙게

하는 비유를, "마치 숙련된 사냥꾼이 새를 두 동강 내듯이"라고 번역한다. 이는 『리그베다』의 여러 산스크리트어 판본의 내용들이 서로 일치하지 않기 때문이다. 다양한 『리그베다』의 사본마다 내용이 부분적으로 차이가 있고, 해설도 그에 따라 달라지기 때문이다. 이러한 경우를 이밖에도 여러 곳에서 발견할 수 있다. Ralph T.H. Griffith(tr.), *The Rig Veda: Complete*, 앞의 책, 61쪽 참조. 필자는 본문에서 Wendy Doniger의 판본 해석을 따랐다. Wendy Doniger O'Flaherty(ed.&tr.), 앞의 책, 180쪽.

8 Ralph T.H. Griffith(tr.), *The Rig Veda: Complet*, 앞의 책, 590쪽. 이들 강 중에서 신두와 사라스바티, 사라유(Sarayu)가 큰 줄기를 이루는 여신으로서 찬미를 받는다. 『리그베다』, X.64.9 참조.

9 『리그베다』, VII.95.1~2; VII.96.1~6.

10 『리그베다』, VI.61.2, 8.

11 『리그베다』, VII.96.2; VIII.21.18.

12 『리그베다』, VI.61.14.

13 『리그베다』, III.54.13; VII.9.5.

14 『리그베다』, X.127.1~8.

15 『리그베다』, X.9.1~9; VII.47.1~4; VII.49.1~4.

16 『리그베다』, X.146.1~6. 여기서 숲의 여신은 다른 자연의 여신처럼 독립적인 찬가를 받는다. 인간이 과일을 맛보고 즐길 수 있게 하는 숲의 여신은 결코 스스로 먼저 남을 해치지 않는 향기로운 숲의 여왕이자, 모든 목가적인 풍경의 어머니로 찬미된다.

17 『리그베다』, X.95.1~18. 물의 요정 우르바시는 그녀의 연인이자 '영원한 지식의 빛'인 태양을 상징하는 푸루라바스와 함께 깊은 사랑의 대화를 나눈다. 이 대화를 종교학자 뮐러는 새벽과 태양의 대화로 보고, 운명적 인간과 불멸의 존재 태양 사이의 사랑의 대화로 해석한다. Stephan Schuhmacher & Gert Woerner(ed.), 앞의 책, 282쪽.

18 『리그베다』, X.85.1~47. 태양신 수리아의 딸 수리야와 소마의 결혼 장면에서 아쉬빈은 그 들러리 역할을 하고 있다.

19 Wendy Doniger O'Flaherty(ed.&tr.), 앞의 책, 247쪽; Stephan Schuhmacher & Gert Woerner(ed.), 앞의 책, 423쪽 참조.

20 Wendy Doniger O'Flaherty(ed.&tr.), 앞의 책, 247쪽.

21 A.A. Macdonell, 앞의 책, 124쪽.

22 Wendy Doniger O'Flaherty(ed.&tr.), 앞의 책, 252쪽.

23 원래 남자였던 일라(Iḷa)는 여성으로서의 일라(Iḷā)로 변형되었다. 푸루라바스가 바로 이 일라에게서 태어난 아들이다. 같은 책, 256쪽 참조.

24 Stephan Schuhmacher & Gert Woerner(ed.), 앞의 책, 282쪽.

25 베다의 현자는 르시(Ṛṣi)라 불리며, 일반적으로 성자, 또는 영감을 받은 시인들을 지칭한다. 이들 현자들 가운데 유명한 7현(七賢)은 후기의 문서들마다 조금씩 다르게 나타난다. 같은 책, 291쪽. 7현에 대한 자세한 소개로는 A.A. Macdonell, 앞의 책, 144~147쪽을 참조하라.

26 『리그베다』, IV.42.8; X.109.4.

27 『리그베다』, X.130.7.

28 Wendy Doniger O'Flaherty(ed.&tr.), 앞의 책, 250쪽.

29 『리그베다』, X.86.11~12.

10 민중을 위한 주술에서 베단타 철학으로

1 Stephan Schuhmacher & Gert Woerner(ed.), 앞의 책, 21쪽. 『아타르바베다』에 속하는 초기 우파니샤드의 문서 가운데 『문다카(Mundaka) 우파니샤드』 『프라스나(Prasna) 우파니샤드』 『만두키야(Māndūkya) 우파니샤드』 등이 있다.

2 같은 책, 22쪽.

3 『야주르베다』를 논의하는 중심적인 두 학파로 흑파(black)와 백파(white)가 있다. 흑파는 본문 내용의 제의적 공식문구와 그 주석을 구별하지 않고 전체적으로 혼용하는 반면에, 백파는 이 양자를 구별하여 사용할 뿐 아니라, 공식문구를 「상히타」, 그 주석부분을 「브라흐마나」라고 구별하여

불렀다. 백파는 「브라흐마나」를 제외한 「상히타」만을 편집하여 사용한다. S.W. Bakhle, *Hinduism; Nature and Development* (New Delhi: Sterling Publishers, 1991), 56쪽 참조.

4 같은 책, 57쪽.
5 Maurice Bloomfield(tr.), 앞의 책, 42~45쪽(『아타르바베다』, III.11.1~8; II.28.1~5; III.31.1~11; VII.53.1~7).
6 Ralph T.H. Griffith(tr.), *Hymns of the Samaveda*, 앞의 책, 10쪽.
7 Maurice Bloomfield(tr.), 앞의 책, 93~96쪽(『아타르바베다』, IV.8.1~7; III.3.1~6; III.4.1~7; III.5.1~8; IV.22.1~7).
8 비라즈는 최초의 우주적 인간 푸루샤에서 탄생한 여성적 원리의 창조자다. 다시 이 비라즈로부터 푸루샤가 다시 태어나는 순환적 우주관을 앞의 『리그베다』에서 살펴본 바 있다. 이 비라즈가 『아타르바베다』에서도 격상된 형태로 나타나고 있다.
9 Stephan Schuhmacher & Gert Woerner(ed.), 앞의 책, 273~274쪽.
10 『아타르바베다』, XI.8.32.
11 김동규, 『하이데거의 사이—예술론: 예술과 철학사이』(서울: 그린비, 2009) 참조. 저자 김동규는 박사학위 논문을 보완한 이 책에서 서양의 예술과 철학의 핵심 단어가 멜랑콜리(Melancholie)라고 간파했다. 그리고 멜랑콜리의 순수 독일어 번역을 '무거운 심정'(Schwermut)이라고 정의하면서, 이것이 서양예술과 철학 '사이'를 정교하게 다듬어온 끌과 망치가 되었다고 역설한다. '사이'라는 화두는 서양철학사뿐만 아니라, 동양 그리고 고대 인도사상의 신화적 진술인 베다의 해석에도 훌륭하게 적용될 수 있으리라고 본다. 하이데거의 '사이'이론은 존재와 존재자에 대한 비평적·철학적 고찰이기 때문이다. 같은 책, 296~305쪽 참조.
12 아르타바다의 아르타(artha: 富, 재산)는 힌두 전통에서 인도인이 추구하는 네 가지 기본적 욕망 가운데 하나다. 나머지 세 가지는 도덕적 의무에서 말하는 다르마, 카마(kāma: 감각적 욕망), 그리고 모크샤(moksha: 해탈)다. 아르타는 대상이라는 뜻도 있다. 그러므로 바다(vāda: 논쟁)와 합쳐진

복합어로서 아르타바다는 대상에 대한 논쟁이라는 의미가 된다.

13 V.P. Kanitkar and W. Owen Cole, *Hinduism*(Illinois: NTC, 1975), 47쪽.
14 같은 책, 36쪽.
15 같은 책, 47쪽.
16 Stephan Schuhmacher & Gert Woerner(ed.), 앞의 책, 282쪽.
17 같은 책, 273~274쪽.
18 스바(svah)는 "그 자신"의 의미와 "아하"(aha)는 "말"이라는 뜻으로써 자신에 대한 다짐의 말, 즉 그렇게 되라(so be it!)는 뜻의 소원을 비는 말이다. 여기서 불교의 "사바하"라는 말이 나오는데, 그리스도교의 "아멘"에 해당한다.
19 브후미는 문자적으로 땅을 의미하는데, 불교의 『화엄경』에서 말하듯 보살이 도달해야 하는 10가지 단계로서의 땅을 의미하기도 한다. '기쁨의 땅'(Pramuditā-bhūmi: 환희지)으로부터 시작되어 '법의 구름의 땅'(Dharmameghā-bhūmi: 법운지)에 이르는 각각의 10지(十地)에 대한 자세한 언급은 Stephan Schuhmacher & Gert Woerner(ed.), 앞의 책, 35~36을 참조할 것.
20 Robert Baldick, Betty Radice, C.A. Jones(ed.), *Hindu Myths*(Middlesex: Penguin, 1975), 26쪽.
21 같은 책, 28~29쪽.
22 같은 책, 29쪽.
23 별자리와 관련한 베다의 신들과 힌두신화에 관한 이야기는 다음의 책을 참조하라. Robert Baldick, Betty Radice, C.A. Jones(ed.), 같은 책; Cornelia Dimmitt and J.A.B. van Buitenen(ed.), *Classical Hindu Mythology, A Reader in the Sanskrit Purāṇas*(Philadelphia: Temple University Press, 1978)
24 Robert Baldick, Betty Radice, C.A. Jones(ed.), 앞의 책, 31쪽.
25 같은 책, 33쪽.
26 같은 책, 27쪽.

베다를 이해하기 위해 더 읽어야 할 책

1. 인도의 역사와 힌두 개괄서

1995년 이전에 발간된 인도의 역사에 관한 책들 가운데는 상당히 혼란스런 이야기들이 많다. 20세기 말의 고고학적 발굴들로 인해 특히 초기 인도역사에 관한 기존의 사료들이 상당수 수정되어야 했기 때문이다. 그런 가운데서도 인도의 역사와 힌두교 전반에 대한 개괄서로 뛰어난 책들은 다음과 같다.

Anthony, David W., *The Horse The Wheel and Language*; *How Bronze-Age Riders from the Eurasian Steppes shaped the Modern World*, New Jersey: Princeton University, 2007.

Basham, A.L., *The Wonder That Was India*, London: Sigwick & Jackson, 1985. 인도 문화와 문명의 폭넓은 배경을 근거로 한 힌두교에 대한 가장 일반적이고도 광범위한 인문서다.

Chaudhuri, Nirad C.(with Biardeau Madeleine, Pocock, D.F., Madan, T.N.), *The Hinduism Omnibus*, New Delhi, India: Oxford, 2003. 네 명의 학자가 각기 힌두교에 대하여 쓴 저술을 한데 모은 책으로, 힌두교에 대한 역사적 관점과 문화 인류학적 관점, 그리고 인도의 마을 현장에서 체험하며 연구한 신앙행위에 대한 보고서 및 힌두 문화의 주제와 그 해석학적 기술이 돋보이는 방대한 책이다.

Dubois, Abbe., *Hindu Manners, Customs and Ceremonies*, trlated by Henry K.

Beauchamp, Oxford: Oxford University Press, 1906. 현대 힌두교와 결정적인 관계를 맺고 있는 18세기의 남인도에서 프랑스 예수회의 한 사람이 바라본 힌두교에 관한 증언적 기록물이다.

Embree, Ainslie T. ed., *Alberuni's India*, New York: W.W. Norton & Co., 1971. 인도와 힌두교에 관한 알베루니의 책을 E.C. Sachau가 번역한 것을 간략하게 볼 수 있는 책이다. 힌두교 역사에서 전환점이 되었던 17세기의 한 무슬림 현자가 바라본 힌두교를 다룬 내용이다.

Feuerstein, Georg, Subhash Kak and David Frawley, *In Search of the Cradle of Civilization*, Wheaton, IL: Quest Books, 1995.

Flood, Gavin, *An Introduction to Hinduism*, Cambridge University Press, 1996. 웨일스 대학교 종교신학부의 종교학 교수인 가빈 플루드 교수는 이 책에서 고대 힌두교의 기원에서 출발하여 "다르마" 개념에 천착했다. 요가와 "비움"(renunciation)의 문제, 초기 비슈누 교파의 전승, 비슈누의 사랑, 시바파와 탄트라 종교, 여신과 삭타 전통, 힌두교의 의례, 힌두 신학과 철학, 힌두교와 현대 세계의 문제를 종합적으로 검토하는 전반적 개괄서다.

Frawley, David, *Gods, Sages and Kings*, Salt Lake City: Passage Press, 1991.

Hopkins, Thomas J., *The Hindu Religious Tradition*, Encino, CA: Dickenson Publishing Company, 1971. 힌두교 전통의 역사적 전개과정에 대해 아주 잘 짜인 통합적 설명서다.

Jagannathan, Shakunthala, *Hinduism: An Introduction*, Mumbai, India: Vakils, Feffer and Simons, Ltd., 1984.

Johnsen, Linda, *The Complete Idiot's Guide to Hinduism*, Indianapolis: Alpha Books, 2002. 힌두교에 대한 전반적인 개괄서로서, 질의와 응답을 통해 재미있게 핵심을 유도하고 전달해준다.

Klostermaier, Klaus K., *Hinduism: A Short History*, Oxford: Oneworld Publications, 2000.

_____, *A Survey of Hinduism*, Albany, NY: State University of New York Press, 1989.

Radhakrishnan, S., *The Hindu View of Life*, New York: Macmillan, 1927. 이 책이 다루고 있는 자료는 원래 1926년 맨체스터대학에서 행해진 일련의 강좌에서 비롯된 것이다. 서양에서는 힌두교에 대한 가장 유익한 입문서다.

Rajaram, Navaratna S., *Aryan Invasion of India: The myth and the Truth*, New Delhi: Voice of India, 1993.

Reddy, V. Madhusudan, *The Vedic Epiphany*, 3 volumes, Twin Lakes, WI: lotus Light Publications, 1990.

Troy Wilson Organ, *Hinduism: Its Historical Development*, Woodbury, NY: Barion's Educational Series, 1974.

Yakub Masih, *The Hindu Religious Thought(3000 B.C.-200A.D)*, Delhi: Motilal Banarsidas, 1983. 힌두 종교 사상에 관한 방대한 저술로서, 기원전 3000년경부터 기원후 200년경까지의 힌두전통을 다루고 있다. 인더스 문명의 발상과 힌두문명의 기원, 『리그베다』의 종교와 우파니샤드의 사상, 상키아와 요가 사상 및 『바가바드 기타』, 수행체계, 자이나교와 불교를 역사적 관점에서 다루고, 힌두교의 근본원리를 비평적으로 기술하고 있다.

2. 힌두 경전에 관한 주요 저술들

『리그베다』를 비롯한 힌두교의 경전은 그 역사가 오래되었을 뿐만 아니라, 분량 면에서도 헤아리기 힘들 정도로 많기 때문에 평생을 두고도 다 읽기 어렵다. 그러나 그 많은 경전 가운데서도 가장 핵심적인 경전들에 관한 탁월한 해설서들을 소개하면 다음과 같다.

Antonio T. de Nicolas, *Meditations through the Rig Veda*, Boulder, Colo., and London, 1978.

Aurobindo, Sri, *Secret of the Veda*, Pondicherry: Sri Aurobindo Ashram Trust, 1995. 베다 이론에 대한 회고와 현대이론을 다룬 책. 베다의 언어학적 방법론, 아그니와 진리, 바루나-미트라와 진리의 문제, 아쉬빈-인드라-비스바데바를 명상적 차원에서 흥미롭게 해석한다.

Dimmitt, Cornelia and van Buitenen, J.A.B., *Classical Hindu Mythology: A Reader in the Sanskrit Puranas*, Philadelphia: Temple University Press, 1978. 산스크리트어로 된 전승 문헌집 『푸라나』 대본을 기초로 하여 인도의 유명한 신이나 신화적 이야기를 체계적으로 방대하게 서술하고 있는 중요한 책이다.

Doniger, Wendy(with Brian K. Smith), tr., *The Laws of Manu*, New Delhi: Penguin, 1991. 『마누법전』을 영어로 번역한 책이다.

_____, *The Rig Veda: An Anthology*, Delhi: Penguin Books, 2000. 『리그베다』의 주요 부분을 영어로 번역한 대중적인 입문서다.

Grassmann, H., *Rig-Veda* 2 vols., Leipzig, 1876~77. 『리그베다』의 완역판.

Karl Friedrich Geldner, *Der Rig-Veda, aus dem Sanskrit ins Deutsche Übersetzt* 4 vols., HOS 33-6, Cambridge, Mass., 1951~57. 『리그베다』의 산스크리트어 완역판.

Lal, P., *The Golden Womb of the Sun: Rigvedic Songs in a New Translation*, Calcutta, 1965.

Maurice Winternitz, *A History of Indian Literature Vol.1*, Delhi: Motilal Banarsidas Pub., 1996. 저자 윈터니츠는 오스트리아의 학자로서 체코슬로바키아의 프라하 게르만대학에서 인도학과 민족학을 가르쳤다. 전체 3권의 시리즈 가운데 이 책은 제1권에 해당한다. 고대문헌과 베다, 서사시, 푸라나와 탄트라를 주로 문헌사적 입장에서 다룬 인도 고전분야의 고전이다.

Max Müller, F., *Vedic Hymns*, Oxford, 1891; Delhi, 1964.

Muir John, *Orignal Sanskrit Texts* 5 vols., London, 1872; Amsterdam, 1976.

Panikkar, Raimundo, *The Vedic Experience, Mantramanjari: An Anthology of the Vedas for Modern Man and Contemporary Celebration*, Pondicherry, India: All India Books, 1977.

Ralph T.H. Griffith, *The Hymns of the Rig Veda*, London, 1889; reprinted Delhi, 1973. 『리그베다』의 완역판.

Renou, Louis, *The Destiny of the Veda in India*, Dev Raj Chanana ed. and tr., Delhi: Motital Banarasidass, 1965.

Saraswati, Sri Chandrasekharendra, *The Vedas*, Mumbai: Sudakshina Trust, 2009. 저자 사라스와티는 샹카라의 아드바이타 사상을 정통으로 계승한 후예로서, 금욕적으로 수행하여 현대 맨발의 성자로 추앙을 받는 사람이다. 원래 타밀어로 기록됐던 저자의 강연 원고를 95세 생일을 기념하여 출간했던 것(1988)을, 영어로 다시 번역한 것이다(1998). 다양한 베다 문헌을 인체의 기관에 비유하여 잘 설명해주고 있다.

Staal Frits, *Discovering the Vedas*, New Delhi: Penguin Books, 2008. 베다시대의 언어에 관한 구두 전승과 고고학적 정보를 제공해준다. 특히 만트라와 의례에 주목하고 오늘날 우리가 얻을 수 있는 통찰이 무엇인지를 밝힌다. 베다를 인도 철학과 종교, 불교와 비교하여 더욱 이해를 깊게 한다.

Thomas, E.J., *Vedic Hymns*, London, 1923.

Wilson, H.H., *Rig-Veda-Samhitā: A Collection of Ancient Hindu Hyms* 6 vols, London, 1850~88. 『리그베다』의 완역판.

이명권, 『우파니샤드 - 궁극적 진리에 이르는 길』, 파주: 한길사, 2011. 국내에는 드문 우파니샤드에 대한 개설서.

3. 힌두의 전통과 신비주의

다음 책들은 오늘날까지 살아 있는 힌두교 신앙의 신비 전통으로 안내하는 책으로서 힌두의 사상과 함께 그 신앙 현장을 소개해준다. 특히 윤회와 관련된 책들이 흥미롭다. 요가에 관한 훌륭한 안내서도 함께 소개한다.

Campbell, Joseph.(with Bill Moyers), ed., Betty Sue Flowers, *The Power of Myth*, New York: Doubleday, 1988.

Johnson, Linda, *The Living Goddess: Reclaiming the Tradition of the Mother of the Universe*, St. Paul, MN: YES International Publishers, 1998.

Knipe, David M., *Hinduism: Experiments in the Sacred*, San Francisco: Harper San Francisco, 1991. 힌두 전통에 대한 명쾌하고 간결하며 압축적인 입문서로서, 현대적 차원의 문제들도 외면하지 않고 잘 다루고 있다.

Muni Shiv Kumar, *The Doctrine of Liberation in Indian Religion: with Special reference to Jainism*, New Delhi: Munshiram Manoharlal Publishers, 2000. "해탈"에 대한 전문적인 해설서로, 특히 자이나교를 중심으로 한 해탈론을 불교와 시크교 및 브라만의 해탈론과 비교하면서 논의하고 있다. 업과 윤회, 그리고 해탈에 대한 다각적인 이해에 도움이 된다.

Renou, Louis, *The Nature of Hinduism*, Patrick Evans tr., New York: Walker and Company, 1951. 힌두 전통에 대한 포괄적 설명이 뛰어난 해설서다.

_____, *The Religions of India*, University of London: Athlone Press, 1953. 처음 110페이지 분량이 힌두교에 대한 뛰어난 입문서 역할을 한다.

_____, ed., *Hinduism*, New York: George Braziller, 1962. 힌두전통을 명쾌하게 소개하고, 발췌된 자료와 풍부한 예문을 수록했다.

Subramuniyaswami, Satguru Sivaya, *Dancing with Siva: Hinduism's Contemporary Catechism*, Concord, CA: Himalayan Academy, 1993.

Tigunait, Pandit Rajmani, *From Death to Birth: Understanding Karma and Reincarnation*, Honesdale, PA: Himalayan Institute Press, 1997.

_____, *The Power of Mantra and the Mystery of Initiation*, Honesdale, PA: Himalayan Institute Press, 1996.

베다를 이해하기 위한 용어 해설

*각 용어 해설 끝에 있는 숫자는 본문의 쪽수를 뜻한다.

가루다(Garuḍa) 가루다는 태양-새(Garutmān)로서 가루트마트(garutmat) 라고도 한다. 가루다는 『리그베다』에서 비슈누를 태우고 다니는 새이며, 새들의 왕이라고 불린다. 힌두교에서 가루다의 형상은 대개 독수리의 머리와 꼬리 그리고 날개를 하고 있는 반면에, 몸통과 다리는 사람의 모양을 하고 있다. 199, 311

간다르바(Gandharva) 간다르바는 베다에서 천상의 신으로서, 천상과 신들의 비밀을 알고 계시해주는 자이다. 태양의 빛을 인격화한 신으로서, 그의 임무는 신들을 위해 천상의 소마 음료를 마련하는 것이다. 후대에 가서는 반신(半神)의 모습으로 신들의 연회에서 노래하는 악사가 된다. 14, 133, 279, 283, 299, 300, 326, 333, 334, 336, 337

다크샤(Dakṣa) 다크샤는 프라자파티(Prajāpati)의 별칭으로서, 모든 피조물의 창조주다. 한편으로는 신들의 집단인 아디티야(Adityas)의 한 신의 이름이기도 하다. 후대에 가서는 직관적 통찰력으로 마음의 이해력을 뜻하는 철학적이고 추상적인 의미로도 쓰인다. 특히 다크샤라는 신의 이름은 형용사로서 많이 쓰이는데, '영리한, 솜씨 좋은' 등의 뜻을 지닌 신이다. 『리그베다』 제1권과 제10권에서만 등장하는데, 주로 미트라나 바루나 등의 아디티야의 다른 신들과 함께 거론된다. 92, 181, 182, 188

루드라(Rudra) 루드라는 산스크리트어로 문자적인 의미에서 "울부짖는 자" 혹은 "무시무시한 자"라는 뜻을 지니고 있다. 루드라는 베다에서 다양한 이름과 특징을 지니는 신으로 묘사되는데, 폭풍의 신으로 가장 유명하다. 때로는 불의 신과도 동일시되기도 한다. 파괴적인 특징으로 인해 후기에 가서 시바(Shiva)로 동일시되며 인간과 동물에게 질병을 가져오는 동시에 치유와 축복도 가져다주는 존재로 경배를 받는다. 62, 64, 116, 213, 236~246, 309, 310, 376

르시(Ṛṣi, 현자) 르시는 베다의 현자라 불리며, 일반적으로 성자, 혹은 영감을 받은 시인들을 지칭한다. 이들 현자들 가운데 유명한 7현(七賢)은 후기의 문서들마다 조금씩 다르게 나타난다. 예컨대 『사타파타 브라흐마나』에서는 고타마(Gotama), 브하라드바자(Bharadvāja), 비슈바미트라(Vishvāmitra), 잔마다그니(Janmadagni), 바시스타(Vasishtha), 카스야파(Kashyapa), 아트리(Atri)다. 그런데 『마하바라타』에서는 아트리, 바시스타, 앙기라스(Angiras), 풀라하(Pulaha), 크라투(Kratu), 풀라스티야(Pulastya), 마리치(Marīchi)다. 아트리와 바시스타 둘만이 중복되고 있다. 한편 『비슈누 프라나』(Vishnu-Purāna)에서는 이들 7현에 브리구(Bhrigu), 다크샤(Daksha)를 추가하여 9명의 현자를 언급하고 있다. 이들 외에도 베다에서 많은 현자들이 등장하는데 아가스티야도 그중 한 명이다. 88, 36, 46, 60, 67, 68, 94, 97, 113, 124, 140, 141, 171~173, 245, 253, 254, 268~270, 289, 302, 330, 339~343, 377, 379

마루트(Maruts) 마루트는 폭풍의 신(루드라와 마찬가지)으로서 인드라의 친구이기도 하며 동반자다. 그러면서도 동시에 루드라의 아들이기도 하고 인드라의 아들이나 형제로 불리기도 한다. 태양과 하늘과 땅의 아들이기도 하다. 번개와 우레로 무장하여 바람을 타고 다니면서 폭풍우를 관장한다. 베다에서 일반적으로 루드라의 아들로 묘사되고 있다. 이처럼 마루트의 기원은 다양하다. 117, 138, 198, 213, 224, 236~246, 296, 310, 323

만트라(Mantra) 만트라의 산스크리트어의 의미는 다양하게 해석된다. 첫째는 화신(化身, 아바타라avatāra)으로서의 신에 대한 이름이다. 만트라는 스승(구루)의 가르침을 담지하고 있는 신과 함께 동행하는 화신으로 간주된다. 수련자들은 신성한 만트라를 계속해서 명상함으로써 궁극적으로 신성을 체현하게 된다. 둘째 의미는 '마하바키야'(Mahāvākya)로서 '지고한 언설'이다. 셋째는 제의와 찬가를 수록하고 있는 베다의 거룩한 산스크리트어 본문을 가리킨다. 52, 53, 55, 60, 69, 88, 107, 121~126, 357

미트라(Mitra) 미트라는 태양신으로서 낮을 주관하는 '낮의 주'이며, 밤을 주관 하는 바루나와 함께 천지를 유지하고 보호하면서, 경건한 자를 보호하고 격려해 주지만, 죄인에게는 벌을 준다. 65, 75, 116, 124, 138, 179~181, 183~189, 192, 194, 254, 256, 330, 349, 376

바루나(Varuna) 바루나는 "모든 것을 감싸고 있는 자"라는 뜻으로, 바라스(Varas), 곧 "넓이"나 "공간"을 뜻하는 어근에서 비롯된 말이다. 산스크리트어의 또 다른 의미로는 "대양"이나 "태양"을 의미하며, 베다의 신들 가운데 가장 오래된 신 중의 하나다. 하늘 공간 전체를 감싸고 있다는 뜻으로 인격화된 신 바루나는 천지의 창조자요 보존자이면서, 지고한 신성을 지닌 우주와 신 그리고 인간의 왕이 된다. 후대에 가서는 태양신들의 주(主)가 된다. 기본적으로 바다와 강들의 신이다. 태양을 빛나게 하며 호흡을 통하여 공중에 바람을 일으킨다. 바루나의 법칙에 따라 달이 빛나며 밤하늘에 별이 나타난다. 24, 37, 70, 73, 75, 113, 114, 124, 134, 137, 138, 149, 179~189, 192, 194, 213, 214, 242, 254, 256, 260, 290, 314, 330, 349, 381

바유(Vāyu) 바유는 산스크리트어로 '바람' 혹은 '공기'를 뜻하는 것으로, 바람의 신이라 불린다. 베다에서는 인드라 신과 함께 등장하는데, 인드라가 모는 마차를 함께 타고 다닌다. 54, 61, 65, 189, 213, 216, 242, 246~249, 349, 371, 376

「브라흐마나」(Brāhmaṇas) 「브라흐마나」는 『리그베다』의 본집인 「상히타」에서 발췌한 제사를 위한 설명서로서 사제들의 지침서를 말한다. 이 지침서가 후기에 『우파니샤드』라는 철학적인 사고체계로 발전해간다. 44, 53, 60, 75, 122, 126, 127, 194, 299, 310, 333, 336, 356~363, 366, 370~372, 374, 378

『아이트레야 ~』 127, 366

『사타파타 ~』 128~131, 357, 363, 364, 369~371

『카타파타 ~』 183, 205

『카우시타키 ~』 368

브라만(brahman) 브라만은 크게 두 가지로 구분된다. 하나는 영원불멸의 절대자로서 베단타철학에서 비이원론적(非二元論的) 실재를 가리킨다. 이원론적인 인격신과는 구별되는 존재다. 절대 순수의식으로서의 브라만은 인간의 사고로 파악할 수 있는 실재는 아니다. 그러나 점차 브라만이 창조주 이쉬바라(Īshvara)라는 인격신으로 변모되기도 한다. 그런 점에서 속성을 지닌 브라만(인격신)과 속성을 지니지 않는 브라만(순수의식)으로 구별되어 설명된다. 또 다른 하나는 제사를 집행하는 사제로서의 브라만이다. 이는 4성제의 계급에 속하는 구성원을 말한다. 예컨대 바라문으로 한역(漢譯)되는 사제들이다. 44, 66, 75, 106~108, 116, 122~124, 126~129, 345, 352~361, 370~372, 378

브라흐마나스파티(Brahmanaspati) 브라흐마나스파티는 힌두교에서 삼위일체의 신으로 불리는 브라흐마, 시바, 비슈누 삼신의 하나로서, 창조를 담당하는 신이다. 그리스도교의 하나님처럼, 말씀으로 세계를 창조했다. 그러나 그리스도교에서 말하는 로고스와 같은 '말씀'이라기보다는 '울부짖음'으로써 만물이 탄생하게 되었다. 이 신은 모든 존재와 모든 살아 움직이는 것과 모든 의식을 지닌 자에게 자신의 감정을 드러낸다. 55, 94, 117, 121

브리하스파티(Brhaspati) 브리하스파티는 산스크리트어의 문자적 의미로는 "기도의 주"라는 뜻으로서, 브라흐마나스파티와 동의어다. 브리하스파티는 말씀의 창조자로서, 성서의 요한복음의 로고스(말씀)와 대비되며, 말씀이 곧 하느님이라는 표현과도 비교된다. 브리하스파티는 말씀을 통하여 지식과 신념을 전달하고 창조적인 리듬을 만들어내는 능력을 지니며, 말씀을 도움으로 사물을 직관적으로 파악한다. 처음에는 덜 중요한 신으로 여겨졌다가 언어의 중요성이 점점 높아지면서 힌두교 내에서 중요한 신으로 여겨지게 되었다. 65, 73, 121, 148, 183, 216, 295, 349

비라즈(Viraj) 비라즈는 산스크리트어로 '광휘' 또는 통치'의 의미를 지닌다. 이 용어는 베단타 사상에서 속성을 지닌 브라만(saguna-brahman)과 관련된다. 이는 마치 이슈바라(Īshvara)가 모든 현상 세계에 두루 미쳐서 통치하고 있는 것과 같다. 비라즈는 여성적 창조 원리로서 후기에 상키야 철학에서 푸루샤와 쌍을 이루는 원초적 물질적 본성인 프라크리티(Prakrti)로 대치된다. 64, 102, 104, 105, 353

비바스바트(Vivasvat) 비바스바트는 비바스(vi+vas) 즉, '빛이 앞으로 나아가는 것'을 뜻한 데서 온 말이다. 비바스바트는 인드라, 소마, 아쉬빈, 아그니, 우사 등과 함께 어울려 빛을 발하며, 협력하는 조력자의 역할을 많이 한다. 후기 문서인 『타이티리야 브라흐마나』, I.1.9.1에서는 8명의 아디티야의 하나로 포함된다. 111, 112, 204, 205, 207, 208, 329

비슈누(Vishnu) 비슈누는 힌두교에서 가장 주요한 신중의 하나로 취급된다. 산스크리트어로는 '일하는 자'(vish)라는 뜻을 지니며, 『리그베다』에서는 태양신이다. 하지만 단지 '세 걸음'으로 우주를 건너는 보폭이 큰 자로만 등장한다. 세 보폭은 일출과 정오 그리고 석양을 뜻한다. 그 가운데서도 두 번째 걸음인 정오는 축복이 함께함을 뜻한다. 24, 50, 73, 74, 112, 116, 117, 179, 197~204, 219, 224, 229, 245, 307, 310, 311, 376

사라스바티(Sarasvati) 사라스바티는 전설적인 강을 뜻하는데, 갠지스 강과 야무나 강이 함께 프라야가 근처에서 합류 되는 지점으로 땅 속으로 그 일부가 자리하고 있다고 여겨진다. 고대의 베다시대부터 인도인은 이를 거룩한 강으로 여겼다. 그리고 후에 브라마의 아내가 된 여신으로 존경을 받게 되었다. 또 한편으로 사라스바티는 "언어의 흐름"의 여신으로 추앙 받는다. 신적 언어의 수사나 학문 또는 직관의 여신으로 존경받으며 예술, 특히 음악의 후원자다. 65, 70, 71, 321~324

사비트리(Savitṛ) 사비트리는 『리그베다』, III.62.10에서 거룩한 시구(詩句)를 뜻하는데, 일반적으로 가야트리(Gāyatrī)로 알려져 있다. 가야트리는 운율(율격)을 뜻한다. 『리그베다』에서 가장 중요한 형태의 운율로 이루어진 만트라다. 이 만트라가 인격화되어 사비트리와 같은 신으로 표방되는 것이다. 가야트리는 '만물을 생산하는 자'인 사비트리로서 태양을 불러들인다. 그런 까닭에 가야트리는 사비트리라고도 불린다. 사비트리가 여신으로서 인격화 될 때는 브라흐마의 아내가 되고, 네 베다의 어머니가 된다. 65, 73, 117, 179~182, 188, 193~195, 198, 294, 296, 304, 376

산스크리트(Sanskrit) 산스크리트의 문자적 의미는 '완전한' '완벽하게 만들어진'의 뜻이다. 수세기에 걸쳐 인도 북서쪽에서 살던 사람들이 인도로 이주해오면서 사용하던 언어가 잘 정리되었다는 완결적 의미를 갖는다. 특히 현자 르시들이 명상을 하면서 신비한 진리를 표현하기 위한 과정에 필요한 수단이었던 언어가 완벽하게 만들어졌다는 뜻이다. 특히 일상 경험과는 다른 여러 의식의 차원을 설명하기 위해서는 다양한 정신적 영적 기능을 설명하는 단어와 문법체계가 필요했던 것이다. 이것이 유럽의 언어와 차별을 갖게 하는 큰 이유다. 그리하여 산스크리트어는 힌두교에서 '거룩한 언어'로 남는다. 13, 45, 47, 53, 61, 122~124, 373

소마(Soma) 소마는 거룩한 현자이자 온 세계의 통치자인 아트리의 아들로서, 그가 지상에 내려왔을 때, 브라흐마의 유명한 일곱 아들이 『리그베다』와 『야주르베다』 『아타르바베다』에 나타나는 시(詩)로써 그를 찬미했다. 소마의 권능이 지상에 떨어지자 무한한 광채와 함께 식물들이 솟아났는데, 이 식물들로 소마는 온 세계에 영양분을 공급했다. 소마는 『리그베다』 본문에서 다양한 이름으로 수식된다. 예컨대, '음료'(pitu), '술'(mada), '음식'(anna), '꿀 혹은 달콤한 술'(madhu), '우유'(payas), '버터'(ghṛta) 등의 이름으로 묘사된다. 그러나 대부분 소마 주스로 통칭된다. 24, 44, 47, 48, 52, 60, 61, 64, 66, 70, 104, 111, 128, 132, 134, 135, 152, 153, 157~160, 170, 192, 198, 205~207, 210, 214~234, 245, 248, 251, 261, 264, 266~283, 296, 297, 298, 301~303, 311, 317, 319, 326, 327, 339, 340, 347, 350, 351, 366

아그니(Agni) 불의 신, 불 그 자체. 제물을 받는 동시에 신들에게 제물을 전달하는 중재자다. 24, 38, 40, 47~51, 55~71, 75, 94, 99, 104, 106, 108, 111, 113~121, 124, 129~132, 153~177, 179~181, 183, 186, 189, 205, 206, 242, 251~266, 276, 277, 293, 295, 297, 300, 307, 309, 311, 314, 327, 328, 349~351, 368~371

아리아만(Aryaman) 아리아만은 신들의 그룹인 아디티야의 한 명이다. 『리그베다』에서 약 100회 정도 언급되는데, 다른 유명 신들에 비해서는 인기가 저조한 편이다. 미트라나 바루나 등의 유명한 신과 함께 등장하면서 '동료' 신으로서 종종 언급될 뿐이며 아그니가 이 아리아만과 동일시되기도 한다. 파생 형용사 '아리아미아'(aryamya)가 '친구와 관계되는'의 뜻을 지니는 만큼, '동료'로서의 신이라는 성격이 강하다. 116, 138, 181, 188, 189, 254

아베스타(Avesta) 『아베스타』는 조로아스터교의 경전으로서, 이 경전은 베다 신화와 밀접한 관계를 지닌다. 『아베스타』의 언어와 고대 베다시대의 방언이 문법이나 어휘, 율격, 시의 형식 등 다방면에서 유사성을 보이고 있다. 차라투스트라가 신화적 개념을 상당히 변혁시켰음에도 불구하고 여전히 제의의 용어 등에서는 많은 유사성을 보인다. 예컨대 베다의 제의 개념인 야즈나(yajna)는 『아베스타』에서 야스나(yasna)로, 사제인 호트리(hotṛ)는 자오타르(zaotar), 불의 사제 아타르반(atharvan)은 아타르반(ātarvan), 질서나 규정을 뜻하는 리타(ṛta)는 아사(aṣa), 소마(soma)는 하오마(haoma) 등이다. 16, 112, 329

아수라(Asura) 아수라는 창조의 초기부터 지상의 수면에 존재하는 낮은 세계의 신들로 여겨지다가 인드라가 브리트라를 죽이면서 함께 무대에 등장하여, 종종 인드라나 아그니의 별칭으로 숭배되기도 한다(『리그베다』, I.174.1; VIII.79.6). 이같이 『리그베다』에서 아수라는 지극히 지혜로운 신(神)으로 존경받는데, 오직 후기에 가서 어둠의 세력을 대표하는 신으로 언급된다. 그리하여 후대에는 '악마, 악령'을 뜻하면서 신들의 적이 된다. 202, 211, 239, 265, 270, 292, 293, 330

앙기라스(Angiras) 앙기라스는 『리그베다』에서 60회 이상 언급될 정도로 대단히 인기 있는 신격화된 사제 출신이다. 『리그베다』 제10권 제62장의 제1~6절까지는 매번 앙기라스의 이름이 거론되면서, 마누의 아들로서 지극히 현명한 자요, 고상한 브라만으로서의 르시로 칭송되고 있다. 베다에서 신비로운 사제와 영웅들이 많이 언급된다. 최초의 인간으로 표방되면서 제사를 창시한 마누(Manu)가 대표적인 경우이고, 영광스러운 사제 브리구(Bhṛgu)(『리그베다』, I.60.1), 고대의 대표적인 불(아그니)의 사제 아타르반(『리그베다』, VI.16.13; VI.15.17), 아타르반의 아들 현자 다드흐얀크

(Dadhyanc)〔VI.16.14〕, 앙기라스와 가장 가까운 그리고 앙기라스의 아들 이기도 하면서(『리그베다』, X.62.5~6) '아수라의 영웅이자 하늘의 아들'(『리그베다』, III.53.7)로 표현되는 비루파스(Virūpas), 처음 제의를 올린 사제 다사그바스(Daśagvas)(『리그베다』, II.34.12), 그리고 유명한 7명의 현자(七賢) 집단이다. 67, 146, 148, 253, 254

야마(Yama) 야마는 '죽음의 신'으로서 죽음과 죽음 이후의 세계를 관장하는 신이다. 한역(漢譯) 불교 용어에서는 염라대왕으로 번역하고 있다. 야마는 후기에 요가에서 다른 뜻으로 사용되기도 한다. 야마는 산스크리트어로 "자기 통제"를 뜻한다. 수련을 중심으로 하는 라자 요가(Rāja-yoga)의 8가지 수련법 중 첫 번째 단계에 해당한다. 이른바 금계(禁戒)와 같은 것으로, 5가지 윤리적 실천이 요구된다. ① 아힘사(ahimsa: 비폭력), ② 사티야(satya: 진실), ③ 아스테야(asteya: 도둑질을 금함), ④ 브라마차리야(brahmacharya: 금욕), ⑤ 아파리그라하(aparigraha: 탐욕을 금함)로서, 생각(意)과 말(口)과 행동(身)에서 실천되어야 한다. 111, 112, 124~126, 133~135, 145~154, 159, 163, 169, 171~177, 204, 208, 280, 283, 292, 298, 310, 311, 329~333, 349

인드라(Indra) 대기(大氣) 현상을 인격화한 공중의 신으로 『리그베다』에서 가장 위대한 '신들의 왕'이다. 더 위상이 높았던 바루나의 영향력을 흡수하고 오랫동안 최고의 권위를 누렸다. 날씨를 관장하고 천둥번개와 폭풍을 내린다. 악한 신 브리트라를 살육하여 가두어둔 물을 쏟아내게 하여 비를 내린다. 14, 25, 26, 47~50, 54~61, 65, 70, 71, 73, 75, 87, 93, 106, 108, 111, 113~117, 124, 132~139, 151, 153, 179, 183, 188, 189, 197~198, 207, 213~236, 240~243, 245, 246, 248~249, 257, 259, 260, 263, 264, 272~282, 285, 293~298, 306~311, 314~316, 326, 328, 337, 343, 349~351, 375, 377

일라(Ilā) 일라는 '자양분'을 뜻하는 영양분을 신격화한 이름의 여신이다. 『리그베다』에서 공물을 바치는 제사와 관련해 '버터의 손'(『리그베다』, VII.16.8), '버터의 발'(『리그베다』, X.70.8)을 하고 있는 것으로 묘사된다. 336, 338

트바스트리(Tvaṣṭṛ) 트바스트리는 베다의 후기 해설서인 『사타파타 브라흐마나』에서 하늘과 땅을 포함하여 다양한 존재를 탄생시키는 창조적 예술가로 나타난다. 그리하여 그는 우주의 주(主)가 된다. 가장 먼저 태어난 보호자요 리더다. 그도 다른 신들처럼 제의와 경배를 받고 기뻐하며 행운을 선사한다. 더욱 후기에 가서 『푸라나』 문서에서 그는 '신들의 설계사'인 비슈바카르마와 동일시되고, 더 나아가 어떤 곳에서는 창조주 프라자파티와도 동일시된다. 74, 116, 138, 165, 217, 218, 222, 225~230, 245, 248, 288, 295, 297, 330, 331, 376

파르잔야(Parjanya) 파르잔야는 비구름의 신으로, 비를 내림으로 각종 식물이 자라서 인간을 기쁘게 하는 자로 칭송을 받는다. 『리그베다』의 찬가에서 파르잔야는 강력한 힘의 상징인 황소의 이름으로 불리며 식물들에게는 싹을 틔우기 위해 씨(수컷)를 뿌리는 자로 묘사되고 있다. 이밖에도 파르잔야는 하늘의 아들로서, 암소의 형태를 취하기도 한다. 강력한 무기로 악마를 살해하는 자, 말을 타고 다니면서 비의 소식을 전하며 비구름으로 하늘을 가득 채우는 자로 묘사된다. 236, 248, 279, 283, 304, 309

푸르바 미맘사(Pūrva mīmāṃsā) 푸르바 미맘사는 pūrva(초기)와 mīmāṃsā(탐구, 조사)의 뜻이 결합된 명칭으로 '초기의 탐구'라는 의미를 지닌다. 이는 인도의 육파 철학의 하나로서, 의례 곧 제의와 관련된 문제를 전문적으로 해석하고 연구하는 학파다. 이는 후기의 우타라 미맘사(Uttara mīmāṃsā) 학파보다 시간적으로 앞서며, 의미도 더 중요하다. 이 학파는 특히 의례의 정화(淨化, purifying)의 행위가 지식(우타라 미맘사가 강조하는)에 이르는 준비가 된다고 강조한다. 푸르바 미맘사의 창설자는 자이미니(Jaimini)로 알려져 있다. 361

푸샨(Pūṣan) 푸샨은 산스크리트어로 "푸쉬"(Push), 즉 '먹이다, 유지하다, 촉진하다, 계시하다'라는 의미를 지니고 있다. 자양분을 제공해주는 자로서, 베다에서 많은 노래가 푸샨에게 주어진다. 65, 75, 117, 138, 139, 179, 188, 189, 193~198, 207, 208, 310

프라자파티(Prajāpati) 프라자파티는 문자 그대로 "창조의 주"(pati)라는 뜻이다. 베다에서 사용되고 있는 이 명칭은 인드라, 사비트리, 히란야가르바, 그리고 브라흐마와 같은 창조력을 가진 것들에 적용되기도 한다. 마누(Manu) 문서에서는 브라흐마를 창조주로 언급하고 프라자파티는 우주를 지탱하는 자(持柱)로 묘사되고 있다. 브라흐마의 영적인 아들들로 여겨지는 10명의 현자(Rishis)들을 10명의 프라자파티로 부른다. 『마하바라타』에서는 21명의 프라자파티를 언급하고 있고, 어떤 문서에는 7인의 현자로서의 프라자파티를 말하기도 한다. 40, 75, 81, 92, 93, 128~131, 182, 194, 216, 310, 354, 361~370, 378

히란야가르바(hiraṇyagarbha) 히란야가르바는 『마누법전』과 같은 후기의 전통에 따르면, 최초의 남성적 원리로 등장한 브라흐마와 동일시되고 있다. 그리고 이 브라흐마는 태양처럼 빛나는 황금계란의 형태 속에서 그 깊이를 알 수 없는 심오한 '제1원인'(First Cause)으로부터 나타난다. 브라흐마는 이때 황금의 모태 속에서 1년간의 기간을 경과한 후, 순수한 사고(思考)의 힘으로 둘로 쪼개져 나왔는데 그것이 하늘과 땅이다. 이렇게 보면 베다의 우주 창조의 신화는 이제 보게 될 비슈바카르만이라는 조물주와 같이 후대에 형성된 개념으로서, 황금 계란과 같은 태아 속에서 잉태된 브라흐마와 밀접한 관계가 있게 된다. 75, 88~93, 98

베다를 이해하기 위해 알아야 할 힌두교 주요 인물

6,000년이 넘는 힌두교의 역사 속에 힌두교와 그 사상을 대표하는 인물은 헤아릴 수 없이 많다. 그중에서도 전설적인 인물을 포함하여 널리 알려진 성자나 현자, 현대의 주요 인물들은 다음과 같다. 대개 10세기 이전의 사람들은 연대가 분명치 않다.

간디, 모한다스(Gandhi, Mohandas, 1869~1948) 영국의 통치 아래 인도 독립운동을 전개했고, 영국인의 억압정치에 저항하는 비폭력 평화운동의 효시가 되었다. 이른바 '진리파지'(眞理把持, satyāgraha)와 '아힘사'(ahimsa) 운동이 그것이다. 진리파지 운동은 1920~22년과 1930~32년 사이에 전개되었으며, 그 내용은 영국 행정부의 지침을 따르지 않는 것이었다. 그 결과 간디는 여러 번 감옥에 갇히게 되었다. 그는 금욕적인 수행과 불가촉천민에 대한 편견 없는 중재, 그리고 타 종교에 대한 관용과 그리스도교의 산상수훈에 대한 깊은 공감, 더 나아가서 힌두교와 이슬람의 평화로운 공존을 위해 노력했다. 그의 인격과 삶이 인류에게 공헌한 바로, 그는 '위대한 영혼'이라는 뜻을 지닌 '마하트마'(Mahātma) 간디로 불렸다. 그러나 간디는 끝내 이슬람과 힌두교의 화해를 이루지 못한 채, 힌두 열광주의자에 의해 암살당했다. 그는 "오, 라마 신이여!"라는 마지막 비명을 남기고, 1948년 1월 30일에 운명했다.

고타마, 싯다르타(Gautama, Siddhārtha, 기원전 6세기) 지금의 네팔에 위치한 도시인 카필라바스투에서 태어난 북인도 왕국의 샤카 족의 왕자로서 왕궁을 떠나 깨달음을 얻고 불교를 창시했다. 16세에 결혼하고 29세에 아들 라훌라(Rāhula)를 낳았으나, 출가하여 금욕적 수도 생활을 했다. 그러나 깨달음을 얻지 못하다가 35세에야 깨달음을 얻고, 많은 곳을 다니며 가르침을 베풀다가 80세에 입적했다.

나낙, 구루(Nanak, Guru, 1469~1538) 시크교의 창설자. 힌두교와 이슬람의 가르침을 생활 속에서 실천하기 위해 종합적으로 구현한 새로운 종교로서 시크교를 창시했다. 그는 인간에게 봉사함으로써, 알라(Allah)와 브라만(Brahman)을 기쁘게 할 수 있다고 생각했다. 또한 신과의 합일은 오직 자신의 노력으로만 가능하다고 주장했다. 나낙의 시는 신비주의가인 카비르의 영향을 받은 것이었다.

느리싱하스라민(Nṛsiṃhāśramin, 16세기) 우파니샤드에 근거한 베단타학파의 불이론(不二論)학파에 속하는 근대 학자.

데시카, 베단타(Deshika, Vedānta, 14세기) 비슈누파에 속한 베단타학파의 중세기의 한정적 불이론의 대표자다.

라다(Radha, 기원전 16세기) 꽃 짜는 여인의 상징. 크리슈나의 연인.

라다크리슈난(Radhakrishnan, Sarvepalli, 1888~1975) 힌두 철학자, 현대 인도의 초대 대통령이다.

라마나 마하르시(Ramana Maharshi, 1879~1950) 현대 인도의 가장 위대한 영적 지도자의 한 사람이다. 남인도의 아루나찰라(Arunāchala)에서 "나는 누구인가?"라는 질문을 하여 그들 자신의 내적 자아를 발견하게 지도했다. 어떠한 스승도 없이 17세에 참 자아에 대한 깊은 영적 각성을 체험한 후에, 늘 절대적 실재인 브라만에 대한 각성을 놓치지 않고 살았다. 스스로 책을 쓰지는 않았지만, 그와 청중들과의 대화록이 번역되어 출간되었다.

라마난다(Rāmānada, 13세기) 무슬림의 인도 정복에 대한 반응으로서 북인도에서 박티(bhakti, 信愛)운동을 처음으로 부흥시킨 인물이다. 그는 카스트에 대해 진보적인 입장을 보이면서, "누구든지 하리(신)를 믿는 자는 모두가 하리에게 속하는 자다"라고 하면서 모두가 신의 자녀라고 주장했다. 현자 시인 카비르가 라마난다의 기본 개념을 받아들여 대중적인 시를 써서 인도 전역에 영향력을 미쳤다.

라마누자(Ramanuja, 1055~1137) 남인도 비슈누파의 성자로서 '한정적 불이론 철학'(Visishtadvaita)학파를 창설했다. 신에 대한 사랑과 만물이 "신의 형태"를 띠고 있다는 사실에 대한 인식이 필요하다고 주장했다.

라마, 스와미(Rama, Swami, 1925년경~96) 요가 수행자로서 서양에 고급 요가 수행의 기술을 전파한 박애주의자다.

라마크리슈나, 파라마한사(Ramakrishna, Paramahansa, 1836~86) 벵갈의 영적 지도자로, 오늘날도 신의 화신(avatāra)으로 여겨져 많은 신도들의 추종을 받고 있다. 이는 마치 힌두인이 예수를 사랑의 화신으로 여기는 것과 같다. 그는 모든 종교가 궁극적 실재인 신에게 이를 수 있다는 종교적 보편주의자다. 그의 가장 유명한 제자는 스와미 비베카난다(Svāmi Vivekānanda)와 스와미 브라흐마난다(Svāmi Brahmānanda)다.

람프라사드(Ramprasad, 1723~1803) 18세기에 살았던 가장 유명한 벵갈의 시인이자 성자 중의 한 사람으로서, 여신 칼리(Kali)의 숭배자다. 오늘날까지도 그의 시는 벵갈 전역에 걸쳐서 널리 애송되고 있으며, 영적 진리를 추구하는 자들에게 깊은 영감을 제공해주고 있다.

로이, 람 모한(Roy, Ram Mohan, 1772~1833) 종교에 대한 합리적이고 인간적 접근을 강조하는 힌두 개혁운동의 하나인 '아디 브라모 사마즈'의 창설자다.

마, 아난다마이(Ma, Anandamayi, 1896~1982) 현대의 가장 위대한 성자 중의 한 사람, 그녀는 그가 동부 벵갈에서 태어나는 순간에 이미 각성했다고 믿었다.

마누(Manu, 태곳적) 전 지구적 홍수 이후의 오늘날 인류의 조상. 산스크리트어로 "인간"(man) 또는 "생각한다"(to think)라는 의미가 있다.

마누(Manu, 5세기) 힌두의 법률적 관행을 책으로 편찬한 『마누법전』의 저자.

마드흐바차리야(Madhvacharya, 1199~1278) 마드흐바로도 알려져 있다. 비슈누 경배자로서 베단타의 이원론(Dvaita)학파를 창설했다. 이원론 학파는 베단타의 3가지 주요 학파 중에 세 번째 그룹에 해당한다.

마하라즈, 니사르가다타(Maharaj, Nisargadatta, 1897~1981) 인도의 영적 지도자로서 본명은 마루티 캄플리(Maruti Kampli)였다. 스스로는 쓰지 않았지만, 마하트마(mahātma), 브하가반(bhagavan), 파라마함사(paramahamsa)와 같은 존칭을 받았다. 학파나 철학을 내세우지 않고, 단지 자신이 경험한 순수 불이론적 입장에서 참 자아(아트만)에 대해서만 말했다. 그가 방문자와 나눈 대화들이 제자들에 의해 기록되고 번역되었다. 생애 마지막 10년간의 작품이 모리스 프리드만(Maurice Frydman)에 의해 영어로 번역되었다.

마하비르(Mahavir, 기원전 6세기) 본래 북인도의 제후였으나 모든 것을 포기하고 방랑자가 되어 자이나교를 보급시켰다.

묵타난다, 스와미(Muktananda, Swami, 1908~83) 싯다(완전한) 요가 담(Siddha Yoga Dham)을 창시한 카시미르 시바파의 스승으로서, 성자로 추앙받고 있다. 18세에 순례를 떠나 베단타를 연구하고 많은 스승들의 가르침을 받았으며, 1947년에 스승 스와미 니티야 아난다(Nityānanda)를 만나서 가르침을 받았다.

미스라, 프라브하카라(Mishra, Prabhākara, 7세기) 고대 미맘사학파의 대표자.

바다라야나(Bādārayana, 5세기) 우파니샤드에 근거한 고대의 베단타학파를 대표하는 인물이다.

바마데바(Vāmadeva) 베다시대의 현자로서, 『리그베다』 제4장을 편집했다. 시편 가운데 바마데바의 출생에 관한 이야기가 있는데, 후대의 주석가 사야나에 따르면, "바마데바는 모태에서부터 일반적인 양식으로 출생하기를 바라지 않고, 어머니의 옆구리에서 세상에 나오기를 원했다"고 한다. 바마데바는 또 다른 시편에서 "나는 매처럼 쏜살같이 나왔다"고 했다. 주석가는 이 표현에 대해, "바마데바는 매의 모습을 하고, 요가의 힘으로 모태에서 나왔다. 그는 임신되는 순간부터 신의 지식을 가지고 있었기 때문이다"라고 했다. 한편 바마데바는 대서사시 『마하바라타』에 나오는 현자의 이름이기도 하다. 그는 바자스(Vājas)라고 불리는 전설적인 속도를 가진 두 마리의 말을 지니고 있다. 바마데바는 시바 신의 별칭이기도 하다.

바수데바(Vāsudeva) 크리슈나의 아버지로서, 그의 여동생은 『바가바드 기타』에 나오는 판다바 5형제의 어머니 쿤티(Kuntī)다. 그런데 『바가바드 기타』에서는 크리슈나를 바수데바라고 부르기도 한다. 바수데바는 7명의 자매들과 결혼했는데, 그중 막내인 데바키(Devakī)가 크리슈나의 어머니다.

바스굽타(Vasgupta, 9세기) 카시미르의 시바파를 다시 부흥시켜서 오늘날의 형태로 만들었다.

바시스타(Vasishtha, 아득한 전설적인 선사시대) 베다시대의 현자. 오늘날까지 수많은 성자들이 그의 이름과 동일한 명칭을 사용하고 있다.

바이, 미라(Bai, Mira, 1498년경~1546) 라지푸트(Rajput)의 공주였으나 신분을 버리고 신비주의 시인이 되었다. 크리슈나에 대한 황홀한 사랑으로 많은 사랑의 송가와 작품집(Padāvalī)을 남겼다. 인도 전역에서 그녀의 노래를 많이 애송하고 있다.

바트스야야나(Vātsyāyana, 4세기) 에로틱한 주제의 고전인 『카마수트라』(*Kāma-Sūtra*)의 저자다. 고타마(Gotama)의 『니야야-수트라』(*Nyāya-Sūtra*)의 주석서인 『니야야-브하스야』(*Nyāya-Bhāshya*)의 저자이기도 하다.

발미키(Vālmīki, 기원전 10세기) 위대한 힌두 서사시 『라마야나』(*Ramayana*)의 저자.

브하스카라(Bhāskara, 9세기) 『베단타-수트라』(*Vedānta-Sūtra*)에 대한 주요 주석가의 한 사람으로서 그의 작품은 '브하스카라 브하스야'(Bhāskarabhāya)라고 불린다. 그는 브라만과의 연합은 오직 육신의 죽음 이후에만 가능하다고 주장했다.

브하타, 자얀타(Bhatta, Jayanta, 9세기) 고대 힌두의 니야야(Nyāya: 논리)학파의 대표적인 인물이다.

브하타, 쿠마릴라(Bhatta, Kumārila, 8세기) 고대 미맘사학파를 대표하는 인물. 자이미니의 『미맘사-수트라』(*Mīmāmsā-Sūtra*)에 대한 주석서를 썼다.

비드야란야(Vidyāranya, 14세기) 상카라의 아드바이타 베단타 사상을 지지한 자로서, 주요저서로는 『판짜다시』(*Panchadashī*: 15가지의 형이상학적 주제를 다룸)가 있다.

비베카난다, 스와미(Vivekananda, Swami, 1863~1902) 벵갈의 힌두 성자로 추앙받는 라마 크리슈나의 가장 뛰어난 제자다. 1893년 제자의 재정적 도움으로 시카고에서 개최된 세계 종교 회의에 참가하여 서양에 처음으로 힌두교와 요가의 가르침을 전수했다. 라마크리슈나의 주장인 모든 종교의 궁극적 진리는 모두 통한다는 보편주의를 지지했고, 뉴욕에 베단타 학회를 창설하기도 했다. 그 후 라마크리슈나의 사후에 수도자들과 함께 생활하면서, 1887년에 라마크리슈나 선교회를 창설했다.

비슈바미트라(Vishvāmitra) 『리그베다』의 제3장의 주요 저자로 여겨지는 유명한 현자다. 크사트리야 계층 출신이었지만 엄격한 금욕생활로 브라만 계층에 진입했고, 7현 가운데 하나가 되었다.

비야사(Vyasa, 기원전 6세기) 네 개의 베다를 현재의 형태로 편집한 사람. 주요한 힌두 문헌인 『푸라나』와 『마하브하라타』(Mahabharata)의 편집자도 비야사라는 이름으로 불린다. '비야사'는 산스크리트어로 '수집자/편집자'라는 의미를 지니기 때문에, 산스크리트어로 된 많은 작품과 저자들의 이름이기도 하다. 수많은 비야사가 있지만 베다-비야사(Veda-Vyāsa) 가운데는 샤스바타(Shāsvata)가 유명하다고 말할 수 있다.

사라다, 데비(Sarada, Devi, 1853~1920) "벵갈의 어머니"라고 불린다. 라다크리슈나 파라마한사의 아내다.

사라스바티, 다야난다(Sarasvati, Dayananda, 1824~83) 북인도의 주요 개혁운동인 '아리아 사마즈'의 창설자, 베다의 가치를 다시 호소한 사람.

사바라스와민(Shabaraswamin, 1~2세기) 고대 미맘사 철학파의 대표자다.

사트지타난다, 스와미(Satchidananda, Swami, 1914~) 통전적 요가의 지도자, 그의 "옴"(Oms)은 1969년 '우드스탁 뮤직 페스티발'의 서장을 열었다.

산딜리야(Shandilya, 2세기) 비슈누파 신비주의에 관한 중요한 텍스트로 유명한 경건 신앙서적 『산딜리아 수트라』의 저자다.

샬리카, 나타(Shālika, Nātha, 8세기) 고대 미맘사 철학파의 대표자.

삼브하다르(Sambhadar, 7세기) 남인도 시바파의 시인. 많은 자이나교 신자들을 힌두교로 개종시켰는데 어떤 때는 강제로 개종시키기도 했다.

상카라차리야(Shankaracharya, 8세기) 8세기경 힌두교를 다시 부흥시킬 만큼 대중적 영향력이 있었던 요가 수행자. '아드바이타 베단타' 학파의 주창자다.

센, 케샵 찬드라(Sen, Keshab Chandra, 1838~84) 그리스도교의 영향을 받은 유명한 인도의 진보적인 개혁가로서, 브라모 사마즈 운동의 세번 째 지도자였다. 그의 진보적인 개혁적 성향으로 1868년에 타고르(D. Tagor)와 결별했다.

수다르사나 수리(Sudarshana Sūri, 12세기) 베단타사상에 근거한 비슈누파의 한정적 불이론자다.

순다라(Sundara, 7세기) 남인도의 성자로서 시바에 대한 100여 개의 유명한 찬가를 지었다.

시르티, 사이 바바(Shirdi, Sai Baba, 1850년경~1918) 힌두와 무슬림 양쪽에서 모두 존경과 사랑을 받는 마하라스트라의 성자다.

시바난다, 스와미(Sivananda, Swami, 1887~1963) 인도의 영적 지도자. 본래 의사 출신이었으나 재산과 모든 것을 포기하고 거지가 되어 인도 전역을 배회하다가 성자들의 가르침을 받고 수도자가 되었다. 1936년 신생회(神生會, Divine Life Society)를, 1948년에 요가 베단타 아카데미(Yoga-Vedānta Forest Academy)를 창설하고, 출판과 교육 활동 및 영적 지식에 관한 자료를 보급하고 있다. 저서로는 『쿤달리니 요가』(*Kundalinī Yoga*, 1935), 『하타 요가』(*Hatha Yoga*, 1944) 등이 있다.

시바야, 수브라무니야스와미(Sivaya, Subramuniyaswami, 1927~) 왕성하게 활동하는 힌두교의 작가이자 스승이다. 『힌두이즘 투데이』(*Hinduism Today*)의 발행자이기도 하다.

시바지(Shivaji, 1627~80) 마라타 제국의 창설자. 무슬림으로부터 북인도를 되찾은 전사다.

시타(Sita, 기원전 21세기) 화신 라마의 아내. 랑카의 악한 왕 라바나에게 유괴를 당하고도 남편에게 충실히 머무는 이상적인 힌두여성이다.

아가스티야(Agastya, ?~?) 베다시대의 현자, 베다교를 남인도에 전파한 사람.

아르주나(Arjuna, 기원전 16세기) 아르주나는 문자적으로 '하얗다'는 뜻이다. 크리슈나가 '검다'는 뜻과 대조된다. 『바가바드 기타』에 나오는 판다바(Pāndava) 5형제의 한 사람으로서, 크리슈나의 친구이자 제자로 크리슈나의 영적 가르침을 받는다. 그리하여 그는 쿠루크세트라 전쟁에서 용감한 승리자로서 '마하바라타'의 영웅이 된다.

아마이야르(Ammaiyar, 9세기) 남인도의 시바파 성자. 그녀는 자신을 춤추는 신 시바의 종으로 생각했다.

아짜리야, 스리파티 판디타(Ācārya, Shrīpati Pandita, 13세기) 시바파의 베단타 철학자로서 한정적 불이론자다.

안남브하타(Annambhatta, 7세기) 고대 힌두의 니야야 학파의 대표적인 인물이다.

안탈(Antal, 8세기) 남인도에서 가장 유명한 비슈누파의 여성 성자. 16세에 스리랑감 사원에서 비슈누 상에 몰입했다.

암마치(Ammachi, 1953~) 남인도의 가장 탁월한 현대 성자, 무조건적 사랑의 대표자. 아므리타난다마이 마(Amritanandamayi Ma)라고도 불린다.

야즈나발키야(Yājñavalkya) 우파니샤드에 나오는 유명한 자나카(Janaka) 왕궁의 현자로서, 그의 성(姓)은 바자사네야(Vājasaneya)였다. 『백(白)-야주르베다』학파의 창설자다. 그의 이름을 딴 바자사나에니 상히타(Vājasaneyi-Samhita)와 다르마 스므리티(Dharma-Smriti), 그리고 『사타파타 브라흐마』를 저술했다. 그의 『아라냐카』는 유명한 우파니샤드인 『브리하드아라냐캬 우파니샤드』를 포함하고 있다. 이 우파니샤드에는 야즈나발키야가 그의 두 아내 중의 하나인 마이트레이에게 아트만에 대한 교훈을 주고 있는 장면이 나온다. 그리고 자나카 왕의 궁정에서 브라만 철학자들과 논쟁을 벌이고 승리하는 유명한 일화도 나온다.

오로빈도, 고세(Aurobindo Ghose, 1872~1950) 영향력 있는 현대 인도의 신비가이자 철학자. 요가에 관한 수많은 책을 저술했고, 『바가바드 기타』에 대한 해설서도 있다. 오로빈도의 아쉬람은 전 세계에 널리 알려져 있다. 영국에서 교육받은 서양사상가들의 영향을 받았고, 저술 활동을 통해 동양 종교의 정신을 서양에 널리 보급하는 데 크게 이바지했다.

요가난다, 파라마한사(Yogananda, Paramahansa, 1893~1952) 크샤트리아 계층의 가문에서 태어난 요가난다는 본명이 무쿤다 랄 고쉬(Mukunda Lal Ghosh)였는데, 1914년에 수도원에 입회하여 개명했다. 스승이 그에게 파라마한사(Paramahansa)라는 칭호를 주었다. 1917년에는 요가학교를 세웠고, 1920년에는 미국에 건너가서 강연을 하다가, 1925년 L.A.에 요가학교를 세웠으며, 그곳에서 '자아실현협회'(Self-Realization Fellowship/S.R.F)를 창설했다. '요가난다'라는 문자의 의미는 '요가의 기쁨'이라는 뜻이다. 그의 이름에 걸맞게 미국에 힌두의 원리를 전파 했고, 1946년에 『어느 요가 수행자의 자서전』(*Autobiography of a Yogi*)을 썼다. 수많은 서양 사람들이 이 책으로 동양종교와 인도의 영성에 대한 이해를 얻게 되었다.

자이미니(Jaimini, 기원전 2세기) 미맘사학파의 고전을 집필한 저자.

조로아스터(Zoroaster, ?~?) 조로아스터교를 창시, 『리그베다』에 언급된 인물. 죽은 자의 부활과 새로운 시대를 열어갈 구세주의 도래를 주장한 그의 가르침이 그리스도교에도 영향을 준 것으로 보인다.

즈나나데바(Jnanadeva, 1275~96) 마하라스트라의 어린 성자. 『바가바드 기타』에 대한 주석서 『즈나네쉬바리』(*Jnaneshvari*)의 저자다.

차이탄야(Chaitanya, 1485~1534) 원래 유명한 학자였으나 갑자기 모든 것을 포기하고 인도 전역을 걸어다니며 크리슈나의 이름을 노래하며 거대한 신앙 운동을 일으킨 신비주의자다. '하레 크리슈나'의 창설자.

치드빌라스아난다, 구루마이(Chidvilasananda, Gurumayi, 1955~) 인도 가네쉬푸리와 미국 펜실베이니아 주의 남폴스버그에 자리한 싯다(Siddha) 요가의 스승.

친마야난다, 스와미(Chinmayananda, Swami, 1916~93) 친마야난다 선교회의 창설자.

친모이, 스리(Chinmoy, Shri, 1931~) 국제 평화대사. 유엔에서 가끔 연설하기도 한다.

카비르(Kabir, 1440~1518) 북인도의 신비주의 시인으로서, 힌두교와 이슬람 모두에게 대중적으로 사랑받는 비평적 시인이었다. 낮은 계층 출신인 그는 이슬람 침입 이후에 자연스럽게 교류된 두 종교 사이에 중요한 관점들을 상호 흡수하면서, 종교적 의무감등에서 자유롭기를 외쳤다.

카필라(Kapila, 아득한 전설적 선사시대) 상키야 철학의 창시자로서 세계의 신비주의 철학 체계 이론에 영향력을 미치는 인물 중의 하나다.

크리슈나무르티, 지두(Krishnamurti, Jiddu, 1895~1986) "진리는 하나의 길 없는 영토다"라고 설파한 힌두 철학자.

크리슈나, 바수데바(Krishna, Vasudeva, 기원전 16세기) 크리슈나의 문자적인 의미는 '검다' 혹은 '검푸르다'는 뜻이 있다. 이는 한자(漢字)의 현(玄)과 같은 의미에 비유할 수 있다. 의미가 확대되어 우주의 무한한 공간을 뜻하기도 한다. 크리슈나의 이름은 『리그베다』에 나타나는데, 후대에 주어진 신성에 대한 언급은 없다. 바수데바의 아내이자 그의 어머니인 데바키(Devaki)의 아들로서의 크리슈나라는 명칭이 가장 처음으로 언급되는 곳은 베다의 후기문서인 『찬도기야 우파니샤드』에서 찾아볼 수 있는데, 그곳에서는 크리슈나가 학자로서 언급된다. 후대에 가면서 크리슈나는 점차 신격화 되는데, 비슈누의 여덟 번째 화신(avatāra)으로서 『마하바라타』의 속편인 『바가바드 기타』에 나타난 아르주나에 대한 가르침은 유명하다. 그를 둘러싼 수많은 우화와 전설과 영웅담이 있다.

타고르, 라빈드라나트(Tagore, Rabindranath, 1861~1941) 근대 인도의 개혁운동인 '브라모 사마즈'의 가장 오랜 지도자 역할을 했던 데빈드라나트 타고르의 아들이자, 1913년에 노벨문학상을 수상한 저명한 힌두 시인이다. 영어뿐만 아니라, 모국어인 벵갈어로 소설과 희곡, 정치적인 교육 등에 관한 작품을 많이 썼는데, 시인으로서의 명성과 영향력이 가장 뛰어나다. 40여 편 이상이 출판되었고, 그 가운데 가장 대표적인 작품은 인간의 영혼과 신(비슈누)의 대화를 실은 노래 『기탄잘리』(*Gītānjali*)다. 그의 소설 『고라』(*Gorā*)는 현대의 『마하바라타』라고 불린다. 1911년에 그는 예술과 철학의 학교, 산티니케탄(Shāntiniketan, '평화의 거주지'라는 뜻)을 건설했는데,

1953년에 주립대학이 되었다.

투카람(Tukaram, 1600~50) 힌두교의 가장 사랑 받는 시성(詩聖)의 한 사람, 푸네 출생으로 비슈누의 한 형태인 비토바(Vithoba) 숭배를 대중화했다.

투카람(Tukārām, 1608~49) 서부인도문학사에서 마라티(Marāthī)어를 사용하는 가장 중요한 종교 시인이다. 영적 체험을 시로 읊었는데, 짧게 쓰인 수많은 그의 노래를 『아브항가』(abhangs)라고 부른다.

툴시다스(Tulsīdās, 1532~1623) 북인도 출신으로서 당대 가장 사랑 받는 시인이었으며, 힌두 언어로 발미키(Vālmīki)의 작품인 『라마야나』를 다시 읊은 『람차리트-마나스』(*Rāmcharit-Mānas*: 라마의 공덕의 거룩한 바다)가 대중적 인기를 누리고 있다. 이 책은 힌두인의 도덕과 정신생활에 큰 영향을 미치고 있다. 툴시다스의 이름으로 된 37개의 작품 가운데, 오직 12편만이 그가 편집한 것으로 확실히 입증되었다.

티루물라(Tirumular, 기원전 3세기) 시바 신앙을 집대성한 작품 『티루만티람』의 저자이자, 사이바 싯단타(Shaiva Siddhanta)의 창설자.

티루발루바르(Tiruvalluvar, 3세기) 정치와 윤리에 대한 타밀의 고전인 『티루쿠랄』(*Tirukural*)의 저자.

파니니(Pānini) 고대 힌두의 가장 유명한 문법학자로서, 붓다 이후의 시대인 기원전 약 4세기의 인물로 추정된다.(기원전 14세기의 인물로 추정하는 학자도 있다) 그의 주요 작품은 8개 장으로 구성된 『파니니야』(*Pāninīya*)가 있다. 그의 작품은 여전히 누구도 필적할 수 없을 만한 표준 힌두 문법으로 이해되고 있다. 그리하여 파니니는 현자의 반열에 들어가 있다. 하지만 파니니의 문법 체계는 그 스스로의 작품이라기보다는 앞선 이들의 작품을 종합한 것으로 볼 수 있다.

파탄잘리(Patanjali, 기원전 2세기) 상키야 철학에 입각하여 요가 철학의 기초를 세운 요가 수련자로서 『요가수트라』(*Yoga Sutras*)의 저자다. 요가 철학은 인도의 6파 철학(darshanas) 가운데 하나다. 파탄잘리는 요가를 완전함에 이르는 수행 방법의 하나로 주장한다. 영적·육체적 모든 활동의 다양한 제반요소들을 요가의 기법을 통해 통제함으로써 완전함에 이를 수 있다고 보는 것이다.

프라브후파다, 스와미 박티베단타(Prabhupada, Swami Bhaktivedanta, 1896~1977) 힌두 선교사로서 크리슈나를 위한 국제협회를 창설했다.

베다에 대해 묻고 답하기

1. 베다는 어떤 책인가?

1) 베다의 기원과 저자 문제

베다는 산스크리트어로 "지식, 혹은 지혜"의 뜻을 지닌 힌두교의 거룩한 경전(經典)으로서, 인도 아리아인의 종교적 삶에 관한 정보를 이해하는 중요한 자료가 된다. 그리고 이 경전은 '사나타나'(sanatana) 즉, 태초 이전부터 영원히 존재하는(ever-existent) 문헌으로 믿어진다. 따라서 인간의 저술이 아닌 신적 기원을 지닌 계시된 책으로 여겨지고 있다. 그래서 힌두교도들은 베다가 어떤 저자집단에 의해 기록되었다고 하기 보다는 고대의 현자들이 깊은 명상 속에서 "들은 것"을 기억했다가 사제들인 바라문들에게 전수해 기록된 것으로 생각한다.

베다가 형성된 기간은 대개 1천 년이 넘는 것으로 추정된다. 베다를 거룩한 것으로 여겼기 때문에 현자들이 들은 바를 그대로 정확히 기억하고 보존할 필요가 있었는데, 사제들은 그것을 이 모양 저 모양으로 리듬과 운율을 붙여 노래의 형식으로 잘 보존했다. 각기 다양한 곳에서 떨어져 살던 사제들이 베다의 편집을 위해 정기적으로 모였고 노래를 부르며 베다를 구전으로 전승시켜 나갔다. 그러한 노래가 수천 년이 거듭되는 오늘날까지도 이어지고 있는 것이다.

2) 베다의 편집자와 내용 구성

베다는 4개의 책으로 구성된다. 이 네 권의 베다는 어떻게 구성되고 누구에 의해 편집되었는가? 베다의 역사는 기원을 알 수 없을 만큼 오래됐지만, 최종적으로 기원전 약 1500년경에 브야사(Vyasa)라고 하는 위대한 현자가 편집한 것으로 믿어지고 있다. 그 가운데 가장 오래되고 중요한 것이 『리그베다』로서, 다양한 신들에 대한 1,028개의 찬가를 10권으로 정리한 것이다.

그 다음으로 『사마베다』는 『리그베다』에서 직접 찬가들을 선별적으로 뽑아 편집한 것으로, 찬가에 멜로디를 붙여 노래할 수 있게 만들었다는 점이 『리그베다』와의 큰 차이점이다. 『야주르베다』는 노래를 위한 것이라기보다는 제의를 위한 찬가집이라는 특징이 있다.

끝으로 『아타르바베다』는 주술이라는 실제적 목적을 위한 것으로 애인을 유혹하거나 적을 무찌르기 위한 수단, 혹은 날씨의 변동을 기원하거나 질병을 치료하기 위한 것 등등의 갖가지 주술이 실려 있다. 이는 당시의 민간전승으로 전해진 제의와 주술들을 흡수하여 베다의 형태로 정리된 것이다. 아리아인들이 동쪽 갠지스 강 유역으로 이주하면서 베다의 신들이 점차 그들의 신적 권위를 잃게 되고, 마술적 주술과 의례가 더욱 우선시되었음을 보여준다.

3) 베다의 부록들

베다는 한 권의 책이 아니라 수많은 장서로서 엄청난 양의 자료가 들어 있다. 그리고 그 모든 책은 계시(啓示)적 지위를 갖는다. 네 권의 베다들은 다시 각각 네 부분으로 나뉜다. 각 베다마다 딸려 있는 부록들은 단순한 찬가가 아니라 어떤 주제에 대한 토의와 설명이다.

각 네 부분은 첫째, 베다의 본집을 구성하는 「상히타」(Saṁhitā) 혹은 「만트라」(Mantra: 경건한 찬송집), 둘째, 다양한 베다의 제사를 어떻게 수행할 것인가에 대한 방대한 분량의 설명이 있는 「브라흐마나」(Brāhmaṇas: 梵書, 사제의 교본), 셋째, 베다의 의례에 대한 철학적 사색의 산물인 「아라냐카」(Āraṇyakas: 森林, 교본), 넷째, 베다의 최종적 사색의 결론인 「우파니샤드」(Upaniṣads: 奧義書)로 나눌 수 있다. 우파니샤드를 「베단타」(Vedānta:

Veda+anta[end])라고도 한다. 우파니샤드를 구성하는 마지막 부분은 한정적이지 않으면서도 정의(定義)를 내려주는 경향이 있다. 우파니샤드는 힌두교의 공식적 결정이라기보다는 비공식적 합의 과정에서 도출된 아주 우수한 계시의 책이라고 전통적으로 여겨지게 되었다.

2. 베다의 현자(賢者)들은 누구인가?

아름다운 찬가로 베다의 가치를 영원히 드높인 현자들을 "보는 사람"(seers)이라는 뜻의 '르시'라고 부르는데 뭔가를 보고 깨달은 현인(賢人)을 뜻하기도 한다. 그러므로 르시는 다른 사람들의 증언에 의존하지 않고, 신성(神性)을 직접 체험하고 신의 실재를 경험한 자다. 힌두교에서는 지고한 실재(Supreme Reality)를 조금 맛본 초보적인 단계부터 모든 것을 예견하는 아주 뛰어난 경지에 이르기까지 다양한 모습의 현자를 볼 수 있다. 20세기의 현자 스리 오로빈도(Sri Aurobindo)의 제자인 마두수단(V. Madhusudan)이 제시하는 전통적인 모습의 현자를 개략해보면 다음과 같이 7가지로 구분된다.

1) **데바(Deva) 르시** '신과 같은 현자'라는 뜻이다. 이런 단계의 현자는 의식 수준이 인간의 상상력을 초월한다. 그들의 의식은 과거와 미래를 관통하여 전 우주로 확대된다. 이러한 위대한 현자는 인간의 현실세계보다 더 높은 단계에 머물면서도 원하면 언제든지 인간세계에 진입할 수 있다. 현자 나라다(Narada)가 대표적인 경우다. 그는 인도 역사상 수많은 위기 속에서 바른 교훈을 주어 인간을 신의 섭리로 이끌어갔다.

2) **브라마(Brahma) 르시** '신을 실현한 현자'라는 뜻이다. 완전히 깨달은 자로서 육신의 몸을 가지고 이땅에 사는 자다. 이들은 원하기만 하면 더 높은 차원의 세계로 갈 수 있지만 이 땅에 남아서 인간들에게 봉사한다. 힌두 성자로 추앙받는 라히리 마하사야(Lahiri Mahasaya)를 가르쳤던, 18세기의 크리야 요가(Kriya Yoga)의 대가 바바지(Babaji)가 여기에 속한다.

3) **라자(Raja) 르시** '왕 같은 현자'라는 뜻이다. 물질적으로나 영적 세계의 모

든 방면에서 대가의 지위를 얻은 사람이다. 신적인 각성을 얻은 상태에서 비데하(Videha)의 왕국을 물질적으로나 문화적인 각 방면에서 성공적으로 통치했던 전설적인 왕 자나카(Janaka)가 좋은 예다.

4) 마하(Maha) 르시 '위대한 현자'라는 뜻이다. 그는 브라마 르시 정도로 완전히 각성되지는 못했을지라도 깊고 권위 있는 신적 통찰을 보여주면서, 인간들에게 더 높은 단계로 발전하도록 끊임없이 도움을 준다. 마하트마 간디(Mahatma Gandhi, 1869~1948)가 여기에 속한다.

5) 파라마(Parama) 르시 '고양된 현자'라는 뜻이다. 깨달음에 이르는 길을 잘 알면서도 자신의 마음은 아직 완전히 정화되지 못한 상태다. 현자 다크샤가 이 경우에 속한다.

6) 스루타(Shruta) 르시 '학식이 있는 현자'라는 뜻이다. 전승되는 영적 전통의 핵심을 간파하고 실제생활 속에 적용할 수 있는 지식을 제공하는 일에 몰두하는 자다.

7) 칸다(Kanda) 르시 '노력하는 현자'라는 뜻이다. 영성에 대한 지식이 없는 초보적인 입문자이지만 영적 삶과 진리에 대한 열망을 가지고 헌신하는 자다. 윤리적으로 절제된 삶을 살면서 각성된 삶을 위해 늘 최선을 다하는 존재다.

이들은 모두 베다의 찬가 속에 담겨 있는 지혜의 '관문'을 통해 영적 삶의 질을 고양시킬 수 있었다. 힌두교도들은 대부분 지상의 존재로서 가장 높은 수준에 있는 브라마 르시를 환호하고 칭송한다.

3. 베다의 역사와 힌두교는 어떤 관계가 있는가?

1) 『리그베다』 이전 시대의 힌두교 원형

역사가들은 비록 힌두교가 베다교와 다르다고는 하지만, 어느 정도의 특징은 베다교 이전에 이미 나타나고 있다고 본다. 인도에 최초로 거주한 인간은 니그리토인(몸집이 작은 흑인)이었는데 이들은 남부 인도와 안다만 제도 일부 지역에 아직도 남아 있다. 죽은 자가 복수심에 불타는 귀신이 보초를 서는 낙원으로 들어간다는 생각은 그들에게서 나온 것이다.

그들 다음으로 원시 오스트랄로게 원주민들이 있었다. 그들은 티티스(tithis)라고 하는 힌두교 달력의 날짜표기에, 달의 여러 가지 상(象)을 사용하는 방법을 처음 도입한 이들이다. 드라비다(Dravidian) 말을 하는 근동지역의 사람들은 그다음 이민의 물결을 이뤘다. 그리고 그들이 인더스 강 계곡의 사람들이 분명하다면 힌두교의 여러 가지 요소들 즉, 신상(神像)숭배인 푸자(pūjā)의식, 원형 시바(proto-Śiva)신과 모신(母神)의 숭배, 그리고 짐승 형태의 신(獸形神)에 대한 숭배, 피팔(pīpal)나무에 부여되는 신성, 또한 힌두교 내에서 중요시하는 세정식(洗淨式)과 같은 대중적 의례가 이 시기에 생겨난 것으로 보고 있다.

2) 인도-아리아인과 베다시대(기원전 1500~기원전 300)의 주요신들

『리그베다』의 찬가들은 펀자브 지방에 정착한 아리아(Āryas: 고상한 사람들)인의 종교와 사회적 가치를 반영하고 있다. 유목민들이었던 그들의 찬가 대부분이 신들을 찬미하는 것이었다. 『리그베다』에서 찬미하는 주요한 신은 인드라와 아그니다. 우주의 관점에서 인드라는 물의 해방자이고, 지구의 관점에서는 흰 피부의 아리안 족이 검은 피부의 비-아리안 족과의 싸움에서 승리하게 하는 군사영웅이다. 인드라는 강력한 전투의 신으로서 다른 여러 신을 거느리고 악마같은 초인적인 적대세력과 싸운다. 베다의 시인들은 인드라의 용기와 힘을 숭상하고 찬양하며 자비를 구하기도 한다. 이같이 『리그베다』는 인도-아리안 민족의 종교문화와 함께 당시의 원시 전쟁과 관련된 내용을 신화 속에 잘 소개해주고 있다.

인드라가 『리그베다』에서 전사적 신의 원형으로서 가장 중요시된 신이라면, 두 번째로 중요한 신은 아그니였다. 아그니는 제사를 떠맡은 모범적 사제의 원형이었다. 아그니는 불이지만 다양한 형태로 묘사된다. 태양, 화로, 제의의 불, 뱃속에서의 소화력, 시적 영감의 불 등으로 표현된다. 그러나 그 가운데서도 『리그베다』에서 아그니의 가장 주요한 역할은 야즈나(yajna, 희생제의)와 관련된다. 이 야즈나는 베다 사회에서 중심적 역할을 했기 때문이다. 아그니는 신들의 사제가 되기도 하며, 인간들에게 접근하기도 하면서 인간과 신을 중재하는 역할을 떠맡는다. 『리그베다』의 시인들은 제사의 강력한 힘을 믿었기 때문에 희생제의를 통해 신들이 강력한 악마의 세력을 퇴치하게 할 수 있다고 믿었고, 동시에 아리아인이 삶에서 부딪치는 여러 난관을 잘 퇴치해주리라 믿었다.

『리그베다』에서 인드라와 아그니 이외에 또 하나의 중요한 신은 소마다. 소마는 희생제의와 밀접한 관련을 지니는 것으로, 식물의 즙을 뜻하는 신비로운 흥분성 음료수이자 술이다. 이것이 인격화되어 신으로 등장한 것이다. 소마는 『리그베다』에서 영감과 비전과 계시의 술이다. 제의를 집행하는 베다의 시인들은 소마즙을 마시고 신들과 하나가 되었다. 그리하여 그들은 일상속에서 서로 무관하고 차별되는 것으로 여기던 것들이 소마로 인해 상호연관성이 생기고, 하나의 그물 속으로 세계가 재편됨을 인식하게 된다. 소마로 인해 계시를 받게 될 때, 그것은 단순히 환각이나 꿈이 아니라, 오히려 일상적 의식보다 더욱 각성되고 실재적인 참된 의식으로 여겨진다.

인도 종교의 특징 가운데 하나는 바로 이러한 일상적 의식 너머의 의식을 추구해 왔다는 것이다. 그것이 때로는 소마, 요가, 혹은 명상, 아니면 헌신적 신앙의 열정이나 제의 등의 다양한 형태로 나타났다.

3) 후기 베다시대의 특징: 유목 생활에서 농경생활로

인도-아리아 유목민들이 인더스 문명의 폐허 위에 새로운 문화적 토양을 가지고 베다 문화를 창조한 이후, 점차 유목 생활에서 농경 생활로 정착하게 되자 사회·구조적 변화가 일어났다. 종교 생활 가운데 희생제의의 역할이 지나치게 강해지면서 제사에 대한 비판도 일어나기 시작했다.

기원전 600년경에 인도-아리안 공동체에서는 철제도구의 사용이 늘어나면서 갠지스 평원의 농경 생활이 윤택해졌다. 이에 따라 인구수도 증가하면서 직업의 전문화와 분업에 따른 계층의 구별도 생겨났다. 그리하여 자연스럽게 지주와 노동자 그리고 노예 계층이 형성되었다. 세속적 통치 집단과 제사를 담당하는 사제 계급이 상류층을 형성하고 나머지 노동자들은 하류층 집단이 되었다.

이처럼 농경생활의 정착에 따른 직업분화와 계층형성이 카스트제도의 토대를 이루었고, 힌두교의 사제계급에 대한 엄격한 구분이 더욱 강화되었으며, 점차 이러한 사제 계급의 권력화 현상에 대한 반대운동이 다각적으로 나타났다. 기원전 6세기경의 불교나 자이나교 운동이 바로 그러한 역사적 맥락에서 비롯되었고, 왕권을 중심으로 한 크샤트리아 계급의 대두와 그들의 철학적 탐색의 산물인 우파니샤드의 형성도 이러한 때를 맞아 더욱 왕성해졌던 것이다. 한마디로 제의 중심에서 철학 중심으로 베다의 사상적 경향이 변해가기 시작했던 것이다.

4) 중세 힌두교의 정치적 운동과 베다 학습의 부활

힌두교 신학은 이슬람과 만나면서 분열하지 않을 수 없었다. 종파와 카스트 신분이 많아서 다 열거할 수 없지만, 힌두 조직은 소멸되지 않았다. 오히려 바르나(카스트)와 박티(신앙)의 주요한 개념은 힌두교 속에 성공적으로 자리 잡았다. 흥미롭게도 비종파적인 아드바이타 베단타가 10세기 전과 18세기 후에도 종파를 확산시키는데 제한적인 영향력을 미친 것 같다.

베다의 전통은 중세 내내 합법적인 정치·종교적 방식으로 이용되어왔다. 남부의 비자야나가르 제국과 펀자브의 시크를 제외한 서부의 마라타(Marathas) 등에서 일어난 정치적 운동은 매우 성공적이었다. 마라타의 영웅 쉬바지(1627~80)는 베다 의례로 왕위를 계승하고 자신을 베다의 수호자라고 주장하기도 했다. 이 시대의 신앙은 비슈누의 화신(化身)인 라마와 크리슈나를 중심으로 한다. 이런 신들의 대중적 인기는 베다와 거의 관계가 없지만, 화신들이 베다의 법(dharma)을 보호하기 위해 생겨난 것이라는 의미에서 베다의 사상을 따르는 것이었다.

5) 베다와 현대 힌두교(1800~1947년)

영국이 인도 전역에서 통치권을 확립하기 시작했을 때, 힌두교는 새로운 상황에 직면했다. 힌두교도에게 이슬람의 위협은 영국의 통치로 인해 다소 누

그려졌지만, 기독교 역시 힌두교에 새로운 종교적 위협이 되었다. 힌두교 사상은 결과적으로 기독교의 옷을 입은 과학, 세속주의, 인본주의 등 새로운 형태의 종교적 위협에 직면하게 되었다.

따라서 서구의 주도 아래 고대 힌두교의 학문과 베다가 재발견되었다. 스와미 비베카난다와 같은 민족주의자마저도 현대에 『리그베다』를 편집한 뮐러야말로 비자야나가르 제국의 사야나의 화신일 것이라고 생각했다.

1880년대 이후의 힌두교 부활에는 베다가 큰 역할을 했다. 이는 베다의 권위의 문제와 관련된 것이다. 주요 힌두교 개혁가인 라자 람모훈 로이는 베단타 사상을 근거로 비우상적인 유일신 사상을 정당화하려 했다. 1830년경 그는 벵갈에 '브라모 사마즈'(Brāhmo Samaj)라는 단체를 만들었다. 19세기 후반 스와미 사라스와티는 뭄바이에서 베다의 무오류설을 채택해 '아리야 사마즈'(Ārya Samāj)라는 힌두교 단체를 설립했다.

라마크리슈나는 베다를 하나의 상징물로 이용하면서도 베다를 낮게 평가하는 듯했고, 비베카난다 역시 힌두교의 입장에서 베다에 심취하는 것에 대해 비난을 퍼부었지만, 그도 강론에서 베다의 구절을 인용하고 있다. 틸락, 타고르, 오로빈도 고세, 그리고 마하트마 간디와 같은 현대 힌두교의 주요 인물은 베다로부터 권위는 아니어도 수많은 영감을 이끌어냈다. 은거하고 있던 라마나 마하르시도 베다를 정기적으로 인용하곤 했다.

4. 베다 텍스트와 힌두교는 어떤 관계가 있는가?

힌두교의 운명과 함께해 온 베다의 역할은 다음 몇 가지로 분석된다. 첫째, 베다가 힌두교를 통합시켜 온 통합적 기능. 둘째, 베다가 힌두교를 조직하게 했다는 조직적 기능. 셋째, 베다를 통해 힌두교가 합법적으로 기능했다는 합법적 원리로서의 기능이었다. 그러나 역사적 관점에서 볼 때, 비록 베다가 힌두교의 중심 사상을 형성한다고 말할 수는 있지만, 베다가 힌두교의 핵심을 이루지는 못한다는 사실도 간과해서는 안 된다. 힌두교도가 베다를 비난하지는 않아도, 베다를 거부할 수는 있다. 힌두교의 역사 자체가 워낙 다양해서, 여러 주제를 통해 해석될 수 있기 때문이다.

샤르마의 분석에 따르면, 베다의 「상히타」 부분은 많은 신들 중에서 한 신을 선택하는 박티(신앙)를 대표하고, 「브라흐마나」는 의례적 행위로서의 카르마(행위)를 대표하며, 「아라냐카」와 「우파니샤드」도 각각 다시 박티와 즈나나(지혜)를 대표하는 것으로 여겨질 수 있다. 그리하여 3가지 요가(박티, 카르마, 즈나나)의 전통 역시 힌두교에서뿐만 아니라, 베다교의 설명방식에도 잘 적용될 수 있다. 이는 베다 본문에 대한 텍스트 분석으로서, 베다의 부록 자체를 힌두교적 요가 방식으로도 접근해볼 수 있다는 뜻이다.

이를 다시 시대적으로 구분해보면, 기원전 6세기부터 기원후 10세기에 이르기까지는 아주 넓은 의미에서 볼 때 즈나나가 지배적이었고, 11세기에서 17세기까지는 박티가, 18세기에서부터 현재에 이르기까지는 카르마가 지배적이었다. 이리하여 역사상 모든 시대는 3가지 요가의 틀에 따라 특징을 분석할 수 있게 된다.

5. 궁극적 유일신 사상과 베다의 여러 신들은 어떻게 이해해야 하는가?

베다에는 수많은 신들이 등장한다. 예컨대, 악마 브리트라를 물리친 인드라, 인간과 신 사이의 메신저 역할을 하는 거룩한 불의 신 아그니, 하늘의 대양이자 밤하늘의 신 바루나, 모든 것을 바라보는 태양이자 낮의 하늘 신 미트라, 밤을 주관하는 생명의 근원인 태양 신 사비타르, 치유의 쌍둥이 신 아쉬빈, 새벽의 여신 우사, 강의 여신이자 지성의 근원인 사라스바티, 우주 공간이자 신들의 어머니 아디티, 파괴와 불행을 가져오는 공포의 신 루드라와 같은 신들은 모두 베다의 주요 신이다.

이렇게 다양한 신을 섬기는데 베다 사상에 궁극적 유일신이란 과연 있는 것인가 하는 물음이 제기된다. 이에 대해 베다의 여러 학자들마다 다양한 의견을 제시하지만, 궁극적 유일신 사상이 가능하다는 것 또한 인도 내부의 공통된 견해 중의 하나다. 예컨대 현대의 성자로 추앙받는 스리 오로빈도 또한 베다 속의 유일신 사상에 대해 다음과 같이 말했다. "유일신 곧 궁극적 지고자(至高者)에 대한 개념은 베다 종교의 중심 개념 가운데 하나다. 여러 신 가운데 하나의 궁극적 존재를 말하는 것은 하나의 궁극적 존재에 대한 여러 가지 이름과 형태를 부여한 것일 뿐이다."

6. 베다신화와 『아베스타』 경전과는 어떤 관계가 있는가?

조로아스터교의 성전(聖典)인 『아베스타』는 베다와 여러 면에서 밀접한 연관성을 가진다. 특히 베다에서 사용하는 여러 용어가 원시적인 『아베스타』의 용어와 아주 유사하다. '시'라는 양식은 물론, 어휘, 문법, 운문 형식 등 다양한 방면에서 유사성을 보여주고 있다. 운율만 보면 『아베스타』의 전체 시는 각 연의 단어마다 베다의 언어로 번역해도 좋을 정도의 유사성을 보여주고 있다.

지금 우리가 보는 『아베스타』는 원시적 형태의 『아베스타』가 내포하고 있던 신화적 개념에 차라투스트라가 종교개혁 차원에서 상당히 수정을 가한 것이다. 때문에, 오늘날의 『아베스타』는 원래의 판본과 상당히 차이가 있다. 만일 『아베스타』도 오늘날 『리그베다』처럼 원시적인 『아베스타』가 존재한다면, 이들 두 텍스트의 유사성을 더욱 많이 찾아볼 수 있을 것이다.

그러나 아쉽게도 『아베스타』의 고대 문헌은 찾아보기 어렵다. 그럼에도 불구하고 제의용어에서는 여전히 유사한 용어들이 많이 사용됨을 볼 수 있다. 예를 들면, 베다의 제사를 뜻하는 '야즈나'(yajna)는 『아베스타』의 '야스나'(yasna), 사제를 뜻하는 '아타르반'(atharvan)은 장음부호 하나 차이인, '아타르반'(ātharvan)으로 동일하다. 이같이 유사한 단어가 놀랄 정도로 많다는 것은, 이란 출신의 인도-아리아인이 인도로 유입해 오면서 그들의 언어와 종교 풍속을 그대로 가져왔거나 부분적으로 변형된 것임을 알 수 있다.

이란인과 인도인은 특히 불의 제의를 중시했는데, 조로아스터교를 배화교(拜火敎)라고 불렀던 것도 그러한 이유에서다. 또한 이름은 서로 다르지만, 베다의 바루나는 조로아스터교의 주신인 지혜의 영, 아후라 마즈다(Ahura Mazda)와 비교될 수 있다. 『리그베다』는 고대의 『아베스타』와 여러 가지 유사성을 가지면서 친밀하게 상호 영향을 주고받았다고 볼 수 있다.

7. 베다의 선행 연구들은 어떤 것들이 있는가?

"종교학의 아버지"로 불리는 막스 뮐러(F. Max Müller, 1823~1900)는 1873년 '종교학'(science of religion)이라는 용어를 탄생시켰다. 베다를 포함한 신화와 의례의 비교 연구에 크게 공헌했다. 독일 태생으로 독일에서 철학 교육을 받았지만, 영국 옥스퍼드에서 인도철학과 베다 종교연구에 몰두했고, 베다와 우파니샤드 및 『법구경』(Dhammapada) 등의 동양고전을 서양에 소개한 선구자였다. 비록 인도를 한 번도 방문하지는 못했지만, 19세기 말 비교언어와 비교종교학, 그리고 인도학에 선구적 자취를 남겼다.

베다의 신화 연구에 관해 두 명의 선구자가 있다면, 힐레브란트(Alfred Hillebrandt, 1853~1927)와 맥도넬(A.A. Macdonell, 1854~1930)이다. 힐레브란트는 1891년에 『베다신화』(Vedische Mythologie)를 출간했고, 1899년부터 1902년까지 3권의 시리즈로 『제의의 문헌』(Ritual Litteratur)을 이어서 간행함으로써 베다학 연구를 개척했다. 그가 특별히 주목하여 연구한 것은 베다의 신화체계였다. 『제의의 문헌』제1권에서는 베다 신화연구의 방법론과 해석의 원리를 길게 서술했다. 우사, 아쉬빈, 아그니, 소마를 각각 심도 있게 다루었으며, 특히 소마는 달을 상징한다고 주장한다. 제2권에서는 다양한 계층의 신을 설명한다. 특별히 아디티야, 사비트리, 리부스를 한편으로, 인드라와 마루트, 비슈누와 푸산 그리고 작은 신들, 조상신과 악마 그리고 아수라, 이어서 루드라를 다룬다.

맥도넬은 1898년에 『베다신화』(Vedic Mythology)라는 고전적 작품을 내놓았다. 그의 책은 인도인들 대다수가 지닌 종교개념의 뿌리라고 할 수 있는, 초기 신앙의 형성과 발전과정을 잘 보여준다. 베다 신화의 발자취를 찾아가는 과정에서부터, 세계와 그 기원에 관한 베다의 진술과 신들을 지위와 성격의 범주별로 일곱 개 장으로 구분하여 설명했다. 그밖에 악마와 천국 그리고 지옥에 대해서도 상세하게 설명하고 있다. 맥도넬의 선구적인 베다 연구에 힘입어, 키스(A.B. Keith)는 베다와 우파니샤드에 관한 방대한 기념비적 연구 작품을 내어 놓았다.

에든버러대학의 산스크리트어와 비교철학 교수였던 키스는 1925년 『베다와 우파니샤드의 종교와 철학』(*The Religion and Philosophy of the Veda and Upanishads Part I-II*)라는 두 권의 작품을 통해 베다 연구의 눈부신 결정판을 출간했다. 이 책은 『하버드 동양학 시리즈』(*The Harvard Oriental Series*)의 제31권으로 출간되었다. 베다 신화의 신들에 대한 키스의 분류법은 대체로 맥도넬의 분류법을 따랐고, 상징과 해석 또한 동일한 수순을 밟고 있다. 하지만 맥도넬이 베다 본문의 인용과 통계수치를 체계적으로 자세히 분석해놓는데 그쳤다면, 키스는 그 연구를 바탕으로 수많은 베다 관련 자료들을 종합적으로 인용 분석하면서 연구를 발전시켰다. 맨 앞부분에서 베다가 형성될 수 있었던 자료들을 검토하고, 이어서 신들을 체계적으로 분석하고 설명한 후, 베다의 의례를 길게 다루며, 죽은 자들의 영혼의 문제를 설명한 후 베타의 철학인 우파니샤드를 설명한다.

『리그베다』에 관하여 일반 독자들도 알기 쉽게 저술된 최근의 대표적인 작품으로는 웬디 도니거(Wendy Doniger)의 작품이 있다. '펭귄클래식시리즈'로 출간된 이 『리그베다』(1981)는 『리그베다』 본문의 중요한 부분을 번역하여 해설한 작품으로서, 창조, 죽음, 제사를 다룬 뒤, 아그니, 소마, 인드라, 폭풍의 신, 태양신, 천지의 신, 바루나, 루드라와 비슈누, 여신 등을 분류별로 설명하고 있다. 본문의 일부를 발췌하여 번역한 후 각주를 통해서 난해한 부분들을 조금씩 설명하고 있는데, 저자 나름의 독특한 해석법이 주목된다.

이러한 선행 연구들에 이어서, 해설을 곁들이지 않고 베다의 일부를 주제별로 번역해서 독자들에게 베다의 맛을 보게 한 작품들도 몇몇 있다. 대표적인 것으로 판디트 사트야캄 비드야란카르(Pandit Satyakam Vidyalankar)가 편역한 『거룩한 베다』(*Holy Vedas*, 1983)가 있다. 이 책은 창조, 헌신, 계시, 행위, 광휘, 창조의 과학에 대한 노래로 엮여 있다. 기존에 출간된 대부분의 책들이 학문적 언어로 번역된 학술서인데 비해, 이 책은 일반 대중을 위해 쉽게 의역 되었다. 전문적인 연구서로는 부족한 점이 많지만, 대중서면서도 산스크리트어 원문을 함께 수록하고 있다는 장점도 있다.

베다에 대한 최근의 연구서 가운데 가장 주목할 만한 작품으로는 스탈(Frits Staal)의 『베다의 발견』(*Discovering the Vedas*, 2009)이 있다. 원래 논리학자로 출발한 스탈의 이 책은 베다시대의 사람들이 사용하던 언어에 관한 구두전승과 고고학적 정보들을 제공해 주고 있다. 특히 만트라와 의례를 주목하고 오늘날 우리가 얻을 수 있는 통찰이 무엇인지를 밝힌다. 특히 베다를 인도철학과 종교 그리고 불교와 비교하여 더욱 이해를 깊게 한다.

이밖에도 현대 힌두 영성가인 스리 오로빈도(Sri Aurobindo)가 1914~20년 사이에 남긴 저술과 『리그베다』의 번역을 근간으로 '스리 오로빈도 아쉬람'에서 편집한 『베다의 비밀』(*Secret of the Veda*, 1995)이 있다. 베다 이론에 대한 회고와 현대이론을 다루며, 심리학적 이론의 기초를 분석하고 베다의 언어학적 방법론을 길게 다룬다. 이어서 아그니와 진리라는 문제를 가지고 영성가다운 철학적 사색을 펼친다. 바루나-미트라와 진리의 문제, 아쉬빈-인드라-비스바데바를 명상 차원에서 흥미롭게 해석하는 책이다.

베다에 대한 증언록

"『리그베다』는 인도-유럽 문헌 가운데 가장 오래된 기념비적 작품이다. 베다(Veda)라는 말은 '비드'(vid) 즉, '알다'(know)라는 말에서 비롯된 것으로 거룩한 지혜, 곧 "가장 뛰어난"(par excellence) 지혜를 뜻한다. 베다는 바로 이러한 신적 계시와 관련된 거룩한 영적 지혜를 전수해주고 있다는 점에서 그 철학적 가치와 중요성을 지닌다."

■ 인도 초대 대통령, 철학자 라다크리슈난(Radhakrishnan)

"베다는 세계 역사와 인도 역사에서 지니는 두 가지 이중적인 흥미를 유발시킨다. 세계사에서 베다는 다른 어떤 언어로도 채울 수 없는 문학적 결함을 메워준다. 베다는 우리가 어디서나 발견할 수 없는 고대의 기록물로 돌아갈 수 있게 해주며, 인간의 기원에 관한 문제도 언급하고 있다. 인류의 역사에 관하여 관심을 가지고 문헌을 탐색하다 보면, 결국 인류의 발전 가운데 정점에 자리한 아리아인의 고대 문서인 『리그베다』를 발견하게 될 것이다."

■ 막스 뮐러(Max Müller)

"인도에서뿐만 아니라, 인도-게르만 문헌 가운데서 가장 오래된 기념비적 문헌인 베다는 세계 문헌의 역사에서 탁월한 위치를 점령하고 있다. 적어도 3,000년간 수많은 인도인에게 베다의 말씀이 그들의 사고와 감정을 통제하는 신의 말씀으로 여겨진 것을 생각한다면 더욱 그렇다. 베다는 그 시대적 연한에서 뿐만 아니라, 인도 문학의 양식에서도 탁월한 것으로서, 베다 문학에 정통한 통찰력이 없이는 그 누구도 인도의 정신생활과 문화를 이해 할 수 없다. 더구나 인도에서 탄생한 불교를 제대로 이해하기 위해서는 반드시 베다에 대한 정통한 이해가 필요한 것이다.『신약성서』가『구약성서』와 연관이 있듯이, 붓다의 가르침이 베다와 연관성이 있기 때문이다. 베다가 우리에게 제공하는 옛 신앙의 양식을 제대로 이해하지 못하고는 새로운 형태의 신앙을 이해할 수 없다."

■ 윈터니츠(Maurice Winternitz)

"『리그베다』는 가장 오래된 인도의 기념비적 문학작품일 뿐 아니라, 가장 오래된 인도-유럽 민족의 문헌적 기록이다. 이 문학 작품은 그리스나 이스라엘의 고대 문헌보다 앞서는 것이고 예배의 표현 양식에서 볼 수 있는 바와 같이 높은 수준의 문명적 가치를 보여주는 것이기도 하다."

■ 블룸필드(Leonard Bloomfield)

"『리그베다』는 인도 철학사에서 가장 중요한 의미를 지닌다. 그 이유는 여러 가지 결함을 지니고 있음에도 불구하고, 찬가들의 다양성 속에서 하나의 통일성이 충분히 잘 나타나 있기 때문이다."

■ 키스(A.B. Keith)

"베다는 힌두교의 거룩한 언어로 여겨지는 산스크리트어로 기록된 방대한 양의 문집으로서 계시(śruti)된 것으로 존중되며, 일체의 행위(dharma)의 근간이 된다. 베다라는 용어는 '지식'을 뜻하지만, 원래 고대의 현자(rishi)들에게 계시되어 그들의 공동체로 전수되어졌고, 세대를 거치면서 구전 전승되었다. 이같이 계시된 텍스트로서의 베다는 힌두교에서 아주 중요한 역할을 하고 있다. 비록 베다의 권위를 인정하지 않으려는 일부 종파도 있지만 모든 힌두 전통은 베다에서 다소간의 인용을 하고 있다. 힌두 전통에 속할 것인가 아닌가 하는 것은 베다를 인정하느냐 아니냐에 달려 있기 때문이다."

■ 가빈 플루드(Gavin Flood)

"폭풍이 그 자체의 중심부를 형성하듯이, 베다가 힌두교의 중심부 역할을 해왔다."
■ 아르빈드 샤르마(Arvind Sharma)

"힌두법전(smṛtis)의 이데올로기가 힌두 사회를 규제한다면, 베다의 신화는 우주를 규제한다."
■ 아르빈드 샤르마

"베다는 역사적으로 오래되고 정경(正經)적으로도 우선성을 지니고 있기 때문에 힌두교에서 예상 외로 아주 중요한 역할을 하고 있다."
■ 아르빈드 샤르마

"힌두교는 그 오랜 역사와 다양성을 떠나서 논의될 수 없다. 그러므로 힌두교에 대해서는 그 어떠한 단순한 정의도 허용하지 않는데, 이는 힌두교의 다양성을 인정하기 때문이다. 그러나 모든 힌두교도들은 결국 베다의 권위에 호소하고 있는데, 그것은 그들의 공통된 역사 속에 다양성을 하나로 통일시키는 통일적 요소가 베다에 있다는 것을 알기 때문이다. 베다의 권위에 대한 호소는 전통의 우월성을 긍정하는 것이기도 하면서 동시에, 현실적 적용을 암묵적으로 인정하는 것이기도 하다. 힌두교도들이 그들의 전통을 '사나타나 다르마'(sanātana dharma) 즉, '태곳적부터의 전승'이라고 부르고 있는 것이 그러한 견해를 뒷받침해주고 있다."
■ 브로킹톤(J.L. Brockington)

"힌두교는 베다와 아주 밀접한 관계를 지니며, 어쩌면 베다의 권위 속에 내포되어있는 '관념'을 수용하는 것과 관련된다. 베다에 관한 실제적인 지식은 긴 역사 속에서 남성 사제 계급의 구성원들에게 제한되었다. 대부분의 힌두교도들은 실제로 또는 공공연히 베다를 아는 지식에서 배제되어왔다. 실제로 베다의 권위를 수용한다는 것은 아마도 힌두교의 정통성을 시험하는 유일한 근거가 되는 것이다. 그러나 베다의 권위를 수용한다는 것마저 힌두교에서는 너무도 명목적일 뿐이어서, 프랑스의 인도학자 르노(Louis Renou)는 그것을 하나의 겉치레 인사에 지나지 않는 것으로 비유한다. 궁지에 몰릴 때마다 베다의 권위에 따를 것에 대한 이러한 명목적 요구는 너무도 빈번한 것이어서 힌두교가 얼마나 취약하고 복잡한 것인지를 말해주는 대목이기도 하다. 그러나 힌두교의 엄청난 다양성을 고려해볼 때, 베다의 권위를 '명목적'으로 수용한다는 것은 정체성의 위기를 맞을 때에는 매번 '실제적인' 역할을 해오고 있다. 왜냐하면, 베다 이외에는 이렇다 할 권위를 부여할 만한 것이 없기 때문이다."
■ 아르빈드 샤르마

"힌두교에서 베다 경전의 권위를 강조하는 것은 힌두교 내부의 자발적인 발전이라기보다는 불교도, 자이나교도 그리고 유물론자의 공격에 대해 굳건한 태도로 맞서기 위한 대응인 것 같다. 불교 문헌에서 베다라는 말은 힌두교도와는 다른 금욕적 수도자들의 계시 경전으로 소개되고 있음을 알 수 있다. 그 정도로 경전의 권위적 특성에 대한 주장은, 적어도 그 당시에는, 그 어떤 계시의 특성과 관련되고 있다는 것을 말해 준다."
■ 아르빈드 샤르마

"베다는 후기 시대에 와서 힌두교의 '정통성'을 가리는 기준이 되었다. 베다의 전통을 중시하는 사람들은 우선 베다에 우월적 지위를 부여하고 여타의 다른 전통을 판단하여 베다의 울타리 안으로 편입시킬 것인지 아닌지를 결정한다. 다양한 형태의 예배 형식을 고안해 낸 많은 새로운 힌두 집단들도 베다에 충성심을 보임으로써 그들 자신이 베다의 연장선에 있음을 보여주려고 하고 있다. 예를 들면『마하바라타』가 '제5의 베다'라고 불리는 까닭도 그것이다. 반면에 비슈누파의 신앙 시『남말바르』(*Nammālvār*)는『타밀베다』(*Tamil Veda*)로 불리고 있다. 브라모 사마즈(Brāhmo Samāj)나 아리아 사마즈(Ārya Samāj) 같은 19~20세기 힌두교 개혁 운동들도 그 뿌리를 베다에서 찾고 있다."
■ 로페즈(Donald S. Lopez, Jr)

"베다가 힌두교도들에게 계시적 기록으로 여겨졌지만, 그 실제 내용을 아는 힌두교인은 거의 없다. 그럼에도 불구하고 베다의 권위를 인정함으로써 베다는 힌두교 정통신앙의 규범이 된 것이다. 마치 미국인들이 헌법을 읽어본 적은 없지만 국가에 충성을 표하기 위해 헌법에 의한 맹세를 하는 것과 아주 흡사하다. 베다는 이제 대체로 전통 신앙과 실천의 적당한 기준이라기보다는 전통의 상징이자 궁극적인 것으로서의 기능을 한다. 왜냐하면 베다에 어긋나지 않는 것은 무엇이든지 힌두 사상으로 받아들여졌기 때문이다. 정통성에 대한 이 소극적 규범은 힌두교가 그 자체를 제한하려 하지 않으려는 것을 다시 증명해주는 것이다."

■ 아르빈드 샤르마

"전통적인 인도철학의 분류법은 '베다의 권위'에 대한 믿음을 기준으로 한다. 정통 힌두 사상가들이 대부분 동의하는 전통적인 분류법에 따르면, 인도철학의 학파는 크게 정통(āstika)과 비정통(nāstika)로 나뉜다. 정통은 '베다의 권위를 믿는 자' 또는 '죽음 이후의 또 다른 생을 믿는 자'를 의미하며 비정통은 그 반대되는 뜻을 의미한다. 그런데 정통에 속한 주된 철학체계로는 미맘사, 베단타, 상키야, 요가, 니야야, 바이세시카의 6가지가 있다. 이 학파들은 신을 믿기 때문이 아니라 베다의 권위를 인정하기 때문에 정통 철학으로 간주된 것이다. 미맘사나 상키야 학파의 경우 그들은 창조주로서의 신을 믿지는 않지만 베다의 권위를 인정하기 때문에 정통이라고 부른다. 베다의 권위를 부정하는 단체들로는 차르바카의 유물론주의, 불교, 자이나교 등이 있다."

■ 차테르지(S.C. Chatterjee)

힌두 철학의 일반적 성격을 다루는 힌두교 텍스트들은 종종 베다의 문구를 인용했다. 예컨대, 힌두교의 지칠 줄 모르는 포괄성(포식성)을 입증해 보이듯, 단일 텍스트 중심의 종교 단체들이 단일 텍스트의 공동체를 결성하고자 하는 열망을 가지고 유물론자, 불교도 그리고 자이나사상 학파도 베다 경전에 근거하고 있다는 것이다.

이러한 사실들은 힌두교를 포괄적이고 백과사전적인 종교제도로 바라보면 충분히 이해될 수 있다. 힌두교 내부에서 가능한 한 그 많은 신앙과 관습을 포괄하기 위한 여러 방법들이 고안되었지만, 궁극적인 묘책은 베다 경전의 개념을 영적인 권위의 상징으로 발전시키는 것이었다. 그래서 누구든지 자신의 주장을 펼 때 "베다 경전이 이르기를……"이라는 말로 자유롭게 시작하거나 결론을 맺으면서, 성자들이나 종교의 혁신자들을 찾는 것을 볼 수 있다.

■ 아르빈드 샤르마

"베다의 권위가 반드시 힌두교를 정의하는 기준이 되는 것은 아니다. 불교나 자이나교와 같이 베다의 권위를 부정하는 비-힌두교라든지 훨씬 후대에 속하는 카비르(Kabīr)나 벵갈의 바울(Bengali Bāuls)과 같은 종교 지도자들에 대해서도 대부분 힌두로 인정하고 있다. 유신론적 힌두학파들은 베다의 권위를 다른 방식으로 인정하고 있다. 예컨대 시바파 신앙의 시인인 마니카바차카르(Mānikkavācakar)는 시바야말로 '베다 위의 주님이시다.'라고 말한다. 이러한 주장은 그의 신 시바가 베다의 권위보다 위에 있다는 종교적 가치의 새로운 위계질서를 세우고자 하는 숨은 전략이 드러나 있는 것이다. 그러나 무엇보다도 베다와 힌두교와의 관계에서 중요한 것은 이러한 권위적 헤게모니보다는 다양한 풍랑과 변화의 오랜 역사 속에서 잠들거나 사멸되지 않고 끈질기게 살아남는 베다의 장수에 주목해야 한다는 것이다."

■ 로페즈

"시크교의 최대 문헌집인 『아디 그랜트』(Ādi Granth)가 『리그베다』를 모델로 삼았다는 것과, 그리하여 시크 운동이 비록 힌두교의 변방에 있었던 것이지만 힌두교의 영향권을 넘어서지는 못했다는 것 또한 놀라운 사실이다."

■ 아르빈드 샤르마

지은이 **이명권** 李命權

연세대학교에서 신학을 전공하고, 감리교신학대학원에서 신학으로 석사학위를, 동국대학교 대학원에서 인도철학으로 석사학위를 받았다. 중국 길림사범대학교 대학원에서 중문학 석사학위를 받았고, 중국 길림대학교 대학원에서 「노자와 세계 성현들의 대화」로 중국철학 박사학위를 받았다. 서강대학교 대학원 종교학과에서 「암베드카르와 현대 인도불교」에 대한 연구로 박사학위를 받았다. 미국 『크리스천헤럴드』 편집장을 지냈으며, 관동대학교에서 '종교간의 대화'를 강의했다. 서울신학대학교 초빙교수를 역임한 이후 현재는 동 대학에서 '동양사상의 이해'를 강의하고 있으며, 코리안아쉬람 대표로서, '코리안아쉬람 TV'(유튜브)를 통해 '동양철학'을 강의하고 있다.

저서로는 한길사에서 펴낸 『우파니샤드-궁극적 진리에 이르는 길』 『베다-인류 최초의 거룩한 가르침』을 비롯하여 『비움과 나눔의 영성』 『예수 노자를 만나다』 『예수 석가를 만나다』 『암베드카르와 현대 인도불교』 『무함마드와 예수 그리고 이슬람』 『공자와 예수에게 길을 묻다』 『오늘날 우리에게 해탈은 무엇인가』(공저), 『사람의 종교 종교의 사람』(공저), 『종말론』(공저) 등이 있다. 역서로는 마하트마 간디의 『간디 명상록』, 마틴 루터 킹의 『마틴 루터 킹』, 디완 챤드 아히르의 『암베드카르』, 세사기리 라오의 『간디와 비교종교』, 한스 큉의 『위대한 그리스도교 사상가들』(공역) 등이 있다. 인도에 대한 주요 논문으로는 「아드바이타 베단타 신학과 그리스도교 신학의 만남」 「해탈의 길, 즈나나 요가에 대한 연구-『바가바드 기타』를 중심으로」 「베단타 신학과 그리스도교 신학-클루니의 비교 신학을 중심으로」 등이 있다.

저자 이메일 imkkorea@hanmail.net
코리안아쉬람 www.koreanashram.com